descubre

NUEVA YORK

AA
Automobile Association

Autor Mick Sinclair

Traducción Marisa Rodríguez Pérez

Fotografías Richard Elliott

Título original Essential Explorer New York

Fanum House, Basingstoke, Hampshire RG21 2EA
EDITORIAL EVEREST, S. A.
Carretera León - La Coruña, km 5. LEÓN

ISBN 84-241-3706-X
Depósito legal LE. 860-1994
Impreso en Italia por Lego SpA

El contenido de este libro se considera actualizado en el momento de su publicación. Sin embargo, los editores declinan toda responsabilidad de los errores u omisiones que puedan detectarse. Las opiniones expresadas en este libro no son necesariamente las del Editor. Los juicios de valor sobre atracciones, hoteles, restaurantes y otros se basa en la experiencia personal del autor y, por lo tanto, las descripciones dadas en esta guía contienen necesariamente un elemento de opinión subjetiva que puede no reflejar la opinión del Editor o no corresponder con la experiencia personal de un lector en otra ocasión distinta. Se ha hecho todo lo posible para asegurar la exactitud de esta guía. No obstante, si usted detecta alteraciones significativas, agradeceríamos cualquier información que ayudara a actualizar el libro.

En la cartografía se ha preferido conservar la lengua original de cada país para facilitar la localización de los diferentes lugares.

Cubierta: Park Avenue por la noche
Página 4: Taxis amarillos
Página 5 (arriba): Descansando fuera del Metropolitan Museum of Art
Páginas 6–7 (arriba): Luces nocturnas en Manhattan
Página 9: Puesto de perritos calientes

El Empire State Building proyecta su sombra sobre Midtwon Manhattan

Además de esta guía, Mick Sinclair es también autor de la guía de la AA *Explorer California* y de la guía *Versatile California* de la editorial Duncan Petersen's, y ha escrito y colaborado en tres títulos: *Florida, Escandinavia y California* para la colección Rough Guide. Sus artículos sobre viajes, cultura y arte han aparecido en periódicos y revistas de todo el mundo.

Cómo utilizar esta guía

Este libro está dividido en cinco secciones:

- Sección 1: ***Nueva York Hoy*** trata aspectos del panorama actual desde la vida callejera hasta el mundo artístico
- Sección 2: ***Nueva York Ayer*** sitúa a la ciudad en su contexto histórico y explora los hechos pasados
- Sección 3: ***De la A a la Z*** se ocupa de los lugares a visitar, paseos y excursiones, además de recomendar itinerarios. En esta sección encontrará los artículos Punto de MIra que tratan con mayor detalle una gran cantidad de materias
- Sección 4: ***Información Práctica*** contiene toda la información de interés vital para el visitante
- Sección 5: ***Hoteles y Restaurantes*** recoge una lista de locales recomendados, acompañada de comentarios puntuales

Los lugares descritos en esta obra han sido clasificados del siguiente modo:

- ▶▶▶ **No se lo pierda**
- ▶▶ **Muy recomendado**
- ▶ **Véalo si puede**
- **No es imprescindible**

Referencias cartográficas

Para facilitar la localización de un lugar determinado, cada entrada principal de este libro va acompañada de un mapa de referencia a la derecha del nombre. Este contiene un número, seguido de una letra, seguida a su vez por otro número, como 176B3. El primer número (176) hace referencia a la página en que aparece el mapa; la letra (B) y el segundo número (3) señalan el cuadro en que se encuentra dicha entrada. La referencia de los mapas del interior de la portada y contraportada es CCA y CCP.

Índice General

Limpieza de un anuncio en la esquina de Seventh Avenue y Broadway

Consulta rápida

Esta guía de consulta rápida recoge los elementos del libro que manejará más a menudo: mapas, capítulos de introducción, punto de mira y recorridos a pie.

Mapas

Nueva York Hoy

Nueva York Ayer

Estatua de la Libertad

Consulta rápida

Punto de Mira

A Pie

Excursiones

Camión de bomberos de Nueva York

J. P. MacBean
J. P. MacBean, un neoyorquino de pura cepa, vive en el distrito histórico King/Charlton/Vandam del South Village, cerca del SoHo. Entre sus obras se encuentran *Nueva York: Corazón de la Ciudad* y *Nueva York 1989*. Además, escribe artículos sobre cocina, viajes, teatros y restaurantes en periódicos y publicaciones de la ciudad. De 1989 a 1990 fue coordinador editorial de *La Guía de la Gran Manzana – La Guía Oficial de la Ciudad de Nueva York*.

Harvey Chipkin
Harvey Chipkin nació y creció en Nueva York y ha pasado toda su vida en la ciudad o a poca distancia. Durante muchos años ha escrito artículos de viajes para importantes revistas y publicaciones.

Mi Nueva York

por J. P. MacBean

Existen dos actividades absolutamente necesarias para llegar al corazón de la Gran Manzana y sentir su pulso: caminar y conversar. Hay que caminar por las calles –explorar sus vecindarios, maravillarse con su arquitectura, empaparse de sus luces y sonidos– y hay que conversar con sus gentes. Por supuesto, no con todo el mundo y no en todas partes de la ciudad: la prudencia es lo más aconsejable hoy día.
He aquí unas recomendaciones personales para sentir palpitar a mi metrópoli. En un día soleado, acceda a Central Park por Fifth Avenue y 59th Street y pasee hasta la fuente Bethesda, a la altura de 72nd Street. Compre un perrito caliente a un vendedor ambulante, siéntese en un banco y disfrute de una conversación con un vecino. Otro día, entre en un establecimiento como Tiffany's y charle con un dependiente (créame, los visitantes les fascinan). Pase una tarde en Greenwich Village (el West Village): cene en un pequeño restaurante e intercambie historias con sus compañeros de mesa. O déjese caer por el estimable (y *kosher*) Second Avenue Deli (en el East Village en 10th Street) y bromee con los deshinibidos camareros. Asista a un espectáculo de Broadway (consiga las entradas a mitad de precio en las taquillas «TKTS») y , durante el intermedio,comente la actuación con sus compañeros y los acomodadores.
Estas actividades no requieren un presupuesto elevado; además, hablar es gratis y muy fácil. De hecho, a menudo creo que todo el mundo en mi ciudad es una caja de música en espera de que alguien levante su tapa.

Mi Nueva York

por Harvey Chipkin

Como neoyorquino, sólo puedo imaginar la emoción de poner el pie en una acera y ser barrido por la energía, la pasión y la electricidad de Nueva York.
No puedo experimentar el desafío del primer paseo por Chinatown, por la italianísima Arthur Avenue en el Bronx, o por el alocado y diverso distrito Flushing en Queens, vecindarios tan ajenos como cualquier ciudad extranjera. Ya he perdido la expectación de la primera visita a «clichés turísticos» que son, de hecho, maravillas del mundo, como el Empire State Building y la Estatua de la Libertad.
Pero como nativo disfruto de algunas ventajas: he visto cómo vecindarios modernos se imponían en distritos anteriormente descuidados (como SoHo y TriBeCa); soy consciente de cómo los recién llegados mantienen al rojo vivo el crisol metropolitano; e incluso recuerdo que antes de que se inventara el «brunch», Nueva York era tan tranquila los domingos como un pueblo granjero de Iowa.
New York posee un atractivo mágico que puede convertirnos a todos en turistas, ya lo veamos por primera vez de adultos, o en nuestros más tiernos años.

NUEVA YORK HOY

■ Grandes museos, arquitectura fantástica, hoteles lujosos y cualquier clase imaginable de restaurante: Nueva York lo tiene todo. Pero sólo saliendo de entre las vistas, olores y sonidos que embriagan las calles comenzará a sentir el auténtico pulso de la poderosa ciudad.......■

Calles sin descanso Una calle neoyorquina puede ser un lugar solitario pero raramente uno vacío. A las 5 de la mañana, comienzan a emerger de las bocas de metro los primeros trabajadores.
Algo más tarde, los más jovenes se encaminan a la escuela y poco después, la hora del almuerzo vuelve a llenar las aceras. Por la tarde, los no residentes en la Gran Manzana inician su regreso hacia las estaciones y al crepúsculo, Midtown Manhattan se llena de cenas y espectáculos teatrales.
Entretanto, en Greenwich Village, los bares y clubs se preparan para otra larga y ajetreada noche.

Nueva York sin atascos es inimaginable

❑ Los 12 000 taxis amarillos que recorren las calles de Nueva York son mucho más que un modo rápido, si el tráfico lo permite, de viajar. Englobados en la mitología de la ciudad, los taxis han inspirado series televisivas (*Taxi,* que popularizó a Danny de Vito), han sido representados como pequeños rectángulos amarillos en grandes pinturas –*Broadway Boogie-Woogie* de Mondrian (expuesta en el Museo de Arte Moderno de New York)– y, como todos los taxis del mundo, son imposibles de encontrar cuando llueve.
Pero, ¿por qué son amarillos? Porque John Hertz, fundador de la Yellow Cab Company en 1907, leyó un estudio de la Universidad de Chicago en que se demostraba que el amarillo era el color más fácil de localizar. ❑

Amor a la calle Uno de los factores que más contribuyen a la marabunta continua en las calles de Nueva York es el tamaño y precio de los apartamentos que se elevan sobre ellas. La mayoría son pequeños y, a excepción de algunos de renta controlada, extremadamente caros. En lugar de quedarse en casa, los neoyorquinos adoran lanzarse a la calle ante cualquier oportunidad de comer, beber y alternar.

Negocios callejeros La libre empresa impera en las calles de Nueva York. Un puesto de comida en cada esquina significa que se puede saciar el apetito sin tener que aventurarse en el interior de un restaurante. Los amantes de la lectura pueden curiosear en las improvisadas mesas y puestos que

ofrecen material bibliográfico de lo más variado.
Muchos apartamentos neoyorquinos se han amueblado con adquisiciones de mercados callejeros, ya sean auténticas piezas de desguace, muebles de época o antigüedades.
Aún cuando llueve, no hay necesidad de resguardarse en busca de cobijo. Apenas caídas las primeras gotas, aparecen los vendedores ambulantes cargados de paraguas baratos.

Tompkins Square Park. La cultura se muestra de muchas formas

Tráfico callejero Escuche a los ciclistas y camioneros enzarzados en combates orales en los semáforos.Una atención disimulada le puede proporcionar buen material para emplear en posibles disputas con neoyorquinos. Tenga cuidado con los patinadores, que se deslizan por la Quinta Avenida entre el tráfico de hora punta agarrándose a los vehículos en movimiento. Si ve una limusina haciendo paradas en los establecimientos más exclusivos, deténgase y actúe como un neoyorquino: mire sin vergüenza a quien salga de su interior.

Mantenimiento El cuidado y limpieza de las calles de una ciudad con las dimensiones de Nueva York no es una tarea nada fácil, sobre todo si se tiene en cuenta que los fondos federales se han visto recortados en un 20% en los últimos 12 años. Es cierto que algunos puentes agradecerían una capa de pintura y que las calzadas presentan numerosos baches, pero esto no desmerece a la ciudad, sino que contribuye a ensalzar su aspecto mítico.
El Departamento de Saneamiento de Nueva York hace todo lo posible por conservar y mantener la ciudad, teniendo incluso que hacer frente a robos de camiones-basura.

❑ Es de todos sabido que el sobrenombre de Nueva York es la Gran Manzana pero nadie está seguro de los orígenes del término. Aunque se haya citado a músicos y gangsters como posible procedencia, la reciente popularidad de la frase se debe a una campaña turística de 1971.❑

Seguridad ciudadana Como toda gran metrópoli, Nueva York puede convertirse en un escenario nada agradable, pero no hay por qué asustarse: ponga sus cinco sentidos y evite comportarse como un turista. El Punto de mira Consejos útiles de las páginas 54-5 le ayudará a no engrosar los nada despreciables informes policiales.

■ Para cualquier persona con aspiraciones Nueva York es el lugar adecuado. Ya se desee alcanzar la fama cantando y bailando, amasar una fortuna en Wall Street, o comenzar una nueva vida en una nueva tierra, Nueva York es –como siempre lo ha sido– el puerto de las oportunidades......■

Altas finanzas Para aquellos capaces de soportar el estrés y las tensiones, el embriagador mundo de las finanzas de Wall Street ofrece generosas recompensas y un nivel de poder inimaginable fuera de la esfera política internacional. Eche un vistazo a las enormes torres de cristal y acero de la silueta de Manhattan, y no le sorprenderá que casi 3 000 grandes compañías internacionales estén establecidas aquí. Entre ellas se encuentran seis de los siete mayores bancos que cuentan, entre ellos, con un cuarto del negocio bancario mundial.

Ser taxista: una ocupación estable

Los gigantes industriales internacionales pueden tener plantillas de trabajadores por todo el mundo, pero sus compañías están dirigidas por las decisiones tomadas en las salas de juntas de sus oficinas centrales en Manhattan. Estas decisiones no sólo afectan al sustento de millones de personas, sino que influyen en el bienestar de los EE UU y en la economía mundial.

❏ Durante la década de 1980, una agitada Bolsa de Nueva York contribuyó a la creación del millonario yuppie y de bonos basura. Después de las caídas del mercado financiero de 1987 y 1989, las fortunas instantáneas han sido menos frecuentes. La Bolsa de Nueva York continúa siendo preeminente en el campo financiero, a pesar de verse desafiada por Nasdaq, una bolsa que funciona a través de una pantalla electrónica en la que compañías de información, ciencia y biotecnología comercian acciones. El auge de Nasdaq se vió potenciado por el gran éxito de firmas informáticas de pequeña capitalización durante los años 80. ❏

Taxistas Quizá no sea la ocupación más atractiva, pero poco después de que el motor de combustión interna reemplazara al caballo en las calles de Nueva York, conducir un taxi se convirtió en el primer trabajo estable de los inmigrantes recién llegados. En la actualidad, menos del 11% de las solicitudes para estos puestos son de neoyorquinos. Hoy día, casi la mitad de la plantilla es originaria del subcontinente indio.
Muchos de los recién llegados al gremio pueden tener un título universitario, o años de experiencia en economía, medicina o cualquier otra profesión en su tierra de origen. A pesar de todo, ser taxista en Nueva York significa ganancias regulares y una oportunidad de proporcionar a sus hijos un nivel de vida y educación impensable en sus países natales.

Estilos poco convencionales
Muchos vienen a Nueva York simplemente para vivir como desean. Peinados multicolores y atuendos estrafalarios raramente despiertan asombro en las calles de Manhattan, que ya han visto de todo. Los ávidos habitantes del mundo nocturno pueden disfrutar cada noche, dormir todo el día y nunca sentir que la vida de Nueva York les deja de lado.

Los neoyorquinos han aprendido a aceptar lo excéntrico.

La ciudad también promete una infraestructura de apoyo para muchos gays y lesbianas, que llegan procedentes de ambientes menos tolerantes.

Publicidad El *Wall Street Journal* y el *New York Times* son líderes nacionales en información de calidad e incluyen los trabajos periodísticos más codiciados por reporteros ambiciosos de todo el país. Algunas revistas neoyorquinas gozan de fama mundial. En los últimos años, *New Yorker, Vanity Fair* y *Vogue* han captado talentos de ultramar y han provocado más de un comentario al escoger a extranjeros para puestos de gran envergadura.
La mayoría de los editores más importantes del país están afincados en Nueva York, lo que atrae a la ciudad a escritores de todas partes y ofrece la posibilidad de trabajar con figuras literarias de fama mundial.

❏ Unos 770 000 licenciados universitarios americanos llegan a Nueva York cada año. ❏

La escena
Nueva York es el destino de aquellos que opten por la carrera escénica. Un gran comienzo es ser uno de los mil aceptados anuales en la eminente escuela metropolitana Juilliard School of Music and Performing Arts.
Para los actores dramáticos, Nueva York es el centro del teatro norteamericano, ya sea por los éxitos de Broadway o por las docenas de producciones y reposiciones de obras consagradas. La ciudad también ofrece otro tipo de oportunidades: las pruebas de muchos seriales y anuncios publicitarios tienen lugar aquí, aunque el imperio televisivo y cinematográfico tenga su centro en Los Angeles.
Además, las compañías de ballet, ópera y orquestas de Nueva York están reconocidas a nivel mundial.

Todo el mundo conoce Nueva York mucho antes de llegar allí, gracias a su eterna presencia en la gran pantalla. Aquí incluimos una lista muy selectiva de las películas más reveladoras, o simplemente más encantadoras, que tienen Nueva York como escenario, (En la página 188 se tratan las películas de Woody Allen con mayor detalle).....

Manhattan (1979). Woody Allen ofrece en esta producción en blanco y negro una deliciosa historia sobre un grupo de intelectuales de clase media. Las vistas son un auténtico elogio de su tan querida Nueva York.

Hechizo de luna (1987). Comedia de tono romántico interpretada por Cher y Nicolas Cage. El dulce humor de esta familia italiana de Brooklyn toca nuestra fibra más sensible.

Haz lo que debas (1989). El director Spike Lee muestra los problemas raciales de Brooklyn en esta historia ambientada en una pizzería italiana en donde trabaja un muchacho afroamericano. La preocupación de Lee por los temas raciales vuelve a estar presente en otras películas posteriores como *Cuanto más mejor* y *Jungle Fever*.

King Kong (1933). El conflicto entre el hombre y la naturaleza alcanza su clímax cuando el simio gigante aplasta aviones mientras tontea con Fay Wray en el Empire State Building

❑ Thomas Edison puede haber iluminado la ciudad, pero una combinación de factores– derechos de la patente cinemática, exigencias de los sindicatos de actores e inclemencias del tiempo– animaron a los fabricantes de películas a abandonar New York (donde las películas eran una derivación natural de los teatros de Broadway) a principios del siglo XX e ir en busca del sol de California. ❑

La línea del cielo (1980). Agridulce comedia de Fernando Colomo que narra las aventuras y desventuras de un fotógrafo español que llega a la Gran Manzana esperando encontrar su oportunidad.

Malas Calles (1973). Martin Scorsese contrasta de forma convincente el Nueva York de los hippies y el poder de las flores con las tradiciones del macho italoneoyorquino a la usanza. Tres años después, Scorsese obtendría un gran éxito con su celebrada *Taxi Driver*.

Metrópolis (1926). El director Fritz Lang afirmó que su primera visión de la silueta de Manhattan fue la inspiración para este estudio clásico de la alienación en la moderna sociedad industrial.

Armas de mujer (1990). Encantadora comedia de tono romántico en la que una dulce secretaria interpretada por Melanie Griffith ha de emplear todas sus armas y dotes femeninas para hacerse valer frente a su experimentada jefa, Sigourney Weaver. Por supuesto, acabará llevándose a Harrison Ford, el galán.

Wall Street (1987). Auténtica lección de economía y finanzas en esta trama de Oliver Stone ambientada en el Wall Street de los años 80. Michael Douglas borda su papel de financiero potentado.

La hoguera de las vanidades (1990). Basada en la obra homónima de Tom Wolfe (ver sección Literatura). Narra la historia de un

El fotograma más conocido de la ciudad: King Kong y Fay Wray en 1933

corredor de bolsa que, tras un desgraciado accidente, ve cómo su brillante carrera cae en picado. A pesar del elevado presupuesto, la película desmerece a la magnífica novela.

Fiebre del Sábado Noche (1977). Un producto de la fiebre discotequera de los años 70 y, sorprendentemente, buen reflejo de la cultura de los jóvenes italoamericanos del vecindario de Bensonhurst en Brooklyn.

Serpico (1973). En la vida real, Frank Serpico fue un honrado representante de la ley, cuyos esfuerzos para frenar la corrupción en el cuerpo de policía de Nueva York toparon con métodos de intimidación y violencia. La postura de Serpico tuvo como consecuencia una campaña general de limpieza– y la convincente actuación de Al Pacino en esta intriga con geniales rodajes exteriores.

La tentación vive arriba (1955). Posiblemente el mejor momento escénico de Marilyn Monroe. La película es famosa por una imagen inolvidable: la de la falda de la mítica y explosiva rubia siendo elevada por el aire de la rejilla del metro en el cruce de 52nd Street con Lexington Avenue.

Cuando Harry encontró a Sally (1989). El Katz´s Deli del Lower East Side ya era una leyenda de New York incluso antes de que allí se rodara la escena del falso orgasmo. Una deliciosa comedia en la que el Templo de Dendur del Museo Metropolitano roba unos fotogramas.

❑ Una desconocida actriz de 18 años llamada Lauren Bacall fue coronada Miss Greenwich Village en 1942 ❑

Fiebre del Sábado Noche

La otra calle

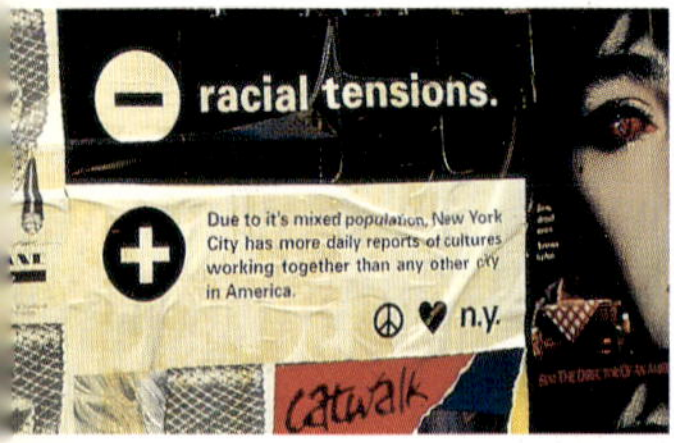

Nueva York es un gran crisol formado por 7 millones de personas donde no siempre resulta fácil encarar problemas como la convivencia multirracial, la falta de vivienda y las drogas. A pesar de la atención de los medios de comunicación y la retórica de los políticos, Nueva York ha de enfrentarse día a día a su propio destino.......

Tensiones raciales Los 7 millones de habitantes de New York abarcan una multitud de nacionalidades, razas y religiones, que hacen de la ciudad el mayor crisol cultural del mundo. Sin embargo, las tensiones raciales a menudo afloran y, en ocasiones, se traducen en violencia. En 1986, el joven afroamericano de 23 años Michael Griffiths fue asesinado tras ser perseguido por una panda de blancos armados con bates de béisbol. Tres años después, otro joven afroamericano, Yusuf Hawkins, fue asesinado a tiros por unos italoamericanos en el barrio blanco de clase media de Bensonhurst, en Brooklyn. Hawkins había ido a la zona con tres amigos para comprar una bicicleta. El incidente de Bensonhurst contribuyó a la elección del primer alcalde afroamericano de Nueva York, David Dinkins, con la esperanza de que él pudiera calmar el conflicto racial de la ciudad.

La primera prueba para Dinkins llegaría unos meses después, cuando los años de enemistad entre la mayoría afroamericana del deprimido distrito de Crown Heights y los vecinos judíos de Lubavitcher alcanzaron su máxima expresión después de que un niño afroamericano fuese atropellado por un coche conducido por un miembro de la secta. Poco después, manifestantes afroamericanos asesinaron a un estudiante rabínico, a lo que siguieron cuatro días y noches de violencia.
La reticencia del alcalde Dinkins a ordenar a la policía disolver los disturbios alimentó la idea de que estaba favoreciendo a los afroamericanos, ofendiendo a la comunidad judía y a sus oponentes políticos.

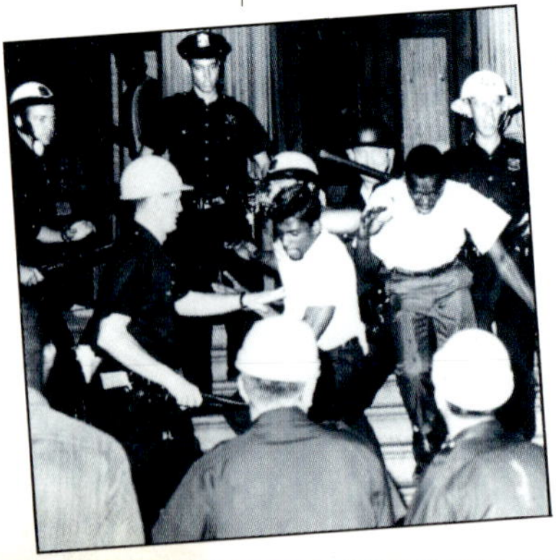

Harlem en 1964 y (abajo) la esperanza para el futuro.

La policía tiene que hacer frente a las tensiones sociales

La crudeza de la vida cotidiana de algunos distritos no debe desalentar o amargar nuestra visita. La realidad no es sólo la primera plana de los periódicos y la tensión no significa necesariamente odio al prójimo.

❑ La violencia está también presente en las escuelas de Nueva York. La educación es una tarea difícil cuando se han de conjugar diferentes creencias, culturas y religiones. ❑

Vivienda Sería falso e irreverente mostrar un retrato de New York en el que las condiciones de vida fueran ideales. Es de dominio público que ésta no es la realidad. A diario somos testigos del problema: los «sin casa» o «homeless». Resulta difícil permanecer ajeno cuando constantemente se nos bombardea con mensajes e imágenes alusivas en películas, vídeos o canciones. Pero sería igualmente injusto generalizar y vender la imagen de que Nueva York es solamente miseria callejera.
Dejando a un lado los tópicos, es cierto que las calles de Manhattan están pobladas de personas que forman parte permanente del paisaje urbano. En la actualidad, el número de «sin casa» asciende a 100 000, con procedencias muy variadas: pobres, parados, enfermos rechazados...
El aumento de esta población llevó a la creación de albergues municipales que, sin embargo, no gozaron de gran popularidad. Por el contrario, se calcula que unas 5 000 personas han encontrado refugio en el metro, viviendo en andenes y túneles internos.
Muchos «homeless» se ganan la vida recogiendo latas que luego canjean por 5 centavos, o vendiendo el periódico *Street News*.

Drogas Las drogas, utilizadas durante mucho tiempo por los neoyorquinos acomodados, proporcionan también un escape de la monotonía diaria en los barrios menos privilegiados, ya sea por su consumo o por los beneficios obtenidos en su venta.
En 1985, la llegada al mercado del crack, más fácil y más barato de preparar y comerciar que la heroína, no hizo sino complicar la situación, al igual que ocurriera en otras grandes ciudades.
Un gran número de prostitutas son adictas al crack y constituyen, según un estudio reciente, el grupo de población VIH positivo de más rápido aumento.

❑ En 1986, el senador Alfonso D'Amato demostró, yendo de incógnito, ante las cámaras de televisión lo sencillo que era comprar crack en Washington Heights. ❑

Pocas zonas de Nueva York permanecen inalterables a lo largo de los años. Distritos enteros sufren transformaciones –sociales, arquitectónicas y comerciales– al tiempo que vecindarios totalmente nuevos se elevan donde antes no había sino un agujero en el terreno.......

Battery Park City La prueba más reciente del poder de metamorfosis de Nueva York es Battery Park City, un proyecto de 4 billones de dólares que combina áreas comerciales, residenciales y de recreo en un emplazamiento de 92 acres en el extremo oeste del Financial District. Concebido en los años 70, Battery Park City devolvió vitalidad a una extensión abandonada a orillas del río Hudson, además de dar uso a las miles de toneladas de tierra y roca excavadas en la construcción del World Trade Center. Al igual que el Rockefeller Center, Battery Park City está evolucionando gracias a la labor de varios arquitectos que trabajan siguiendo un único plan que pretende la recreación de la atmósfera de un elegante y tradicional vecindario de Manhattan.

En arquitectura comercial, el World Financial Center de Cesar Pelli, concluido en 1986, tuvo una buena acogida gracias a su atrio decorado con palmeras.

La apreciadísima *Esplanade* restauró el acceso público a esta sección del río Hudson por primera vez en décadas. Las farolas de estilo victoriano y los bancos de madera contribuyen a crear un ambiente placentero. Los 19 edificios residenciales son apartamentos de lujo, en su mayoría habitados por individuos de alto poder adquisitivo.

Times Square y 42nd Street Los años 70 fueron testigo de cómo Times Square y la adyacente 42nd Street, en el extremo del distrito teatral de Broadway, eran ocupadas por cines porno, casas de masaje y librerías para adultos. Prostitutas y traficantes de droga ofrecían sus servicios, los vagabundos eran una visión habitual, mientras que la congestión peatonal convertía la zona en el paraíso de los carteristas.

A mediados de los años 80 se puso en práctica en el área de Times Square un programa de demolición y construcción de 2 billones y medio de dólares. El objetivo era crear nuevos

¿Perderá Times Square su sabor?

Esplanade a orillas del Hudson

hoteles y edificios de oficinas, para facilitar la restauración de varios teatros históricos en ruinas y actualizar la estación de metro de Times Square.
La policía intenta acabar con el crimen callejero local mientras los trabajos continúan en el Times Square Center –cuatro grandes edificios, uno en cada esquina del cruce de Broadway, Seventh Avenue y 42nd Street– diseñado por los arquitectos Philip Johnson y John Burgee. Muchos neoyorquinos se muestran escépticos respecto al éxito del proyecto, felices de perder el lado oscuro, pero temerosos, al mismo tiempo, de cambiar la vitalidad legendaria de Times Square por un paisaje estéril de modernas torres.

> ❑ «Un efecto soberbio»: el pretendido impacto de los arquitectos del Times Square Center. ❑

SoHo y TriBeCa A finales de los años 60, las fábricas abandonadas del SoHo (ver página175) proporcionaban estudios baratos y llenos de luz a todo tipo de artistas. Años después, cuando la oposición a un trazado de autopista centró la atención sobre la arquitectura decimonónica del vecindario y la creatividad había estimulado la apertura de galerías de arte, la zona se convirtió en la más bohemia de la ciudad, dando paso a bares y restaurantes de moda. Las fortunas de TriBeCa (ver página 182), otra anterior área industrial en decadencia, surgieron debido a su proximidad al SoHo.

East Village Cuando Greenwich Village quedó fuera del alcance de cualquier bolsillo, los espíritus creativos de la ciudad atravesaron Broadway hacia el East Village. A diferencia de las anteriores zonas comerciales como el SoHo y TriBeCa, el East Village ya contaba con población propia con profundas raíces. Esto evitó el aburguesamiento del área, a pesar de las elevadas rentas y la oleada de interés potenciada por los artistas de vanguardia a principios de los años 80.

> ❑ La continua migración hacia el este de artistas neoyorquinos poco conocidos desde Greenwich Village, pasando por el SoHo y el East Village, acaba hoy día al otro lado del East River en desvanes–estudio de las antiguas fábricas de Williamsburg en Brooklyn. Aquí ofrecen un chocante contraste frente a la gran concentración de judíos ultraortodoxos Satmarer. ❑

■ Gracias a una única combinación de coleccionistas adinerados y al influjo de artistas europeos modernos en tiempos de guerra, Nueva York ha acumulado algunas de las mejores obras de arte del mundo al tiempo que se ha convertido en un renombrado escaparate para nuevas ideas y tendencias artísticas......■

Primeras colecciones La sociedad histórica **New York Historical Society** (ver cuadro opuesto), fundada en 1804, se convirtió en el primer depósito de arte al adquirir una singular colección de obras tempranas americanas, que incluían muchas encargadas originalmente por Robert Lehman, un neoyorquino que abrió parte de su casa como galería y lanzó a artistas americanos como Thomas Cole.
La colección de pinturas del **Metropolitan Museum of Art** (páginas 142-8) comenzó en 1870 con la modesta adquisición de 174 lienzos holandeses y flamencos y fue aumentando –con la ayuda de legados y donaciones– hasta unos extensos fondos que incluyen grandes obras de Van Gogh, Turner, El Greco y Vermeer.

Hombres de negocio y arte Con más dinero del que pudieran imaginar y las recién construidas mansiones de la Fifth Avenue a la espera de decoración, los millonarios neoyorquinos del siglo XIX se lanzaron a la búsqueda de las colecciones de arte europeas. Uno de estos industriales fue Henry Clay Frick, que adquirió el valiosísimo conjunto conocido hoy como la **Frick Collection** (ver página 110).

Mecenas Muchos neoyorquinos pudientes se dejaron retratar por artistas, pero Gertrude Vanderbilt Whitney hizo mucho más para potenciar la creatividad americana. Exhibió y promovió a artistas emergentes como Edward Hopper y John Sloan, además de establecer un salón de estilo parisino a principios del siglo XX. Su legado, el **Whitney Museum of American Art** (ver página 191), continúa apoyando a creadores locales desconocidos y cuenta con muchas obras representativas de los mejores artistas americanos de este siglo.

El Metropolitan Museum of Art

Arte a la venta: una galería del SoHo

❑ A pesar de poseer las primeras colecciones de arte de la ciudad, la New York Historical Society nunca contó con grandes legados como los que ayudaron a convertir el Metropolitan Museum of Art y el Museum of Modern Art en importantes centros de atracción. En febrero de 1993, la Sociedad anunció el cierre, debido a presiones financieras, de su biblioteca y galería de arte. Gran parte de sus excepcionales fondos de arte americano del siglo XIX espera para ser vendida. ❑

Mientras Gertrude Whitney se ocupaba del arte americano, el industrial adinerado Solomon R. Guggenheim estaba descubriendo el arte y artistas de la moderna Europa. Sus adquisiciones de lienzos cubistas y abstractos fueron exhibidas en su suite del Hotel Plaza y, más tarde, serían la base del **Guggenheim Museum** (páginas 122-4).

Un centro artístico internacional Mientras la guerra amenazaba Europa, New York se encontró acaparando no sólo arte europeo sino también artistas europeos. En los años 40, muchos grandes nombres de la estética moderna residían en la ciudad, lo que provocaría un gran impacto en la escena metropolitana. Nueva York eclipsó a París (entonces bajo ocupación nazi) como centro artístico internacional y la preeminencia de la ciudad quedó confirmada por el surgimiento del expresionismo abstracto (ver páginas 128-9). Entretanto, el **Museum of Modern Art** (ver páginas 158-60), fundado en 1929, se convertía en el museo de arte moderno más prestigioso a nivel mundial.

Nueva York hoy New York engendró el pop-art, el op-art y el minimalismo durante la década de los 60 y, a finales de los 70, los almacenes del SoHo (ver páginas 175) habían sido transformados en prístinas galerías escaparate de nuevas tendencias y nuevos talentos.
En los prósperos años 80, el arte neoyorquino se convirtió en un gran negocio debido a que los nuevos compradores buscaban inversiones decorativas a prueba de inflación. Durante unos años, artistas poco convencionales desafiaron el status quo estableciendo sus propias galerías en el East Village y Lower East Side. Como algo típico de Nueva York, el resultado fue el inicio del aburguesamiento del East Village y la adopción de los mejores artistas por las galerías del SoHo.

❑ Entre las más destacables de las numerosas esculturas urbanas de Nueva York se encuentra el *Grupo de Cuatro Arboles* de Gean Dubuffet, en el Chase Manhattan Bank del Financial District. ❑

■ Nueva York no es únicamente el centro de las publicaciones norteamericanas, es también una ciudad que ha proporcionado más material a los escritores del siglo XX que ninguna otra. Los escenarios literarios son numerosos, y varios vecindarios neoyorquinos se han labrado un lugar especial en los anales de la literatura......■

Una capital editorial La geografía hizo de New York la capital de las publicaciones en 1850. Antes de que EEUU reconociera en 1891 las leyes internacionales de copyright, cualquier libro podía ser copiado, impreso y vendido, sin tener que pagar ningún derecho de autor, lo que se traducía en grandes beneficios editoriales. Para aumentar las ganancias, los editores estadounidenses competían entre sí por los últimos manuscritos extranjeros. Nueva York se convirtió en el mayor puerto de la nación y los editores de la ciudad podían hacerse con nuevos libros para piratearlos más rápido que los rivales de cualquier otro lugar.

La ciudad observada Nueva York siempre ha ofrecido una rica elección a escritores observadores. A principios de siglo, desde un estratégico taburete de bar, O Henry (el apodo literario de William Sydney Porter) produjo historias cortas que describían el lado miserable de la vida urbana. En la misma línea, unas décadas más tarde, Damon Runyon describió los personajes marginales del Broadway teatral. F. Scott Fidzgerald ilustró el lado oscuro de la época del jazz en *El Gran Gatsby*, mientras que Truman Capote sintonizaba con la clase alta de los años 50 en *Desayuno con diamantes*.
El estrés del Nueva York de los años 80 era la base de la laberíntica novela de Tom Wolfe *La hoguera dc las vanidades*, y la misma década presenció el surgimiento de los llamados autores Brat Pack: jóvenes escritores cuya prosa ambivalente insistía en el egoísmo y creencias del momento. Entre ellos, *Esclavos de Nueva York* de Tama Janowitz se distinguió por lanzarse al mercado con un vídeo promocional, aunque el título que amasó mayor publicidad fue *American Psycho* de Brett Easton Ellis, más notable por sus descripciones gráficas de la violencia perpetrada por un yuppie neoyorquino que por sus cualidades literarias.

Damon Runyon

❑ El cosmopolitismo y el estilo de vida del Nueva York de los años 20 inspiraron al malogrado poeta y dramaturgo español Federico García Lorca su célebre obra de tono surrealista *Poeta en Nueva York*. ❑

Vecindarios literarios. A mediados de la década de 1880, la vida literaria se desarrollaba en los bohemios estudios de las casas de campo de Greenwich

Washington Square y Henry James (inferior derecha)

Greenwich Village, donde personajes como James Fenimore Cooper se codeaban con los editores de revistas literarias. *La edad de la inocencia* de Edith Wharton y *Washington Square* de Henry James son un fiel reflejo de la sociedad de esta época.

Cuando los alquileres de Greenwich Village se abarataron, la zona atrajo a un grupo de brillantes y empobrecidos escritores (tan diversos como Willa Cather, John Reed, Theo Drieser, John Dos Passos, Robert Frost, Eugene O'Neill y Thomas Wolfe), que crearon la primera bohemia americana y contribuyeron a hacer del Village un paraíso literario (ver páginas 112-18).

El East Village y el Lower East Side se convirtieron en el puerto de llegada de literatos de la década de los 50, desde que escritores beat como William Burroughs y Allen Ginsberg se instalaron allí junto a emigrantes como W. H. Auden.

La migración en masa de afroamericanos hacia Harlem ayudó a estimular el Renacimiento de Harlem de los años 20, acercando a escritores afroamericanos como Langston Hughes y Zora Neale Hurston al gran público

Además de estimular, inspirar y acoger a literatos norteamericanos, Nueva York ha sido, es y será el punto de mira de autores de toda la geografía mundial.

❑ Las letras y plumas de habla hispana tampoco han permanecido insensibles al misterio y fascinación que despierta la Gran Manzana. Son numerosos los títulos que la evocan, la tienen como escenario o tratan de conservar su espíritu. *Caperucita en Manhattan* de Carmen Martín Gaite, *Nueva York* de Eduardo Mendoza y *Café Telescopio* de Felipe Alfau son buenos testimonios de ello, aunque quizá la obra más popular, debido a que ha sido recientemente llevada a la gran pantalla, sea *Los reyes del mambo* de Oscar Hijuelos. ❑

Para los entusiastas de la arquitectura, la silueta de Manhattan es motivo de ensueño. Gran parte de las estructuras coloniales ha desaparecido, pero los edificios existentes componen un entorno sobrecogedor, con estilos que van desde los años formativos hasta el postmodernismo......

El estilo federal Desde 1760 hasta 1830, el federal fue el primer estilo arquitectónico genuino norteamericano, aunque derivaba del georgiano británico y remataba los edificios públicos con columnas y cúpulas típicas de la antigua Roma. El **City Hall** (ver página 89) es un excelente ejemplo.
La arquitectura residencial del estilo federal se caracterizaba por sus casas de ladrillo y madera, con veneras sobre entradas y buhardillas. La **Gracie Mansion** (ver página 111) es un ejemplo. Una excelente muestra es la antigua residencia de James Watson, hoy el templo **Shrine of Elizabeth Bayley Seton** (7 State Street).

❑ Las oportunidades de ver el interior de una *brownstone* son bastante limitadas, a no ser que esté bien relacionado socialmente o tenga que hacer una visita de negocios a alguna de las oficinas del interior. Existen, no obstante, dos abiertas al público: el reconstruido lugar de nacimiento de Theodore Roosevelt (página 182), y la sección residencial de la Pierpoint Morgan Library (página 169). ❑

Historicismos Con el auge económico del siglo XIX, los pórticos y los motivos florales del estilo griego de las fachadas de los nuevos edificios, como los de Washington Square Park, no fueron sino el avance de una avalancha de recreaciones históricas, que incluyeron los estilos italiano, renacentista y gótico. Existen ejemplos de todos ellos por toda la ciudad.

Brownstones La *brownstone*, una forma de piedra arenisca extraída en New Jersey, fue utilizada, a mediados del siglo XIX, para construir de forma rápida y económica. Muy pronto las casas de este material se convirtieron en las principales residencias de la clase media. Aunque poco apreciadas en su momento, las *brownstones* gozaron de gran popularidad a partir de los años 50, y las muchas que aún sobreviven, sobre todo en el Midtown, están muy bien consideradas como residencias y oficinas.

Bloques de apartamentos de lujo Al acabar el siglo, los precios de las propiedades de Midtown Manhattan se habían elevado por encima de los bolsillos de la clase media, que comenzó a colonizar los nuevos apartamentos de lujo del Upper West Side. Los apartamentos, muy suntuosos y de hasta 10 habitaciones, también ofrecían extras futuristas como frigoríficos empotrados y sistemas de reparto de correo neumáticos. El **Dakota** (ver página 96) fue el primer bloque de este tipo.

Primeros rascacielos El **Flatiron Building** (ver página 106), de 1902, fue la primera construcción "más alta del mundo" de la ciudad y fue también la primera con estructura de

acero, técnica que abrió el camino a los años 20 y dió a Manhattan los edificios **Chrysler** y **Empire State**, que, además de establecer records de altura, consiguieron un genuino sello del *art–déco* (ver páginas 162-3).

El estilo internacional Las torres de acero y cristal que se elevan sobre Manhattan y forman la idea general de la arquitectura de la ciudad, fueron el resultado de la llegada de los arquitectos más creativos de Europa, que huían del nacismo y trajeron consigo las ideas renovadoras del estilo internacional.

El Museum of Modern Art (ver páginas 158-60) se convirtió en el primer edificio de estilo internacional de la ciudad. Entre los muchos que le siguieron cabe destacar el **Seagram Building**, 1958, de Mies van der Rohe, que proporcionó a New York su primera «plaza», o espacio abierto donde el público puede pasear, tomar el sol o almorzar. A finales de los años 70, todos los proyectos de altura incorporaron «plazas».

❑ El estilo eclecticista llegó a New York en 1890. Puede ser admirado en la **New York Public Library** de Carrère y Hastings (ver página 190), en la **US Custom House** de Cass Gilbert (ver página 190) y en numerosos trabajos de la firma McKim, Mead y White. ❑

El esplendor de los 80 Con el auge de la construcción de los años 80, Manhattan recibió el primer edificio moderno que no llevaba el sello del estilo internacional. El **AT&T Building** (en Madison Avenue entre las calles 55 y 56) de Philip Johnson se hizo famoso por su parecido con un mueble, la **Trump Tower** (ver página 183) se erigió como un santuario al consumismo vulgar y el **World Financial Center** llenó su atrio de palmeras

El Chrysler Building y sus vecinos futuristas

■ Rara es la visita a Nueva York durante la que no esté teniendo lugar alguna celebración, ya sea un desfile por Fifth Avenue o una alegre fiesta de vecinos. En este capítulo encontrará una selección de los acontecimientos más notables de un extenso calendario. Para obtener mayor información, lea los periódicos metropolitanos o contacte con la New York Convention and Visitor's Bureau (información de festivales en el teléfono; 397 8200)......■

Enero

Año Nuevo Chino (La fecha depende del ciclo lunar; a veces a principios de febrero). Se celebra en las calles de Chinatown con danzas de dragones, toros de fuego y abundante pirotecnia. Los restaurantes de la vecindad ofrecen banquetes festivos.

❑ El desfile del Día de San Patricio (a lo largo de Fifth Avenue), con 150 años de historia, es el más importante de los celebrados en Nueva York. Gran parte de la ciudad, incluido el Empire State Building, se engalana de verde para conmemorar la celebración de la identidad americano-irlandesa. La mítica Quinta Avenida descansa durante unas horas del agobiante tráfico rodado para ser testigo de excepción del paso del desfile. Las gaitas y flautas inundan el ambiente y el aire huele a trébol. ❑

Feria de Antigüedades de Invierno En Seventh Regiment Armory, Park Avenue en East 66th Street. Antigüedades y anticuarios de categoría; se admite la entrada al público (ver página 226).

Febrero

Mes de Historia Afroamericana Conferencias y exposiciones sobre temas afroamericanos.

Cumpleaños de Lincoln y **Cumpleaños de Washington** Celebrados con rebajas y ofertas en tiendas y grandes almacenes.

Marzo

Desfile del Día de la Independencia Griega En Fifth Avenue entre las

Celebraciones del Año Nuevo Chino: la danza del león

calles 59 y 79. Conmemora la recuperación de la independencia griega en 1821. Un mar azul y blanco de orquestas escolares y griegos-americanos ataviados con el traje nacional recorren alegremente la ruta.
Desfile de Animales de Circo Las criaturas de los circos Ringling Bros y Barnum & Bailey marchan desde una vía muerta de Twelfth Avenue y 34th Street hasta Madison Square Garden.

El mayor desfile callejero de Nueva York es el del Día de San Patricio

❑ El Desfile del Día de Puerto Rico, en Fifth Avenue entre las calles 44 y 86, celebrado el primer domingo de Junio, arroja a la enorme población portorriqueña de Nueva York a las calles para festejar el Día de la Independencia de su nación. Todo se llena de banderas rojas, blancas y azules, la cocina tradicional invade las aceras y las animadas orquestas deleitan a la concurrencia con un sinfín de salsa y merengue. ❑

Desfile del Día de San Patricio (ver cuadro opuesto)

Abril
Desfile del Día de Pascua En Fifth Avenue, comenzando cerca de St. Patrick's Cathedral. El sábado antes de Pascua se celebra una carrera de huevos en el Great Lawn de Central Park.
Festival Japonés del Cerezo en Flor En el Conservatory Garden de Central Park y en el Brooklyn Botanic Garden.

Mayo
Desfiles del Memorial Day En numerosos puntos de la ciudad.
Desfile del Martin Luther King Memorial Day En Fifth Avenue desde la calle 44 a la 86.
Festival Culinario Internacional de Ninth Avenue Una fiesta de dos días de las cocinas étnicas de la ciudad, en Ninth Avenue entre las calles 37 y 57.
Festival del SoHo En Prince Street.
Festival Ucraniano En el East Village, en 7th Street, el fin de semana más cercano al 17 de Mayo, aniversario de la adopción del cristianismo en Ucrania. Comida, artesanía y bailes tradicionales.
Festival de Arte de Washington Square Una reunión de artistas locales que exponen y venden sus obras durante tres fines de semana consecutivos.

Junio
Festival de Artesanía Americana Lincoln Center. A lo largo de dos fines de semana, expositores norteamericanos demuestran sus habilidades en la creación de joyas, esculturas y cualquier forma de arte decorativo.
Fiesta de San Antonio de Padua Little Italy. Puestos de comida en Sullivan Street y una procesión que pasea la imagen del santo al anochecer.
Desfile del Día de Puerto Rico Ver cuadro.
Desfile del Día del Orgullo Gay Por Fifth Avenue hasta Washington Square Park y en el Greenwich Village. La comunidad de gays y lesbianas de Nueva York se une para esta declaración de fuerza y unidad.

Museum Mile Celebration Los museos de la Museum Mile de Fifth Avenue organizan actividades y permanecen abiertos más tiempo.
The Metropolitan Opera Representaciones gratis en parques, incluido Central Park.
Shakespeare in the Park Obras de entrada gratuita en el Delacorte Theater de Central Park.

Julio
Fiesta de O-Bon Música y danza japonesa en el Riverside Park del Upper West Side para celebrar la luna llena.
Celebraciones del Día de la Independencia Incluyen los fuegos artificiales de Macy's lanzados desde barcazas ancladas en el Hudson.
Festival Mostly Mozart En el Avery Fisher Hall del Lincoln Center (ver página 235).

Los horrores de Hallowe'en

Agosto
Semana de Harlem Dos semanas de celebración de la historia y cultura de Harlem.
New York Philarmonic Conciertos al aire libre en diversos parques de la ciudad.

Septiembre
Desfile de Labor Day En Fifth Avenue. En teoría celebra el día del trabajo, pero en realidad es una excusa para celebrar el fin del verano con un desfile.
New York is Book Country En Fifth Avenue entre las calles 48 y 59. Todos los grandes editores están presentes y muchos autores conocidos dan conferencias y firman libros.
Festival de Cine de New York En el Lincoln Center (ver páginas 234).
Fiesta de San Gennaro En la Mulberry Street de Little Italy. Dura diez días. Las cocinas improvisadas en las aceras sirven salchichas y trozos de pizza, mientras un relicario del santo es paseado por las calles y bañado con dólares. (Ver también página 135)
Festival de Arte de Washington Square Exposición de artistas locales y venta de alimentos y productos étnicos.

Octubre
Desfile de Columbus Day En Fifth Avenue entre las calles 44 y 72. Conmemora el descubrimiento del Nuevo Mundo por Cristobal Colón.
Hallowe'en Desfile de brujas y magos de mentira por Greenwich Village hasta Washington Square Park Memorial Arch.
Marathon de New York Desde el puente Verrazano–Narrows hasta la Tavern on the Green de Central Park (en ocasiones puede celebrarse a principios de noviembre).

Noviembre
Desfile del Día de Acción de Gracias de Macy's En Central Park West y Broadway, con globos de helio. Los gigantescos globos se llenan de gas la tarde anterior al desfile junto al American Museum of Natural History.

Diciembre
Rockefeller Center La iluminación del árbol de Navidad del Rockefeller Center señala el comienzo de las festividades navideñas de la ciudad. Durante este periodo, muchos establecimientos montan fantásticos escaparates.

❑ Miles de neoyorquinos se arremolinan en Times Square para dar la bienvenida al Año Nuevo. Cuando la medianoche se acerca, una bola iluminada desciende por la Times Tower. ❑

NUEVA YORK AYER

Primeros Colonos

■ Durante el siglo XVI, los marineros europeos exploraron la costa oriental de América del Norte, no con la esperanza de localizar el emplazamiento para la futura gran metrópolis, sino con la esperanza de encontrar el Paso del Noroeste, un atajo a las islas de las especias del Pacífico. Hubieron de pasar muchos años entre el descubrimiento europeo de este litoral y su colonización.....■

Primeros exploradores La primera observación europea de lo que sería Nueva York fue llevada a cabo en 1524 por Giovanni da Verrazano, un mercader florentino al servicio de Francia. Verrazano describió la tierra encontrada como «vasta y hermosa» y de sus habitantes nativos destacó que proferían «grandes gritos de asombro» ante las naves europeas. Pero hasta 1609 no se haría una exploración más detenida de la zona y esta vez el encargado sería Hendrick (Henry) Hudson, un inglés al servicio de la Compañía Holandesa de las Indias Orientales. Navegó hacia el norte por el río que ahora lleva su nombre hasta la actual Albany.

❑ Antes del asentamiento europeo, la zona de Nueva York estaba habitada por varios grupos de nativos americanos, en su mayoría pertenecientes a la tribu Algonquin. Los nativos americanos, que vivían de la agricultura, caza y pesca, no compartían el concepto europeo de propiedad de la tierra pero sí tenían en común el entusiasmo por el comercio, lo que contribuyó a la cordialidad de las primeras relaciones.
Los continuados ataques holandeses acabaron expulsando a los nativos. Las enfermedades europeas también se cobraron sus víctimas. ❑

New Amsterdam (Nueva York), 1673

Al igual que Verrazano, Hudson fracasó en su búsqueda del Paso del Noroeste, pero aprendió que los nativos eran ricos en pieles de castor, visón y nutria y estaban deseosos de comerciar.

Los primeros neoyorquinos La prosperidad del comercio con los nativos propició la creación en Amsterdam de la Compañía Holandesa de las Indias Occidentales, que organizó varios asentamientos en América del Norte. En 1625, se fundó una de estas colonias, New Amsterdam, en lo que es ahora Lower Manhattan. Estaba constituida por familias valonas holandesas y francesas y sus esclavos americanos. En 1626, el líder de la colonia, Peter Minuit, compró la isla de Manhattan a una tribu de nativos. El precio fue una caja de herramientas y chucherías por un valor equivalente a 24 dólares.

La llegada de Henry Hudson en 1609 a la desembocadura del actual río Hudson

■ Establecida como base del comercio colonial, la holandesa New Amsterdam –que pronto se convertiría en la británica Nueva York– adquirió un carácter propio, debido en parte a la diversidad étnica y religiosa de sus habitantes y en parte al creciente deseo de deshacerse para siempre de los vínculos con el Viejo Mundo......■

New Amsterdam: éxito y fracaso
Para el deleite de la Compañía Holandesa de las Indias Occidentales, New Amsterdam pronto comenzó a florecer como centro de comercio. LLegaron nuevos colonos, animados por las concesiones de tierra gratuitas ofrecidas por la compañía. Algunos vinieron para escapar de la persecución religiosa, buscando la libertad de culto que la compañía había prometido.
Sin embargo, New Amsterdam estaba lejos de ser la sutil réplica de una ciudad holandesa soñada por la compañía. La violencia y los altercados estaban a la orden del día: las parejas no siempre pasaban por la vicaría, los cerdos corrían por las calles y la bebida era un entretenimiento demasiado común.

Un nuevo gobernador En 1647, fue destituido el gobernador corrupto y el cargo pasó a manos de Peter Stuyvesant, un firme oficial. Bajo su férreo gobierno, y con un nuevo fuero que incluía la elección de funcionarios, New Amsterdam duplicó su población y su tamaño, adquiriendo su primer hospital, prisión, escuela, oficina de correos e instituciones comerciales.
La colonia también incorporó una muralla de protección en el norte, que más tarde se demostraría ineficaz conteniendo los ataques británicos, pero que daría lugar a la calle llamada Wall Street (Calle de la Muralla).

Llegan los británicos La impopularidad de Stuyvesant, unida a los excesivos impuestos exigidos por la Compañía Holandesa de las Indias Occidentales, hizo que los habitantes de New Amsterdam no opusieran ninguna resistencia cuando cuatro buques de guerra ingleses bloquearon el puerto en 1664. Bajo gobierno inglés, la colonia fue llamada Nueva York, en honor al Duque de York, hermano de Carlos II.
Situada entre las principales bases británicas del sur y del norte, y en la desembocadura del estratégico río Hudson, no resulta sorprendente que Nueva York se convirtiera en un destacado puerto. Sin embargo, los británicos no lo hicieron mejor que los holandeses a la hora de imponer su autoridad en la vida de la colonia. A comienzos del siglo XVIII, la población de Nueva York había alcanzado los 20 000 habitantes, compuestos de una increíble mezcla de nacionalidades y religiones.

La Revolución Americana Después de que el Tratado de París de 1763 confirmara su dominio sobre las 13 colonias americanas, los británicos exigieron una serie de impuestos punitivos a los colonos. Los anteriores levantamientos anticoloniales habían sido sofocados de forma violenta por los británicos, pero el comienzo de una época postcolonial y

Peter Stuyvesant

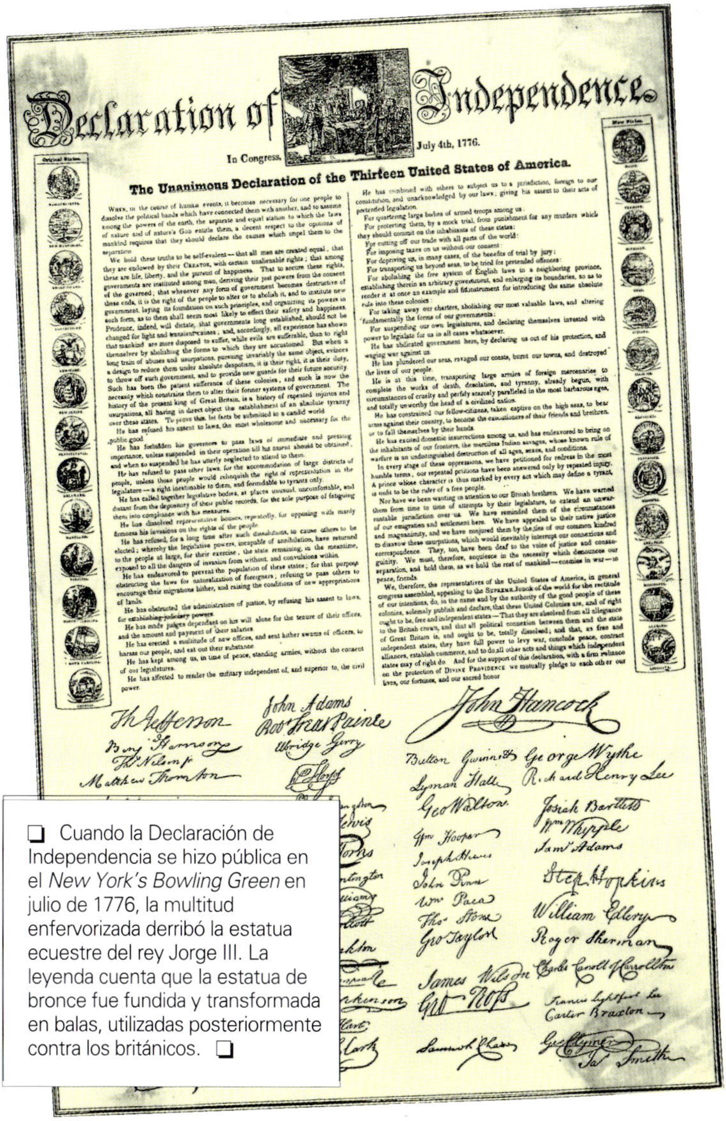

❑ Cuando la Declaración de Independencia se hizo pública en el *New York's Bowling Green* en julio de 1776, la multitud enfervorizada derribó la estatua ecuestre del rey Jorge III. La leyenda cuenta que la estatua de bronce fue fundida y transformada en balas, utilizadas posteriormente contra los británicos. ❑

la extensión universal de los ideales republicanos hicieron que la idea de independencia pareciera atractiva a las 13 florecientes colonias.
Después de la Declaración de Independencia de 1776, George Washington organizó una guerra revolucionaria contra los británicos. Muchas tropas británicas fueron alojadas en Nueva York, donde requisaron alimentos y provisiones, aterrorizaron a la población y encarcelaron a los prisioneros rebeldes en los barcos donde el hambre y las enfermedades eran habituales.
Nueva York sería el último punto de apoyo del gobierno británico en el Nuevo Mundo. A pesar de que el Tratado de París de 1783 ponía fin oficial a la guerra, las tropas británicas restantes no fueron expulsadas hasta noviembre de ese año, cuando Washington marchó desde Harlem hacia Bowery.

Como el puerto más importante del país, Nueva York era la puerta de entrada al Nuevo Mundo. A lo largo del siglo XIX sería el destino de la mayor inmigración de la historia; un movimiento de masas que no sólo transformaría la ciudad sino que daría forma al futuro de EE UU......

La población de Nueva York había tenido un tinte cosmopolita desde los primeros días de colonización y este influjo de inmigrantes continuó después de la revolución e independencia americanas.
Algunos se veían atraidos por la idea de modelar la primera sociedad democrática de nacionalidades mixtas, otros eran intelectuales radicales empujados al exilio por sus gobiernos, y unos pocos eran simples aventureros o buscadores de fortuna.
Las grandes oleadas de inmigración que habrían de cambiar la ciudad tuvieron lugar a mediados del siglo XIX.

Migraciones de masas Tres factores principales contribuyeron a las oleadas de migración europea hacia Nueva York durante la primera mitad del siglo XIX: la convulsión social causada por las Guerras Napoleónicas, el hambre de la patata en Irlanda y Alemania, y la Revolución Industrial, que se extendía por Europa y arrebataba el sustento a muchos artesanos y minifundistas.
En 1890, el saturado centro de proceso de inmigrantes de Castle Garden

Llegada al Nuevo Mundo: un grabado de 1892

Inmigración a Nueva York durante el siglo XIX

década de 1820	150 000
década de 1840	1,7 000 000
década de 1850	2,5 000 000

(ahora Castle Clinton) fue reemplazado por el complejo de Ellis Island, financiado con fondos federales. El nuevo centro de recepción –un limpio complejo de vanguardia– tenía poco que ver con lo que esperaba a los recién llegados una vez que fueran ciudadanos americanos.

Aunque no todos los recién llegados se quedaron en Nueva York, muchos lo hicieron y se convirtieron en una pesada carga para los recursos de la ciudad. Con el fin de alojar al mayor número de personas en un solo lugar, la década de 1860 presenció la creación de bloques de viviendas; edificios de cinco o seis pisos donde una familia entera ocupaba a veces una única habitación sin ventanas, que se ganaron el sobrenombre de «bloques de los pulmones» por el alto índice de tuberculosis entre sus habitantes. El pobre sistema de desagüe y alcantarillado hizo de enfermedades como la fiebre amarilla y el cólera una amenaza constante.

En una ciudad de inmigrantes, una mezcla de astucia, iniciativa y trabajo duro en pésimas condiciones normalmente tenía sus recompensas, y los pricipales grupos étnicos se asimilaron (en particular a medida que los hijos de inmigrantes se convertían en adultos totalmente familiarizados con las formas del Nuevo Mundo) y comenzaron a ascender en la escala social de la ciudad.

La extensión hacia el norte de las calles de Manhattan se vió acompañada de un constante flujo de riqueza en esa misma dirección. Mientras los ricos ocupaban los hogares más nuevos del norte, sus anteriores moradas eran ocupadas por grupos étnicos prósperos, y los pobres (los últimos inmigrantes) eran alojados en el sur, normalmente en los bloques del Lower East Side.

Leyes antinmigratorias Temerosos de perder sus trabajos, del aumento de las enfermedades y del declive de la supremacía anglosajona (tras la Independencia Americana, el 60% de los americanos eran de origen inglés), los poderosos grupos establecidos propusieron leyes de inmigración más estrictas.

En 1882, el Chinese Exclusion Act ponía fin a la inmigración en masa de chinos a America. EE UU entró en el siglo XX como la potencia industrial más rica del mundo y las demandas para proteger lo que ya se había creado se hicieron cada vez más fuertes.

El estallido de la I Guerra Mundial avivó la postura aislacionista que preparó el camino a los límites de inmigración de los años 20 (aunque la concesión de la ciudadanía estadounidense a todos los portorriqueños fue una excepción). La inmigración en masa, entendida como en las primeras décadas, había llegado a su fin.

❏ Aunque es poco probable que se repitan las migraciones en masa del siglo XIX, la inmigración a Nueva York no es algo del pasado. La relajación de las restricciones en la década de los años 60 provocó una enorme ampliación de Chinatown (donde muchos habitantes son vietnamitas y camboyanos) y permitió a indios, coreanos, filipinos, latinos y gentes de Oriente Medio formar parte de las 90 000 personas que se establecen en Nueva York cada año. ❏

■ **Raras ocasiones han ofrecido a un empresario la oportunidad de amasar fama y fortuna como el Nueva York del siglo XIX. En aquel momento, las actividades especulativas y de lucro desbordaban la ciudad, que pasaba de forma frenética de puesto avanzado a metrópoli. Algunos nombres de aquella época embriagadora son aún recordados hoy día......** ■

John Jacob Astor (1763–1848) John Jacob Astor, un comerciante de pieles millonario, comenzó a comprar tierra en Nueva York en 1834 al tiempo que buscaba los favores de políticos de la ciudad y se congraciaba con la alta sociedad. Los beneficios de la construcción de barrios le convirtieron en el hombre más rico cuando murió en 1848. En un inesperado acto de generosidad, Astor legó 400 000 dólares para la creación de la primera biblioteca pública de EE UU, hoy el Joseph Papp Public Theater.

Andrew Carnegie (1835–1919) Comenzó en la industria como trabajador en una fábrica de algodón y ascendió hasta magnate del hierro, carbón, acero, barcos y ferrocarriles. Siguiendo el lema «un hombre que muere rico, muere en desgracia», Carnegie financió numerosos proyectos, unas 2 000 bibliotecas, el Carnegie Hall y, con todo, aún tenía 23 millones cuando murió. La mansión Carnegie en la Quinta Avenida es hoy la sede del Cooper–Hewitt Museum (ver página 95).

De asalariado a multimillonario: Andrew Carnegie

❑ Cuando Caroline Schermerhorn contrajo matrimonio y entró en la familia Astor en 1853, se convirtió en la famosa «Mrs. Astor», una leyenda de la alta sociedad neoyorquina por sus bailes, considerados el barómetro social de la ciudad. Las 400 personas invitadas (400 era el número máximo de ocupación de una sala de baile) se podían considerar «in» y los no invitados –todo aquel que trabajaba para ganarse la vida– estaban definitivamente «out». ❑

Henry Clay Frick (1849–1919) Socio de Andrew Carnegie en la Carnegie Steel Company, Henry Clay Frick no fue un hombre de cualidades elogiables. Él instigó el suceso más turbio en la historia de las relaciones laborales americanas, contratando una multitud para poner fin a una huelga de forma violenta. Una gran parte de la fortuna de Frick fue destinada a la adquisición de la Frick Collection, acogida en su antigua mansión de la Quinta Avenida (ver página 110).

Jay Gould (1836–92) Jay Gould (1836–92) Bandido y estafador, Jay Gould amasó su primera fortuna a los 21 años pinchando las líneas de telégrafo y haciendo apuestas sobre los resultados de las batallas de la Guerra de Secesión, que él ya conocía. Su asunto sucio más espectacular produjo 11 millones de dólares en el mercado del oro y provocó el desastroso «Viernes Negro» de 1868.

John Piermont Morgan (1837–1913) Gran parte del dinero europeo invertido en EE UU durante el siglo XIX fue canalizado por el banquero y financiero John Piermont Morgan. Capaz de ejercer influencia en todo nuevo proyecto que necesitara dinero, Morgan adquirió una riqueza e importancia considerables. Tomó parte en todo tipo de acción empresarial, y vigiló la creación de la US Steel Corporation, que en 1901 se convertiría en el primer negocio multimillonario. Junto con el Departamento del Tesoro de EE UU, Morgan gastó 25 millones de dólares en la compra de oro para salvar a Nueva York de la bancarrota en 1907. También fundó la Piermont Morgan Library (ver página 169).

Cornelius Vanderbilt (1794–1877) Comenzando con un servicio de ferry entre Staten Island y Manhattan a principios del siglo XIX, Cornelius Vanderbilt construyó un imperio naviero que dominó el transporte de la bahía de Nueva York e hizo rutas tan lejanas como a América Latina y California.
En 1864, Vanderbilt destinó unos cuantos millones al ferrocarril, instalando las vías que unirían las fábricas de acero de Pittsburgh y las granjas lecheras del estado de Nueva York a los muelles de las ciudad, donde esperaban sus barcos de carga.

❑ A pesar de la merecida reputación de hombre de negocios testarudo, J. P. Morgan solía consultar a la astróloga de sociedad Evangeline Adams antes de tomar ninguna decisión. Prueba del interés del banquero por la astrología es la Piermont Morgan Library, que incorpora símbolos del zodíaco en su decoración. ❑

Un excelente inversor: el banquero John Piermont Morgan

El esquema de la expansión de Nueva York es fácil de rastrear, algo poco común tratándose de una gran urbe. El crecimiento de la ciudad fue simple: la larga y estrecha isla de Manhattan, sofocada por el desarrollo urbano, comenzó en un extremo y avanzó sistemáticamente hacia el otro......

La colonia europea de Manhattan comenzó en el extremo sur de la isla, el lugar más fácil para que atracaran los barcos. Aquí se establecieron las primeras casas y negocios. Cuando el asentamiento creció, sólo podía expandirse hacia el norte. En el proceso, adquirió el fortuito esquema de calles que aún existe hoy en el Financial District.

El plano de damero En 1811, el Board of Commissioners ratificó un plan urbano cuadrangular formulado por el topógrafo John Randel. Ignorando todas las calles existentes a excepción de Broadway, que seguía una antigua senda india, el diseño se basaba en calles numeradas (para residencia) en dirección este–oeste y avenidas numeradas (para el comercio) en dirección norte–sur.

El plano de damero proporcionó un boceto necesario para el desarrollo de Manhattan. En 1820, con una población de 123 000 habitantes, Nueva York era ya la mayor ciudad de EE UU, aunque apenas se extendía más allá de Canal Street. Al norte de Canal Street, se habían establecido algunos poblados en lo que son hoy Chelsea y Greenwich Village, y las zonas que ahora comprenden el Upper East Side y el Upper West Side eran una mezcla de granjas, tierras baldías y campos de colonos.

La apertura del Erie Canal en 1925 unió Nueva York a los Grandes Lagos y al Medio Oeste agrícola, haciendo de la ciudad el puerto americano más importante y la puerta al comercio lucrativo internacional. Esto, unido a las oleadas migratorias que comenzaron en 1840, preparó el campo para la rápida expansión de Nueva York durante el siglo XIX.

El nuevo Puente de Brooklyn debió parecer un milagro en su día

Los especuladores construyeron Harlem en un abrir y cerrar de ojos

El dinero avanza hacia el norte Los constructores perdían poco tiempo en avanzar hacia el norte, alisando el terreno y levantando nuevos edificios. A mediados del siglo XIX aparecieron las primeras y elegantes *brownstones* de la ciudad, que proporcionaron cómodo alojamiento a las clases acomodadas en los márgenes septentrionales. Mientras, en el Lower East Side se elevaban los primeros bloques de viviendas, que acogieron a los desprovistos inmigrantes y que pronto se convertirían en barriadas. Con los pobres dejándose la piel en las fábricas, Nueva York generaba una riqueza increible para su elite.

En 1860 varios cientos de millonarios tenían Manhattan por hogar. Muchos ocupaban los bloques de apartamentos de lujo recientemente erigidos en la Quinta Avenida, frente al joven Central Park. El Upper East Side se convirtió en el eterno dominio de los ricos.

Ha nacido una metrópoli Poco a poco, la ciudad adquirió una infraestructura digna de la futura metrópoli. En 1868, entró en servicio el primer tren elevado. Dos años más tarde se perforaba la primera línea de metro. Los trabajos del Puente de Brooklyn, el milagro de ingeniería de la época, comenzaron en 1870, y fueron completados en 1883. La compañía de Thomas Edison inició la electrificación de la ciudad, abriendo su primera estación generadora en 1882.

En 1898, la creación del Greater New York unía a los cinco municipios –Manhattan, Brooklyn, el Bronx, Queens y Staten Island– bajo un solo gobierno. La población de Nueva York alcanzaba ahora los 3,8 millones, convirtiéndola en la segunda mayor ciudad del mundo.

❑ Cuando comenzó la construcción del New York City Hall en 1803, el edificio estaba en lo que entonces era el extremo norte. Se utilizó mármol para el frontal y los laterales, pero la parte norte se tuvo que conformar con piedra arenisca roja, con la esperanza de que nadie lo vería. Sin embargo, era tal el ritmo de expansión, que cuando fue concluido en 1812, el City Hall ya estaba rodeado de nuevos edificios. ❑

■ Los primeros años de independencia americana estuvieron marcados por las frecuentes incertidumbres financieras pero ninguno de los primeros sobresaltos bancarios preparó a la ciudad para la caída de Wall Street de 1929, que arrastró al país, y al resto del mundo, a la Gran Depresión......■

Nueva York duró solamente un año como la capital financiera de EE UU, pero las instituciones financieras de Wall Street, surgidas como lugar de venta para los 80 millones de dólares de bonos creados para pagar la Guerra de Independencia, continuaron siendo el corazón del sistema monetario de la nación.

Mientras los inversores poco escrupulosos jugaban con la incertidumbre e inexperiencia inherentes a los sistemas financieros de la nueva nación, las caídas eran numerosas. El pánico de 1837 barrió 60 billones de dólares en acciones y dejó sin trabajo a 50 000 personas; 20 años después, otro crac puso a 40 000 en la calle. Una posterior caída del mercado de valores tenía lugar en 1873, y en 1907 los bancos de Nueva York tuvieron que ser salvados de la insolvencia por el acaudalado financiero J. P. Morgan.

Los prósperos años 20 A medida que el gobierno federal sustituía a financieros independientes y que EE UU emergían de la I Guerra Mundial como una nación rica y poderosa, las incertidumbres financieras comenzaban a parecer algo del pasado. La economía de EE UU estaba en alza y los rumores de fortunas amasadas rápidamente en el mercado de acciones aceleraron aún más el comercio. Incluso los acontecimientos irrelevantes para la economía, como el primer vuelo a través del Atlántico de Charles Lindbergh, eran suficiente para avivar las transacciones. Los niveles de negocio batieron marcas durante 1928.

El crac de 1929 A pesar de los signos de aviso que ya se habían observado –la producción industrial estaba en declive y la economía comenzaba a estancarse– muy pocos prestaron atención hasta la tercera semana de octubre de 1929, cuando todo el mundo empezó a vender a la vez. Millones de acciones fueron vendidas con pérdidas, hecho que provocó el suicidio de 11 accionistas y que el 29 de octubre de 1929 pasara a la historia como el «Martes Negro», día en que dió comienzo la recesión.

❑ 'El experto financiero Roger W Babson declaraba en septiembre de 1929: «Tarde o temprano va a haber un crac, y puede ser terrorífico». ❑

En 1932, el año más crudo de la Depresión, más de un tercio de las 29.000 fábricas de Nueva York habían cerrado, dejando a un cuarto de la fuerza laboral de la ciudad sin trabajo. Los que tenían empleos de media jornada podían considerarse afortunados. Muchos otros, incapaces de pagar la renta, se fueron a vivir a las barriadas que aparecieron en Central Park y hacían cola para obtener los alimentos gratuitos de las cocinas improvisadas en Times Square.

El auge constructor, que había levantado muchos de los rascacielos más distintivos de la ciudad durante los boyantes años 20, tocó a su fin. El Empire State Building, inaugurado en 1931, tenía que pagar su mantenimiento con los beneficios de las visitas turísticas en vez de con las rentas de las oficinas.

La Guardia promueve la recuperación Para los neoyorquinos, los infortunios de la Depresión se veían agravados por la incompetencia de su alcalde, Jimmy Walker, más conocido como compositor de canciones que como político. Walker abandonó el cargo en 1932 y huyó a Europa, tras verse involucrado en un escándalo de corrupción.

El sustituto de Walker fue Fiorello La Guardia, un joven policía comprometido a poner fin a la corrupción. Con los fondos federales del *New Deal* procedentes de la nueva nación del presidente Franklin D. Roosevelt, La Guardia acometió el mayor programa de construcción de viviendas de bajo coste de la historia de EE UU, proporcionando trabajo además de techo. Otro oficial municipal, Robert Moses, se encargó de parques, puentes y carreteras.

La Exposición Universal de 1939, celebrada en Queens, pretendía simbolizar la salida de Nueva York de la Depresión, aunque la verdadera restauradora de las finanzas sería la entrada de EE UU en la II Guerra Mundial en 1941, gracias a los soldados y tanques, camiones y aviones que pasaban por ella rumbo a la guerra.

❑ En 1940, el presupuesto municipal Nueva York era de 1 $. ❑

BROOKLYN DAILY EAGLE
And Complete Long Island News
LATE NEWS
WALL ST. IN PANIC AS STOCKS CRASH
Attempt Made to Kill Italy's Crown Prince
ASSASSIN CAUGHT IN BRUSSELS MOB; PRINCE UNHURT
Hollywood Fire Destroys Films Worth Millions
FEAR 52 PERISHED IN LAKE MICHIGAN; FERRY IS MISSING
PIECE OF PLANE LIKE DITEMAN'S IS FOUND AT SEA
High Duty Group Gave $700,000 to Coolidge Drive
STOCKS CRASH IN RUSH TO SELL BILLIONS

El drama del crac de Wall Street tal como apareció en un periódico italiano

La imagen negra de Nueva York es la de los estafadores, los sobornos policiales y los alcaldes usando fondos públicos para beneficio privado. La corrupción formó parte de la vida de Nueva York desde los primeros días de la ciudad, y demostró ser un vicio difícil de combatir......

El Grupo de Tweed William Marcy Tweed «El jefe», un antiguo bombero y miembro de bandas callejeras, resultó elegido en 1851, a los 21 años, ayudante de concejal en un grupo municipal apodado «los 40 Ladrones». Prometiendo (y entregando) empleos y dinero a cambio de votos, Tweed escaló rapidamente hasta la cima de la facción criminal del Partido Democrático de Nueva York llamada «Tammany». La administración de la ciudad pronto estuvo dominada por el «Grupo de Tweed», una camarilla de oficiales corruptos que, durante su breve reinado, se apropiaron de unos 300 millones de dólares del dinero público. Como comisario de obras públicas, Tweed, obtenía grandes comisiones de las compañías constructoras como recompensa a cambio de contratos lucrativos, y exigía mediante amenazas enormes sumas por proporcionar servicios esenciales. Una parte de los beneficios estaba reservada para sobornos a la policía, burócratas y otros funcionarios, para evitar que se fueran de la lengua.

El secreto del éxito: una caricatura de 1871

La estafa más espectacular de Tweed estuvo relacionada con la construcción de la New York County Courthouse (conocida como la Tweed Courthouse). Comenzada en 1862 con un presupuesto de 250 000 dólares, el Palacio de Justicia acabó costando a los contribuyentes neoyorquinos 14 millones de dólares, 12 de los cuales fueron al «Grupo de Tweed».

Un indignado empleado del City Hall pasó documentos incriminatorios al *New York Times*. Ya en la cárcel, Tweed consiguió un permiso para salir a almorzar y escapó a Chile. Encarcelado de nuevo, murió en 1878 en una prisión que su corrupto régimen había construido.

❑ Dado que la mayoría de los que le votaron eran analfabetos, Tweed declaró tener poco interés en lo que decían los periódicos. El consideraba las tiras cómicas satíricas publicadas en *Harper's Bazaar* más dañinas para su carrera que los informes sobre negocios sucios documentados con palabras. ❑

El alcalde William O'Dwyer en su despacho del City Hall

Alcaldes El cuáquero Fernando Wood fue visto como el hombre que pondría fin a la corrupción en 1844, a pesar de anteriores acusaciones de fraude y de haber sido elegido alcalde con más votos que votantes. De hecho, Wood vendió el puesto de comisario de la ciudad por 50 000 dólares y ofreció garantías de residencia y ciudadanía a inmigrantes a cambio de favores electorales.

En 1925, como símbolo de los prósperos años 20, el compositor y conquistador Jimmy Walker fue elegido alcalde. Walker vestía trajes blancos, frecuentaba clubs nocturnos y nunca llegaba a su trabajo hasta mediodía. Después de subirse el sueldo de 25 000 a 40 000 dólares, Walker abandonó la ciudad en 1932 tras hacerse público que se había apropiado de 1 millón de dólares en comisiones por contratos municipales. Una vez concluido el mandato del admirado alcalde Fiorello La Guardia, los negocios sucios regresaron al City Hall. El siguiente en el cargo, William O'Dwyer, tuvo que escapar a México en 1951 cuando se conocieron sus vínculos con el crimen organizado.

La Policía En una ciudad corrupta, resulta poco sorprendente que la policía también optara por la mala senda. Los guardias callejeros

frecuentemente actuaban como vigilantes pagados para los tugurios de apuestas ilegales y burdeles, mientras que los altos cargos mejoraban sus salarios con sobornos y botines de atracos a bancos. Los crímenes desaparecían a cambio de dinero y muchos robos eran investigados sólo si se ofrecía una recompensa.

Los arrestos se llevaban a cabo para mejorar la apariencia de la ciudad para sus clases privilegiadas, expulsando a prostitutas, mendigos y vagabundos de las zonas acomodadas.

Dentro del cuerpo, el dinero podía conseguir el ascenso. Según un periódico de 1892, se requería una cuota de 300 dólares para ser policía callejero, mientras que el precio para ser capitán de distrito era de 14 000 dólares.

Puede ser el bastión de los grandes negocios, las altas finanzas, los medios de comunicación y las artes, pero la posición privilegiada de Nueva York en la jerarquía de la ciudades del mundo se debe al simple hecho de poseer un excepcional puerto natural. Este golpe de buena fortuna geográfica hizo posible su ascenso de colonia comercial al mayor puerto mundial.....

Primeros días El descubrimiento de Nueva York por los europeos resultó de la búsqueda del Paso del Noroeste, un atajo hacia las islas de las especias del Pacífico. Los primeros exploradores no encontraron el atajo, pero sí comprendieron que la bahía de Nueva York proporcionaba un fondeadero seguro en una zona que disfrutaba de un clima suave y carecía de niebla. Además, el río Hudson facilitaba el acceso a una ruta interior navegable.

Aún así, Nueva York no era más que uno de los ajetreados puertos de la costa este del continente. Su buena fortuna llegaría cuando los británicos, que entonces gobernaban las colonias, la prefirieron a Boston como principal destino de sus exportaciones.

El Canal Erie El pistoletazo del increíble ascenso de Nueva York como puerto comercial fue la construcción del Canal Erie. El río Hudson proporcionaba una ruta de transporte entre la ciudad y las granjas del interior del estado (y las ciudades de New England), pero el Canal Erie, comenzado en 1817 y completado en 1825 con un coste de 7 millones de dólares, conectó el Hudson al Lago Erie y abrió una línea de comunicación directa entre Nueva York, vía los Grandes Lagos, y las recién establecidas granjas del Medio Oeste americano.

Utilizando el canal, el viaje de 804 km entre Buffalo (en la costa del Lago Erie) y la ciudad podía completarse en

❑ Las calles ribereñas de Nueva York estaban tradicionalmente entre las más sucias, más peligrosas y con mayor índice criminal de la ciudad. El atractivo de la Quinta Avenida deriva de su situación geográfica: en el centro de la isla y lo más alejada de los dos ríos. ❑

Manhattan y varios de los numerosos embarcaderos en 1860

El puerto del siglo XX: South Street Seaport hoy (arriba) y (derecha) el Queen Mary en el 51st Street Pier

10 días. Una vez abierto el corazón del país, los barcos de casi toda la nación con productos destinados al interior convergían en Nueva York

El puerto se expande A finales del siglo XX, el extremo sur de Manhattan contaba con 35 km de muelles, con 270 embarcaderos que se extendían a lo largo del East River y Hudson River.

La llegada del ferrocarril no hizo sino mejorar los enlaces de transporte de Nueva York. Muchos trenes de mercancías entraban directamente a los muelles, mientras que la Grand Central Station (hoy Grand Central Terminal) se convertía en la principal estación ferroviaria de pasajeros.

En 1930, cargueros, barcazas, ferrys y remolcadores navegaban los ríos de la ciudad, ocultando el Hudson River por debajo de la calle 23. Una media de 3 500 barcos amarraban en Nueva York cada mes.

Lujo transoceánico Los barcos de carga pueden haber sido el pan de los muelles de Nueva York, pero el lugar de la ciudad entre los grandes puertos quedó simbolizado por los transatlánticos de las décadas de 1910 a 1940. Recibido por aviones y avionetas, el Queen Mary llegó por primera vez a Nueva York en 1936 y fue sólo uno de los diversos buques que transportaban regularmente a los ricos y famosos de un continente a otro. Nueva York los recibió con una calurosa bienvenida.

Declive gradual A medida que los modelos del comercio internacional cambiaban, Nueva York iba quedando eclipsada como el puerto líder mundial. Simultáneamente, la creciente popularidad de los viajes en avión redujeron la demanda de los cruceros transatlánticos. Los grandes barcos de pasajeros dieron su despedida final a Nueva York (aunque el QE2 continúa siendo un visitante regular).

Nueva York es todavía un importante puerto, que recibe un barco cada 28 minutos y descarga mercancías por un valor anual de 50 millones de dólares. La caída de las rutas de pasajeros no desalentó la construcción: 40 millones de dólares, para una nueva terminal de pasajeros en el Hudson River en 1974

Después de que tres siglos de crecimiento la hubieran convertido en una de las ciudades más prósperas del mundo, nadie podía dar crédito a las noticias de que Nueva York estaba al borde de la bancarrota. Sin embargo, en 1975, esa era la realidad: Nueva York se tambaleaba ante un abismo económico......

Los años 60 fueron una década de confusión y cambio en todo EE UU. En Nueva York, la violencia hacía su aparición en los guetos de Brooklyn y Harlem, decenas de miles de inmigrantes portorriqueños se instalaban en East Harlem y el Lower East Side, y el «White Flight», movimiento compuesto por un millón de familias anglosajonas, estaba en plena actividad.

Recursos mermados El éxodo de la próspera clase media y de muchas compañías rentables (600 000 empleos desaparecieron en los seis años siguientes a 1969) erosionó una de las principales fuentes de ingresos de la ciudad, en un momento en que el coste de los servicios de asistencia y beneficencia estaba subiendo de forma vertiginosa.

El alcalde en funciones, John Lindsay, insistió en que no habría recortes en los servicios de asistencia. Gracias a la intransigencia de Lindsay, una huelga de 34 000 trabajadores del servicio de transportes, que paralizó la ciudad en 1966, acabó costando a la ciudad 70 millones de dólares y dió luz verde a las protestas y demandas de otros sindicatos.

Mientras tanto, el número de personas empleadas había ascendido casi un tercio en cinco años y sus salarios, por no mencionar pensiones y otros beneficios, aumentaban la presión sobre las finanzas. La administración municipal recurrió a una contabilidad más creativa con el fin de mantener su nivel de gastos, llegando a crear un año de 364 días para poder pasar deudas al siguiente periodo de 12 meses. Esta planificación a corto plazo aumentó los niveles de interés del dinero prestado y no hizo más que posponer una crisis inevitable.

Al borde del desastre Este estado fue heredado por Abe Beame, alcalde en 1974. Contable de profesión, Beame fue incapaz de equilibrar los libros y, en 1975, Nueva York tenía 2 billones de dólares en números rojos.

❑ «Salvar Nueva York es como hacer el amor con un gorila. No paras cuando estás cansado; paras cuando el gorila está cansado», Felix Rohatyn, Presidente de MAC. ❑

❑ «Ford a la ciudad: ¡Caeros muertos!»: Titular del *Daily News* que resumía la actitud de Ford ante la crisis. ❑

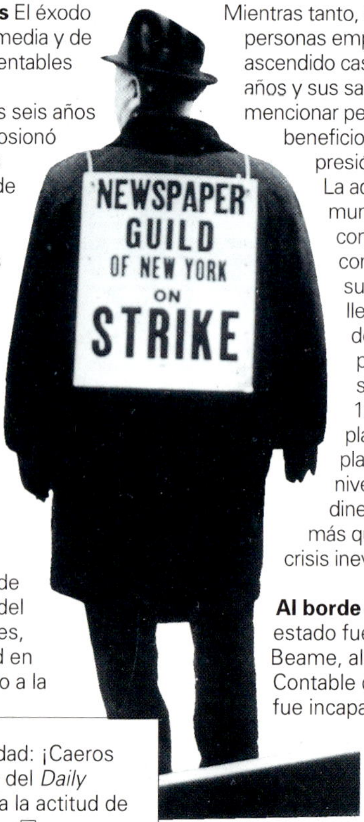

Nueva York, años 60: huelgas constantes

Colas en Grand Central Terminal durante la huelga de transporte de 1966

Al tiempo que los financieros de Wall Street avisaban que los bonos municipales pronto carecerían de valor, Beame llevó a cabo recortes en el gasto público a una escala no vista desde la Depresión. Cundió el pánico y los sindicatos accedieron a congelar los salarios.
Sin dinero para hacer frente al servicio de recogida de basuras y de abastecimiento de agua –y con la negativa del presidente Ford a la ayuda federal– toda la infraestructura de Nueva York parecía a punto de desmoronarse y la idea de bancarrota se hacía más palpable.

Rescate El gobernador de Nueva York inyectó fondos estatales a la ciudad y encargó a la Municipal Assistance Corporation (conocida como la Big MAC) el control de los gastos del City Hall, aunque sería necesario un préstamo del sindicato de trabajadores de limpieza para sacar a la ciudad del abismo. Finalmente, la Casa Blanca, convencida de que el futuro del sistema económico mundial dependía de la supervivencia de Nueva York, accedió a conceder un préstamo federal de 2,3 billones de dólares. Superada la crisis, la ciudad estuvo bajo el control de MAC, cuya primera preocupación fue mantener la confianza de los banqueros. Los servicios municipales continuaron su declive y las ayudas de beneficencia quedaron congeladas durante siete años.

Ed Koch y la recuperación Elegido en 1978, Ed Koch tenía un estilo que hizo de él un alcalde popular en varios años de lenta recuperación. Los préstamos federales fueron pagados antes de su fecha y el auge constructor de mediados de los 80, potenciado por la ausencia de impuestos y los créditos a bajo interés, presenció la creación de nuevos rascacielos como la Trump Tower y el AT&T Building.
El reinado de Koch no terminó bien. Mientras Wall Street rebosaba yuppies, un estudio de 1985 descubrió que más del 23% de neoyorquinos vivían por debajo del nivel de pobreza.

Ed Koch

Passaic
80
Clifton
Hackensack
Englewood
Garfield
BERGEN - PASSAIC EXPRESSWAY
E
Cedar Grove
Passaic
Leonia
Fort Lee
Community Co (Hall of F
GEORGE WASHINGTON BRIDGE
Caldwell
Bloomfield
95
Ridgefield
Verona
Montclair
GARDEN STATE PARKWAY
Nutley
Meadowlands Sports Complex (New York Giants)
Lyndhurst
Yankee Stadium
HUDSON
Secaucus
North Bergen
Hudson
Belleville
HENRY HUDSON
Central Park
ROOSEVELT DRIVE
West Orange
Weehawken
MANHATTAN
Isamu Noguch Garden Museu
D
280
Passaic
Hackensack
Union City
LINCOLN TUNNEL
FRANKLIN D
Orange
Kearny
NEW JERSEY TURNPIKE
LONG ISLAND CITY
East Orange
Hoboken
PULASKI SKYWAY
Irvington
Newark
HOLLAND TUNNEL
GREENPOINT
Jersey City
River
78
Museum of Migration
American Immigrant Wall of Honor
Ellis Island
East
BROOKLYN HEIGHTS
WILLIAMS-BURG
Union
Hillside
Newark International Airport
78
BUSHWICK
Brooklyn Academy of Music (BAM)
Statue of Liberty
SOUTH BROOKLYN
C
Newark Bay
Elizabeth
Bayonne
Upper New York Bay
Prospect Park
Brooklyn Bota Garden
95
Kill Van Kull
Staten Island Children's Museum
QUEENS EXPRESSWAY
FLATBUSH
Linden
BAYONNE BRIDGE
GOETHALS BRIDGE
PORT RICHMOND
Snug Harbor Cultural Center & Botanic Garden
NEW BRIGHTON
The Narrows
278
Shore Road Park
BROOKLYN
Staten Island Zoo
Clove Lakes Park
TURNPIKE
278
Willow Brook Park
CLIFTON
Alice Austen House
Harbor Defense Museum, Fort Hamilton
Rahway
William T Davis Wildlife Refuge
STATEN ISLAND EXPRESSWAY
VERRAZANO NARROWS BRIDGE
SHORE PARKWAY
STATEN ISLAND
Garibaldi-Meucci Museum
High Rock Park
SOUTH BEACH
Marine P
SHEEPSHEAD BAY
Sheepshead Bay
B
NEW JERSEY
Fresh Kills Park
La Tourette Park
Lower New York Bay
WEST SHORE EXPRESSWAY
Carteret
Jaques Marchais Center of Tibetan Art
Norton Point
Astroland
BRIGHTON BEACH
Richmond Town Historic Restoration
Staten Island Historical Museum
New York Aquarium
CONEY ISLAND
OAKWOOD
Arthur Kill
Gateway National Recreation Area
Great Kills Park
Clay Pit Pond Park
Rockaway Point
PARKWAY
ANNADALE
RICHMOND
OUTERBRIDGE CROSSING
Crookes Point
PRINCES BAY
TOTTENVILLE
Conference House
Raritan Bay
Wards Point
A
1
2
3

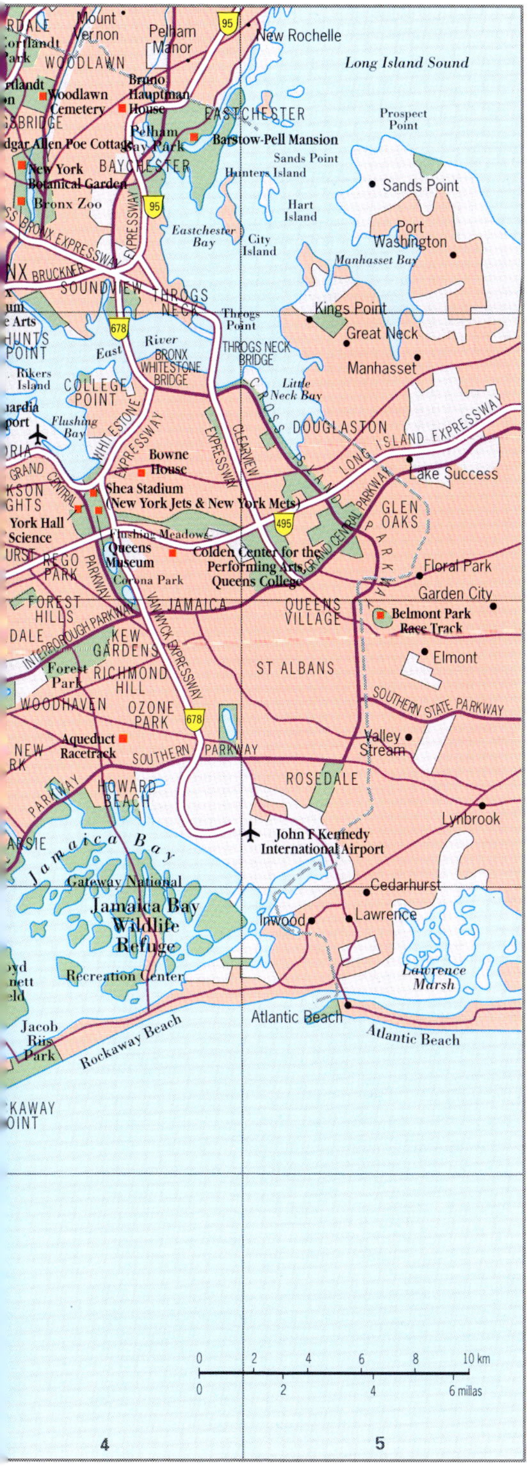

A-Z

NUEVA YORK

Zonas de Nueva York

Pasear por Greenwich Village es muy entretenido: las tiendas van desde lo más peculiar hasta lo más extravagante

No sin razón Nueva York fue bautizada dos veces. La imagen que la mayoría tiene de Nueva York corresponde, en realidad, a Manhattan, una isla larga y estrecha situada entre dos ríos. Manhattan es el meollo de la vida de Nueva York y el hogar de gran parte de la opulencia y prosperidad de la ciudad. Sin embargo, muchos neoyorquinos viven en los Outer Boroughs, o barrios exteriores, que forman el resto de la ciudad de Nueva York: Brooklyn, Bronx, Queens y Staten Island.

Manhattan En lo que respecta al resto del mundo, Manhattan contiene todo lo que define a Nueva York: imponentes rascacielos, calles abarrotadas, ruido incesante y carteles de neón gigantes que convierten la noche en día. Aún así, sólo una fracción de Manhattan, de 19,308 km de largo y unos 4,02 km de ancho, encaja en esa imagen. La isla se divide en varias zonas, cada una con una historia, aspecto, ambiente y residentes propios.

Lower Manhattan En el extremo sur de Manhattan, las modernas y elevadas torres del Financial District se elevan sobre la parte más antigua de Nueva York. Fue aquí donde se estableció la primera colonia holandesa y, aunque se conservan pocos restos de los días coloniales, el espíritu empresarial con que se fundó la colonia todavía sigue vivo, desde el New York Stock Exchange hasta los puestos callejeros de comida étnica. Ceñidas al borde norte del Financial District, las atestadas calles de Chinatown componen una de las zonas étnicas más antiguas de Nueva York. En los últimos años, los bancos, panaderías y restaurantes «dim sum» de Chinatown se han extendido más allá de sus límites tradicionales de Little Italy, un pequeño barrio italiano donde todavía se puede disfrutar de un capuchino en una terraza callejera.
Continúe hacia el norte y la atmósfera étnica da paso al arte

Rufus Newton sobre Nueva York
«Vulgar en sus modales, sobrealimentada,
Elegante y mal criada,
Sin corazón, sin Dios, la delicia del infierno,
Grosera de día e impúdica de noche.»

del SoHo y TriBeCa, zonas de moda, no hace mucho tiempo áreas industriales abandonadas, que hoy son ejemplo de las transformaciones vecindarias de Nueva York.

En contraste, la porción de tierra que sobresale hacia el East River está ocupada por el Lower East Side, un lugar carente de apartamentos de moda, durante mucho tiempo primera residencia de los inmigrantes recién llegados. Aún hoy es visible aquel carácter emprendedor en las tiendas económicas y mercadillos callejeros Muchos neoyorquinos no se aventuran en Lower Manhattan más que hasta Greenwich Village, y esto sólo de noche, cuando los numerosos bares, cafés y locales musicales del vecindario están en plena marcha. Dejando de lado la vida nocturna, Greenwich Village tiene carácter, algunas casas elegantes, calles intrigantes y una habilidad para atraer a escritores y artistas que, históricamente, han dado forma a la cultura americana.

Al otro lado de Broadway, el East Village es el equivalente pobre de Greenwich Village: sus bares y clubs son menos elegantes, mientras que una abundancia de tiendas peculiares y excéntricos cafés satisfacen a los modernos bohemios de la zona, atraidos por las razonables rentas y su espíritu poco comercializado.

H. G. Wells sobre Nueva York
«Para Europa, ella era América; para América, ella era la puerta de la tierra. Pero contar la historia de Nueva York sería escribir una historia social del mundo.»

Contemple la increíble panorámica de Manhattan desde uno de los observatorios de cualquier rascacielos

La Guía WPA de New York City (1938)
Esta guía dió esta descripción del ambiente de los muelles del río Hudson: «Un hervidero de camiones y taxis que despiden humo, pitidos de claxon y rechinar de frenos.»

Midtown Manhattan A diferencia de Lower Manhattan, donde las calles tienen nombres y son cortas y tortuosas, Midtown Manhattan sigue el plan ortogonal de la ciudad. Sus calles y avenidas numeradas hacen más fácil la vida del visitante.
A excepción de la Estatua de la Libertad (que sostiene su antorcha al sur de Manhattan), los símbolos de Nueva York se encuentran en Midtown Manhattan: el Empire State Building, el complejo de las Naciones Unidas, el Rockefeller Center, St. Patrick's Cathedral, el Chrysler Building, Grand Central Terminal, el distrito teatral de Broadway, los grandes almacenes como Macy's o Bloomingdale's o, simplemente, las calles llenas de gente ahogadas por el sonido de las sirenas policiales.
El extremo norte de Midtown Manhattan está definido por el perímetro sur de Central Park, una impresionante y cuadrangular extensión verde que pretende recrear un trozo del campo en el corazón de la ciudad. En este aspecto, Central Park es un ejemplo admirable, pero si desea verlo sin riesgo, preste atención a los consejos de la página 84.

Upper Manhattan Al este de Central Park, tomando gran parte de su prestigio de las mansiones y bloques de apartamentos erigidos frente a tal extensión bucólica, el Upper East Side es, con diferencia, el vecindario más pudiente de Manhattan, hecho corroborado por sus selectas tiendas de ropa, restaurantes exclusivos y varias galerías de arte.
Incluso los visitantes sin dinero que quemar ni pasión por los escaparates encontrarán atractivo el Upper East Side. Tres de los mayores museos de arte de la ciudad se encuentran aquí: el Metropolitan Museum of Art, el Guggenheim Museum y el Whitney Museum of American Art. Para disfrutar de arte en un entorno lujoso, no se pierda la Frick Collection, alojada en la mansión del siglo XIX de Henry Clay Frick.
Al otro lado de Central Park, el Upper West Side ofrece tres únicas atracciones: el Lincoln Center, el American Museum of Natural History y la catedral de St. John the

Leon Trotsky sobre Nueva York
«Nueva York me impresionó tremendamente porque, más que ninguna otra ciudad del mundo, es la expresión más completa de nuestra época moderna.»

Little Italy: una de las diversas zonas étnicas que componen el complejo cosmopolita de Nueva York

El Wollman Memorial Rink en Central Park

Divine, aunque sus elevados bloques de apartamentos fueron el cúlmen del lujo a comienzos de siglo y aún son residencias codiciadas en lo que se ha convertido en un vecindario de profesionales jóvenes.
Extendiéndose a lo largo del borde norte de Upper Manhattan, Harlem ha jugado un papel clave en la historia y cultura afroamericana desde comienzos de siglo, aunque en épocas recientes se ha visto acosado por la pobreza y el crimen habituales en las áreas pobres del inerior de la ciudad. East Harlem, sobre el Upper East Side y centro de la enorme población portorriqueña de la ciudad, también tiene su parte de problemas sociales.

Los Outer Boroughs Los residentes probablemente no estarán de acuerdo pero, a no ser que le sobre el tiempo, los Outer Boroughs no merecen más que excursiones diarias desde Manhattan.
Brooklyn tiene más a su favor gracias al excepcional Brooklyn Museum y el delicioso vecindario de Brooklyn Heights. Además, en la costa está Coney Island. Sus días de gloria ya han pasado, pero el parque es toda una experiencia que acoge a la animada comunidad rusa de Brighton Beach.
Staten Island también merece una visita, en parte por el placer del recorrido en ferry, pero también para disfrutar de sus museos.
En el Bronx, el Bronx Zoo (ahora llamado el International Wildlife Conservation Park) puede ser el acontecimiento más excitante del viaje para los niños. Una reliquia más sombría es la casa de campo en la que el desaliñado autor Edgar Allan Poe residió durante dos años.
Al igual que el Bronx, Queens es un extenso barrio y sus lugares destacados casi no merecen el esfuerzo de llegar hasta ellos. Pero si le atrae el desafío, esparcidos por Queens encontrará desde florecientes zonas étnicas hasta los restos de la temprana industria cinematográfica neoyorquina.

Le Corbusier sobre Nueva York
«Cincuenta veces he pensado que Nueva York es una catástrofe y otras cincuenta que es una maravillosa catástrofe.»

Consejos Útiles

■ **Nueva York, como otras ciudades, puede ser un lugar peligroso. Pero por cada visitante a Nueva York asaltado, hay muchos más que abandonan la Gran Manzana con nada más que buenos recuerdos, y millones que han vivido allí durante años sin haber sido nunca víctimas de un crimen. Sobrevivir en Nueva York no significa más que estar preparado, y para ello le ofrecemos algunos consejos.....■**

Zonas prohibidas por la noche
Sea cual sea su destino nocturno en Manhattan, es necesario ser incluso más cauteloso que por el día. Algunas zonas que pueden visitarse con relativa indiferencia a la luz del día (descritas la mayoría en la sección De la A a la Z de este libro) deberían considerarse excluidas durante la noche: Avenidas a partir de la C (las Avenidas A y B están bien), Central Park, el extremo oeste de Greenwich Village a lo largo del Hudson, Harlem y la mayor parte de Midtown Manhattan al oeste del distrito teatral.

Llegada Con expresiones de asombro y más equipaje del que pueden transportar, los turistas recién llegados despiertan un brillo en los ojos de cualquier asaltante. Por mucho tiempo que pase en Nueva York, en pocas ocasiones se encontrará en una situación más vulnerable que en la llegada. Los aeropuertos son refugios relativamente seguros, por lo que es recomendable comprobar las rutas hacia la ciudad antes de abandonar la terminal del aeropuerto.
Si va a tomar un taxi desde el aeropuerto, busque a los guías uniformados que le mostrarán los taxis oficiales. Desconfíe de los taxistas sin licencia que se le acerquen. Casi todos los conductores sin licencia simplemente intentan ganarse la vida, pero nunca se sabe. Lo mejor es optar por los operadores oficiales.
La llegada a las terminales de tren y autobús puede ser más problemática, sobre todo por la noche. Aunque se puede tomar un taxi en la misma puerta, merece la pena planear la ruta en la terminal. Bajo ningún concepto, deje que un extraño le lleve las bolsas o maletas. Si piensa ir andando hasta el hotel, sepa que la zona que rodea la Port Authority Bus Terminal es bastante sórdida.

Pasear por la ciudad Antes de aventurarse fuera, deposite los objetos de valor en la caja fuerte del hotel (algunas habitaciones tienen cajas empotradas) y lleve consigo sólo el dinero suficiente para pasar el día. Si se va

Los controvertidos «Guardian Angels» (ángeles de la guarda) pretenden mantener las calles y el metro libres de crimen y violencia

El metro, algo peligroso, pero mejor que conducir

a embarcar en una expedición de compras, utilice tarjetas de crédito o cheques de viaje en vez de dinero en metálico. No se separe de la gente, evite los callejones desiertos y no exhiba joyas caras. Las mujeres no deberían colgar los bolsos en los respaldos de las sillas en los restaurantes y los hombres deberían llevar sus billeteras en los bolsillos delanteros.

Planee su ruta antes de salir. El sistema de damero de las calles de Manhattan facilita la orientación (aunque Lower Manhattan puede resultar confuso). Incluso para los neoyorquinos, no hay calle totalmente segura, así que no lleve nada que pueda ser arrebatado con facilidad. No se deje embaucar por nadie que se le acerque con una historia desgraciada y tenga en cuenta que si compra relojes o joyas en la calle, lo más probable es que sean imitaciones.

Por la noche, tampoco se separe de la gente en las grandes vías norte–sur, como Broadway y Fifth Avenue, y en las principales calles de Greenwich Village. Si necesita moverse en dirección este–oeste, vaya por una calle con tráfico. Camine siempre cerca del bordillo.

El metro Aunque muchos comparan la bajada al metro de Nueva York con el descenso al infierno, el sistema tiene poco que ver con el Infierno de Dante. La realidad es que es el modo más rápido de moverse por la ciudad. Durante el día los mayores problemas pueden estar en comprender y descifrar la red (ver página 257). Si se encuentra en la estación equivocada en un vecindario desagradable, simplemente tome el primer tren de vuelta en cuanto le sea posible. El viaje en metro se hace más peligrosos por la noche. Si es éste el caso, diríjase a los vagones centrales, donde se suele sentar uno de los revisores, o busque vagones ocupados. Si está esperando en un andén casi desierto, hágalo en la zona de espera vigilada. Una vez a bordo, puede ayudar el pensar que todo el mundo está igual de nervioso.

El impuesto del atracador
Las posibilidades de que le atraquen son mínimas, pero si una figura saliera de las sombras y le pidiera dinero, es una buena idea tener algo suelto y listo para entregar. Muchos neoyorquinos se han acostumbrado a llevar una pequeña suma (a veces guardada en otro monedero), normalmente unos 20 dólares, en parte para evitar perder una cantidad mayor y en parte para ahorrar tiempo: cuanto más tenga que esperar el atracador, más nervioso se pondrá.

Itinerarios

Recorridos a pie
Algunos museos y sociedades organizan recorridos a pie de varios vecindarios de Manhattan. Los mejores aparecen mencionados en la sección De la A a la Z. Otros dos que pueden ser de interés son los recorridos arquitectónicos organizados por Barry Lewis (tel: 718/849 0297) y los paseos históricos, la mayoría por Lower Manhattan, guiados por John Wilson (tel: 989 2456).

Podría pasar toda la vida en Nueva York y nunca tener la sensación de conocer toda la ciudad. Aún así, estos itinerarios le proporcionarán una visión lo más equilibrada posible teniendo en cuenta el factor tiempo.

Itinerario de fin de semana
Día uno Por la mañana, visite el Empire State Building y continúe a pie hasta la New York Public Library, Rockefeller Centre y St. Patrick's Cathedral. Almuerce en Midtown Manhattan y pase la tarde en el Museum of Modern Art.
Día dos Madrugue y tome un ferry desde Battery Park hasta la Estatua de la Libertad y Ellis Island. Al regreso, almuerce en el World Trade Center y pase la tarde explorando Greenwich Village.

Más de 20 años después de haber perdido su récord de altura, el Empire State Building sigue siendo un imán para los visitantes

Itinerario de una semana
Día uno Como el día uno del itinerario de fin de semana.
Día dos Madrugue y tome un ferry desde Battery Park hasta la Estatua de la Libertad y Ellis Island. Al regreso, almuerce en el World Trade Center y pase la tarde explorando el Financial District y el South Street Seaport.
Día tres Pase todo el día en el Metropolitan Museum of Art. Si todo el día le parece excesivo, emplee una parte en las boutiques de Midtown Manhattan y Madison Avenue, o en los mercados de segunda mano de Lower Manhattan.
Día cuatro Por la mañana, explore Central Park. Acérquese hasta Greenwich Village para el almuerzo y pase la tarde explorando Greenwich Village, SoHo, Little Italy y Chinatown.
Día cinco En el Upper East Side, vea la Frick Collection. Después de almorzar, visite el Cooper-Hewitt Museum y el Whitney Museum of American Art
Día seis Vaya en metro hasta el Brooklyn Museum. Pase la mañana en el museo y disfrute de un picnic a mediodía en los jardines de Brooklyn Botanical Gardens. Emplee la tarde explorando Brooklyn Heights y regrese a Manhattan atravesando a pie el puente de Brooklyn (evite las horas punta, ya que ha habido varios atracos).
Día siete Recorra el Lower East Side y el East Village. Después del almuerzo, explore la zona de Gramercy Park de Midtown Manhattan y concluya en la Pierpont Morgan Library.

La Estatua de la Libertad es una parada esencial, incluso para los que hagan una visita rápida a la Gran Manzana

Itinerario de dos semanas

Día uno Como el día uno del itinerario de fin de semana
Día dos Como el día dos del itinerario de una semana
Día tres Como el día tres del itinerario de una semana
Día cuatro Por la mañana, explore Central Park. Almuerce en el Upper West Side antes de visitar el American Museum of Natural History.
Día cinco Pase todo el día en Staten Island.
Día seis Recorra el Lower East Side y Chinatown. Almuerce en Chinatown y pase la tarde explorando Greenwich Village.
Día siete Como el día seis del itinerario de una semana.
Día ocho En el Upper East Side, vea la Frick Collection y el Cooper-Hewitt Museum. Después del almuerzo, continúe hasta el Museum of the City of New York y el mercado portorriqueño de 116th Street.
Día nueve Visite las Forbes Galleries y disfrute del resto de la mañana en Washington Square Park. Almuerce en un café de Greenwich Village y después continúe hacia la zona de Gramercy Park en Midtown Manhattan, concluyendo en la Pierpont Morgan Library en 36th Street.
Día diez Explore Harlem y los museos del complejo Audubon. Después de almorzar, recorra el campus de la Columbia University y la Cathedral of St. John the Divine.
Día once Pase el día en el Bronx o Queens.
Día doce Divida el día entre el Whitney Museum of American Art y el Guggenheim Museum.
Día trece Explore los grandes almacenes Bloomingdale's por la mañana y después vaya en metro hasta Coney Island y continúe hasta Brighton Beach.
Día catorce Pase la mañana en los Cloisters, regresando a Midtown Manhattan para el almuerzo y para visitar el Museum of TV and Radio, el American Craft Museum y cualquier otra cosa que aún le quede por ver.

Recorridos guiados por Harlem
Harlem es una de las zonas más famosas de Nueva York, pero puede resultar intimidante para el visitante. Una forma de ver Harlem sin preocupaciones es con un recorrido guiado. Harlem Spirituals, Inc (tel: 757 0425) ofrece tres diferentes: un recorrido dominical, que combina una misa con espirituales negros con una visita al Harlem histórico, un recorrido de diario que ofrece un almuerzo soul y una charla sobre historia local, y una aventura nocturna consistente en varias horas de jazz en el Cotton Club.

Desde lo alto del World Trade Center hasta las cubiertas del ferry de Staten Island, Nueva York posee más vistas que ninguna otra ciudad. Los observatorios públicos son algo distintivo de muchos rascacielos de Manhattan, algunos de los cuales tuvieron en su día el privilegio de ser los edificios más altos del mundo. Las azoteas del Empire State Building y del Woolworth Building son visibles hoy día desde lo alto de torres aún más altas, un ángulo que sus arquitectos jamás imaginaron posible. Si las alturas no son su fuerte, entonces salga de Manhattan para verla desde lejos. Y no deje de mirar Nueva York cuando caiga la noche: la imagen nocturna de Manhattan es de las que recordará siempre.....

H. G. Wells sobre las vistas de Nueva York, 1906
«De repente, cuando volví la vista a los rascacielos de Nueva York una extraña fantasía surgió en mi cabeza. Me recordaron de un modo insistente a un montón de cajas apiladas en el exterior de un almacén. Me parecía asombroso no haber visto antes ese parecido».

Empire State Building Esta es la estrella de casi todas las vistas de Manhattan, a excepción de las realizadas desde su observatorio del piso 86. En un día claro se puede llegar a ver Massachusets y Pennsylvania, y observar los aviones que descienden hacia los aeropuertos. Venga después del crepúsculo y disfrute del Manhattan nocturno: el edificio permanece abierto hasta la medianoche.

World Trade Center Las torres gemelas son solamente seis pisos más altas que el Empire State Building, pero sus escarpados bordes las hacen parecer más altas. Desde el nivel de observación de la torre más meridional, las vistas se diferencian muy poco de las del Empire State Building. Sin embargo, desde la azotea hay una inigualable vista de los tejados del Financial District y de la cúpula del Woolworth Building.

Rockefeller Center Desde las ventanas del piso 65 de la Rainbow Room del GE (antes RCA) Building, el Empire State Building se eleva hacia el sur mientras que el World Trade Center surge por detrás. Hacia el norte, el gran rectángulo verde de Central Park sirve de interrupción entre los majestuosos bloques de apartamentos del Upper East Side y el Upper West Side hacia Harlem.

Sobre el East River Desde su terminal en el cruce de Second Avenue con 60th Street, el teleférico que cruza el East River hasta Roosevelt Island ofrece buenas vistas de los antiguos hospitales y asilos de enfermos mentales. Sin embargo, las mejores vistas aéreas son las del viaje de vuelta. La panorámica es una larga franja de la orilla de Manhattan desde el complejo de las Naciones Unidas hacia el Upper East Side.

Fort Tryon Park Cerca de la punta norte de Manhattan, Fort Tyron Park ofrece no sólo la inesperada presencia de un monasterio medieval europeo reconstruido piedra

a piedra (los Cloisters),sino también, desde lo alto del fuerte, vistas a través del río Hudson del Palisades Park de New Jersey y, al otro lado de Manhattan, del río Harlem.

Los Outer Boroughs Algunas de las panorámicas más deliciosas de Manhattan se encuentran saliendo de ella. Desde Brooklyn Heights Promenade, el borde oriental del Financial District recorre el East River. Por detrás de este bosque de rascacielos, debería distinguir dos de los edificios más altos en su momento, el Woolworth Building y el World Trade Center, mientras que otros dos, el Chrysler Building y el Empire State Building son visibles en el conglomerado de rascacielos de Midtown Manhattan.

No utilice todo el carrete fotográfico en la Promenade: el camino de regreso a Manhattan a pie por el puente de Brooklyn revela las mismas escenas desde perspectivas cambiantes a través de los puntales del puente, proporcionando un campo infinito a los fotógrafos creativos. Mire al otro lado del puerto desde Brooklyn Heights para ver las verdes colinas de Staten Island elevarse al sur. Incluso podría llegar a distinguir el ferry de Staten Island haciendo su recorrido entre la isla y la punta sur del Financial District.

Montar en el ferry es mucho más interesante que verlo. Desde el barco, las vistas de la silueta de Manhattan son escalofriantes (lo mejor es el viaje de vuelta, cuando los rascacielos se van haciendo más grandes). También son excepcionales las de Governors Island, la Estatua de la Libertad, y el Verrazano Narrows Bridge, el puente colgante más largo del mundo, que une Staten Island y Brooklyn.

En el Bronx, las colinas del Hall of Fame del Bronx Community College proporcionan un escenario bucólico para saborear las vistas del Upper Side al otro lado del East River. Sin embargo, el secreto mejor guardado del Bronx es la panorámica de Upper Manhattan visible desde las empinadas calles de Riverdale, su vecindario más rico.

Vistas desde la Estatua de la Libertad
Si visita la Estatua de la Libertad, situada en una isla a medio camino entre Manhattan y New Jersey, descubrirá una perspectiva alucinante. Al otro lado del Hudson River, Battery Park City y el World Trade Center destacan en primer plano, mientras que las remolcadoras y yates se deslizan por el agua y los helicópteros sobrevuelan la escena.

Los disturbios de Tompkins Square Park
En el corazón de Alphabet City, Tompkins Square Park fue el escenario de una contundente operación oficial en una calurosa noche de agosto de 1988, cuando 12 policías montados, reforzados después por otros 400, lucharon durante horas para expulsar fuera del parque a todos los vagabundos que lo ocupaban.
El incidente fue grabado en vídeo por un artista local y la evidente brutalidad de la policía provocó un escándalo en la ciudad y violencia nocturna en el parque. El alcalde Dinkins cerró el parque para reformarlo, apostando policías de vigilancia que restringían la entrada. Hoy día, el parque ha reabierto sus puertas y es un agradable lugar durante el día.

Tompkins Square Park, en Alphabet City, ha presenciado muchos problemas, pero es hoy un lugar placentero y seguro a la luz del día

▶ Abigail Adams Smith Museum *151D3*

61st Street con York Avenue
Metro: 59th Street
Ni Abigail Adams, hija de John Adams, el segundo presidente de los EE UU, ni su marido, William Stephens Smith, un ayudante de George Washington, llegaron a vivir en lo que es hoy el Abigail Adams Smith Museum. El edificio, construido con sillares de piedra, fue en su día la cochera y caballerizas de su propiedad de 9,31 Ha. en la ribera del East River.
El declive financiero obligó a la pareja a abandonarla en 1799. Los establos fueron transformados primero en posada y posteriormente en residencia privada antes de ser adquirida en 1924 por las Damas Coloniales de América, una organización dedicada a conservar la historia de la época revolucionario. El edificio fue amueblado con los muebles y objetos del periodo federal que ahora ocupan nueve habitaciones.

Alphabet City *CCAB2*

Metro: Second Avenue
Hace diez años, nadie visitaba Alphabet City por placer. Alphabet City, un área al este de Fifth Avenue que debe su nombre (Ciudad del Alfabeto) a la denominación de sus calles por letras, en vez de por números, fue sinónimo de los peores aspectos del infortunio urbano: drogas, pobreza y vagabundos.
Desde entonces, los esfuerzos de la comunidad local (y una gran iniciativa policial) han reducido el mercado de drogas y han mejorado la seguridad de la zona, aunque los problemas sociales continúan. Otro cambio ha sido el influjo de yuppies y otros invasores procedentes del vecino East Village, que han atraído restaurantes y garitos de moda a los límites de la zona. A pesar de todo, Alphabet City es todavía un lugar difícil de visitar sin sentirse un tanto intimidado. Lo más inteligente es no aventurarse más allá de Avenue B.

El Abigail Adams Smith Museum ocupa una elegante casa del siglo XIX: un refrescante antídoto para los rascacielos de Nueva York

American Academy and Institute of Arts & Letters *CCAD5*

Broadway con 155th Street
Metro: 155 o 157th Street
Dos augustas instituciones culturales, el National Institute of Arts, fundado en 1898, y la American Academy, fundada en 1904, se unificaron en 1977 y desde entonces honran los logros americanos en arte, escritura y música. Ambas comparten un edificio renacentista marcado con la inscripción «Todas las artes son una, ramas de un solo árbol que sujetan la flameante antorcha de época en época».
La organización otorga becas a causas artísticas y ofrece exposiciones temporales que destacan el trabajo de algunos miembros. La visita podría merecer la pena si su autor, pintor o compositor favorito son el tema del día, tel: 368 5900

American Bible Society *151D1*

Broadway con 61st Street
Metro: 59th Street
Una estructura de cemento a tiro de piedra del ajetreo de Columbus Circle constituye una incomparable sede para la Sociedad Bíblica Americana, fundada en 1816 con el propósito de hacer circular la Biblia «sin ningún tipo de nota o comentario».
Las biblias que la sociedad ha distribuido son menos notables que las biblias que ha recogido. A lo largo de los años, centenares de biblias históricas de todas partes han pasado a formar parte de la extensa biblioteca y archivos de la sociedad. Incluye un relato armenio ilustrado de los Cuatro Evangelios que data de comienzos del siglo XV, y una biblia del XVI traducida por un predicador de New England al Massachusetts, una dialecto indio algonquin.
En el primer piso hay expuesta una selección, además de una reconstrucción de una imprenta de Gutenberg y una muestra de los Manuscritos del Mar Muerto.

Audubon Terrace
La American Academy y el Institute of Arts & Letters ocupan una sección del Audubon Terrace, un complejo de estilo neorrenacentista ideada en 1908 como emplazamiento para varias instituciones nacionales, la Sociedad Americana de Numismática (ver página 65) y la Sociedad Hispánica de América (ver página 126).
Situado entre Riverside Drive y Broadway y las calles 155 y156, el esquema nunca tuvo demasiado éxito: no sólo por ser un pobre trabajo arquitectónico, sino también porque dejó a sus inquilinos en una monótona zona residencial alejada del flujo y reflujo de la vida de Nueva York. El complejo fue construido sobre una parte de la propiedad de John James Audubon, el eminente naturalista americano de fines del siglo XIX.

El American Craft Museum ofrece exposiciones de cerámica, textiles, muebles y otros objetos de artesanos contemporáneos en un marco incomparable

Museum of the American Piano
La apertura del Carnegie Hall en 1891 (ver página 80) atrajo oleadas de fabricantes de instrumentos a las calles contiguas. Uno de ellos fue William Steinway, que más tarde trasladó su fábrica de pianos a un poblado de Queens (ver página 172). Otro fabricante de pianos fue Kalman Dietrich, cuyo taller permanece en el 211 de West 58th Street. Su planta baja contiene el Museum of the American Piano, que ofrece una presentación a las innovaciones musicales del siglo XIX. El museo está a sólo un paseo del American Craft Museum.

►► American Craft Museum *151C2*

53rd Street entre Fifth y Sixth avenues
Metro: Fifth Avenue
Ya se trate de teteras o tapices, cestas o prendedores, las exposiciones del American Craft Museum son siempre estimulantes. Escogidos de los abundantes fondos del museo o procedentes de préstamos, los objetos muestran tendencias y técnicas de diseño, e ilustran el trabajo de los artesanos americanos más habilidosos del siglo XX.
El museo está dirigido por el American Craft Council, que en 1959 adquirió una antigua construcción de piedra caliza que resultó ser una gran inversión. En la década de 1980, un especulador deseoso de erigir un rascacielos en este lugar accedió a dar al museo una espaciosa parte de la planta baja del nuevo edificio, haciendo posible la organización de las exposiciones en un delicioso atrio de tres pisos, parcialmente visible desde fuera a través de la gigantesca ventana del museo.

► American Federation of the Arts *151D2*

65th Street entre Park y Madison avenues
Metro: 68th Street
La Federación Americana de las Artes organiza exposiciones itinerantes para los pequeños museos de EE UU y, en ocasiones, ofrece algunas en sus propias galerías. Aparte de lo expuesto, una visita al interior revela la profusa decoración del edificio, una restauración de los años 60 de una casa de 1910.

▶▶ **American Museum of Natural History** *CCAF3*

Central Park West y 79th Street

Metro: 79th Street o 81st Street

Con 36 millones de muestras en exposición, el Museo Americano de Historia Natural es uno de los mejor dotados del mundo. Ya esté contemplando un tigre de trapo de dientes afilados o una antigua inscripción de Guatemala, a buen seguro estarán entre los mejores ejemplos de su especie.

La teoría de la evolución de Darwin y las leyes de la genética de Mendel fueron dos de los avances decisivos de la historia natural que proporcionaron el estímulo para la fundación del museo en 1869. En apenas una década, las colecciones habían adquirido un hogar, una majestuosa estructura de estilo clásico junto a Central Park, que pretendía ser «el edificio más grande del continente». Desafortunadamente, su grandeza se ha visto afectada por las poco acertadas ampliaciones.

En el interior, la muy admirada colección de esqueletos de dinosaurios, fósiles que se remontan al periodo jurásico (hace 180–120 millones de años) colocados en posturas amenazadoras, está actualmente en remodelación y no será reabierta hasta 1995. Hasta entonces, los devotos de los dinosaurios deben contentarse con el Barosaurus del vestíbulo de entrada, mucho más impresionante que la estatua ecuestre de Theodore Roosevelt del exterior del museo.

La vida nativa americana y la evolución de las especies animales de Norteamérica son ilustradas por dioramas explicativos de sus hábitats.

Carl Akeley

La Akeley Gallery del American Museum of Natural History recibe su nombre de Carl Akeley, un naturalista, explorador e inventor. Akeley escapó dos veces de la muerte a manos de un animal peligroso. En 1911 fue embestido por un elefante, pero salvó la vida agarrándose a la tripa del animal; en otra ocasión, se quedó sin balas al enfrentarse a un leopardo y luchó con el animal hasta estrangularlo. Entre sus muchas innovaciones cabe destacar una nueva técnica de taxidermia, que él empleó con los siete elefantes expuestos en la galería. Irónicamente, Akeley murió en 1926 a causa de las complicaciones surgidas por una picadura de mosquito.

Una gran pieza en un gran museo: el Basosaurus en el Museum of Natural History

Mucho más emocionantes son las excelentes colecciones antropológicas de África, Asia, América Central y Sudamérica. Esta última sección es particularmente extensa e incluye cientos de objetos religiosos, ceremoniales y cotidianos. Contemple los instrumentos musicales aztecas fabricados con huesos humanos, las llamas ornamentales de los Andes del siglo XVII y las cabezas reducidas de la selva tropical amazónica.

El museo inauguró una nueva exposición permanente en 1993, el Hall of Human Biology and Evolution. Estudia las funciones del cuerpo humano, se remonta en los ancestros a lo largo de los siglos e incluye una excavación arqueológica computerizada y un periódico electrónico de la evolución humana.

El Hall of Ocean Life and Biology of Fishes, sección dedicada a la vida oceánica y a la biología de los peces, está coronado por la gigantesca réplica de una ballena azul. La ballena de fibra de vidrio es el centro de todas las miradas, aunque los dioramas y esqueletos de peces hacen un excelente trabajo desentrañando los misterios de la reproducción, alimentación y autodefensa en las profundidades del océano.

Más adelante, el Hall of Minerals and Gems, sección de minerales y piedras preciosas, hace palidecer a los carísimos brillantes de las joyerías de Midtown Manhattan. La estupenda colección del museo está valorada en 80 millones de dólares. Un gran trozo de cobre con incrustaciones de cristal y una gran selección de asombrosas piedras son el inicio de una inteligente exposición centrada en las fuerzas naturales que crearon las rocas más valiosas del mundo. Algunas piedras son del tamaño de una cabeza de alfiler, otras son del tamaño de un puño; el Topacio Princess de Brasil, de 21 000 quilates, pesa un cuarto de tonelada y es la mayor piedra preciosa en bruto del mundo.

Si los fragmentos estelares del Hall of Meteorites, dedicado a los meteoritos, le animan a la exploración del espacio exterior, aventúrese en el Hayden Planetarium, contiguo al museo, para ver exposiciones astronómicas de vanguardia y visitas guiadas al cielo nocturno.

El Naturemax Cinema ofrece películas de temas de historia natural utilizando un sistema IMAX de pantalla gigante. Si alguna vez ha deseado inspeccionar de cerca la dentadura de un león, este es el modo más seguro de hacerlo.

El Highlights Tour
Las colecciones del American Museum of Natural History son un panorama desalentador incluso para el visitante más entusiasta. Una forma de descubrir lo mejor del museo sin caer agotado es unirse a los Highlights Tours, visitas guiadas de una hora de duración. Para obtener horarios y más detalles, consulte en información (tel: 769 5600).

Diorama en el que se muestra el hábitat del gorila en el American Museum of Natural History. Las vastas colecciones del museo abarcan casi todos los aspectos de la vida animal

► American Numismatic Society *CCAD3*

Broadway con 156th Street
Metro: 155th o 157th streets
Las colecciones de la Sociedad Numismática Americana, una vasta selección de monedas y medallas no igualada en todo el mundo, están dirigidas a ayudar a la investigación de coleccionistas devotos y académicos. No obstante, existen dos sorprendentes exposiciones abiertas al público en la planta baja. La primera es un documento sobre el nacimiento y la expansión de la moneda en el mundo, formado por mapas, fotografías y piezas únicas.
Después de ver las monedas, puede que no le queden fuerzas para apreciar la extensa colección de medallas de la segunda exposición. En la parte superior del edificio, hay un mostrador de información donde puede descubrir si la moneda extranjera que acaba de cambiar va a mejorar su nivel de vida.

►► Asia Society *151D3*

Park Avenue con 70th Street
Metro: 68th Street
La Sociedad de Asia, fundada en 1956 y dedicada a mejorar el entendimiento entre Asia y América, celebra conferencias, conciertos, talleres y proyecciones cinematográficas, y organiza exposiciones temporales de arte asiático. Además, ofrece una selección de las colecciones de la sociedad, que incluyen cerámicas chinas del siglo XI a.C., esculturas camboyanas y maravillosas pinturas japonesas del periodo Edo, todas ellas donadas por John D. Rockefeller III. El león decorativo situado sobre la entrada del edificio de granito rojo de ocho pisos es el símbolo de la sociedad y está inspirado en un león guardián nepalí de bronce del siglo XVIII.

St James Church
A sólo un paseo de la Asia Society, la misa del domingo de la iglesia St. James Episcopal Church (861–3 Madison Avenue) atrae a muchos creyentes neoyorquinos del Upper East Side. Acérquese durante la semana para admirar las impresionantes vidrieras y retablos y para meditar sobre la posibilidad de que pocos de los adinerados feligreses son conscientes del gran número de pobres y vagabundos alimentados por la cocina de St. James.

El magnífico interior de St. James Church en Madison Avenue, uno de los notables lugares de culto del Upper East Side

St. Elizabeth Bayley Seton
El edificio de estilo federal situado en el 7 de State Street fue erigido en 1783 por la acaudalada familia Watson, pero debe su fama a que es el sepulcro de Elizabeth Bayley Seton. Ella fundó, en 1812, las Hermanas de la Caridad, la primera orden de monjas de EE UU, y en 1975 se convirtió en la primera mujer americana en ser canonizada por la Iglesia Católica. Este fue su hogar desde 1801 hasta 1803.

Battery Park

104B1

Metro: Bowling Street

Battery Park, un espacio abierto de bienvenida en el extremo del Financial District, proporciona 8,9 Ha de verde con excelentes vistas. Las farolas tienen incorporados textos históricos, lo que le deja sin excusa para no descubrir algo más del antiguo Nueva York en un apacible paseo.

El parque tomó su nombre de las hileras de cañones que los británicos almacenaron durante el siglo XVII a lo largo de State Street, que ahora bordea el parque, pero que entonces señalaba el litoral de Manhattan. El parque adquirió su forma actual como resultado de una ocupación de terreno de mediados del siglo XVIII.

Si toma el ferry a la Estatua de la Libertad y Ellis Island atravesará la zona más interesante de Battery Park para llegar a la cabina de venta de billetes, situada en Castle Clinton. Esta fortificación circular, concluida en 1811, fue construida para repeler los ataques británicos.

Aunque hoy día queda poca constancia del hecho, Castle Clinton ha jugado un papel importante en la vida de Nueva York. Cuando su importancia defensiva declinó, el fuerte fue invadido por jardines florales y convertido en el escenario de conciertos y exposiciones; más tarde, precedió a Ellis Island como lugar de llegada y centro de proceso de inmigrantes, 8 millones de los cuales llegaron aquí entre 1855 y 1889. El castillo también sirvió 46 años como acuario, el destino de las salidas dominicales de muchos neoyorquinos.

El resto de Battery Park está sembrado de estatuas y monumentos de menor interés, que no han de confundirse con los bloques de cemento que cubren los respiraderos del Brooklyn–Battery Tunnel que circula por debajo del parque. Giovanni da Verrazano, el primer europeo que navegó en el puerto de Nueva York, es uno de los más honrados, mientras que la Peter Minuit Plaza recuerda al holandés que compró Manhattan a los nativos americanos por el equivalente a 24 dólares.

Izquierda e inferior: Aspectos de Battery Park

Viajes en Barco

■ En las frenéticas calles de los rascacielos, es fácil olvidar que Manhattan es una isla. Uno de los mejores modos de conocer su tamaño y su forma es desde el agua que la rodea, en un viaje en barco organizado......■

Casi todos los organizadores de estos viajes parecen ofrecer lo mismo: un recorrido turístico a lo largo del East River y Hudson River que incluye una parada en la Estatua de la Libertad y una hermosa panorámica de Nueva York desde el agua. Sin embargo, hay variaciones, por lo que hay que considerar todas las opciones para ver cuál conviene más.

Turismo en profundidad El crucero turístico más exhaustivo está organizado por Circle Line (tel: 563 3200), aunque algunos lo encuentran algo aburrido. Incluye una circunnavegación narrada de la isla de Manhattan de tres horas de duración, que pasa por debajo de 20 puentes. La misma compañía organiza un crucero nocturno de dos horas (Manhattan de noche es algo difícil de olvidar) y «cruceros de celebridades», en los que algún neoyorquino famoso ofrece su propia visión de la ciudad.

Aunque la estancia sea corta, los viajes en barco suponen una deliciosa alternativa a las aceras y los atascos

Otras opciones Spirit of New York (tel: 480 2970) ofrece un recorrido turístico más condensado, centrándose en las principales atracciones de Lower y Midtown Manhattan (y la Estatua de la Libertad) en un viaje de dos horas; hay también cruceros «brunch» (desayuno–almuerzo) los sábados y domingos y un Moonlight Party Cruise (fiesta a la luz de la luna) los viernes y sábados, que sale a las 23:30 h y ofrece bebida, baile y vistas nocturnas hasta la madrugada. Si no dispone de mucho tiempo, el catamarán de TNT Express (tel: 800/262 8743) tiene las horas más ligeras, navegando desde la Estatua de la Libertad hasta las Naciones Unidas en 75 minutos. Seaport Line (para reservas, tel: 233 4800) recuerda los tiempos pasados utilizando réplicas de barcazas del siglo XIX para sus recorridos de 90 minutos. Sus otras opciones son cruceros con almuerzo de dos horas y un cóctel de una hora al anochecer.

La primera curva de Broadway
La guadaña angular de Broadway a lo largo del plano callejero cuadrangular de Broadway dió lugar a plazas como Union, Madison y Times. Su primera curva, después de recorrer 4,83 km completamente rectos desde Bowling Green, fue debida a la negativa de un propietario holandés, Jacob Brevoort, a que la calle atravesara sus tierras, lugar hoy ocupado por la Grace Church de Greenwich Village.

El centro neurálgico de Broadway: el distrito teatral de Times Square

Entre bastidores en Broadway
Haciendo sus reservas con antelación (tel: 575 8065), podrá presenciar los diversos procesos de la puesta en escena de una obra de Broadway, desde los primeros ensayos y los nervios del estreno. Los guías suelen ser actores «en dique seco».

▶▶ Broadway *151C2*

La historia de Broadway es la historia de Nueva York. Es la vía pública más antigua y más larga de la ciudad. Ha presenciado cada fase buena, mala e indiferente en el crecimiento de la ciudad, mientras su internacionalmente famoso distrito teatral en torno a Times Square es, para muchos, lo más destacado de Nueva York.

Los orígenes de Broadway se remontan a un antiguo sendero indio. Más tarde, los holandeses la conocerían como De Heere Straat, o Calle Principal. Desde entonces ha seguido siendo la más importante y famosa de Nueva York. Broadway recibió la primera casa numerada de la ciudad en 1793 y fue también la primera calle en ver sus propiedades residenciales dedicadas a usos comerciales. El comercio llegó de muchas formas, con sórdidos bares, burdeles y garitos de apuestas junto a los almacenes más elegantes de la ciudad. En la década de 1880, un dicho popular afirmaba que si se disparaba un rifle en cualquier dirección en el cruce de Broadway y Houston Street, no se heriría a ningún hombre honrado.

En los días anteriores a los semáforos y las calles unidireccionales, Broadway era un caos total. Las aceras, que albergaban los mayores negocios de la ciudad, constituyendo la principal ruta hacia el norte, estaban atestadas de transeúntes y sus calzadas eran un amasijo de carretas y coches de caballos. En ocasiones, la policía tenía que intervenir para evitar el bloqueo total de la calle. Los peatones arriesgaban la vida al intentar cruzar Broadway. El cruce con Fulton Street era tan sumamente peligroso que, en 1867, las autoridades levantaron un puente para peatones, que posteriormente sería derribado ante la insistencia de los comerciantes temerosos de perder sus enormes beneficios.

Lo que llegaría a ser el distrito teatral de Nueva York comenzó en el extremo sur de Manhattan y avanzó lentamente hacia el norte. Uno de los primeros teatros abrió sus puertas en 1798 en el cruce del actual Park Row. Los teatros de Broadway pronto se forjaron una reputación como entretenimiento de las clases acomodadas con producciones artísticas de gran mérito, y fueron considerados superiores a sus equivalentes de Bowery, que ofrecían un estímulo poco culto para el consumo de las masas.

En la década de 1880, la época del vodevil y de estrellas como Lillie Langtry, los teatros de Broadway habían avanzado hacia el norte hasta Union Square. También en estos años, se inauguró la Metropolitan Opera House en un inusual emplazamiento 26 bloques al norte. La Opera comenzó a atraer a la elite de la ciudad hacia una zona entonces dominada por caballerizas y establos. Broadway atravesaba este área a la altura de Longacre Square.

Habrían de pasar diez años antes de que ningún teatro abriera sus puertas en Longacre, pero para entonces la sección de Broadway en torno a la calle 34 ya había sido denominada «el gran camino blanco», debido a los grandes carteles luminosos.

Muy pronto, Times Square, como se llamó Longacre Square después de que el editor del *New York Times* consiguiera permiso para construir una torre de oficinas allí, se vió iluminado de igual modo. Una vez incluida en el sistema de metro, se convirtió rapidamente en el corazón del distrito teatral de la ciudad.

Broadway continuó hacia el norte, pero el distrito teatral permaneció en su lugar. En 1920, casi todos los teatros mostraban películas y, 50 años después, el más antiguo era demolido para dar paso a un edificio de oficinas. Como un eco de la mala fama del primer Broadway, Times Square degeneró en tiendas pornográficas, prostitución y drogas, aunque lo llamativo del lugar y los muchos teatros que aún funcionan en sus proximidades no han frenado las oleadas de turistas.

En años recientes, han progresado los esfuerzos para devolver la seguridad a Times Square y restaurar algo de su esplendor perdido. No obstante, todavía es una zona conflictiva, sobre todo por la noche.

Broadway de noche: maravillando a los visitantes un siglo después de la iluminación de su primer cartel de neón

Consejos prácticos sobre el Bronx Zoo
La parada de metro más cercana para el Bronx Zoo es Pelham Parkway, que le deja a poca distancia de la entrada Bronxdale. Una ruta alternativa desde Manhattan es tomar un autobús Liberty Line Express (BxM11), que va desde Madison Avenue hasta la entrada Bronxdale (para obtener más información, tel: 718/652 8400).
El verano es la mejor época de visita. Durante el invierno (noviembre a abril) muchas secciones al aire libre del zoo permanecen cerradas y los animales son trasladados al interior. De martes a domingo, la cuota de entrada es voluntaria, aunque siempre hay extras adicionales para algunas secciones concretas, como los hogares de monos y reptiles. También hay que pagar por montar en los monorraíles.
Existe un teléfono de información general sobre el zoo; tel 718/367 1010.

▶ El Bronx *49D4*

El Bronx cuenta con menos admiradores que ningún otro municipio de Nueva York. La zona más próxima a Manhattan, el **South Bronx,** se ha convertido en un símbolo permanente de las formas más extremas de decadencia urbana: edificios abandonados sin agua ni electricidad y el cielo nocturno frecuentemente iluminado por el trabajo de algún incendiario. El presidente Carter visitó el South Bronx en 1977, pero no ofreció ninguna solución. Las mejoras que lentamente han modificado su carácter han sido labor de los grupos de la comunidad.
El resto del Bronx es bastante diferente. Alrededor de **Grand Concourse,** una majestuosa calle trazada en 1892 que todavía avanza en dirección sur–norte a lo largo del barrio, existen zonas residenciales seguras y cuidadas, parques inmensos y el **Bronx Zoo.**
En el South Bronx, el **Yankee Stadium** (161st Street y River Avenue) ha sido la sede de los Yankees, el equipo de béisbol de Nueva York, desde su inauguración en 1923. Un programa de renovación de 100 millones de dólares, llevado a cabo a mediados de los años 70, pretendía mejorar el área y el edificio. Si visita el estadio, continúe hasta el **Bronx Museum of Arts** (1040 Grand Concourse). El museo abrió sus puertas en 1971 y ofrece exposiciones de artistas locales y aspectos culturales relacionados con el Bronx.
Aunque no sean seguidores de los Yankees, casi todos los neoyorquinos desafían al Bronx por una sola razón: El **Bronx Zoo▶** (ahora llamado oficialmente el International Wildlife Conservation Park), el mayor zoo de EE UU. En sus 107,25 Ha, el zoo centra su atención en manadas y bandadas más que en animales aislados y en la recreación de hábitats naturales más que en jaulas. La selva tropical interior de Jungle World, por ejemplo,contiene gibones y

monos que miran maliciosamente a sus visitantes desde los ríos artificiales. También se puede contemplar unos cuantos gaviales indios, un tipo de caimán cuyos ancestros se remontan a 180 millones de años. Los singulares leopardos blancos son la estrella de las Himalayan Highlands, mientras que el World of Darkness transforma el día en noche para ofrecer zorros, osos hormigueros, murciélagos (que incluyen la variedad de vampiros que se alimenta de sangre) y otras especies nocturnas.

Wild Asia, el mayor espacio abierto del zoo, sólo puede visitarse en un recorrido en teleférico de 25 minutos de duración. Las cabinas con aperturas laterales se deslizan sobre una llanura ocupada por antílopes, elefantes, rinocerontes y ciervos sika, una especie ahora extinta en su hábitat original.

Las secciones de monos y reptiles son también muy interesantes, al igual que la menos común Mouse House, en la que habita un sinfín de ratones y pequeños roedores. Existe además un área exclusivamente infantil, el Children's Zoo, cuyo objetivo es ofrecer a los más jóvenes una visión del comportamiento animal y la oportunidad de acariciar un montón de criaturas blanditas.

Atravesando Fordham Road desde zoo, el **New York Botanical Garden▶** es una maravillosa mezcla de jardines

Un viaje en teleférico (izquierda) es un buen modo de ver algunos de los 4 000 habitantes del Bronx Zoo

formales, jardines rocosos y accidentadas áreas forestales, que incluyen un extenso bosque de cicuta. En el extremo noroeste, el Enid A. Haupt Conservatory está lleno de una magnífica colección de plantas bananeras, palmeras, cactus y otra vegetación desconocida en estas latitudes.

El **Edgar Allan Poe Cottage▶** (saliendo de Grand Concourse hacia East Kingsbridge Road) es el lugar donde el escritor vivió durante dos años en la década de 1840. Se trasladó aquí con la esperanza de que el aire del campo mejorara la salud de su mujer. Sin embargo, en una morada carente de calefacción, la tuberculosis de su esposa empeoró y ésta falleció durante el primer invierno. La casa, que conserva algunas posesiones de Poe, es un acertado monumento a un hombre que vivió una infeliz y corta existencia.

La casa de Bruno Hauptman
La casa situada en el 1279 de East 222nd Street, al este del Bronx's Woodland Cemetery, no parece ocultar nada especial, pero fue aquí donde la policía arrestó en 1934 a Bruno Hauptman, acusado de secuestrar y pedir rescate (y posteriormente asesinar) al bebé del famoso Charles Lindbergh. El caso mantuvo en vilo a los medios de comunicación. Hauptman fue declarado culpable y ejecutado, aunque surgieron dudas sobre el veredicto al descubrirse que la policía había ocultado pruebas vitales al jurado.
El lugar donde se pagó la fianza de 50 000 dólares también se encuentra en el Bronx: St. Raymond's Cemetery, entre East Tremont Avenue y Eastern Boulevard.

Riverdale
Cuando los neoyorquinos mencionan Nueva York, normalmente no piensan en Riverdale, un enclave pudiente de casas envidiables que se extienden desde el extremo este de Van Cortlandt Park hasta el Hudson River; un mundo aparte de la pobreza del South Bronx. La zona resulta difícil de explorar en coche; ya que muchas de las calles no sólo son estrechas y empinadas, sino que presentan numerosos baches. Los vecinos pretenden así conservar su exclusividad y ahorrar dinero al mismo tiempo. Un lugar que bien merece una visita es el **Fonthill Castle,** de 1846, una estructura construida imitando el estilo gótico, que fue el hogar del actor Edwin Forrest. Ahora sirve como oficina de admisiones para el College of Mount St. Vincent, en Riverdale Avenue con 263rd Street.

En los terrenos del **Bronx Community College▶** (181st Avenue y University Avenue) se encuentra el Hall of Fame for Great Americans (Galería de Americanos Ilustres). En ella se agolpan los bustos de bronce de unos 100 destacados personajes americanos a lo largo de una columnata al aire libre. El estilo neoclásico del Hall of Fame es notable, y es imitado en el resto del campus, una gran parte del cual se debe al arquitecto neoyorquino Standford White.
Anterior al colegio, y a la mayoría de los otros edificios del Bronx, la **Van Cortlandt Mansion▶** (saliendo de Broadway entre las calles 240 y 242) fue construida en 1748 para una familia potentada, cuyas tierras están ocupadas hoy por la gran extensión del **Van Cortlandt Park.** La mansión, de estilo georgiano con adornos holandeses, también sirvió como cuartel para George Washington, que marchó desde aquí hacia Manhattan para celebrar la firma del Tratado de Paz de París en 1783, que ponía fin a la Guerra de Independencia. La mansión muestra su mobiliario inglés, holandés y colonial, además de algunos otros objetos del s. XIX.
Aunque resulte extraño, el **Woodlawn Cemetery▶** (East 223rd Street y Webster Avenue) constituye una parada más intrigante que la mansión. En vez de acaparar piezas de arte de las colecciones europeas o financiar rascacielos en Manhattan, algunos millonarios neoyorquinos gastaron sus fortunas en mausoleos extravagantes. Entre los aquí enterrados con pompa y ceremonia se encuentran los fundadores de almacenes Richard H. Macy, J. C. Penney y F. W Woolworth. Otras tumbas más discretas recuerdan a el escritor Herman Melville y el gigante del jazz Duke Ellington.

El New York Botanical Garden

■ La gente de origen africano ha vivido en Nueva York desde los primeros días de la ciudad y su lucha por los derechos civiles ha sido una larga batalla. Los primeros inmigrantes de color de Nueva York fueron esclavos que llegaron con los holandeses, quienes les trataban con relativa benevolencia. La era británica no haría sino empeorar la situación, ya que los nuevos gobernantes de la colonia no mostraban ningún respeto por aquellos que consideraban bienes muebles. Su respuesta a las sublevaciones era la horca o la hoguera......■

El racismo continúa después de la Guerra de Independencia, unos cuantos esclavos llibres consiguieron posiciones sociales respetables, pero otros fueron transportados al «Profundo Sur».
A comienzos del siglo XIX, los afroamericanos de Nueva York conocieron la segregación en lugares públicos. Además, se les impedía adquirir los conocimientos necesarios para ser empleados como algo más que obreros y sirvientes.

El auge y caída de Harlem Como respuesta a esto, se formaron las primeras iglesias y sociedades de color y, después de años de racismo permanente, fue en las calles de Harlem donde los ciudadanos de color neoyorquinos encontraron un enclave propio.
La población de Harlem se duplicó durante los años 20, periodo durante el que su arte, música y literatura florecieron de forma deslumbrante, dando lugar al «Renacimiento de Harlem». Sin embargo, muy pronto la Depresión convirtió Harlem en un gueto, y sus problemas, al igual que el de otras zonas afroamericanas en los Outer Boroughs, nunca fueron abordados por las autoridades.

Derechos civiles y disturbios Sería el Movimiento de Derechos Civiles y los discursos de Malcolm X los que sacaran los temas raciales a la luz pública en la década de 1960. Desde entonces, varias iniciativas han mejorado estas zonas, aunque la riqueza monetaria de la comunidad afroamericana no se equipara con su riqueza cultural.

El aumento de la conciencia negra en los años 60 se vió favorecido por personajes públicos como Malcolm X. Aquí le vemos en un mítin musulmán en Harlem. Fue asesinado en 1965

Green–Wood Cemetery
Henry Pierrepont, el promotor de Brooklyn Heights, no sólo construyó viviendas para los vivos. Creó el Green–Wood Cemetery (entrada principal por Fifth Avenue y 25th Street), un área de 193,45 Ha en donde algunos de los más acaudalados neoyorquinos disfrutarían del descanso eterno.
En la época de oro victoriana, el cementerio atraía a 100 000 visitantes diarios que recorrían sus sendas, observaban la panorámica del puerto de Nueva York y contemplaban las suntuosas tumbas. La puerta de reminiscencia gótica de Richard Upjohn y la casa del guarda, en la entrada de Fort Hamilton Parkway, son sólo el comienzo.

Brooklyn: una ciudad dentro de otra ciudad

▶▶▶ Brooklyn *48C3*

Brooklyn fue en su día una ciudad, con una población acaudalada y veneradas instituciones culturales. En 1898, alentada por la apertura del Puente de Brooklyn, que atravesaba el East River, decidió unirse Nueva York.
Los habitantes de Brooklyn han maldecido la decisión desde entonces. Las humillaciones posteriores a la independencia han sido numerosas: la Depresión y un gran flujo de inmigrantes convirtieron muchos vecindarios de Brooklyn en barriadas y crearon campos de cultivo para el crimen organizado. Los astilleros tuvieron que ser cerrados y el ilustre periódico *Daily Eagle* vivía sus últimas horas tras una huelga. Pero quizá, lo más mortificante de todo fue que el equipo de béisbol Brooklyn Dodgers se trasladó a Los Angeles en 1955.
A pesar de estos contratiempos, Brooklyn continúa siendo el Outer Borough más distintivo, con una personalidad propia. El ritmo pausado de sus calles supone un respiro después del bullicio de Manhattan.
Si todavía fuera una ciudad independiente, Brooklyn sería la sexta ciudad más poblada de EE UU. Su extensión metropolitana engloba cuatro áreas de especial interés. Downtown Brooklyn y el histórico Brooklyn Heights son las más próximas a Manhattan. Justo al norte, Fort Greene se está convirtiendo en el hogar de la nueva comunidad artística afroamericana. Al sur de Downtown, la elegante Parkway conduce al inmenso Brooklyn Museum y al Botanic Garden. Más al sur, en la costa, se encuentra el mítico parque de atracciones de Coney Island y la rusa Brighton Beach.
Desde el Brooklyn Bridge, cualquier desvío a la derecha lleva a las frondosas calles del distrito de **Brooklyn Heights**▶▶▶. La invención del barco de vapor en 1814, transformó este peñascoso terreno sobre el East River en una zona residencial codiciada por banqueros y especuladores del distrito financiero de Manhattan.

Continúa en la página 76.

Brooklyn a orillas del océano

■ Allí donde Brooklyn encuentra al Océano Atlántico, existe no sólo una costa, sino dos imágenes chocantes de la vida de Nueva York: el parque de atracciones de Coney Island, famoso en todo el mundo, y Brighton Beach, una zona veraniega en declive, transformada desde principios de los 70 por una oleada masiva de emigrantes rusos......■

Coney Island Durante 30 años, hasta mediados de los años 40, ésta era la idea del cielo de los neoyorquinos. Por el importe de un trayecto en metro, podían olvidarse de las atestadas calles de la ciudad y disfrutar de un día junto al océano mascando caramelos y mareándose en las montañas rusas. Coney Island es una leyenda indiscutible, aunque hoy día es también historia.

En el área del parque de atracciones, situado entre Surf Avenue y el paseo marítimo y las calles West 8 y West 16, los antiguos carruseles evocan los buenos tiempos pasados, mientras que una desvencijada montaña rusa de 1927, el Cyclone, aún sigue en funcionamiento.

Otro superviviente es Nathan's Famous, un restaurante de comida rápida en la esquina de las avenidas Surf y Stillwell. Si Nathan inventó o no el perrito caliente sigue siendo un misterio, pero sí es cierto que el mejor modo de disfrutar de Coney Island es comerse uno. Deje que el ketchup le escurra por los dedos mientras pasea por el lugar donde, en su día, más de un millón de personas encontraron diversión.

Durante el verano, la playa de Coney Island aún recibe muchos bañistas y el paseo marítimo, el Aquarium for Wildlife Conservation, conserva el mismo ambiente de siempre.

Brighton Beach Continúe en dirección este por el paseo marítimo hasta llegar a esta zona donde entre 10 000 y 20 000 inmigrantes ex–soviéticos, beneficiarios del relajamiento de las restricciones en los años anteriores a su desintegración, forman la mayor comunidad rusa de EE UU. El área conocida como Little Odessa se está convirtiendo en una de las más pintorescas de Nueva York, debido al caviar y vodka anunciados en caracteres cirílicos y a los bulliciosos restaurantes de Brighton Beach Avenue, famosos por sus bailes nocturnos y sus ocasionales peleas de borrachos.

El nombre de Coney Island
La teoría más verosímil sobre el origen del nombre de Coney Island es que deriva del holandés *Konijn Eiland,* que significa «Isla de los conejos».

Máximo Gorky sobre Coney Island
«Fabulosa e inevitablemente bella es esta ardiente chispa que supera la imaginación»

Pasee por Brooklyn Heights Promenade y disfrute de las vistas de Manhattan al otro lado del East River. En primer plano el South Street Seaport

A Pie Brooklyn Heights
Una forma agradable de bajar la comida es con un paseo por la Brooklyn Heights Promenade. Esta amplia avenida, también llamada la Esplanade, ofrece unas vistas tan hermosas de Manhattan que atraen a los oficinistas de Brooklyn a comer aquí sus almuerzos y elevan los precios de los apartamentos de la cercana Columbia Heights a niveles prohibitivos.

Continuación de la página 74.

Con el tiempo, Brooklyn Heights se fue llenando de residencias de piedra caliza que, en su mayoría, permanecieron intactas en una zona que pasó a ser un National Historical Landmark (Punto de Interés Histórico Nacional) en 1965.
Puede pasear sin rumbo por las Heights, aunque debiera estructurar sus exploraciones para incluir Orange Street y su iglesia **Plymouth Church or the Pilgrims▶**. Fue aquí donde el pastor Henry Ward Beecher lanzaba sus elocuentes mensajes contra la esclavitud e hizo de la iglesia una plataforma para los abolicionistas. Se le recuerda con una estatua situada en el jardín contiguo.
Otra parada interesante es en el 128 de Pierrepont Street, donde la **Brooklyn Historical Society▶** organiza exposiciones locales.
Más al sur, Downtown Brooklyn recorre Fulton Street, que acoge el ayuntamiento del municipio, erigido en 1848 a imitación del estilo griego. Mucho más interesante es la **New York Transit Exhibit▶▶**, que ocupa una antigua estación de metro en el cruce de Boerum Place y Schermerhorn Street. En su interior, las cubiertas *art déco* de las salidas de aire y los carteles de estaciones confeccionados con mosaicos ilustran el cuidado que se prestaba en aquellos días a lo que sería el segundo mayor sistema de transporte de masas del mundo.
En los antiguo andenes de la parte inferior, se exhiben coches de metro de los años 1904 a 1964: suba y maravíllese de cómo los pasajeros evitaban los «ataques» de los ventiladores de la época.
Entre Downtown Brooklyn y los antiguos astilleros navales se encuentra **Fort Green▶**, otro distrito bien dotado con calles frondosas y casas elegantes. Después de ser abandonadas por muchos de sus pudientes propietarios blancos, muchas de estas hermosas viviendas fueron adquiridas por los ciudadanos de color más acomodados de Brooklyn. Otras se convirtieron en casas de inquilinos durante la Depresión, causando la decadencia del área.

Sea precavido cuando visite Fort Greene: aunque no es excesivamente peligroso, sus calles no suelen ver muchos turistas. Recorra el área al sur del parque, donde encontrará las casas más impresionantes.
Las elegantes casas de piedra caliza también están presentes en las calles residenciales entre Flatbush Avenue y Sixth Avenue, una sección del vecindario Park Slope. Sin embargo, la vista más espectacular de esta zona se encuentra en el centro de Grand Army Plaza (en Flatbush Avenue por la entrada principal a Prospect Park descrita en la página 79): el enorme arco Soldiers' and Sailors' Memorial Arch, erigido en 1892, para homenajear a las tropas de la Unión caídas durante la Guerra de Secesión.
Esta versión de un arco romano imperial fue diseñada por John H. Duncan, quien fue también responsable del grandioso General Grant Memorial (ver páginas 110–11). Las enormes dimensiones del monumento le convierten en una curiosidad arquitectónica más que en un

Nacidos en Brooklyn
Woody Allen (1935), Clara Bow (1905), George Gershwin (1899), Mickey Rooney (1922), Barbra Streisand (1943), Mae West (1892).

Brooklyn

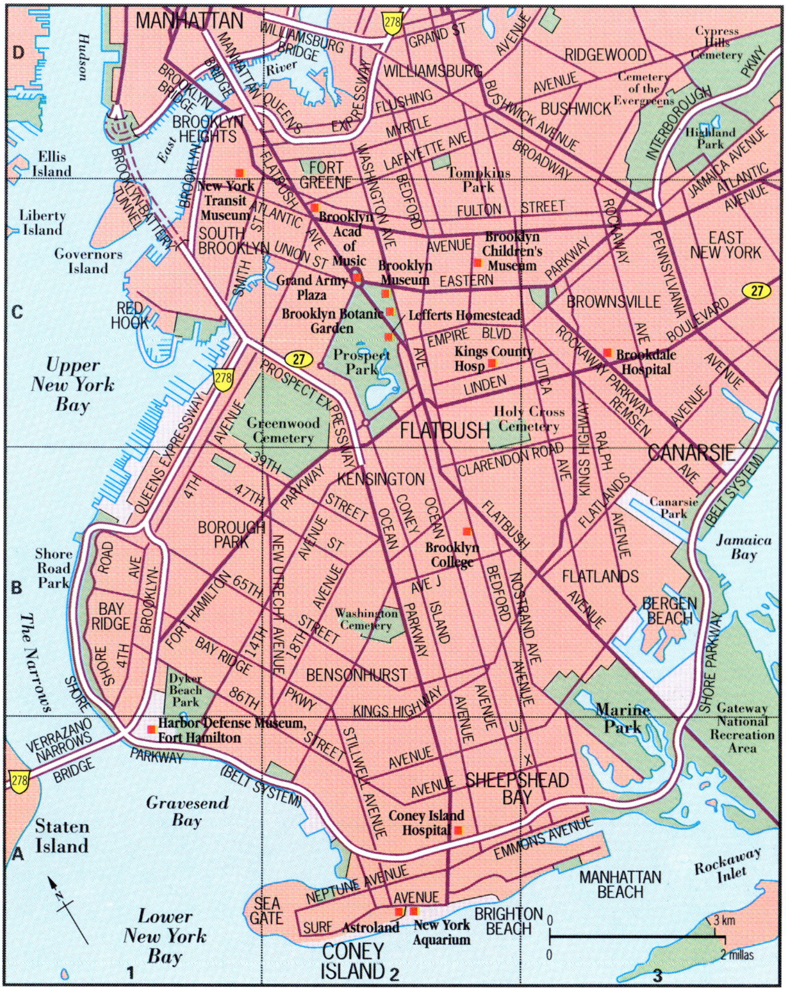

Los judíos satmar
Desde 1940, el distrito de Williamsburg en Brooklyn (al norte de Downtown) ha sido el hogar de la secta ultraordoxa satmar, una rama del judaísmo hasidim originaria de Hungría. Los hombres satmar llevan barba y tirabuzones y visten levitas y sombreros oscuros. La cabeza de las mujeres casadas es afeitada y cubierta con una peluca. Los satmar siguen una estricta dieta kosher, y sus miembros normalmente rechazan la televisión y la radio. El corazón de la comunidad se encuentra en Lee Avenue, mientras que las escuelas y sinagogas de la secta están en la vecina Bedford Avenue.

sepulcro. La sensación de pomposidad se ve aumentada por las esculturas heróicas añadidas al monumento en 1898, aunque todo esto pasa a segundo plano al contemplar los exquisitos bajorrelieves que decoran los muros del interior del arco.

Las amplias calles y los espacios abiertos edificados en Brooklyn a fines del siglo XIX fueron los sellos de una ciudad en auge. El optimismo de la época y el intento de crear un símbolo de la superioridad cultural de Brooklyn sobre Manhattan, llevaron a la fundación, en 1897, del **Brooklyn Museum▶▶▶** (200 Eastern Parkway), con el objetivo de convertirlo en el museo más grande del mundo. Sin embargo, tales ambiciones nunca se vieron consumadas y, durante décadas, el museo ha desempañado un papel secundario.

La quinta planta del museo revela una excepcional colección de retratos americanos del siglo XIX, que incluye una imagen iconográfica de George Washington realizada por Gilbert Stuart. También destaca la luz y gracilidad de la *Escena invernal en Brooklyn* de Francis Guy y una exquisita selección de la Hudson River School culmina con la *Tormenta en las Montañas Rocosas* de Albert Bierstadt, un agreste paisaje de granito bajo amenazantes nubes tormentosas.

Brooklyn Heights. No todos los mejores rascacielos de la ciudad están en Manhattan

La cuarta planta del museo tiene cerámicas del periodo colonial e interiores procedentes de lugares tan variados como granjas del siglo XVII y salones *art déco* del XIX. No se pierda la Sala Árabe: un conglomerado de azulejos decorados, paredes con brocados de oro, paneles de roble y colgaduras de terciopelo, que una vez honró la mansión de Manhattan de John D. Rockefeller.
El resto de los pisos están llenos de colecciones de arte asiático, mientras que la planta baja ofrece artesanía y objetos votivos de África, Oceanía y Sudamérica.
Las colecciones nativas americanas, situadas en la misma planta, exponen objetos tribales, como chaquetas de piel de gamo y totems. La sección más reciente acoge la tercera colección de objetos egipcios mayor del mundo, una impresionante selección que va desde la época predinástica a la conquista romana.
Si se encuentra agotado después de explorar el museo, diríjase al relajante **Brooklyn Botanic Garden▶▶**, justo en la parte posterior, donde los colores suaves y las maravillosas fragancias le reavivarán los sentidos. Al salir, avance por Flatbush Avenue hasta **Prospect Park▶**, un amplio y bucólico espacio abierto concluido en 1874. Los arquitectos Olmsted y Vaux no encontraron aquí las limitaciones impuestas en su proyecto más famoso, Central Park, y dieron rienda suelta a su imaginación, haciendo de Prospect Park su trabajo más exquisito.

La calma aún reinante en ciertas partes de Brooklyn Heights recuerda los días en que éste fue el primer vecindario de Nueva York

El Brooklyn Heights literario
Brooklyn Heights ha sido también un escenario. El poeta Hart Crane y el novelista John Dos Passos vivieron en el 110 de Columbia Heights durante los años 20. Henry Miller residió una temporada en el 91 de Remsen Street durante el mismo periodo, y Truman Capote escribió *Desayuno con diamantes* en el sótano del 70 de Willow Street. Norman Mailer escribió *Los desnudos y los muertos* mientras vivía con sus padres en el 102 de Pierrepont Street. En la misma dirección, Arthur Miller escribió su obra *Todos mis hijos,* antes de trasladarse al 155 de Willow Street, donde se le recuerda con una placa, aunque escribió *La muerte de un viajante* en el 31 de Grace Court.

Mala suerte en el Puente de Brooklyn
En sus primeros años, el Puente de Brooklyn fue testigo de una racha de desgracias. Su diseñador, John A. Roebling, murió a causa de un accidente antes de que el puente fuera concluido. Su hijo, Washington, tomó el mando, pero sufrió una parálisis, por lo que tuvo que supervisar la construcción desde el lecho. Veinte de los 600 obreros murieron durante la construcción del puente. Seis días después de su apertura, los gritos de una mujer que se tropezó en la entrada provocaron una estampida general en la que 12 personas perdieron la vida, creyendo que el puente estaba a punto de derrumbarse. Sin embargo, en 1884 el famoso magnate circense P. T. Barnum hizo que 21 elefantes lo atravesaran, disipando así toda duda sobre la resistencia del puente.

▶▶ Brooklyn Bridge — 77D1

Metro: Brooklyn Bridge
El Puente de Brooklyn, concluido en 1883, fue el primer puente colgante del mundo y, durante 20 años, el más largo. Constituyó la primera conexión entre las ciudades de Brooklyn y Manhattan.
Realzado enormemente por sus dos grandes arcos de piedra góticos (cuando fueron acabados, sólo la aguja de la Trinity Church se elevaba sobre ellos), el puente es una obra maestra en cuanto a estética e ingeniería se refiere. Ha inspirado a multitud de escritores, entre los que destaca Walt Whitman, a derramar poesía sobre su belleza.
Los ciclistas, patinadores, corredores y asaltantes (en la hora punta en el extremo de Brooklyn) pueden ser un riesgo para los transeúntes de la pasarela, aunque ésta es, sin duda, la mejor forma de apreciar la estructura. Al lado de la pasarela, hay dos exposiciones que recrean los orígenes del puente y las vistas de Brooklyn desde Manhattan.

▶ Carnegie Hall — 151C2

57th Street con Seventh Avenue
Metro: Seventh Avenue o 57th Street
Financiado gracias a la donación de 2 millones de dólares del magnate del acero Andrew Carnegie, el Carnegie Hall abrió sus puertas al público en 1891 y muy pronto había adquirido fama internacional debido a su excelente acústica. Su auditorio en forma de herradura imitaba los teatros de ópera italianos. Una reciente renovación ha restaurado la suntuosidad de sus mejores días, fácil de apreciar asistiendo a un concierto o uniéndose a una visita guiada. Si no tiene oportunidad de ver su interior, visite el **Carnegie Hall Museum,** que recoge los orígenes del auditorio y la larga lista de nombres famosos que han honrado sus tablas. Además del clarinete de Benny Goodman y la batuta de Arturo Toscanini, podrá encontrar testimonio escrito de la primera actuación de «The Beetles» en Nueva York.

Pasarela de peatones del Brooklyn Bridge. Las torres del Financial District de Manhattan brillan por detrás de la intrincada telaraña de cables

Abovedado gótico (izquierda) y detalle escultórico (inferior) de la que será, cuando esté concluida, la catedral más grande del mundo.

►► Cathedral Church of St. John the Divine *CCAB5*

Amsterdam Avenue con 112th Street
Metro: Cathedral Parkway (110th Street)
En 1892 se colocó la primera piedra de la Catedral de St John the Divine, dando comienzo a lo que hoy es un inmenso edificio religioso: la iglesia más grande de EE UU y el mayor templo gótico del mundo, aún inconcluso después de más de un siglo.
Los planos originales eran para una iglesia de diseño bizantino/románico, pero los retrasos ocasionados por problemas de ingeniería y falta de financiación hicieron que, en los primeros 25 años, sólo se completara el coro y cuatro arcos de piedra. El cambio de gustos (y la muerte del arquitecto creador del proyecto) provocó una orientación hacia el estilo gótico francés, lo que aportó una fachada que recuerda a la de Notre Dame en París. La nave se construyó a buen ritmo en los siguientes diez años, pero la entrada de EE UU en la II Guerra Mundial paralizó nuevamente el proceso, hecho que se repetiría en los años 60, cuando se decidió desviar el dinero de la construcción hacia las necesidades de la comunidad. El programa actual del edificio no entró en vigencia hasta 1978, cuando el aumento de los fondos permitió traer un maestro cantero de Inglaterra que cortara la piedra caliza de Indiana y enseñara a un pequeño grupo de aprendices locales.
Las torres cubiertas por andamios dan al exterior de la catedral un aspecto surrealista. En el interior, las dimensiones son sobrecogedoras. El contraste de los estilos gótico y románico/bizantino es más evidente en el crucero inconcluso, donde la anatomía de la estructura queda al descubierto y donde todavía se conserva la cúpula de azulejos rojos instalada en 1909 como cubierta «temporal».
Lo más destacable de las decoraciones de la catedral con los dos conjuntos de tapices religiosos: los Tapices Mortlake, tejidos en Inglaterra en 1623 según dibujos de Rafael; y los Tapices Barberini, del siglo XVII, realizados en los telares papales.

New York Public Library: sección de 115th Street
La sede de la New York Public Library en Fifth Avenue (ver página 168) es una de las delicias arquitectónicas de la ciudad, y el edificio de 115th Street (entre Seventh y Eighth avenues) tampoco la desmerece. La biblioteca, construida en 1908, fue obra de la venerada firma McKim, Mead y White, y su imponente estilo renacentista pretendía equipararse al esplendor del Harlem de la época.

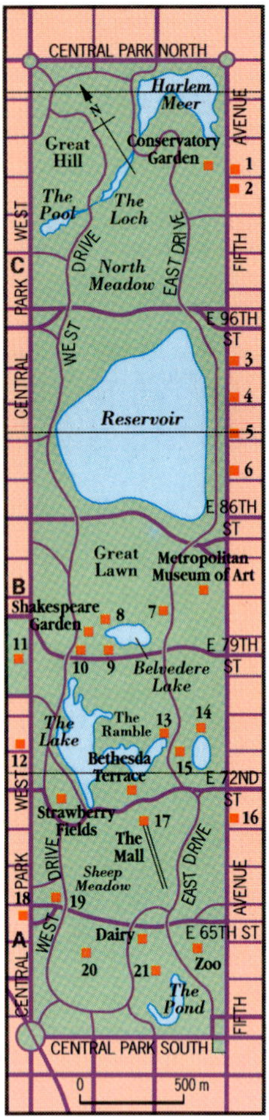

1 **El Museo del Barrio**
2 **Museum of the City of New York**
3 **International Center of Photography**
4 **Jewish Museum**
5 **Cooper-Hewitt Museum**
6 **Guggenheim Museum**
7 **Cleopatra's Needle**
8 **Delacorte Theater**
9 **Belvedere Castle**
10 **Swedish Cottage**
11 **American Museum of Natural History and Hayden Planetarium**
12 **San Remo Apartment Building**
13 **Loeb Boathouse**
14 **Alice in Wonderland Statue**
15 **Hans Christian Andersen Statue**
16 **Frick Collection**
17 **Bandstand**
18 **Holy Trinity Lutheran Church**
19 **Tavern-on-the-Green**
20 **Heckscher Playground**
21 **Wollman Memorial Rink**

▶▶▶ **Central Park** *CCAF3*

Lo que más llama la atención desde cualquier punto elevado de Manhattan no es el Empire State Building o la Estatua de la Libertad, sino el gran rectángulo de vegetación en medio del corazón de la jungla urbana. Central Park ocupa 341,16 Ha y recorre 50 bloques o manzanas entre el Upper East Side y el Upper West Side. Los candidatos a alcalde de Nueva York en la campaña de 1850 compartían un solo punto en común: la necesidad de un gran parque público que respondiera a las peticiones de líderes cívicos y peridiodistas, provocadas por el poeta y editor William Cullen Bryant en 1844. En ese momento, los constructores estaban batiendo todos los récords en la franja norte de Manhattan.

En 1856, la ciudad pagó 5,5 millones de dólares por una extensión de tierra: un área al norte de la ciudad, llena de granjas y campamentos de colonos, utilizada en su mayoría como basurero. Las obras del parque comenzaron dos años después, según los planos de Frederick Olmsted (un granjero convertido en ingeniero, periodista y arquitecto) y del arquitecto inglés Calvert Vaux.

El diseño del parque enfatizaba la forma natural del terreno: se crearon claros, bosquecillos y formaciones rocosas y se plantaron unos 5 millones de árboles. Las vías internas del parque se unieron con puentes y el tráfico quedó oculto mediante carreteras subterráneas, un concepto revolucionario para la época.

El parque fue todo un éxito, gracias a los paseos arbolados donde los adinerados podían lucir sus hermosos carruajes, y a los caminillos donde las clases trabajadoras podían experimentar, según palabras de Olmsted, «una muestra de la obra de Dios».

Aunque hoy día se encuentra totalmente rodeado de edificios, y con más monumentos de los que Olmsted hubiera deseado, Central Park es aún un gran escape de las calles de la ciudad. Los edificios de apartamentos de la Quinta Avenida y el Upper West Side que asomam sobre las copas de los árboles aumentan el efecto de «campo en la ciudad».

Es bastante fácil perderse en Central Park. Asegúrese de recoger un mapa en alguna de las casetas de información. Desde el sur, el primer lugar al que dirigirse es el Dairy (antigua lechería). En un intento de reflejar el espíritu rural, en 1870 se construyó el **Dairy,** un lugar donde las ataviadas lecheras servían leche fresca (todo un lujo para la época) a madres y niños. El singular edificio de estilo gótico aloja hoy el Visitor Center, que ofrece panfletos y otro tipo de información sobre paseos por el parque.

Más al norte, el prado de 8,9 Ha conocido como **Sheep Meadow** tuvo ovejas durante los primeros años. El rebaño era pastoreado y llevado dos veces al día por West Drive hasta su redil, lugar hoy ocupado por la Tavern on the Green. Aunque resulte extraño, teniendo en cuenta la obsesión de Olmsted y Vaux por recrear el campo en la ciudad, el prado de Sheep Meadow estaba inicialmente destinado a presenciar desfiles militares.

Al este de Sheep Meadow comienza el **Mall,** una de las primeras secciones concluidas del parque y su única zona formal. Muchos neoyorquinos del siglo XIX disfrutaron aquí de sus primeros paseos al estilo europeo y otros muchos experimentaron la sensación de un viaje en carro.

En un primer momento, Olmsted de resistió a incluir estatuas en el parque, pero finalmente dió su consentimiento a los monumentos de escritores (Shakespeare, Robert Burns y Sir Walter Raleigh entre otros) que flanquean el **Literary Walk** (Paseo Literario) en el extremo sur del Mall.

Avanzando hacia el norte, el Mall lleva hacia el **Concert Ground** y el **Naumberg Bandshell,** escenarios de música en vivo los fines de semana del verano.

Cruce la 72nd Transverse y entrará en **Bethesda Terrace,** en donde encontrará la elegante estatua del *Ángel de las aguas,* una de las pocas piezas encargadas especialmente para el parque. La estatua fue colocada en 1873 para conmemorar la apertura del acueducto que dotó a Nueva York de agua corriente.

Justo al norte de Bethesda Terrace encontrará más agua en el **Lake** (Lago). Disfrute de un delicioso paseo en bote por sus tranquilas aguas. El alquiler de barcas se encuentra en la Loeb Boathouse, en la orilla izquierda del lago.

A Pie: Strawberry Fields

Desde el Upper East Side, acceda a Central Park por la calle 72, que le llevará a Strawberry Fields, una sección de 1,2 Ha. mantenida con los fondos donados por Yoko Ono, como homenaje a su último marido, John Lennon.

Dominado por el edificio de apartamentos Dakota, donde los Lennon vivían (ver página 96), Strawberry Fields cuenta con 161 especies vegetales diferentes que representan las 161 naciones del mundo. El mosaico *Imagine* fue un regalo de la ciudad de Nápoles. Las autoridades de Nueva York no llegaron a un acuerdo unánime respecto al homenaje: algunos elementos conservadores apostaron por un monumento a Bing Crosby.

El «pulmón verde» de Nueva York y el Hotel Plaza

Central Park con estilo
Una forma de ver Central Park es como lo hacía la gente bien de la década de 1880: en coche de caballos. Adquiera su billete en la caseta de Grand Army Plaza (en el cruce de 59th Street y Fifth Avenue) y suba a la calesa. Como es de suponer, los precios han subido durante los últimos cien años: hágase a la idea de unos 15 dólares por persona por un trote de media hora.

Si está decidido a hacer algo más energético, cruce el lago a pie por el Bow Bridge, uno de los siete puentes de hierro forjado originales de Central Park, y llegue hasta **The Ramble.** Las 13,35 Ha de esmerada recreación rural de The Ramble, con sus pajareras y colmenas, son ideales para la exploración, además de un lugar excelente para la observación de aves. No obstante, procure no pasear solo, ya que se trata de una zona apartada y un tanto peligrosa.
Al otro lado de 79th Street Transverse, se eleva el **Belvedere Castle,** una réplica de un castillo escocés construida en 1869 sin ningún motivo particular, que pronto sería ocupada por una estación meteorológica.
A la izquierda, el camino conduce al Shakespeare Garden, un jardín que contiene todos los árboles y

Pasear tranquilamente o (izquierda) patinar: dos modos de relajarse en Central Park

plantas mencionados en las obras de Shakespeare, y continúa hasta el **Great Lawn.** Esta gran pradera, hoy día cubierta por más canchas de cemento que por hierba, atrajo en 1981 a medio millón de personas a escuchar un concierto de Simon & Garfunkel. Aquí es donde se celebran los conciertos veraniegos al aire libre de la New York Philarmonic.
La sección norte del parque es la menos visitada y, por consiguiente, la más peligrosa. Si desea explorarla, lo mejor es entrar y salir del parque por la entrada de Fifth Avenue y 105th Street. Esto le llevará directamente al **Conservatory Garden** y le permitirá pasar a través de las puertas de hierro forjado que una vez flanquearon la mansión de Cornelius Vanderbilt.
Central Park ha saltado a la luz pública por la delincuencia: los atracos son comunes e incluso ha habido algún asesinato. A pesar de ello, la mayor parte del parque es tan peligrosa como cualquier calle de Nueva York, aunque existen algunas zonas solitarias donde una persona sola será considerada un blanco fácil. Nunca visite el parque por la noche.

El Hotel Chelsea

■ Cuando el Chelsea abrió sus puertas en 1888 en el 222 de West 23rd Street, fue el primer bloque de apartamentos de Nueva York rematado por buhardillas. Su fachada incluía balcones de hierro forjado decorados con girasoles. Convertido en hotel en 1905, el Chelsea no consiguió su fama gracias a la arquitectura, sino como guarida de escritores, pintores y compositores, que le dieron un ambiente bohemio no igualado por ningún otro hotel en el mundo.....■

El pintor John Sloan y los escritores Mark Twain y O Henry (el seudónimo de William Sidney Porter) fueron algunos de los primeros huéspedes del Chelsea. El hotel entró en su vena artística en la década de 1930, después de que el poeta Edgar Lee Masters lo elogiara en verso y el novelista Thomas Wolfe lo adoptara como residencia. Impresionado por el tamaño de su suite, Wolfe apodó a su cuarto de baño la «Habitación del trono»; de hecho, las dimensiones eran tales que sobre su suelo tenía desperdigadas 4 000 páginas sueltas, muchas de las cuales pasarían a manos del editor como obras acabadas.

Los años 50 y 60 Los vínculos literarios ya estaban establecidos cuando Dylan Thomas hizo del Chelsea su residencia neoyorquina durante los primeros años de la década de los 50. Sus últimas horas las pasó en la habitación 205, después de haber tomado 18 whiskies en un bar de Greenwich Village. Moriría unos días después en St. Vincent's Hospital.
Una década más tarde, Brendan Behan encontró refugio en el Chelsea y exigió ser recordado con una placa. Los escritores de la generación beat William Burroughs y Gregory Corso y el novelista ruso Vladimir Nabokov se encontraban entre los renegados que se reunían en el bar del Chelsea (ahora un restaurante español).

Pop y punk El hotel sirvió de telón de fondo para la laberíntica película de Andy Warhol *Chelsea Girls*. Además, durante los años 60, los huéspedes incluyeron muchos símbolos de la música pop, entre los que destaca Bob Dylan, quien compuso algunas de sus canciones en una habitación de este hotel. La noche más ignominiosa llegaría en 1978, cuando la estrella del punk Sid Vicious apuñaló a su novia en la suite, hecho recordado en la película *Sid y Nancy*.
Entre en el vestíbulo del Chelsea y pase un buen rato observando las placas conmemorativas de sus más ilustres residentes, además de muchas obras donadas por artistas huéspedes. Si se siente tentado a quedarse, las habitaciones del Chelsea no son de las más caras de Midtown Manhattan. Muchas están ocupadas por excéntricos huéspedes permanentes.

El diseño decorativo de vanguardia no evitó que el Chelsea se hiciera famoso como centro cultural y no arquitectónico

El susto del alcalde
Un visitante habitual de los restaurantes de Chinatown fue el alcalde Ed Koch. Un día de 1981, Koch estaba disfrutando de su almuerzo en Sun Lok Kee (13 Mott Street), cuando un trozo de comida se le atravesó en la garganta. Cuando el alcalde saltó de su silla pronunciando las palabras «Me ahogo», su compañero de comida llevó a cabo la maniobra Heimlich, agarrándole con fuerza por detrás y forzándole a expulsar el alimento en cuestión. Con qué se atragantó sigue siendo un misterio. El alcalde declaró que era un berro; otros sugirieron que era un pedazo de cerdo y que el alcalde, con las elecciones a la vuelta de la esquina, no quería ofender a los judíos ortodoxos.

Frenética y fascinante: la vida callejera de Chinatown nunca se toma un respiro

▶▶▶ Chinatown *CCAB2*

La vida callejera de Nueva York adquiere una nueva dimensión en las atestadas aceras de Chinatown, delimitadas por el Civic Center, Little Italy y el Lower East Side. Los puestos están cargados de pescado, verduras o fruta, las herboristerías ofrecen remedios maravillosos, las panaderías preparan pasteles con exceso de azúcar y los carteles de neón anuncian (en inglés y chino) los restaurantes «dim sum» y los salones de té que atraen a la mayoría de los neoyorquinos no chinos a la zona.

La presencia china ha sido notable desde 1850, pero la verdadera expansión de Chinatown no llegaría hasta 1965, cuando se relajaron las leyes de inmigración. En la actualidad, se extiende más allá de sus propios límites y acoge a la mitad de los 300 000 chinos residentes en Nueva York. La expansión continúa, alimentada por los recién llegados de Vietnam y otras partes del sur de Asia. La inminente entrega de Hong Kong a Pekín también se ha dejado sentir. Los bancos de Hong Kong se han instalado en el vecindario y los centros comerciales llenos de joyas y aparatos eléctricos han invadido Canal Street.

Las calles de Chinatown son algunas de las más seguras de Nueva York. Los negocios locales, que incluyen más de 300 restaurantes, dependen de los neoyorquinos y de los turistas, por lo que ellos mismos se ocupan de mantener la calma. El crimen de Chinatown no está en las calles sino detrás de las puertas: las enemistades entre bandas rivales, o los recién llegados que trabajan en las fábricas de confección de Canal Street, son facetas de Chinatown que los visitantes nunca ven.

De hecho, más allá de los negocios y la gente, no hay mucho que ver en Chinatown. El paseo de la página siguiente recorre Chinatown y destaca algunos puntos de interés.

CHINATOWN

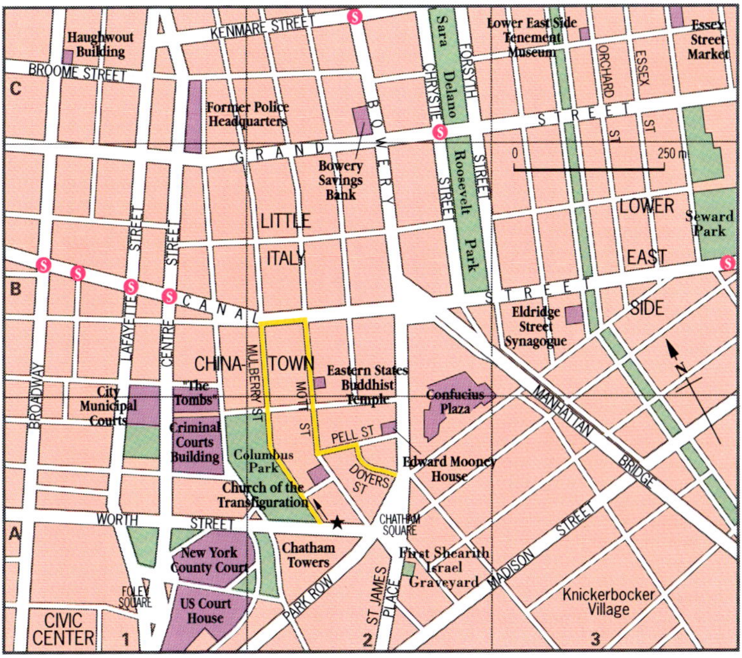

A Pie Vida callejera en Chinatown

La efervescente vida callejera es la principal atracción de Chinatown. Este paseo cubre los puntos destacados y capta el ambiente de la zona, dejando campo libre a la exploración.

Comience en **Columbus Park,** que ocupó el lugar de una peligrosa barriada de mediados del siglo XIX. Hoy, los partidos callejeros y el ruido del tráfico de Mulberry Street roban al parque toda su calma. Cruce y continúe por **Canal Street** hasta Mott Street, por delante de los mayores imperios comerciales de Chinatown. En el 64 de Mott Street, se encuentra el **Eastern States Buddhist Temple,** un genuino templo budista, donde se venden multitud de recuerdos bajo la serena mirada de las figuras de Buda. La **Church of the Transfiguration,** iglesia de estilo georgiano construida en 1801, en el 25 de Mott Street, es anterior a Chinatown. Muy cerca, **Doyers Street** fue una vez el territorio de traficantes de opio y prostitutas, y su curva fue utilizada como punto de emboscada durante las Guerras Tong del siglo XIX y principios del XX, cuando las bandas rivales chinas luchaban por el control del tráfico de drogas, la prostitución y el juego. Hoy día, es completamente segura y está llena de restaurantes.

Los Chinos

■ **Los rostros chinos eran poco comunes en Nueva York a comienzos del siglo XIX. Sin embargo, la comunidad china ha aumentado en tamaño e importancia. Los chinos americanos protagonizan con gran frecuencia los logros más espectaculares de la ciudad, a nivel intelectual o económico.....■**

Los chinos en los EE UU
La presencia china en Nueva York fue escasa hasta fines del siglo XIX. Sin embargo, los chinos estaban ya completamente establecidos en California, a donde habían llegado unos 25 000 en 1852. La mayoría trabajaba en las minas de oro de California y, posteriormente, en la construcción del ferrocarril transcontinental que unió la Costa Oeste al resto de EE UU. Los chinos se forjaron una buena reputación como trabajadores serios, aunque en la depresión económica que siguió a la Fiebre del Oro se verían privados de abrir negocios o comprar tierras. La población china se agrupó en lo que serían los distritos «Chinatown» de muchas comunidades californianas y muchos iniciaron un viaje a través del país hacia el ambiente menos hostil de Nueva York.

Los 75 inmigrantes chinos que vivían en Nueva York en 1870 eran en su mayoría individuos que habían llegado en barcos y se habían integrado cuanto pudieron en grupos étnicos ya establecidos. Sin embargo, en 1890, la población china de Nueva York había aumentado hasta 12 000. Muchos de los recién llegados procedían de California, donde habían prestado servicio en la compañía de ferrocarril.
Con su aspecto, idioma y cultura reñidos con la sociedad neoyorquina de estilo europeo, los solitarios chinos (una ley antiinmigratoria de 1896 les había negado la compañía de sus esposas) raramente se alejaban de Chinatown. Alentados por organizaciones familiares de ayuda mutua, trabajaban afanosamente en tiendas y lavanderías, enviando casi todo el dinero de vuelta a casa.

La otra cara de la moneda La imaginación popular vió Chinatown como un vecindario increíblemente exótico. Los residentes oportunistas organizaban visitas para los turistas ricos que, por supuesto, no veían los asesinatos, la esclavitud, los fumaderos de opio y locales de juego descritos en la prensa sensacionalista.
El juego, la prostitución y los fumaderos de opio sí que existían, pero normalmente se encontraban en sótanos o habitaciones ocultas. Estas actividades eran vigiladas por los Tongs, una forma de sociedad secreta china que nació en la China imperial para combatir a la dinastía Manchú.

Acogida y expansión En 1937, la invasión japonesa de China contribuyó a la unión de las facciones enfrentadas de la comunidad china y la posterior alianza militar entre EE UU y China redujo el sentimiento antichino entre los neoyorquinos.
Los nuevos chinos estaban deseosos de abrazar la vida y formas americanas. Muy pronto hicieron sentir su presencia en la vida de Nueva York y muchos abandonaron en cuanto pudieron el barrio de la comunidad.

Comida china «para llevar». Los restaurantes de Chinatown abarcan una gran variedad de estilos y cocinas

El inconfundible Chrysler Building: el art déco *neoyorquino en su expresión más depurada y exquisita*

►► Chrysler Building 151B3

42nd Street con Lexington Avenue
Metro: 42nd Street/Grand Central
El Chrysler Building, concluido en 1930, es el gran símbolo *art déco* de Nueva York y, durante un breve periodo, fue el edificio más alto del mundo. Su torre es uno de los puntos más reconocibles de la ciudad. Aún más impresionante que el exterior es el vestíbulo, que conserva sus paredes de mármol africano con vetas rojas y un mural de Edward Trumbull que describe las glorias del transporte mundial. Los ascensores también mantienen su decoración original de felpa y madera contrachapada. Además, todo el edificio de 77 pisos está adornado con motivos automovilísticos.

► Civic Center 104C2

Metro: City Hall
El Civic Center, o Centro Cívico, es el grupo de edificios municipales situados en las inmediaciones del Puente de Brooklyn. El más antiguo es el **City Hall** o ayuntamiento, una construcción de 1811 que mezcla los estilos federal y renacentista francés. Las barreras que protegen la parte frontal del edificio tienen como objetivo evitar que las manifestaciones celebradas en el City Hall Park bloqueen el acceso de los concejales al edificio. En el interior, una escalera de caracol serpentea hasta la primera planta, donde la **Governor's Room,** o despacho del gobernador, ofrece una gran colección de retratos de los primeros neoyorquinos distinguidos y algunos muebles de época, entre los que destaca un escritorio de George Washington. Justo al norte se sitúa el **Old New York County Courthouse,** o antiguo tribunal del condado, cuya financiación fue una de las grandes estafas en la historia de Nueva York (ver página 42). Hoy se utiliza como oficinas municipales. Al otro lado de Centre Street, está el actual tribunal **New York County Courthouse** con forma hexagonal y un pórtico corintio.

Revueltas policiales
En 1857, City Hall Park fue escenario de violentos enfrentamientos entre dos fuerzas policiales rivales: la desacreditada Municipal y la recién formada Metropolitana. Las batallas llegaron hasta el City Hall y sólo las bayonetas de la Guardia Nacional pudieron poner fin al asunto.
En septiembre de 1992, la reputación de las fuerzas públicas de Nueva York quedó deshonrada de nuevo en el parque, cuando una manifestación pésimamente organizada contra el alcalde Dinkins culminó de forma vergonzosa: algunos oficiales derribaron las barricadas y bloquearon la entrada al City Hall.

El deporte domina la mente americana, y los neoyorquinos, representados por dos equipos profesionales en cada uno de los deportes más populares, no son una excepción. Las lealtades y rivalidades son profundas, aunque lo más cerca que se esté del campo de juego sea sentado en el sofá frente al televisor. Esto no se debe sólo a pereza o comodidad: las entradas, especialmente las de fútbol americano, suelen ser caras y escasas......

El Maratón de Nueva York
Lo que comenzó en 1970 con 127 corredores realizando cuatro vueltas alrededor de Central Park es hoy el maratón urbano más grande del mundo. Unos 22 000 corredores completan el recorrido de 41,834 km y más de 2 millones de personas presencian el evento. El Maratón de Nueva York, celebrado en el tercer o cuarto domingo de octubre (o, en ocasiones, el primer domingo de noviembre), comienza en Staten Island en el puente Verrazano –Narrows, y recorre los cinco barrios hasta la línea de meta en la Tavern on the Green de Central Park.

Béisbol En los últimos años, los New York Mets han sido el equipo con más éxito de los dos de Nueva York. Tienen su sede en el Shea Stadium de Queens (tel: 718/507 8499). El precio de las entradas varía desde 6 dólares en las gradas bajas (sillas al mismo nivel de la cancha), donde disfrutará de una verdadera algarabía aunque tendrá las peores vistas, hasta unos 14 dólares según se avanza hacia las gradas altas.
Los New York Yankees, acosados desde 1990 por problemas ajenos al juego, esperan dejar atrás las dificultades y emular sus días de gloria. Los Yankees juegan en el Yankee Stadium del Bronx (tel: 718/293 6000), y el precio de las entradas es similar al de los Mets. La temporada de béisbol va de abril a octubre.

Baloncesto Desde el otoño hasta la primavera, los aficionados al baloncesto pueden ver a los New York Nicks (abreviatura de «Knickerbockers» jugar en el

Uno de los grandes eventos deportivos de Nueva York

Madison Square Garden (tel: 464 6741). Los Knicks tuvieron una excelente temporada a principios de los años 70, pero su forma ha sido poco regular desde entonces. Las entradas para los partidos cuestan entre 10 y 15 dólares, y son fáciles de conseguir, a no ser que los Knicks se hayan clasificado para las semifinales. El baloncesto universitario también debe tenerse en cuenta. Muchos estudiantes de hoy son los futuros jugadores profesionales de mañana, y ofrecen su mejor juego en los torneos universitarios celebrados en el Madison Square Garden durante noviembre y marzo.

Hockey sobre hielo La increíble mala suerte del equipo de hockey sobre hielo neoyorquino New York Rangers se ha convertido en un chiste, pero esto no tiene nada que ver con sus hinchas incondicionales. Los Rangers juegan en el Madison Square Garden (tel:465 6741) en una temporada que va desde otoño hasta primavera. Los neoyorquinos que desean ver ganar al equipo de casa prefieren acercarse hasta el Nassau Coliseum en Uniondale, Long Island, donde juegan los New York Islanders (tel: 516/794 9300).

Fútbol americano Ninguno de los dos equipos profesionales de Nueva York juega dentro de los límites de la ciudad, sino que han optado por el Giants' Stadium, Meadowlands, East Rutherford, New Jersey (tel: 201/I935 3900). En los últimos años, los New York Giants han conseguido más victorias que sus rivales, los New York Jets. La temporada futbolística va de agosto a diciembre y las entradas más baratas para los Jets cuestan unos 23 dólares. No obstante, es prácticamente imposible conseguir entradas, en concreto para los partidos de los Giants, si no se han reservado con meses o años.

Carreras de caballos De mayo a julio y de septiembre a mediados de octubre, los puras razas corren sobre el césped de Belmont Park, Elmont, Long Island (tel: 718/681 4700), y de octubre a mayo en el Aqueduct Racetrack, Ozone Park, Queens (el mismo número de teléfono que para Belmont Park). En agosto, los aficionados a los equinos se trasladan a Saratoga Raceway (tel: 518/584 6200), al norte del estado de Nueva York.

Apuestas en carreras de caballos Si quiere apostar diríjase a uno de las muchos puntos New York City Off–track Betting, donde puede hacer apuestas y ver las carreras por televisión de forma simultánea. Otros lugares para apostar son The Inside Track, Second Avenue entre las calles 53 y 54 (tel: 752 1940), un bar deportivo al estilo de los pubs ingleses con dos pantallas gigantes y 15 monitores de televisión. También puede acudir al elegante Select Club, 165 Water Street (tel: 425 0052).

Tenis A principios de septiembre, se celebra el US Open, que tiene lugar en Flushing Meadows, Queens (tel: 718/641 4700). Las entradas para los últimos partidos desaparecen rápido, aunque siempre es posible encontrar alguna para los primeros días. En primavera se celebra el Tournament of Champions. El escenario es el West Side Tennis Club en Forest Hills, Queens (tel: 718/268 2300).

Bares deportivos
Si desea ahogar sus penas después de haberse quedado sin entradas para el acontecimiento deportivo que tanto deseaba presenciar, hágalo en uno de los innumerables bares deportivos de la ciudad. Estos locales, no sólo sirven bebidas, sino que también tienen pantallas de televisión gigantes sintonizadas con todo tipo de retransmisiones deportivas. Además, si algún equipo de casa está involucrado, podrá disfrutar de amenos comentarios y sugerencias a plena voz.

Baloncesto informal

El George Washington Bridge
Mire hacia el sur desde cualquier punto de los Cloisters y podrá admirar las elegantes formas del puente George Washington, que atraviesa el río Hudson desde la calle 178. El famoso arquitecto Le Corbusier lo describió como «el puente más hermoso del mundo».

▶▶ The Cloisters *CCAF6*

Fort Tryon Park, Washington Heights
Metro: 190th Street
Aparentemente, Manhattan tiene poco en común con los monasterios medievales europeos, pero si se acerca a **Fort Tyron,** muy cerca del extremo norte de Manhattan, encontrará partes de cinco edificios monásticos de los siglos XII al XIV, traídos de Francia y España piedra a piedra para formar The Cloisters (los Claustros), un hogar para la mejor parte de la gran colección medieval del Metropolitan Museum of Art. Muchas construcciones de los Cloisters han sido realizadas en este siglo, imitando lo antiguo. Los elementos históricos genuinos, como columnas, claustros, capillas y ábsides, fueron reunidos por el escultor George Gray Bernard mientras recorría las carreteras y caminos de Europa a principios del siglo XX. Bernard se hizo con todas las piezas de arte y arquitectura religiosa que cayeron en sus manos. A su regreso a EE UU, Bernard expuso la colección en

Capilla y retablos en los Cloisters

Manhattan y, en 1925, sería trasladada al Met gracias a los fondos aportados por John D. Rockefeller, quien posteriormente encargaría la construcción de los Cloisters para su exposición permanente.
Ordenada de forma más o menos cronológica, cada sección de los Cloisters destaca aspectos concretos de la creatividad medieval. El acceso a la Sala románica tiene lugar a través de uno de los tres pórticos decorados con esculturas, que demuestran el cambio de estilo del románico del siglo XII al gótico del XIII. El más impresionante de los tres es el último: una obra maestra gótica procedente de Borgoña que muestra a Cristo coronando a la Virgen, rodeados por Clodoveo, primer gobernante cristiano francés, y su hijo, Clotario. Las esculturas de los dos hombres son tan realistas que parece que van salir de la piedra.

Dos por el precio de uno
Una sola entrada para el Metropolitan Museum of Art o para los Cloisters es válida en ambos museos si los visita en el mismo día. Además, durante el verano, un autobús, más rápido aunque más caro que el transporte público, une los dos museos.

Los Cloisters: un hogar «medieval» para tesoros medievales

Saliendo de la Sala románica encontrará el ábside del siglo XII de la capilla de Fuentidueña, Segovia, en donde destacan los interesantes, frescos y las estatuas de San Martín y de la Anunciación de la Virgen.

Avance hacia el monasterio benedictino de Saint–Guilhem y admire los capiteles labrados del siglo XII, antes de pasar a la cercana capilla Lagoon, también de estilo románico. La pieza principal de la capilla es la exquisita *Virgen con el Niño*

Más allá de la capilla Lagoon se encuentra el claustro de Cuxá, construido en 1188 para un monasterio pirenaico, con columnas y arcos en piedra rosa. En el otro extremo del claustro se hallan los *Tapices del unicornio,* que probablemente sean de origen flamenco y daten del siglo XVI. Los bordados narran la caza del mítico unicornio como una alegoría de la Encarnación de Cristo. Los *Tapices del unicornio* rebosan color y son ricos en detalles. Preste atención a las imágenes del amor y la fertilidad (entre flora y fauna) que se mezclan con los símbolos cristianos y sugieren que la serie pudo haber sido encargada para la celebración de una boda.

La belleza de los tapices tiende a eclipsar al resto de los Cloisters, a excepción de las seis vidrieras ojivales de la contigua Sala Boppard. Los paneles, realizados en el siglo XV, proceden de la iglesia carmelita de San Severino, situada en Boppard–on–Rhine, Alemania. El trabajo del vidrio es de una gran calidad y muestra a varios santos en nichos abovedados en torno a la figura central de la Virgen.

Otra pieza importante es el *Retablo de la Anunciación* de Robert Campin, un tríptico pionero en el uso del óleo sobre paneles de madera y en el empleo de un escenario contemporáneo doméstico.

Fort Tryon Park

Este parque, que alberga a los Cloisters, fue el escenario de la Batalla de Washington Heights durante la Guerra de Independencia. Los victoriosos ingleses llamaron Tryon al fuerte que quedó en pie, en honor al último gobernador británico de Nueva York. Posteriormente, sus 26,7 Ha fueron divididas en propiedades privadas que, una por una, serían adquiridas por John D. Rockefeller. Rockefeller donó el terreno a la ciudad en 1930 y encargó a los hermanos Olmsted (descendientes de Frederick Olmsted, arquitecto de Central Park) la creación de los prados, paseos y zonas de recreo que existen hoy en día.

Riverside Church
Al sur del campus de la Universidad de Columbia, se levanta la monumental e inconclusa catedral de St. John the Divine (ver página 81).
Más al norte, entre las calles 120 y 122 en Riverside Drive, encontrará otra pieza sustancial de arquitectura religiosa, la impresionante iglesia, construida en estilo gótico francés, Riverside Church.
Desde sus comienzos, la iglesia ha abogado por los más desfavorecidos, utilizando el púlpito para exponer puntos de vista bastante radicales. Un ascensor llega hasta el piso 20 de la torre, desde donde se puede disfrutar de una maravillosa panorámica del Hudson River y Upper Manhattan. Acuda después de los oficios dominicales de la mañana, para escuchar el carillón más grande del mundo, situado en la torre.

Alma Mater, *la estatua de Daniel Chester, situada en el exterior de la Low Library de Columbia University*

▶ Columbia University *CCAB5*

(114th-120th Streets entre Amsterdam Avenue y Broadway
Metro: 116th Street
La Universidad de Columbia, fundada en 1774 en Lower Manhattan, con una carta de privilegio del rey inglés Jorge III, intentó elevar el nivel cultural de la ciudad en una época en que las comunidades de Boston y Philadelphia, respectivos hogares de las universidades de Harvard y Yale, despreciaban a Nueva York por su incultura y pasión por el dinero.
El campus ocupaba varias zonas de Manhattan. Debido a su uniforme movimiento hacia el norte, Columbia adquirió la propiedad de las tierras que más tarde serían ocupadas por el Rockefeller Center; estos terrenos fueron vendidos a mediados de la década de 1980 por 400 millones de dólares. La universidad llegó a su ubicación actual en 1897.
El diseño del campus situaba los edificios académicos alrededor de una serie de atrios dotados de fuentes, en cuyo centro se levanta la majestuosa **Low Library,** que imita el Panteón de Roma. Ésta fue un regalo de Seth Low, presidente de la universidad y, durante algún tiempo, alcalde de Nueva York.
Una elegante escalera asciende hasta la columnata de entrada a la biblioteca. En su interior, podrá ver 16 columnas de mármol verde que soportan una impresionante rotonda octogonal. Lo que no verá será estudiantes inclinados sobre pesados volúmenes: la biblioteca sólo se utiliza para ceremonias y exposiciones. En la primera planta, la Columbiana Collection recoge la historia de la universidad en una serie de cuadros, documentos y objetos varios.
En las escaleras exteriores de la biblioteca se encuentra la simbólica escultura de Daniel Chester, *Alma Mater,* que estuvo cubierta de hojas doradas hasta 1962 y que sirvió de punto de reunión para las manifestaciones

contra la Guerra del Vietnam, extendidas por el campus en 1968. Al este de la biblioteca se encuentra la capilla de estilo renacentista italiano St. Paul's Chapel, con un exquisito interior abovedado.
Existe un servicio de visitas guiadas que recorre el campus casi todos los días de la semana; tel: 280 2845.

►► Cooper-Hewitt Museum *187C1*

91st Street con Fifth Avenue
Metro: 86th o 96th streets
Inspiradas por su visita al Victoria and Albert Museum de Londres en 1897, las tres hermanas Hewitt crearon una biblioteca de diseño visual que inspiraría nuevas ideas. Desde sus primeros papeles pintados, llaves, joyas y otros objetos de lo más singular, el Cooper-Hewitt Museum ha visto aumentar su colección a más de 250 000 artículos. El conjunto incluye cerámicas, cubiertas para las paredes, telas, artes decorativas, dibujos y grabados, además de una enciclopedia de referencia y bibliotecas pictóricas referidas al diseño. Las exposiciones temáticas del museo proceden de selecciones de los eclécticos fondos del mismo y, ya muestren trabajos de costura del siglo XVII francés, máquinas de escribir italianas contemporáneas, bordados de Oriente Medio, cajas de sombreros americanas o mapas con tres siglos de antiguedad (por mencionar algunas de las más recientes), se encuentran siempre entre las muestras más imaginativas y controvertidas de Nueva York. La fama del museo aumentó en 1967, cuando la prestigiosa Smithonian Institution se hizo cargo de sus colecciones, previamente expuestas en Lower Manhattan, que fueron trasladadas a su sede actual, la antigua residencia del industrial Andrew Carnegie. El magnífico edificio añade esplendor a las exposiciones. Carnegie era uno de los hombres más ricos del mundo cuando anunció su intención de construir «la casa más sencilla y modesta de Nueva York». La mansión georgiana de 1901, construida en ladrillo rojo y piedra caliza, no se caracteriza por su sencillez. Está situada en medio de unos extensos jardines y tiene 64 habitaciones que alojaron a Carnegie, su esposa e hija y 19 sirvientes. Mientras recorre las exposiciones, observe los techos abovedados, las vidrieras Tiffany, y la sala de música estilo Luis XVI amueblada con antiguedades francesas y decorada con una colección de gaitas, recuerdo de los orígenes escoceses de Carnegie.

► Daily News Building *151B3*

220 East 42nd Street
Metro: Grand Central Terminal/42nd Street
El Daily News Building (ahora llamado News Building) fue construido en 1930 por Raymond Hood, padre de la arquitectura de altura de Nueva York. Se trata de un edificio prominente, una estructura sin adornos caracterizada por una estricta verticalidad. En el interior del espacioso vestíbulo, un friso recoge el aumento de las tiradas del periódico más vendido en Nueva York, toda una leyenda por sus incisivos titulares y sus agudas críticas. Un inmenso globo terráqueo giratorio preside el centro de una exposición sobre temas meteorológicos. Es posible que el edificio le resulte familiar, ya que apareció como el mítico *Daily Planet* en las películas de Supermán de los años 80.

Peter Cooper
La fortuna del inventor y filántropo Peter Cooper, abuelo de las fundadoras del museo Sarah, Amy y Eleanor Hewitt, fue amasada sobre vigas de hierro.
La fundición Cooper, en New Jersey, fue el lugar donde se forjaron las vías del primer ferrocarril de EE UU. Reconociendo que toda su riqueza procedía de la «cooperación de las masas», Cooper fundó la primera universidad gratuita, la Cooper Union, que aún sigue en pie en lo que hoy es el East Village (ver páginas 98-9).

Los Dakota en el cine
Muchos de los residentes del Dakota han protagonizado varias películas. El edificio también lo ha hecho. El Dakota fue el perturbador escenario de la película de Roman Polanski, *La semilla del diablo* una historia de posesión demoníaca, que encuentra el enclave perfecto en las misteriosas torretas, torres, tejas y ladrillos oscurecidos del edificio.

Dakota Apartments (Apartamentos) *151D2*
1 West 72nd Street
Metro: 72nd Street
Los propietarios de mansiones del Nueva York de 1880 tuvieron que ser convencidos de que los apartamentos eran el futuro, cuando Edward S. Clark, heredero de la fortuna de las máquinas de coser Singer, mandó construir un lujoso edificio de apartamentos en lo que hoy día es el Upper West Side pero que, por aquel entonces, no era más que un terreno salvaje con algunas chozas, donde ni siquiera llegaba el suministro eléctrico de la ciudad. Tan lejos estaba que algunos críticos sugirieron que bien podría encontrarse en Dakota; y así es como el edificio consiguió su nombre y las mazorcas de maíz, flechas y la cabeza de un nativo americano que decoran su entrada. A medida que la ciudad se extendía hacia el norte y los precios de las viviendas del Midtown se disparaban, aumentó la puja por estos apartamentos con suelos de mármol y paredes de roble y caoba. En poco tiempo, el edificio se convirtió, y aún lo es, en una prestigiosa dirección, con una lista de residentes entre los que se incluyen Leonard Bernstein, Lauren Bacall, Judy Garland y John Lennon, asesinado en 1980 mientras entraba en el edificio. La viuda de Lennon, Yoko Ono, aún vive aquí.

Los intrigantes Apartamentos Dakota, hogar de estrellas y protagonistas de la pantalla

Andy Warhol

■ Más inspirado por las veladas nocturnas repletas de celebridades que por los museos de arte de Manhattan, Andy Warhol es, sin ningún lugar a dudas, el artista neoyorquino por excelencia.....■

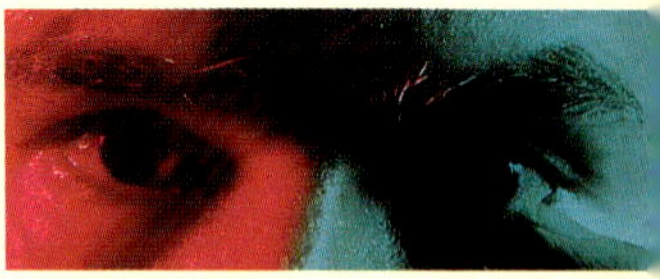

Andy Warhol (Andrew Warhola), nació en Pittsburgh en el seno de una familia checoslovaca. En 1949 se trasladó a Nueva York y en menos de siete años estaba entre los artistas más cotizados de la ciudad, apareciendo muchos de sus trabajos en las revistas de la alta sociedad.

Fama en una lata de sopa Warhol amaba la vida festiva de Nueva York pero no encontraría su propia fama y vocación artística hasta 1962, después de una visita a un supermercado. Mientras los artistas de la explosión del pop art o arte pop, creaban murales con imágenes consumistas, Warhol comenzó a pintar latas de sopa, imprimiéndolas la seriedad y gravedad de un auténtico retrato. Ya fueran representaciones de billetes de dólar, sillas eléctricas o cajas de detergente Brillo, Warhol supo saborear la publicidad que despertaban todas sus obras. Un crítico escribió que las imágenes serigrafiadas de Marilyn Monroe creadas por Warhol eran «tan sentimentales como los Ford saliendo de la cadena de producción». En respuesta, Warhol declaró «Quiero ser una máquina» y llamó a su estudio The Factory (La Fábrica). A mediados de los años 60, la Factory de Warhol se encontraba repleta de los personajes más excéntricos de todo Nueva York, muchos de los cuales protagonizaron las películas underground que el artista comenzó a producir, entre ellas *Chelsea Girls,* descrita por un crítico como «una imagen de la degeneración total de la sociedad americana».

Fama y riqueza Los excesos de la Factory finalizaron en 1968, cuando Warhol sobrevivió a un intento de asesinato y sus finanzas comenzaron a ser revisadas. Presintiendo que ganaría más dinero, se convirtió en un retratista de sociedad, cobrando 25 000 dólares por encargo, mientras su revista *Interview* ofrecía una lucrativa publicidad junto a sus habladurías. El dinero y la fama de Warhol sobrepasaron su creatividad. Después de trasladarse a una carísima vivienda del Upper East Side en 1975, malgastó su dinero en proyectos fallidos. Poco antes de su muerte, en 1987, Warhol declaraba: «Hacerse rico ya no es tan divertido como solía ser».

Andy Warhol dijo
«En el futuro, todo el mundo será famoso durante 15 minutos».
«No creo que mi arte tenga un valor duradero».
«Nunca quise ser un pintor. Yo quería ser bailarín de claqué».

«Little Ukraine»
En una zona del East Village alrededor de Second Avenue entre las calles 4 y 14 se encuentra la «Little Ukraine» (Pequeña Ucrania) de Nueva York. Los ucranianos comenzaron a asentarse aquí a finales del siglo XIX y, aunque se han visto mermados en número, su presencia en el vecindario resulta evidente si se tienen en cuenta los numerosos restaurantes y tiendas eslavas donde se venden artesanías ucranianas, como huevos de pascua pintados. El pequeño Ukranian Museum, en el 203 de Second Avenue, ofrece una exposición sobre la vida pasada y presente de los ucranianos en Nueva York y en su tierra de origen.

▶ East Village *CCAC2*

En los años 50, las elevadas rentas del Greenwich Village empujaron a los artistas y escritores más radicales de Nueva York hacia el East Village. Aquí se instalaron en apartamentos baratos de bloques de viviendas, en otro tiempo habitados por los inmigrantes europeos del este, muchos de ellos procedentes de Ucrania.
El East Village, corazón de la vida hippy de los 60 y epicentro de la escena del rock punk de los 70, es el termómetro de la cultura alternativa de vanguardia, a pesar de algunas señales de creciente aburguesamiento. Tiendas extrañas, restaurantes étnicos y una vibrante escena callejera son las aspectos que mejor definen el East Village, aunque no hay que olvidar algunos monumentos históricos.
Astor Place lleva el nombre de John Jacob Astor, uno de los hombres más ricos del Nueva York de principios del siglo XIX. Al igual que Cornelius Vanderbilt, Astor era propietario de una serie de casas con fachada de mármol que se conocieron como **Colonnade Row.** Las únicas supervivientes de las que en su día fueran las residencias más grandiosas de Nueva York, se encuentran en Lafayette Street (números 428 a 434).
Al otro lado de Lafayette Street, Astor financió la primera biblioteca pública de Nueva York, situada en un edificio que, desde 1960, ha sido el **Joseph Papp Public Theater,** un lugar para representaciones teatrales y cinematográficas.
Otro edificio del siglo XIX que aún sobrevive es el **Cooper Union Building,** al sur de Astor Place. Fundada en 1859 por el magnate del ferrocarril Peter Cooper para ofrecer a las masas una educación gratuita, la universidad fue la primera de este tipo en EE UU y se convirtió también, en un lugar para los discursos políticos: Abraham Lincoln fue uno de los famosos oradores que habló aquí.

Al este de Astor Place está St. Mark's Place, lugar escogido por el poeta angloamericano W. H. Auden para establecer su residencia (en el número 77) en 1953. Cuatro décadas antes, en este mismo edificio, Leon Trotsky había concebido y tramado la Revolución rusa.
La iglesia de **St. Mark's-in-the-Bowery** se levantó en 1799 sobre unos terrenos propiedad del gobernador holandés de Nueva York, Peter Stuyvesant. Su estructura original fue posteriormente cubierta por una espiral y en la fachada se colocó un pórtico de hierro forjado. La iglesia sirve a su excéntrica congregación del East Village con servicios episcopales, lecturas de poesía y arte escenificado. En el lateral este de la iglesia, yacen enterrados Stuyvesant y seis generaciones de sus descendientes.

A Pie Tiendas y lugares de interés del East Village

Este paseo recorre lugares hitóricos y también atiende al sabor contemporáneo del East Village.

Comience en la iglesia de **St. Mark's-in-the-Bowery** de 1799 y continúe a lo largo de Stuyvesant Street hasta el **Cooper Union Building** (1859), que fue la primera universidad gratuita de EE UU. Justo delante, una caseta de estilo neoclásico señala la estación de metro de Astor Place. Cooper Square Books, al otro lado de Fourth Avenue, es una de las librerías independientes más grandes de Nueva York.
A lo largo de East 6th Street encontrará una gran variedad de tiendas donde se venden ropas poco convencionales, antiguedades y adornos. El **Caffé della Pace,** en el número 48 de East 7th Street, reúne a las caras más conocidas del East Village. **McSorley's Ale House,** en el número 15, ha sido un edificio destacado desde 1854.

EAST VILLAGE

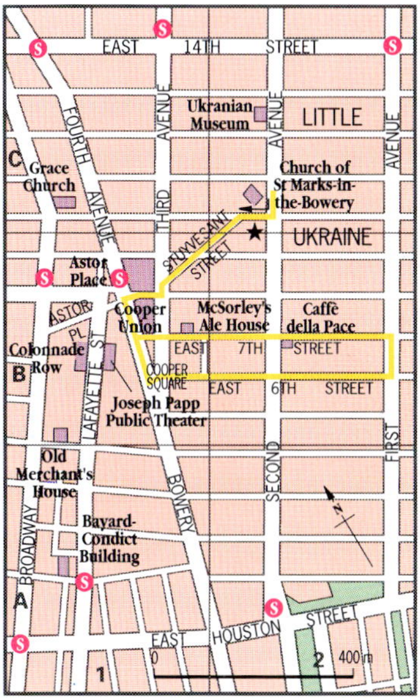

Tienda extravagante en el East Village

The Wall of Honor
Extendiéndose en torno a los límites de Ellis Island, cerca del muelle donde amarra el ferry, se levanta el American Immigrant Wall of Honor, una muralla conmemorativa de los inmigrantes norteamericanos, en la que aparecen grabados 200 000 nombres, tan sólo un pequeño porcentaje de los que se convirtieron aquí en ciudadanos americanos. Entre los personajes que llegaron a Ellis Island destacan: Isaac Asimov, Irving Berlin, Bela Lugosi, Golda Meir, Edward G. Robinson y Rodolfo Valentino.

▶▶▶ Ellis Island *48C3*

En la actualidad, cerca de 100 millones de americanos tienen antepasados que llegaron a Ellis Island, un modesto pedazo de tierra situado bajo la sombra de la Estatua de la Libertad en la Upper Bay de Nueva York. Desde 1892 hasta 1924 éste fue el centro de inmigración más concurrido del país.
Más tarde se convertiría en hospital militar y centro de detención de enemigos extranjeros. Ellis Island cerró sus puertas en 1954 y sufrió un abandono total hasta que una remodelación de 160 millones de dólares volvió a abrir su edificio principal en 1990 como el Ellis Island Immigration Museum.
Los inmigrantes que llegaron a Ellis Island esperando convertirse en americanos procedían de las clases bajas europeas (los más ricos pasaban los controles en el barco y se les permitía la entrada inmediata a EE UU). El júbilo experimentado al ver la Estatua de la Libertad, rápidamente se disipaba al llegar al lugar apodado «Island of Tears» (Isla de las lágrimas) y enfrentarse con la burocracia que se interponía entre ellos y la ciudadanía americana.
Los aspirantes a americanos tenían que pasar un severo reconocimiento médico, además de ser interrogados sobre sus parientes y habilidades en el trabajo. Cualquier signo de enfermedad, o contestación errónea, podía significar la detención o, en el peor de los casos, la deportación (como ocurría con el 2% de los recién llegados). Algunos experimentaron por vez primera la corrupción americana en Ellis Island, donde los oficiales de inmigración recibían sobornos y aumentaban el precio de los billetes de tren para los posteriores viajes por EE UU.
En el museo se pueden observar cantidad de fotografías, textos y objetos personales de la época, además de los diminutos dormitorios donde los detenidos pasaban la noche, aunque quizá, lo que mejor refleje las esperanzas, temores y la confusión de la mayoría sean las grabaciones con las voces de los recién llegados.

Ellis Island. El futuro de muchos inmigrantes fue determinado en estos edificios. Las exposiciones del museo devuelven a la vida las esperanzas, los miedos y el desconcierto de aquellos recién llegados

▶▶▶ Empire State Building *151B2*

34th Street con Fifth Avenue
Metro: 34th Street
Puede que el World Trade Center sea más alto y que la Estatua de la Libertad represente el símbolo nacional más poderoso, pero el emblema más querido y perdurable de Nueva York es el Empire State Building que, con más de 60 años de antigüedad, se eleva con gracia y serenidad sobre Midtown Manhattan.

Vestíbulo del Empire State Building

Información sobre el Empire State Building
Altura: 448,6 metros
Peso: 33 112,8 toneladas
Número de ladrillos: 10 millones
Presupuesto: 60 millones de $
Coste actual: 40 948 900 $
Visitante más alto: King Kong, 1933
Mayor tragedia: Choque de un avión en el piso 79 en 1945, con el resultado de 14 muertos.

Exposición Guiness World of Records
Puede que el Empire State Building se merezca un puesto en el Libro Guiness de los récords, pero es cuestionable que la Exposición Guiness World of Records merezca estar en el Empire State Building. En su interior, una multitud de turistas merodea alrededor de muestras y dioramas sobre records logrados, que van desde lo más valeroso hasta lo más grotesco.

Cuando la fiebre de la construcción llegó a Nueva York durante el esplendor de los años 20, el Empire State Building fue el ganador en la carrera financiera por crear el edificio más alto del mundo, arrebatándole el título en 1931 al Chrysler Building, y conservándolo hasta 1973, año en que se concluyó la construcción de la primera torre del World Trade Center.
A pesar de su gran altura, 381 metros (ganando 67,6 metros más en 1951 con la colocación de una antena de

Federal Hall National Memorial. La estatua de George Washington conmemora su nombramiento como presidente, que tuvo lugar en un edificio anterior en este mismo lugar

El original Federal Hall
El significado histórico del presente Federal Hall queda eclipsada por la importancia de su predecesor, que acogió al primer gobierno americano y donde, en abril de 1789, George Washington prestó juramento como el primer presidente de la nación.
A pesar de su protagonismo en la historia americana, el edificio original sufrió tal deterioro que fue vendido en estado ruinoso en 1812.

TV), el edificio fue construido en tan sólo dos años. Las leyes de construcción de aquella época fueron la causa del diseño con gradas que mitiga el impacto del volúmen de la estructura y contribuye en gran medida a su elegante perfil. Concebido en un esplendor económico, el edificio fue terminado en medio del pesimismo de la Depresión. En consecuencia, la mayor parte del espacio dedicado a oficinas permaneció sin alquilar durante años, y los primeros ingresos procedían, casi en su totalidad, de los turistas que lo visitaban por sus vistas.
Admire las decoraciones *art déco* del vestíbulo antes de descender hasta el rápido ascensor que llega hasta el piso 86. En un día claro, se puede llegar a apreciar una distancia de 129 km.

▶ Federal Hall National Memorial *104B2*

Wall Street y Nassau Street
Metro: Broad Street
Las escaleras de sutiles proporciones y las elegantes columnas dóricas del Federal Hall, construido en el siglo XIX, se imponen en el corazón del Financial District, aunque en el interior se echa en falta un cierto sentido histórico. Construido como la primera aduana de América, sirvió, posteriormente, como banco antes de ser declarado monumento nacional en 1939
Si está explorando el Financial District, el Federal Hall debería estar en su intinerario. En su interior, una película y una exposición registran los sucesos que tuvieron lugar en el edificio.

▶ Film Center Building *151C1*

Ninth Avenue entre las calles 44 y 45
Metro: 42nd Street
Aunque no desee visitar ninguna de las 75 compañías cinematográficas que tienen aquí sus oficinas, el Film Center Building justifica en sí mismo una parada para apreciar uno de los interiores *art déco* más espectaculares. Todo ello es obra de Ely Jacques Kahn, que a finales de los años 20 ya sobresalía como arquitecto y alcanzó la fama por su peculiar decoración interior basada en formas geométricas entrecruzadas.

▶▶ Financial District *CCAA1*

Las instituciones monetarias de la nación echaron raíces en Lower Manhattan a principios del siglo XIX, y del mismo modo que la ciudad iba creciendo, también lo hacía el Financial District, convirtiéndose muy pronto en el centro global del comercio. En esta zona compacta, grandiosos edificios neoclásicos se apiñan unos junto a otros proclamando su identidad como depósitos de riqueza, y los elevados bloques de acero y cristal son la imagen contemporánea de la opulencia.
Hoy día, una sombra se cierne sobre el Financial District. Los exuberantes años 80 presenciaron la gran afluencia de dinero en Wall Street y el nacimiento de los yuppies. Pero todo esto había tocado a su fin al acabar la década, cuando se sucedieron varios escándalos que dieron lugar a la incertidumbre económica de los años 90. Ahora, es muy frecuente ver a los hombres de negocios haciendo cola en un puesto callejero para comprar su almuerzo.

Justo a la altura de Wall Street, en Broadway, la impresionante **Trinity Church** de estilo neogótico ha sido, desde 1840, el recordatorio de la existencia de una fuerza mayor que la del dinero. Contemple las puertas de bronce y los retablos, y continúe hasta el pequeño museo de la iglesia donde varios dibujos muestran el horizonte de Manhattan dominado por chapiteles de iglesias en vez de rascacielos. En el cementerio de 1861 yace enterrado Alexander Hamilton, el primer tesorero de EE UU.

St. Paul´s Chapel (frente a Fulton Street, en Broadway), casi un siglo anterior a Trinity Church, es la única iglesia del periodo colonial que aún sigue en pie. La capilla, construida en un grácil estilo georgiano y con un resplandeciente interior, fue regularmente visitada por George Washington, y conserva el Washington Pew (Banco de Washington), donde se sentó el primer presidente de la nación durante los oficios de su nombramiento en 1789.

Nombre de Wall Street

El muro («wall») que dió nombre a esta famosa calle fue una barricada de madera que el gobernador holandés Peter Stuyvesant mandó levantar en 1653 para señalar los límites de New Amsterdam y detener a los invasores británicos. El muro nunca cumplió su función, ya que sus planchas de madera fueron utilizadas para reparar los hogares de los colonos. Los restos fueron finalmente retirados en 1669.

Aunque empequeñecida por los enormes rascacielos, Trinity Church fue en su día el edificio más alto de la ciudad, con 80,5 metros

FINANCIAL DISTRICT

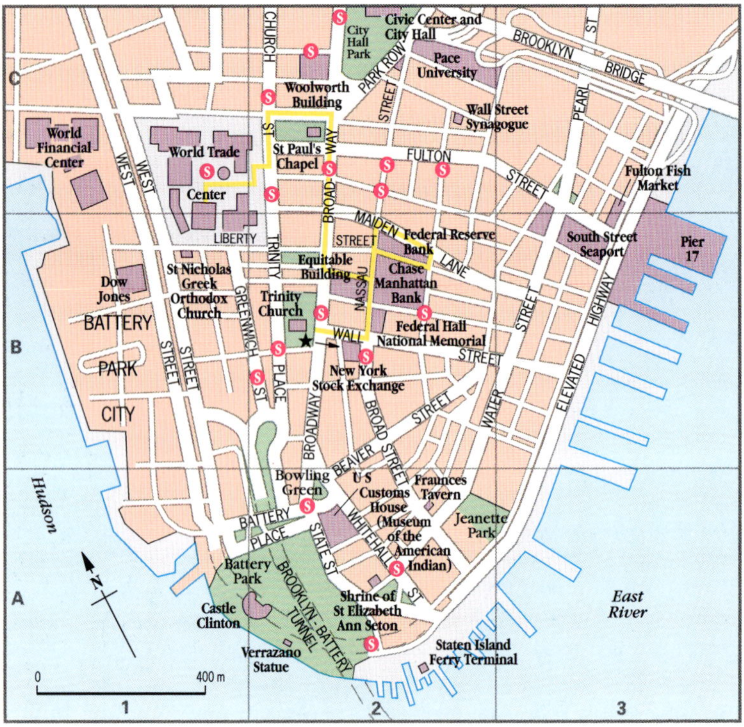

A Pie Arquitectura del Financial District

Este paseo, que abarca las iglesias históricas y los edificios destacados, bien por su arquitectura o por su valor financiero, es una buena manera de explorar las variadas facetas del Financial District.

Comience en **Trinity Church** (página 103) y continúe por Wall Street, deteniéndose en **Federal Hall** y desviándose por Broad Street hasta el **Stock Exchange** (página 182). Continúe por Nassau Street hasta llegar al **Chase Manhattan Bank,** la primera estructura de estilo internacional de Lower Manhattan. Al otro lado de Maiden Lane, podrá contemplar (es necesario hacer reservas por adelantado, tel: 720 6130) las 11 000 toneladas de oro almacenadas en los sótanos del **Federal Reserve Bank.** Al salir, fíjese en las decoraciones de hierro de la enorme fachada del edificio.

En la esquina de Broadway, se elevan los 40 pisos del **Equitable Building** de 1915; éste fue el primer bloque de oficinas de altura.

Continúe por Broadway hasta **St. Paul's Chapel** (página 103) y finalize el paseo en el **World Trade Center** (página 193).

■ Los enfrentamientos surgidos durante el siglo XIX entre los pueblos eslavos de la Europa del Este, polacos, ucranianos y rusos, y la represión totalitaria de épocas más recientes, contribuyeron a crear dos de las comunidades más nacionalistas de Nueva York: la polaca y la ucraniana, que conviven apaciblemente junto a sus enemigos anteriores, los rusos......■

Polacos americanos Las luchas contra la opresión colonial en su propio país, convirtieron a los polacos de Nueva York en aliados naturales de los americanos en las batallas de la Guerra de Independencia. Más tarde, Nueva York ofreció refugio a todos aquellos que participaron, en 1830, en un fallido levantamiento republicano en Polonia. Los 234 polacos que llegaron estaban entre las mentes más privilegiadas de Polonia y crearon las primeras instituciones culturales polacas de Nueva York. Por el contrario, las migraciones polacas de años posteriores se componían de gente pobre que encontró trabajo en la zona industrializada de Brooklyn, Greenpoint. Algunos se ocuparon de los bares y restaurantes que se convertirían en puntos vitales de la comunidad y, en la década de 1930, ya había polacos americanos en todas las esferas de la vida neoyorquina.

Ucranianos El servicio militar obligatorio en el ejército del Zar fue la causa de que, durante el siglo XIX, muchos ucranianos huyeran de la dominación rusa. A su llegada a Nueva York, estos hombres y sus familias transformaron una sección de lo que hoy es el East Village, en una de las comunidades urbanas ucranianas más grandes del mundo.

Inmigrantes rusos El grueso de la inmigración rusa a Nueva York estaba formado por judíos que huían de las persecuciones del Zar (ver página 139). Sin embargo, lo más simbólico del efecto de los levantamientos políticos europeos fue la afluencia de aristócratas rusos, como Leon Trotsky (llegado aquí después de la fallida revolución de 1905). Los nuevos rusos, se integraron rápidamente en las clases altas de la sociedad y comulgaron con el sistema.

Los puentes Pulaski y Kosciuszko
Dos de los puentes que unen Brooklyn y Queens, el Pulaski y el Kosciuszko, llevan los nombres de dos polacos que ayudaron a la causa americana en la Guerra de Independencia. El experto en caballería Casimar Pulaski fue notable por su valentía en la batalla (murió en un ataque británico); mientras que las habilidades ingenieras de Thaddeus Kosciuszko fueron cruciales en la preparación de los fuertes de West Point y Saratoga.

Fundada en los años 20 por emigrantes que añoraban su Rusia natal, la famosa Russian Tea Room es del gusto de la alta sociedad de Nueva York. Especialidades étnicas en un ambiente elegante

23 Skidoo
La historia cuenta que cuando las damas llevaban las faldas hasta los tobillos, algunos espabilados remoloneaban en el exterior del Flatiron Building en la calle 23, esperando que el aire levantara las faldas y así poder ver algunas piernas femeninas. Se cree que el orígen del término «23 Skidoo», proviene de los gritos que profería la policía al desalojar a los caballeros.

El Flatiron Building: una inconfundible marca de Fifth Avenue

► **Flatiron Building** *151A2*

Broadway y Fifth Avenue con 23rd Street
Metro: 23rd Street
El arquitecto Daniel H. Burnham resolvió el problema de cuadrar un edificio en una extensión de tierra triangular, en el cruce de Broadway con Fifth Avenue, con un edificio triangular. Cuando se terminó en 1902, se trataba del edificio más alto del mundo (87 m) y fue una de los primeras construcciones sobre estructura de acero, el soporte de los rascacielos posteriores. Hoy día, no es la altura ni la técnica de construcción lo que hacen de él una de las estructuras más queridas de Nueva York sino sus rasgos renacentistas franceses y el hecho de que su cuerpo de piedra caliza sea rematado por una esbelta curva de 1,83 metros de ancho en la calle 23.

▶ Forbes Magazine Galleries 113C2

Fifth Avenue entre 12th y 13th streets
Metro: 14th Street
Malcom S. Forbes, editor y hombre de vida arriesgada, comenzó su carrera casi por accidente pero a su muerte, sus riquezas sobrepasaban los 700 millones de dólares. Nació en 1919, dos años después de que su padre fundara *Forbes,* una revista financiera de periodismo de investigación; Forbes se hizo cargo de ella en 1964, convirtiendo la achacosa publicación en un negocio floreciente. Uno de los secretos de su éxito fue la publicidad que hizo de sí mismo y de la revista. En la década de 1970, los medios de comunicación se centraron en Forbes y en sus arriesgadas actividades, que variaban desde fiestas lujosas y su pasión por las motos y globos hasta su interés por las colecciones poco convencionales.
Las Forbes Galleries, que ocupan la planta baja del edificio Forbes Magazine, muestran los frutos de la peculiar afición de Forbes por coleccionar objetos. Entre las piezas expuestas destacan 500 maquetas de barcos y submarinos (algunos de ellos en bañeras). Doce mil maquetas de soldados aparecen colocadas en posición de batalla, y también hay una extraordinaria habitación llena de trofeos, conseguidos por trivialidades como poseer el toro de raza más pura de 1878 y las dos mejores hectáreas de nabos suecos, plantadas con estiércol de Bradburn.
En la sala Presidential Papers se puede contemplar la colección de 3 000 documentos históricos, mientras que en otras salas se exponen huevos de Pascua con piedras preciosas, además de otros muchos otros objetos de arte, realizados por el maestro orfebre Peter Carl Fabergé para los dos últimos zares de Rusia.

▶▶ Fraunces Tavern 104A2

54 Pearl Street
Metro: Bowling Green, South Ferry o Broad Street
La reconstruida Fraunces Tavern, un edificio de estilo federal que parece una casa de muñecas bajo las altas torres de cristal y acero del Financial District, fue un semillero de levantamientos durante el siglo XVIII, cuando contaba entre sus clientes con George Washington y otros independentistas.
Al finalizar la Guerra de Independencia, Washington organizó aquí una emocionante despedida a sus oficiales. El mobiliario de época de la segunda planta recrea la escena, mientras que otros objetos y pinturas del periodo de la Guerra de Independencia se exhiben en la planta tercera.
La taberna se convirtió en el despacho extraoficial de varios funcionarios del gobierno durante los primeros días de la nación, y pasó tres años como sede reconocida del Departamento de Asuntos Exteriores, de Guerra y del Tesoro, antes de ser vendida.
Visite la taberna a la hora del almuerzo, cuando el ambiente se hace más intenso con el olor de la comida procedente del restaurante de la planta baja, un comedor del gusto de los ejecutivos del Financial District con clientes a los que impresionar.

Una bomba en Fraunces Tavern
George Washington no fue el único revolucionario que dejó huella en Fraunces Tavern. En enero de 1975, el edificio fue sacudido por una bomba que acabó con la vida de cuatro ejecutivos de Wall Street e hirió a otras 55 personas. El atentado fue obra del grupo FALN, en represalia a la negativa norteamericana a la independencia de Puerto Rico.

Lujo en Nueva York

Para aquellos que tengan dinero, y preferiblemente una cara conocida para acompañarlo, Nueva York puede convertirse en un verdadero paraiso. A continuación, se incluye una lista de los lugares más selectos de Manhattan. Para aquellos visitantes que no puedan salirse del presupuesto, un vistazo al interior de alguno de estos establecimientos, le ofrecerá al menos, un breve atisbo de la buena vida.....

Café des Artistes (67th Street con Central Park West, tel: 877 3500). Un mural de alegres ninfas, pintado en 1934 por Howard Chandler Christy, contribuye a la fama del Café des Artistes como el comedor más romántico de Nueva York. La cocina provinciana francesa es excelente, pero espere gastar entre 80 y 120 dólares en una cena para dos. Una alternativa más económica es el bar del Café, escenario de tertulias refinadas y de unos maravillosos cócteles.

Té en el Pierre (Fifth Avenue con 61st Street, tel: 838 8000). Aunque no se alojen aquí, los turistas que visiten Nueva York y que quieran degustar un poco de la buena vida, deberían asistir al té de la tarde en el Pierre. Este ritual tiene lugar bajo una impresionante rotonda, con sus paredes decoradas por el notable mural de Edward Melcarth, donde aparece documentada la historia de la humanidad. El agradable personal del hotel le dará a elegir de entre una docena de tés diferentes y le ofrecerá una gran variedad de suculentos bollos. Esta merienda cuesta aproximadamente 12 dólares.

Four Seasons (East 52nd Street entre Park y Lexington Avenues, tel: 754 9494). Los aficionados al arte y a la arquitectura se encontrarán muy a gusto en Four Seasons, aunque la clientela habitual suele componerse de altos ejecutivos, abogados, políticos y editores con cuentas corrientes inacabables. Este restaurante diseñado por Philip Johnson, situado en la planta baja del Seagram Building de Mies van der Rohe, está decorado con un tapiz de Picasso y otras notables obras modernas. El menú del almuerzo es sencillo pero exquisito. En la cena, el chef se supera a sí mismo con unas excepcionales creaciones continentales, algunas de las cuales son preparadas en la misma mesa. El precio por persona de una cena completa viene a ser de 100 dólares; los 40 dólares del almuerzo son bastante modestos en comparación.

El 21 Club (West 52nd Street entre Fifth y Sixth avenues, tel: 582 7200). Una hilera de jockeys de hierro fundido simulan una carrera de caballos en el exterior del 21 Club, que se inauguró la Nochevieja de 1929 y fue, en aquella época de prohibición, una de las tabernas de la 52nd Street. Las otras desaparecieron rápidamente, pero el 21 Club perduró, convirtiéndose en un lugar favorito de los dirigentes neoyorquinos.

Paseando por el Nueva York de lujo
Cuando el dinero no es problema, se puede evitar la vida alborotada de Manhattan, o al menos olvidarla temporalmente, viajando en una limusina conducida por un chófer. Equipadas con vídeo, teléfonos, bar y otros artilugios que hacen que los atascos de Manhattan parezcan divertidos, las limusinas se pueden alquilar desde 50 dólares la hora. Carey Limousines (tel: 599 1122) y Marathon Lines (tel: 898 9494) son algunas de las compañías que esperan su llamada.

A pesar de una completa remodelación en la década de los 80, las paredes de madera oscura y las mullidas alfombras del 21 Club, ofrecen una visión del antiguo Nueva York de lujo, difícil de encontrar hoy día. Aunque la apariencia sugiera lo contrario, el 21 Club no es un club, pero sí que es necesario hacer las reservas por adelantado. Muchos clientes vienen aquí para confirmar su puesto en la escala social neoyorquina, al igual que para degustar la exquisita comida. Pruebe la hamburguesa «21 Burger» por 25 dólares o atrévase con una cena antes de ir al teatro por un precio de 40 dólares.

Rainbow Room (30 Rockefeller Plaza, 50th Street entre Fifth y Sixth avenues, tel: 632 5000). Con una gran banda tocando música de Gershwin y Cole Porter, y una panorámica de Manhattan a 65 pisos de altura, experimentará el lado romántico de Nueva York cuando pase una noche en el Rainbow Room.
Cuando abrió en 1934, el Rainbow Room era una atractiva corona sobre el nuevo Rockefeller Center. Una reforma de 20 millones de dólares ha hecho resurgir la grandeza del lugar, aunque la alta sociedad de Manhattan lo considera como un lugar exclusivamente turístico.
Quizá el mejor orden para pasar una velada inolvidable en el Rainbow Room sea beber, cenar, bailar y finalmente regresar a su mesa para degustar un exquisito postre. Las reservas han de hacerse con seis semanas de antelación.

Visita turística en helicóptero
Un modo de desmarcarse de la multitud en la Estatua de la Libertad o en el World Trade Center es contemplar tales atracciones, además del resto de Manhattan, desde un helicóptero. Los vuelos en helicóptero funcionan día y noche y están organizados por Island Helicopter Tours (tel: 683 4575) y Liberty Helicopter Tours (tel: 629 5370).

Un té en el opulento Pierre Hotel es un buen modo de experimentar el lujo de Nueva York sin salirse del presupuesto

Habiendo amasado su fortuna en Pittsburgh, el industrial Henry Clay Frick se trasladó a Nueva York, donde mandó construir esta elaborada mansión donde se alberga su soberbia colección de arte europeo

Traslado de cuadros
Cada verano, Henry Frick embalaba sus cuadros y los transportaba por ferrocarril hasta Massachusetts para poder disfrutar de ellos durante su estancia. A la pregunta de si no estaba preocupado por la posible pérdida o destrozo de alguno de sus lienzos durante el trayecto, Frick contestó, «No, están asegurados».

►► Frick Collection *151D2*

70th Street con Fifth Avenue
Metro: 68th Street
En su día, Frick no fue un personaje nada popular. Fue un despiadado antisindicalista que amasó una fortuna gracias al acero y a otros negocios retorcidos. Irónicamente, la Collección Frick de arte europeo de los siglos XIV al XIX, situada en la planta baja de la mansión de estilo francés en la que Frick pasó los últimos años de su vida (murió en 1919), es quizá la más admirada por el público.
La ausencia de cordones, textos descriptivos y otros artilugios propios de museo, pretenden convertir esta exposición en una visita a una casa particular, aunque hay guardas vigilando por todas partes. La colección es un triunfo de la calidad sobre la cantidad y no hay ningún cuadro en las 19 salas que desmerezca el lugar que ocupa. Son muchas piezas notables pero, naturalmente, varían según el gusto de cada uno. En el comedor, junto a una hilera de retratos ingleses del siglo XVIII, sobresale *St James's Park* de Gainsborough.
En otra estancia hay dos lienzos particularmente importantes: *Retrato de hombre con sombrero rojo* de Tiziano y *San Jerónimo* de El Greco. Pero es en la galería oeste donde están colgados los mejores cuadros de la colección: dos estudios de puertos del norte de Europa de Turner, *Retrato de un joven artista* – Autorretrato de Rembrandt y otra pintura del mismo autor, El *jinete polaco,* sobre la que se discute su autenticidad.
Una vez recorridas todas las habitaciones, tómese un respiro en el jardín antes de comenzar de nuevo, esta vez concentrándose en las notables esculturas, tapices y objetos decorativos.

► Fulton Fish Market *104C3*

South y Fulton Streets
Metro: Fulton Street
Acérquese al Fulton Fish Market (tel: 669 9416) a las 6:00 el primer o tercer jueves de cada mes para una visita singular al «Tin Building» de 1907. Aquí se descargan camiones llenos de pescado y crustáceos, que son preparados para su venta a los restaurantes de más clase de la ciudad.
Si sobrevive al olor y se siente hambriento después de ver tanto pescado y marisco, los alrededores están llenos de multitud de establecimientos donde poder degustar estos productos recién salidos del mar.

► General Grant Memorial *CCAC5*

Riverside Drive con 122nd Street
Metro: 116th Street
El General Grant Memorial situado junto al Hudson River, es el mausoleo más grande de EE UU con 45,7 metros de altura y con seis impresionantes columnas dóricas en su entrada. Aquí descansan los restos de Ulysses S. Grant y de su esposa en un sarcófago de mármol de 9 toneladas de peso. Como comandante en jefe de las victoriosas tropas de la Unión en la Guerra de Secesión, Grant cobró enorme fama: aproximadamente un millón de personas asistieron a su funeral en 1885. El ambicioso proyecto de copiar los grandes mausoleos europeos se finalizó en 1897.

En su interior, prevalece una gélida atmósfera y las pisadas resuenan mientras los visitantes pasean leyendo los breves informes sobre el distinguido servicio militar de Grant y sus ocho años como decimoctavo presidente de EE UU.

► Gracie Mansion *187C2*

East End Avenue con 88th Street
Metro: 86th Street
Gracie Mansion, residencia oficial del alcalde de Nueva York desde 1942, se construyó en 1799 como lugar de retiro del magnate mercantil Archibald Gracie. Tras fracasar en los negocios, Gracie vendió la mansión que, después de cierto tiempo, fue adquirida por la ciudad. A pesar de las numerosas reformas sufridas a lo largo de los años, las recientes modificaciones la han convertido en un claro ejemplo de la arquitectura de estilo federal (primer estilo arquitectónico genuinamente americano). La casa sólo puede apreciarse en su totalidad con las visitas guiadas, que normalmente funcionan los miércoles de abril a octubre (es necesario hacer reservas; tel: 570 47 51)

El grandioso mausoleo del general de la Guerra de Secesión Ulysses S. Grant está inspirado en la tumba de Napoleón en París

Henderson Place
En el extremo norte de 86th Street, cerca de Gracie Mansion, se encuentra la maravillosa hilera de 24 casas de estilo Reina Ana que constituyen el Henderson Place Historic District. Las casas fueron encargadas durante la década de 1880 por el industrial, John C. Henderson, para proporcionar un hogar a «personas de escasos medios».

Puede que las tiendas de segunda mano del Greenwich Village no ofrezcan los mismos saldos que otras tiendas de zonas menos de moda, pero son difíciles de superar en cuanto a su variedad

Grace Church
Una de las pocas cosas de Greenwich Village que recuerdan la Edad Media europea es la iglesia Grace Church de 1845, situada en Broadway entre las calles10 y 11. El proporcionado diseño neogótico de la iglesia, uno de los ejemplos más tempranos de este estilo en EE UU, ayudó al arquitecto, James Renwick, a conseguir el encargo de otra empresa más grande, la catedral de St. Patrick en Midtown Manhattan. Situada en la primera curva de Broadway, el chapitel de la iglesia podía verse en su día desde Battery Park, más al sur.

▶▶▶ Greenwich Village *CCAC1*

No hay otro lugar en Nueva York con un aura cultural mayor que Greenwich Village. Durante casi 100 años éste ha sido el punto de reunión de las mentes más imaginativas e ingeniosas de la nación.

Desde sus primeros días, Greenwich Village se ha mantenido distante de la corriente neoyorquina. Sus primeras casas fueron construidas en la década de 1790 para ofrecer a los pudientes una vía de escape de los brotes epidémicos, extendiendo los límites de la ciudad que, hasta entonces, no habían sobrepasado lo que hoy día es Lower Manhattan.

A finales del siglo XIX, los ricos fueron avanzando hacia el norte y sus casas del Greenwich Village se fueron convirtiendo en tiendas, fábricas y casas de huéspedes para los inmigrantes extranjeros. A principios del siglo XX, la diversa mezcla étnica del Greenwich Village había adoptado tal atmósfera de tolerancia que, unida a las bajas rentas, atrajo a los elementos poco convencionales que darían nacimiento al primer enclave bohemio del país.

Durante tres décadas, escritores y artistas, desde Walt Whitman hasta Edward Hopper, revolucionaron la cultura americana desde sus hogares de Greenwich Village.

Durante los años 50, los primeros escritores beat llevaron Greenwich Village mucho más allá de los valores materialistas de la América media, pero muy pronto subieron los alquileres cuando los medios de transporte hicieron de esta zona el objetivo de los profesionales acaudalados que iban en busca de un vecindario con carisma y bien situado.

Hoy día, vivir en Greenwich Village requiere una cierta seguridad monetaria, pero los abogados e inversores que se han asentado aquí, no han acabado con el espíritu de la comunidad. El carácter bohemio aún se filtra por sus innumerables cafés y restaurantes italianos, aunque la mayoría de los visitantes que vienen a esta zona, vienen a pasárselo bien y no a empaparse de la creatividad del lugar.

Continúa en la página 116

GREENWICH VILLAGE

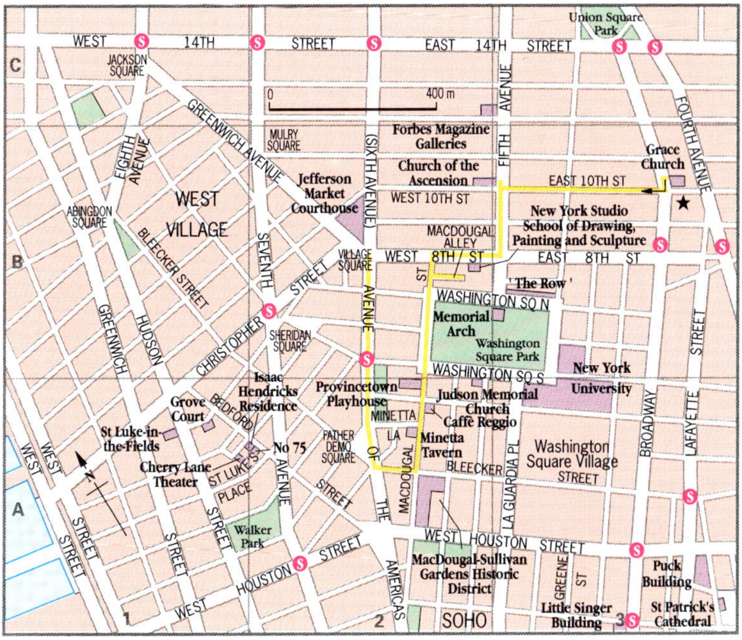

A Pie El corazón de Greenwich Village

Desde Grace Church al este, este paseo recorre el corazón de Greenwich Village, finalizando en Christopher Street.

Desde Grace Church, vaya por 10th Street hasta la **Church of Ascension** de 1840, una iglesia gótica diseñada por el arquitecto inglés Richard Upjohn, también responsable de Trinity Church en el Financial District.
En 8th Street verá la New York Studio School of Drawing and Sculpture, primer hogar del Whitney Museum. El museo fue fundado en 1931 por Gertrude Vanderbilt Whitney; su propio estudio era un establo restaurado en MacDougal Alley.
En funcionamiento desde 1785, el **Caffé Regio** es el más antiguo de los muchos cafés de MacDougal Street; su sombrío interior se ha visto en películas como *El Padrino II* y *Serpico.*
En 6th Avenue, Village Square está dominada por las tejas, torreones y torres del **Jefferson Market Courthouse** de 1877, ahora una biblioteca. Saliendo de la plaza, siga por **Christopher Street,** una de las calles más animadas del Village por sus bares, tiendas y restaurantes.

Washington Square Park

Al igual que los «delis» y el metro, los bares son una faceta esencial de la vida neoyorquina. Desde los cuchitriles bohemios más irritables hasta las salones de cócteles de los hoteles más elegantes, los bares de Nueva York son de todas las formas, tamaños y ambientes. Si se los pierde, se perderá una parte muy importante de Nueva York (ver págs 223-5)......

El bar más antiguo de Nueva York
Fundado en 1854, McSorley's Old Ale House (15 East 7th Street) es famoso por ser el bar más antiguo de Nueva York. Durante muchos años un establecimiento sólo para hombres frecuentado por los borrachos procedentes del Skid Row de Bowery, McSorley's comenzó a admitir mujeres en 1970 y ahora se ve favorecido por una clientela sobre todo estudiantil.

Escritores, artistas y bares Greenwich Village está abarrotado de bares donde personajes importantes del arte y la literatura se han reunido para comer y beber. Durante sus estancias en Nueva York, el poeta Dylan Thomas solía frecuentar la **White Horse Tavern** (567 Hudson River). Una noche de 1953, un Thomas borracho balbuceó: «He bebido mi decimoctavo whisky, y creo que ese es mi récord». En pocos días había muerto. Fue Norman Mailer quien convirtió la White Horse Tavern en un bar frecuentado por escritores, aunque elegiría el **Lion's Head** (59 Christopher Street) como su cuartel general cuando se presentó para alcalde en 1959. El Lion's Head sigue siendo un refugio de periodistas y autores.
La **Cedar Tavern** (82 University Place), que ya no ocupa su sitio original, fue el lugar de reunión de los pintores que constituyeron la nueva escuela de Expresionismo Abstracto. Mientras Jackson Pollock y otros se lamentaban del estado del arte, los escritores de la Generación Beat como Allen Gingsberg y William Burroughs, escuchaban a escondidas desde mesas contiguas.

Bares para los cerveceros Los entendidos en cerveza disfrutarán de las 200 variedades de cerveza vendidas en el **Peculier Pub** (145 Bleecker Street). Las mesas y bancos de madera suelen estar ocupados por estudiantes universitarios. Si quiere degustar la cerveza neoyorquina por excelencia, diríjase a **Zip City Brewing Company** (3 West 18th Street), donde hay una barra en forma de U, luz tenue y una clientela joven y animada.

Bares con vistas El perfil de Manhattan se observa mucho mejor con un cóctel en la mano. En City Lights, en el piso 107 del World Trade Center, un pianista acaricia las teclas, bailarines bien vestidos se deslizan por el suelo y las vistas son inolvidables. En Midtown Manhattan, vaya a **Top of the Sixes,** situado en el piso 39 (666 Fifth Avenue), donde las bebidas van acompañadas de aperitivos y de una espléndida panorámica.

Bares para la gente guapa Los bares de solteros de Nueva York ya no sólo son frecuentados por aquellas almas solitarias que buscaban consuelo en la bebida. Hoy día, la tónica general es pasárselo bien mientras se conoce a gente nueva. Pásese por el **Coffee Shop** (29 Union Square West), lugar favorito de la gente joven y guapa, con un estupendo bar, comida brasileña y música alta. Otra alternativa es el **Sticky Mike's Frog Bar** (en la parte baja del Time Café en Lafayette con Great Jones

Street), con buen jazz y una buena pista de baile. Si qiuiere estar rodeado de caras conocidas, visite **Live Bait** (14 East 23rd Street), un bar donde sirven comida sureña, decorado como un bohío de pescadores.

Bares de verdad The Dugout (Third Avenue entre las calles 13 y 14), un bar situado en un sótano sin apenas decoración, es el lugar apropiado para los bebedores serios. Otro lugar más cómodo es Costello's (225 East 44th Street), el mejor de varios bares con acento irlandés de Midtown Manhattan. En el Upper West Side, el **All State Café** (250 West 72nd Street) es un salón con estilo propio, ideal para pasar una tarde al estilo neoyorquino.

Bares de hotel No sólo son los huéspedes los que disfrutan de los bares de los hoteles. Muchos de ellos reciben clientela diversa por sus atractivos decorados y tranquilidad. El **Gramercy Park Hotel Bar** (2 Lexington Avenue) pertenece a una casta en extinción: un bar con piano y clientela distinguida. Si desea encontrarse con alguna celebridad, acérquese al **Royalton** (44th Street entre Fifth y Sixth avenues), o al Conservatory Bar en el **Mayflower Hotel** (Central Park West con 61st Street). Entre sus clientes más recientes están el actor Nick Nolte y los cantantes Sting y Axl Rose.

Sabor irlandés en McSorley's Old Ale House

Marie's Crisis Café
Pocos lugares simbolizan mejor los cambios de Nueva York como el Marie's Crisis Café (59 Grove Street). Hoy día, no se sorprenda si encuentra este lugar abarrotado de gays cantando temas famosos de los estrenos de Broadway. Hace dos siglos, fue el hogar de Thomas Paine, cuya publicación, *Crisis,* contribuyó a encender la chispa de la Revolución Americana.

Escritores de Greenwich Village
James Agee, James Baldwin, Willa Cather, James Fenimore Cooper, Hart Crane, Theodore Dreiser, e e cummings, Henry James, Ruth McKenney, Herman Melville, Edna St Vincent Millay, Eugene O'Neill, Anaïs Nin, John Dos Passos, Edgar Allan Poe, John Reed, William Styron, Mark Twain, Tennessee Williams, Edmund Wilson, Thomas Wolfe.

Comida tex-mex, margaritas y tequila son las especialidades de Caliente Cab Company en Seventh Avenue

Continuación de la página 112

Empiece a explorar Greenwich Village por Washington Square Park▶▶▶, donde mimos, ciclistas y jugadores de ajedrez se exhiben ante las familias, turistas y demás personas que pasean por los senderos del parque.
En la zona norte del parque, al pie de Fifth Avenue, se encuentra el triunfal arco **Washington Memorial Arch▶▶**, de 23,47 metros de altura, erigido en 1892 por Stanford White en un lugar donde anteriormente se había colocado una placa de madera para conmemorar el centenario de la investidura de George Washington. Sin embargo, lo que el arco de mármol no conmemora son los 22 000 muertos enterrados bajo el parque cuando éste sirvió como cementerio durante las epidemias. Tampoco se recuerda el hecho de que algunos árboles del parque fueron utilizados en ahorcamientos públicos a principios del siglo XIX.
La creación del parque en 1827 aumentó en gran medida el caché de la zona. Se construyeron casas elegantes a su alrededor y el único superviviente fue **The Row▶▶** en la parte norte: preste atención a sus pórticos, contraventanas y elegantes escalinatas de la entrada; los peldaños hacia la puerta principal enfatizan la distinción entre la entrada del propietario y la entrada de los sirvientes a nivel del suelo.
Al sur y este del parque hay unos cuantos edificios pertenecientes a la Universidad de Nueva York. Con 14 escuelas independientes esparcidas por todo Greenwich Village, la universidad es uno de los mayores hacendados de la ciudad.

Continúa en la página 118.

En el interior del Memorial Arch
En 1916, el artista Marcel Duchamp y otras personas forzaron la puerta del Memorial Arch en Washington Square Park y subieron los 110 escalones hasta la cima. Una vez allí, colgaron globos, faroles chinos y pancartas proclamando Greenwich Village como la república independiente de Nueva Bohemia.
Se cree que en este monumento vivió un hombre siete meses durante la Segunda Guerra Mundial. Se sabía que estaba allí por la ropa tendida.

Vida Gay

■ A excepción de San Francisco, probablemente no exista una ciudad mejor que Nueva York para los hombres y mujeres homosexuales. Integrados por completo en la sociedad o presentes a través de campañas y organizaciones de apoyo, los gays y lesbianas son, hoy día, una parte muy definida en el paisaje social neoyorquino......■

Durante mucho tiempo la homosexualidad ha estado presente en Nueva York, pero no siempre ha disfrutado de la aceptación que tiene hoy día. El censo de 1880 atestigua que 5 hombres sufrieron condena por «crímenes incalificables contra natura», un eufemismo de la época para referirse a la actividad homosexual.

La primera comunidad gay En la década de 1930, una pequeña red de lugares de citas gays se había extendido por Manhattan; locales donde la discreción estaba por encima de todo y que permanecían invisibles para el mundo heterosexual. Después de la Segunda Guerra Mundial, cuando los valores de la vida familiar estaban en alza, los gays y lesbianas sintieron que el rechazo iba en aumento. Las minorías sexuales eran censuradas en la prensa y la policía tenía que luchar contra todo aquello que representase una amenaza para la sociedad.

Stonewall y el Orgullo Gay En junio de 1969, los clientes de Stonewall Inn en Greenwich Village se enfrentaron a una redada policial. Este enfrentamiento fue secundado por otros clubs nocturnos gays de la zona. Por vez primera, la comunidad homosexual se levantó para defenderse a sí misma, y el descubrimiento de esta nueva solidaridad llevó a la fundación del movimiento del Orgullo Gay. Sus logros se celebran el Día y Desfile del Orgullo Gay (ver página 27). La comunidad homosexual ha jugado un papel muy activo en la lucha y prevención contra el SIDA, y ha condenado la inadecuada respuesta del gobierno americano a la crisis.

Línea telefónica antiviolencia
Son bastante comunes en la ciudad los actos violentos contra homosexuales. Ante esta realidad, los gays y lesbianas de Nueva York han de reunir todas las fuerzas posibles para protegerse y defender la libertad tan duramente conseguida en los últimos 25 años. Hay un teléfono de emergencia para las víctimas de tal violencia; tel: 807 0197.

En Nueva York hay establecimientos especializados dirigidos a la comunidad homosexual. Esta tienda se encuentra en Greenwich Village

Paseo: Greenwich Village
El laberinto de calles que parten de Christopher Street esconde algunas de las esquinas más bellas y tranquilas de Greenwich Village. Tómese tiempo para admirar la maravillosa hilera de casas de piedra arenisca de estilo italiano en St. Luke's Place, y aventúrese en Bedford Street para ver la Isaacs-Hendricks Residence (ver página 130) y la casa de 2,74 metros de ancho del número 75. Sus delicadas dimensiones no disuadieron al escritor John Barrymore, a la autora dramática Edna St. Vincent Millay o a la estrella de la pantalla Cary Grant de vivir allí varias temporadas.

Su estación de metro puede haber conservado los elegantes azulejos azules (arriba), pero hoy día, Bleecker Street (derecha) tiene poco que recuerde su importancia en los años 50 y 60. En aquella época sus cafés y clubs bullían con ideas atrevidas y sonidos nuevos de una subcultura de postguerra, que se inició con los escritores beat e incluyó, más tarde, a cantantes de música folk que llegaron a ser conocidos en todo el mundo

Continuación de la página 116

No contento con su Memorial Arch, Stanford White erigió en la zona sur del parque, la **Judson Memorial Church▶** de estilo neorrománico. Destacan las vidrieras, trabajo del artista de la escuela Hudson River, John LaFarge.

A un bloque de distancia, en MacDougal Street, se encuentra el **Provincetown Playhouse,** teatro donde se forjaron los cimientos del nuevo teatro americano en la década de 1910. Al sur, haciendo esquina con Minetta Lane, la **Minetta Tavern▶** expone fotos y recuerdos de la bohemia de Greenwich Village.

Atravesando McDougal Street, **Bleecker Street▶▶▶** reúne los mejores bares y clubs de Greenwich Village, aunque hoy día nada es igual a los años 60, cuando los clubs locales engendraban talentos como Bob Dylan, Judy Collins y Arlo Guthrie.

Una década antes, los cafés de Bleecker Street habían disfrutado de la poesía y debates de los ecritores beat como Gregory Corso, Jack Kerouac, Allen Ginsberg y William Burroughs (ver página 119).

Restaurantes, panaderías y cafés siguen conformando Bleecker Street según avanza cruzando Sixth Avenue y adentrándose en West Village, arteria principal desde la que Christopher Street toma dirección oeste, a la altura de Village Square y la extraordinaria **Jefferson Market Courthouse** (ver página 113), hacia el Hudson River.

En Christopher Street y en sus alrededores hay numerosos bares, clubs y librerías homosexuales. En el número 53 estaba la **Stonewall Inn,** donde tuvieron lugar los enfrentamientos que unieron a la comunidad homosexual local en 1969 (ver página117).

■ Unos cuantos personajes que frecuentaban los bares de los alrededores de Columbia University y Greenwich Village en los años 40, se convirtieron en lo que llegó a ser la Generación Beat, la primera subcultura de postguerra, que utilizó drogas, jazz y religión zen para inspirar las nuevas formas de escritura que, durante un breve periodo de tiempo en torno a 1950, parecieron resquebrajar en pedazos la sociedad americana.......■

La Generation Beat comenzó a configurarase en el West End Café (en Broadway entre las calles 113 y 114) a mediados de los años 40. Aquí, el adolescente Allen Gingsberg, William Burroughs, de 30 años y Jack Kerouak, de 22 años, intercambiaban ideas, trasladándose más tarde a un apartamento en el 421 deWest 118th Street para mantener animados debates al ritmo del recién creado jazz bebop.

Escritura Beat Ginsberg comenzó a escribir una poesía «seria», Kerouac trabajó sin descanso en el estilo de su prosa, y Burroughs fue poco a poco uniendo las piezas que posteriormente se convertirían en novelas. A finales de los años 40, los puntos de reunión principales eran el San Remo (189 Bleecker Street) y la Cedar Tavern (entonces en 24 University Place).

Exito y notoriedad En 1956 Ginsberg vivía en San Francisco y fue cuando, además de trabajar en una agencia de publicidad y de estudiar budismo, escribió su poema épico *Aullido,* donde describía personajes e ideas del momento. Al año siguiente, Kerouac publicó *En el camino.* Cuando Ginsberg y Kerouac regresaron a Nueva York, el *Village Voice* proclamó «los estúpidos chalados vuelven a casa» y los sucesos de la década anterior se convirtieron rápidamente, y aún siguen siéndolo, en una fuente de leyenda.

¿Por qué «Generación Beat»?
Ginsberg y otro escritor, John Clellon Holmes, concibieron el término «Generación Beat», en parte por la «Generación Perdida» de 1920, y también, por un yonqui de Times Square que siempre se describía a sí mismo como «beat» («hecho polvo»). Cuando en 1952 se publicó la novela *Go* de Holmes, la crítica del *New York Times* no destacó más que el estilo sencillo, pero esto no evitó que Ginsberg, Burroughs y Kerouac encontraran un editor para sus obras.

Allen Ginsberg (izquierda) escucha a un orador contra la Guerra del Vietnam en los años 60 cerca de Tompkins Square Park

■ **Por cada edificio religioso de gran tamaño como St Patrick's Cathedral o la Cathedral Church of St. John the Divine, existen otros muchos lugares de culto que raramente reciben la visita de algún turista. Muchos de ellos se mencionan en la sección De la A a la Z, pero los que aquí se describen, son notables por ilustrar las muchas formas de arquitectura religiosa de la ciudad o por señalar la interminable diversidad étnica y religiosa de Nueva York......** ■

La misma iglesia, religión diferente
Como indicativo del cambio en la composición étnica del Lower East Side, la iglesia rusa ortodoxa Russian Orthodox Cathedral de 1895, situada en 4th Street entre Avenues C y D, es ahora San Isidro y San Leandro Orthodox Catholic Church of the Hispanic Rite, al servicio de la predominante población católicaportorriqueña del Lower East Side.

La estatua de Shinran-Shonin en la New York Buddhist Church

Ortodoxa griega St. Nicholas Greek Orthodox Church (155 Cedar Street), una de las muchas iglesias del Financial District, anterior a las altas torres de cristal y donde se encarnan algo más que los valores materiales, es la primera iglesia griega de Nueva York. La decoración interior se compone de candelabros de latón, iconos y maquetas de navíos que recuerdan a su primera congregación marinera (San Nicolás es el patrón de los marineros). Cuando la comunidad griega prosperó y se trasladó hacia el norte, la **Greek Orthodox Cathedral of the Holy Trinity** (74th Street cerca de First Avenue) se convirtió en su centro religioso. En el interior de esta iglesia románica se pueden ver iconos maravillosos.

Judía También en lo que hoy es el Financial District, los primeros judíos de Nueva York establecieron hace 300 años la primera sinagoga de la ciudad en William Street. Se puede ver una réplica de su sepulcro de 20 plazas en la cuarta planta de la **Wall Street Synagogue** (47 Beekman Street). Cuando los judíos procedentes de muchos puntos de Europa se establecieron en Nueva York, el primer arquitecto judío de la ciudad erigió la **Central Synagogue** (Lexington Avenue con 55th Street). Su fachada toscamente labrada, con bóvedas y arcos listados, pretendía reflejar la experiencia judía en la España árabe. La sinagoga fue terminada en 1872 con un animado interior decorado en tonos rojos, azules y ocres.

Católica romana Al norte de la Central Synagogue, el arquitecto Bertram Goodhue diseñó en 1918 una impresionante fachada para la **iglesia de San Vincente Ferrer** (Lexington Avenue con 66th Street), pero guardó sus mejores dotes para el interior. Fíjese en los retablos y en las excepcionales vidrieras de Charles Connick.

Ortodoxa rusa El enclave de la iglesia ortodoxa rusa en Norteamérica está en el Upper East Side de Nueva York, donde a principios de siglo se erigió la **St. Nicholas Orthodox Cathedral** (97th Street cerca de Fifth Avenue), financiada mediante donativos recogidos en todo el imperio ruso zarista. El vistoso estilo de la catedral, diseños en ladrillo rojo con azulejos azules y amarillos y cinco cúpulas, está basado en la arquitectura religiosa moscovita del siglo XVII.

Un arquitecto avergonzado
Con Grace Church (ver página112) y St. Patrick's Cathedral (página 150), el arquitecto James Renwick se hizo famoso. Sin embargo, entre sus trabajos menos reconocidos estaba la **Calvary Church** de 1846 (Park Avenue con 21st Street), cuyas agujas fueron supuestamente retiradas en 1860 por el avergonzado arquitecto.

Musulmana El diseño de St. Nicholas se diferencia enormemente de los edificios que la rodean, al igual que el de la mezquita **Mosque of Islamic Culture Center** (Third Avenue con 96th Street), que también se desvía del plano ortogonal típico de los edificios de Manhattan, al estar orientada hacia La Meca. La mezquita, primer lugar permanente de oración para los musulmanes de Nueva York, costó 12 millones de dólares que fueron financiados en su mayoría por el gobierno de Kuwait.

Budista Al otro lado de Central Park, podría pasar de largo por delante de la **New York Buddhist Church** (Riverside Drive entre las calles 105 y 106), a no ser por la estatua de bronce de Shinran-Shonin, fundador de una secta budista en el siglo XIII, que preside el exterior.

Baptista Abisinia La **Abyssinian Baptist Church** de Harlem (138th Street cerca de Lenox Avenue) fue fundada en 1808 por y para la comunidad afroamericana, adquiriendo en poco tiempo la mayor congregación de EE UU. Entre los ministros del pasado cabe destacar a Adam Clayton Powell, primer miembro afroamericano del congreso. Su lucha por acabar con la discriminación racial y elevar el nivel de vida de los afroamericanos, le convirtió en un personaje muy controvertido en los años 40. La presente iglesia de estilo gótico data de 1923 y en su interior se exponen los logros de Powell.

Ya sean ortodoxos griegos (arriba izquierda) o budistas (arriba), los lugares de culto de la ciudad reflejan su diversa naturaleza étnica

Sarabeth's Kitchen
Puede que parezca un tranquilo café, pero la prestigiosa dirección de Sarabeth's Kitchen (Madison Avenue y 92nd Street) sólo puede significar una cosa: comida de lujo para deleitar los paladares y aflojar los bolsillos de los residentes del Upper East Side. Todo comenzó con una receta de mermelada pasada de generación en generación en la familia de Sarabeth. Ahora, Sarabeth's Kitchen (con otro establecimiento en el Upper West Side; ver página 281) es el lugar donde muchos comienzan el día, desayunando con magdalenas, waffles y tortitas caseras. También se sirven almuerzos y cenas, y hasta incluso se hornean deliciosas galletas de perro para el can con clase.

►►► **Guggenheim Museum** *187C1*

Fifth Avenue entre las calles 88 y 89

Metro: 86th Street

Solomon R. Guggenheim, miembro de una familia acomodada de Nueva York cuya fortuna fue amasada en minas de cobre y plata, siguió la trayectoria habitual de un millonario del Upper East Side al aficionarse al arte. Las primeras adquisiciones de Guggenheim fueron de Antiguos Maestros, pero sus gustos cambiaron radicalmente en 1927 cuando conoció a la baronesa Hilla Rebay von Ehrenwiesen, una entusiasta del arte abstracto europeo.

Por mediación de la baronesa, Guggenheim conoció a artistas como Robert Delaunay, Fernand Léger y Albert Gleizes, y muy pronto amasó una soberbia colección de obras de éstos y de otros artistas contemporáneos, sobre todo de Wassily Kandinsky, que colgó en las paredes de las habitaciones que ocupaba junto a su esposa en el Hotel Plaza de Nueva York. Por sugerencia de la baronesa, Guggenheim encargó al arquitecto Frank Lloyd Wright el diseño y construcción de un museo que había de llamarse el Museo de pintura no objetiva. Cuando el extraordinario museo de Wright se inauguró en 1959, Guggenheim ya llevaba muerto 10 años y su nombre cambió al de Solomon R. Guggenheim Museum. Por aquel entonces, la colección de pintura abstracta de Guggenheim había aumentado gracias a nuevas adquisiciones y legados, en particular, la Thannhauser Collection de pintura impresionista y postimpresionista. La mejor manera de ver el museo es tomar el ascensor hasta el piso superior e ir bajando lentamente por la rampa en espiral. De este modo, podrá estudiar la exposición, mirar por el hueco de la rampa, y terminar donde comenzó sin perderse. Cada año, el museo organiza varias exposiciones, que a menudo se centran en el trabajo individual de un artista. De las colecciones permanentes del Guggenheim resaltan los trabajos de Kandinsky, Modigliani, Klee, Mondrian, Braque y Malevich. La Thannhauser Collection se encuentra en la segunda planta de la rampa. En ésta sobresale *Montañas en Saint-Rémy* de Van Goh, con sus brillantes torbellinos de color, pintado en 1899 cuando el artista se recuperaba de una de sus crisis de salud mental. Entre los trabajos de Cézanne destacan *Naturaleza muerta: frasco, vaso y jarra, Bibémus,* un reluciente paisaje preabstracto, y el desconcertante *Hombre de brazos cruzados,* descrito como una obra «protocubista», cuya figura se cree que refleja el espíritu de resignación que el artista adoptó durante sus últimos años de vida.

Un par de cuadros del enigmático Henri Rousseau son entretenidos a la vez que extraños: *Los futbolistas* y *Los artilleros.*

Entre los diversos lienzos de Picasso, el más temprano, *Le Moulin de la Galette,* fue pintado en 1900 cuando el artista tenía 19 años. La oscura pero angular figura de *La planchadora,* de 1904, es un producto de las últimas fases de la Época azul de Picasso; otros lienzos posteriores

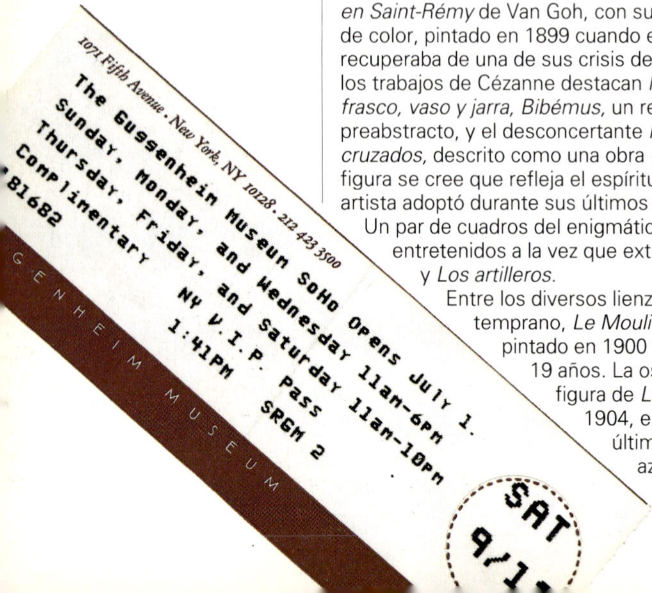

muestran un cambio de estilo y los primeros pasos hacia el Cubismo.
La pieza más sorprendente de la Thannhauser Collection es también la más antigua: *La ermita de Pontoise,* un paisaje de 1867 de Camille Pissarro. El artista se convertiría en un impresionista pero aquí utiliza el estilo realista que choca con la pintura paisajística francesa tradicional.

Raymond Hood
Los amantes de la arquitectura impresionados por su News Building y RCA Building (ahora llamado GE Building) del Rockefeller Center, pueden estar interesados en ver el bloque de apartamentos de Raymond Hood situado en el 3 de East 84th Street. El edificio, de 1928, presenta muchos de los rasgos característicos que posteriormente aparecerán de manera mucho más refinada en sus construcciones más famosas.

El vertiginoso interior del Guggenheim

Arquitectura del Guggenhei

■ Se le ha llamado un donut, un caracol, y un insulto al arte, pero el Guggenheim Museum de Frank Lloyd Wright es una de las contribuciones más sobresalientes a la arquitectura neoyorquina, aunque hay mucho de cierto en la acusación de que el edificio en sí roba protagonismo a la exhibición de arte de su interior. Wright insertó en el suelo de la entrada una inscripción en bronce que reza: «dejad que cada hombre practique el arte que conoce». Quizá era una respuesta a las críticas contra el edificio.....■

El Guggenheim en los 90
En 1992 se terminaron las obras de renovación del edificio que lo dejaron como nuevo. La reciente adición de una torre de 11 pisos ha proporcionado el necesitado espacio extra para oficinas y exposiciones, dejando el edificio original de Wright libre de todas las instalaciones administrativas y permitiendo la exhibición permanente de muchas de las colecciones.

A los 30 años de su inauguración, el Guggenheim sigue siendo uno de los edificios más polémicos de Nueva York

«Arquitectura orgánica» Wright dió origen al «estilo pradera», una manera de adaptar los edificios hacia lo orgánico, hacia las formas naturales que los rodean. El exterior predominantemente curvo del Guggenheim tiene poco que ver con las líneas verticales de los bloques de apartamentos del vecino Upper East Side, pero sí mucho en común con los árboles y arbustos de Central Park, al otro lado de Fifth Avenue.
Con el Guggenheim Museum, su único proyecto de gran escala en Nueva York, Wright también se distanció bastante de su tradicional estilo de galerías con salas individuales. Las exposiciones están colocadas a lo largo de una espiral helicoidal de seis pisos de alto, que se va ensanchando a medida que gana altura.

Polémica y restauración Las contínuas batallas del arquitecto con las autoridades y los desacuerdos con el director del museo sobre el supuesto fallo arquitectónico para adaptarse a las necesidades prácticas de un museo de arte, contribuyeron a los retrasos que causaron los16 años de espera entre los planos terminados de Wright y la apertura del Guggenheim en 1959, año en que falleció. Desde entonces, el debate ha continuado, aunque hoy día el museo es una parte integral del Upper East Side.

▶ Harlem *CCAC5*

Harlem raramente se menciona en los panfletos turísticos a pesar de ser un componente vital y distintivo en el carácter neoyorquino. Harlem comienza al norte de110th Street y se divide en dos secciones. Sobre el Upper West Side, West Harlem (o Harlem en sí) es el hogar de la población afroamericana de la ciudad. Sobre el Upper East Side, East Harlem o **El Barrio** es la zona de habla hispana más extensa de la ciudad, siendo la mayoría portorriqueños.

Durante la década de 1890, deseosos de repetir el éxito del Upper West Side, los especuladores de la propiedad cubrieron West Harlem de viviendas de piedra arenisca y bloques de apartamentos. Sin embargo, la anticipada prisa por invertir en la zona nunca se materializó y los hogares de Harlem se alquilaron a afroamericanos. Debido a la presión de la época en la provisión de viviendas, las rentas se dispararon; miles de afroamericanos llegaban a Nueva York y la competencia por el alojamiento fue enorme.

Cientos de miles de afroamericanos de toda la nación abandonaron el Profundo Sur para trasladarse a Harlem, contemplado como la tierra prometida. En los años 20, el Renacimiento de Harlem estaba en todo su apogeo y a través del arte y de la literatura, del jazz y del blues la cultura afroamericana comenzó a filtrarse en los clubs nocturnos de Harlem como el **Cotton Club.**

Aunque Harlem se ha enfrentado a muchos problemas típicos interurbanos, las cosas han mejorado desde el aumento de la conciencia racial de las últimas décadas.

Fidel Castro en Harlem

En 1960 Fidel Castro llegó a New York para dirigirse a las Naciones Unidas y se alojó varias noches en un hotel de Midtown Manhattan.

Posteriormente se alojó en el Teresa Hotel de Harlem (272 West 125th Street). Durante su estancia en este último hotel, el contingente cubano fue aclamado por la gente del lugar y fue visitado por el líder soviético Khrushchev. En 1971, el Teresa Hotel se convirtió en un bloque de oficinas.

Pocas personas visitan Harlem por su arquitectura, pero sus edificios pueden ser tan animados como su ambiente

Marcus Garvey en Harlem
Marcus Garvey llegó a Harlem en 1914 procedente de Jamaica y se adelantó a los Panteras Negras de los años 60 al manifestar su orgullo negro. Ganando muchos seguidores a través de sus brillantes poderes de orador, Garvey estableció la fundación para la mejora de los ciudadanos de color, Universal Negro Improvement Foundation, publicó el periódico *Negro World* y adquirió dos transatlánticos para llevar a cabo su promesa de repatriación de los afroamericanos a África. Finalmente, Garvey fue arrestado bajo acusaciones inventadas y fue deportado. Murió en Londres en 1940.
Las doctrinas de Garvey se convirtieron en elementos cruciales del movimiento Rastafari, y en 1973 se le recordó poniendo su nombre a un parque de Harlem que está junto a Fifth Avenue entre las calles 120 y124

Hoy día West Harlem no es un paraíso, pero con sus verdes bulevares es un lugar seguro si lo visita durante el día y no se adentra por ninguna calle apartada.
A lo largo de la principal calle comercial, West 125th Street, encontrará el **Apollo Theater** (número 253), legendario por sus noches de actuaciones amateur y por presentar todo tipo de actuación afroamericana de jazz, blues y música soul, desde Billie Holiday en los años 30 hasta James Brown en los 60. En 1962 se grabó aquí el álbum de Brown *Live at the Apollo,* donde se captan algunos de los momentos más emocionantes de la actuación. También encontrará exposiciones temporales y archivos fotográficos del **Studio Museum in Harlem** en West 125th Street (número 144), y más restaurantes de comida soul de los que jamás haya podido imaginar.
Para ver lo mejor de la temprana arquitectura de Harlem, explore el **St. Nicholas Historic District** en 139th Street. Las casas de 1890 entre las avenidas Seventh y Eighth fueron ocupadas desde 1919 por personajes importantes y de ahí su nombre «Striver's Row» (Hilera de los luchadores).
Más al norte , en Broadway entre las calles 155 y 156, está el complejo de museos **Audubon Terrace** (ver página 61). Aparte de su localización, el museo tiene poco que ver con Harlem, pero acoge la American Academy and Institute of Arts & Letters, la Hispanic Society of America, y la American Numismatic Society.
En un primer momento East Harlem estuvo ocupado por la clase trabajadora italiana e irlandesa pero, desde los años 20, se transformó en el mayor vecindario portorriqueño de la ciudad. En sus límites se encuentran el **Museum of the City of New York** y **El Museo del Barrio** (ver páginas 156-7), pero el lugar donde dirigirse es **La Marqueta,** bajo el viaducto de Park Avenue entre las calles 110 y 116, donde se vende azúcar de caña, ñames y papayas, cortezas de cerdo y plátanos triturados, todo esto al ritmo de salsa procedente de los guetos cercanos.

Coro de Gospel en Harlem

▶ Hispanic Society of America

Broadway con 155th Street
Metro: 157th Street
Entre las posesiones más preciadas de la Sociedad Hispánica de América, fundada por Archer M. Huntington, hijo del magnate del transporte Collis P. Huntington, figuran pinturas de Velázquez, El Greco y Goya. Sin embargo, este sustancial conjunto de arte español y portugués, arqueología, alicatados y decoraciones funerarias es menos atractivo que su emplazamiento: un impresionante edificio de estilo renacentista español, decorado con terracota roja.

Portorriqueños

El derecho automático de ciudadanía americana ha hecho posible que los portorriqueños se establezcan libremente en Nueva York, donde se han convertido en una de las comunidades de habla hispana más extensas de la ciudad......

A principios del siglo XIX, Nueva York atrajo a portorriqueños relacionados con el comercio de azúcar y café. Otros, inspirados por la Guerra de Independencia, llegaron aquí esperando utilizar la ciudad como base para tramar el levantamiento contra sus señores coloniales españoles.

Los EE UU en Puerto Rico Sin embargo, en 1898 Puerto Rico fue cedido por España a EE UU, que estableció un gobierno militar, permitiendo que los intereses americanos gobernaran su economía. En consecuencia, los portorriqueños disfrutarían de la ciudadanía americana (aunque no hasta 1917) y podrían establecerse libremente en EE UU. Los grandes beneficios de las compañías americanas animaron la migración portorriqueña y, en 1930, cerca de 45 000 portorriqueños se habían establecido en Nueva York. Muchos encontraron trabajo entre los judíos e italianos; otros se emplearon en ocupaciones tradicionales como la fabricación de puros.

El Barrio Aunque había vecindarios portorriqueños extendidos por todo Manhattan, la mayoría colonizaron los apartamentos de renta baja de East Harlem. Esta zona se convertiría muy pronto en El Barrio, base de las instituciones culturales portorriqueñas y de los cines y publicaciones de habla hispana. El futuro alcalde Fiorello La Guardia reconoció el poder político de los portorriqueños al estimular su derecho al voto. En los años 50, comenzaron a funcionar vuelos baratos entre Nueva York y San Juan (capital de Puerto Rico), la población portorriqueña de Nueva York aumentó a 600 000, y algunos se trasladaron desde El Barrio hasta el Bronx. La mayoría de los recién llegados eran trabajadores analfabetos del campo, incapaces de encontrar un trabajo o adaptarse fácilmente a la vida urbana.
A pesar de que hoy día forman parte de la ciudad, con representantes en cada esfera de la vida, los americanos descendientes de portorriqueños sufren todavía discriminación. El Barrio, popular por su comida picante y su música salsera, ha continuado la lucha con los problemas contemporáneos urbanos.

El ron, destilado de la caña de azúcar portorriqueña e importado a EE UU, es una de las especialidades étnicas más conocidas

Expresionismo Abstracto

El término «the New York School» –la Escuela de Nueva York– fue acuñado en 1956 en una exposición en Los Angeles. Se convirtió en el apelativo para el grupo de artistas que, una década antes en Nueva York, había encabezado el primer movimiento de arte moderno del país, y el que crearía un público mundial para el arte americano, el expresionismo abstracto.....

La Cedar Tavern
Raro es el movimiento artístico que no se haya visto influenciado de alguna manera por un estado de embriaguez. El expresionismo abstracto no fue una excepción. El punto de reunión preferido por muchos artistas que formaron parte de la Escuela de Nueva York fue la Cedar Tavern, entonces en el número 24 de University Place, entre el Greenwich Village y el East Village. Aquí, los debates se prolongaban durante horas y, en ocasiones, culminaban con ciertos destrozos en el mobiliario. Los aficionados al expresionismo abstracto que también gusten de beber una copa se alegrarán al saber que la Cedar Tavern aún existe (aunque se trasladó al número 82 de University Place).

El Armory Show de 1913 (ver página 149) no sólo introdujo por primera vez en EE UU el arte europeo moderno, sino que dejó bien claro que el país no tenía un estilo moderno propio. El dadaísta Marcel Duchamp resumió la contribución americana al mundo del arte como «su fontanería y sus puentes».
Sin embargo, aunque Nueva York era vista como un alto en el camino hacia París, los jóvenes artistas se sentían atraídos hacia ésta como si fuera un imán. Éstos llegaron escapando de un mediocre ambiente rural, para recibir clases en la Art Students League de la ciudad, y para pintar en espaciosos desvanes-estudio de rentas baratas.

Influencias europeas Mientras Europa avanzaba hacia la guerra, muchas de las mentes artísticas más innovadoras e influyentes del continente huyeron al otro lado del Atlántico. Cuando los nazis marcharon sobre los Campos Elíseos, Nueva York eclipsó a París convirtiéndose en el centro nervioso del arte internacional. A finales de los años 40, cuando la conclusión final de la guerra parecía presentar un mundo libre de las trabas del tradicionalismo y lleno de nuevas posibilidades, apareció el expresionismo abstracto.

Jackson Pollock Hijo de un granjero de Wyoming, Jackson Pollock llegó a Nueva York en los años 20 y encontró un trabajo temporal en el embrionario Guggenheim Museum. En 1947, Pollock desprendió una de sus pinturas del caballete, la colocó en el suelo, y empezó a aplicar la pintura directamente de la lata; comienza así a pintar de una manera violentamente expresonista, utilizando colores intensos extendidos por medio de palos, paletas o cuchillos. El producto final dependía enteramente del salpicado, que consistía en aplicar el color directamente sobre la tela con un bote de pintura perforado. El modo de pintar de Pollock dió origen al término «action painting» (pintura de acción), llamado también «gestural painting» (pintura del gesto).

De Kooning, Gottlieb y Rothko Otro expresionista abstracto clave fue Willem de Kooning, que utilizó las figuras mucho más que Pollock –formadas a menudo por contornos blancos sobre un fondo negro– y fue un artista de acción, atacando el lienzo con mucha energía.
Una influencia importante sobre los expresionistas abstractos fueron las *Pictographs,* una serie de pinturas de Adolph Gottlieb, cada una de las cuales estaba dividida en compartimentos con una figura o símbolo mitológico en su interior.

Los expresionistas abstractos buscaban transmitir estados emocionales primarios a través de sus trabajos, objetivo que iba más allá de lo que era posible dentro de la pintura tradicional y que los horrores de la guerra habían ayudado a despertar. Mark Rothko, un asociado de Gottlieb, se convirtió en la figura principal de lo que se llamó el «campo del color» del expresionismo abstracto. Con los horrores de los campos de concentración nazis, surgió un especial patetismo representado por Rothko, el hijo de emigrantes ruso-judíos nacido en Letonia, que afirmó que «la incomunicación humana» había vuelto obsoleta la pintura figurativa. Los trabajos de Rothko representaban rectángulos flotantes de color que, según él, ofrecían «una base espiritual para la comunión».

Barnett Newman Barnett Newman comparaba el trabajo de los artistas de los campos del color con los trabajos de las culturas primitivas, deseosas de alcanzar un «entendimiento metafísico». A finales de los años 40, Newman produjo la primera de sus «pinturas de cremallera», franjas de colores lisos interrumpidas por una estrecha línea vertical. Fue una errónea interpretación de los trabajos de Newman la que influenció a artistas como Jasper Johns, quien abrió el camino para la ruptura con el expresionismo abstracto y rescató algunas de las imágenes familiares practicadas por el pop art de los años 60.
Las vidas de dos de las figuras más importantes del expresionismo abstracto terminaron prematuramente: Jackson Pollock murió tras chocar su coche contra un árbol en 1956, y Mark Rothko se suicidó en 1970.

Exposiciones de expresionismo abstracto
El Museum of Modern Art (ver páginas 158-60) posee una excelente colección de trabajos expresionistas abstractos y, además de los artistas mencionados en estas páginas, también se incluyen obras de otros artistas del movimiento como Robert Motherwell, Franz Kline y Arshile Gorky.
El Guggenheim Museum (páginas 122-4) exhibe lienzos expresionistas de forma temporal, mientras que la Highlights Gallery del Whitney Museum (página 191) ofrece exposiciones frecuentes de Pollock, de Kooning y Rothko.

Uno, un enorme lienzo de Jackson Pollock de 1950, ahora en el MoMA

Photography House
Una de las mansiones neogeorgianas más elegantes del Upper East Side es el hogar del International Center of Photography. El edificio de ladrillo rojo de cuatro plantas fue terminado en 1914 por la empresa de Delano & Aldrich para Willard Straight, un exdiplomático acaudalado que fundó la influyente revista *New Republic.*

►► International Center of Photography *187D1*

Fifth Avenue con 94th Street
Metro: 96th Street
Uno de los pocos museos del mundo dedicado por completo a la fotografía, el International Center of Photography tiene cuatro galerías con exposiciones rotativas de nombres internacionalmente conocidos y de aquellos que comienzan a abrirse camino.
Una de las galerías contiene selecciones de la colección permanente del centro, en las que hay obras de casi todos los fotógrafos más famosos: Henri Cartier-Bresson, Ernst Haas, Weegee y Robert Capa, por nombrar algunos.

► Intrepid Sea-Air-Space Museum *151C1*

Extremo oeste de 46th Street
Metro: 42nd Street, luego tome el autobús interurbano
La estrella de este museo militar es el Intrepid, un portaaviones de la Armada Americana.
Permanentemente amarrado en el Hudson River, el *Intrepid* entró en acción en el Pacífico durante la Segunda Guerra Mundial y desempeñó un papel importante contra los submarinos en la Guerra del Vietnam.
La nave exhibe sus propias hazañas de tiempos de guerra -su avión derribó 650 aviones enemigos y destruyó 289 barcos- y el papel que desempeñó en tiempos de paz al recobrar las cápsulas espaciales del Mercury y Gemini. Abunda la artillería de las fuerzas armadas, además de una docena de aviones de combate y bombarderos situados en la cubierta de vuelo, con las cabinas abiertas para una posible inspección.
Amarrado junto al portaaviones hay un destructor, el *USS Edson,* que también prestó servicio en Vietnam, y el más amenazador *USS Growler,* el primer submarino de misiles guiados que apareció en una exposición pública. Entre sus contenidos hay un misil nuclear de crucero.

► Isaacs-Hendricks Residence *113A2*

77 Bedford Street, Greenwich Village
Metro: Christopher Street
Podría pasar por delante de la Isaac-Hendricks Residence sin enterarse. Erigida en 1799, algunas alteraciones de 1836 y 1928 han desvirtuado su estilo federal, del que es uno de los más tempranos ejemplos. Las paredes de madera del lateral de Commerce Street son la pista principal para reconocer el edificio.

► Jan Hus Presbyterian Church *187B2*

74th Street entre First y Second avenues
Metro: 77th Street
Llamada así por el mártir checoslovaco de la Reforma, la iglesia Jan Hus Presbyterian Church fue fundada en 1914 para servir a los colonos checoslovacos en una zona conocida como «Little Bohemia» (Pequeña Bohemia). La iglesia, cuyo campanario fue construido a semejanza de la Torre del poder de Praga, es utilizado para actividades seculares. En el recibidor de la iglesia se suelen representar actos dramáticos y musicales, además de servir como punto de reunión de un grupo improvisado de comediantes.

Tan sólo una fracción de la población checoamericana de New York vive en Little Bohemia y, además de la iglesia, solo hay un par de recuerdos notables de la presencia checoslovaca. Uno es el Bohemian National Hall de 1895, en 73rd Street entre las avenidas First y Second. El otro es el restaurante Vasata, dos bloques al norte en 75th Street, proveedor de la cocina tradicional checa.

▶ **Jewish Museum** *187D1*

Fifth Avenue con 92nd Street
Metro: 96th Street
Una imitación de un castillo gótico francés podría parecer un extraño hogar para el conjunto más extenso de arte ceremonial judaico y objetos históricos de EE UU, pero las elegantes colecciones del Museo Judío han permanecido en este lugar desde1944. Fue entonces cuando el edificio fue legado por la viuda de su propietario original, el banquero Felix M. Warburg.
La colección permanente del museo contiene quizá lo que cabe esperar: tremendos alijos de monedas, artilugios del hogar y piezas religiosas que se remontan a los tiempos romanos. Muchos otros objetos son representativos de la vida judía desde la época medieval hasta el siglo presente.
Sin embargo, son estas animadas y a veces provocativas exposiciones temporales –explorar la experiencia judía desde perspectivas nuevas y desafiantes– las que animan al cansado visitante de museos en Nueva York.

Checoslovacos en Nueva York
El primer grupo significantivo de checoslovacos llegó a Nueva York en 1848 para disfrutar de la libertad de pensamiento denegada por el imperio gobernante de los Habsburgo. Estos fundaron muchas de las instituciones que posteriormente ofrecieron asistencia a la segunda oleada de inmigrantes checoslovacos que había de llegar en la década de 1870.
La invasión nazi, el golpe de estado soviético y la fallida Primavera de Praga de 1968 fueron el desencadenante de nuevas oleadas de inmigrantes checos que poco a poco se fueron adaptando al estilo de vida americano.

El Intrepid Sea-Air-Space Museum

Desde las grandes cadenas de televisión hasta los canales de acceso público y desde el *New York Times* hasta las publicaciones gratuitas llenas de anuncios, los medios de comunicación son una parte importante de la vida de Nueva York. Cada poro de la ciudad rezuma información......

¿Qué hay en la tele?
Los telespectadores incondicionales que pasen sus vacaciones en Nueva York estarán encantados al saber que todos los periódicos de la ciudad contienen listas de la programación televisiva. La misma información, pero sin noticias, aparece en la revista *TV Guide,* que puede adquirir en casi todos los supermercados y quioscos, u obtener de forma gratuita con los suplementos dominicales del *New York Times.* Descifrar la programación no es una tarea nada fácil con tantos canales donde escoger (la mayoría emiten las 24 horas).

Televisión Las principales cadenas de televisión americanas –ABC, CBS y NBC– son tan parecidas como sus iniciales. Casi todas ofrecen un formato de concursos y espacios de debate entremezclados con programas informativos e interrumpidos por anuncios cada pocos minutos.
El panorama mejora radicalmente con el Servicio de Emisión Público PBS (Public Broadcasting Service), que incluye películas de calidad, documentales e información sobre temas de actualidad. La televisión por cable aumenta las opciones, aunque la mayoría de los hoteles sólo disponen de unos cuantos canales por cable.
Los canales por cable más habituales son la CNN (24 horas de noticias que se llegan a hacer aburridas si no hay noticias interesantes), la MTV (vídeos musicales), el Weather Channel (información meteorológica) y algunos canales cinematográficos como HBO, que ofrece películas de calidad pero llena los espacios muertos con productos «de la casa».
Lamentablemente, es raro encontrar hoteles equipados con canales de acceso público por cable, en los que la gente paga para hacer su propio programa de media hora.

Las emisoras de radio de New York facilitan información útil para el viajero

Radio Es casi imposible enumerar las emisoras de radio de Nueva York y, aún más difícil, recordar sus anuncios y sintonías. Los amantes de la música se sorprenderán ante la gran variedad de emisoras en frecuencia modulada (FM): 24 horas de hip–hop, soul, funk, jazz, country, rock o música clásica. La banda AM también ofrece música, además de animados programas de participación telefónica, que son una muestra viva del mejor habla callejero de Nueva York.

Periódicos De todos los diarios de Nueva York, el *New York Times* no tiene rival en cuanto a cobertura internacional y sucesos nacionales, sin mencionar su sección metropolitana que ofrece lo más candente de la ciudad. Los reportajes especiales del *Times* recogen aspectos intrigantes de la vida urbana y la edición del viernes incluye todas las actividades y ofertas para el fin de semana.

Leer el *Times* puede ser todo un reto, en parte porque la gran cantidad de anuncios hace que los artículos salten de página a página y, en parte, porque están escritos sin nada de humor. Tampoco hay tiras cómicas.

A diferencia del *Times,* de carácter liberal, el periódico de formato reducido *New York Post* es el hogar del espíritu conservador reaccionario. Los neoyorquinos que no comparten la política del *Post,* pero gustan de los titulares de formato reducido, apuestan por el *Daily News.* A pesar de un descenso en su circulación, el periódico más vendido en EE UU, el *Daily News,* ha forjado su reputación gracias a artículos con gancho y a titulares de gran impacto. Puede estar seguro de encontrar en él los crímenes más atroces y los escándalos más jugosos.

El desafío, cada vez mayor, del *New York Newsday,* un diario de formato reducido de Long Island con portada en color, está poniendo en la cuerda floja el futuro del *Post* (recientemente adquirido por el magnate de los medios de información Rupert Murdoch) y el del *Daily News.*

El *Village Voice,* de publicación semanal, comenzó como un periódico alternativo (el autor Norman Mailer fue uno de los cofundadores) a mediados de los años 50 y es hoy un rasgo tan distintivo de la ciudad como el Empire State Building. Explora la política municipal y otros asuntos con gran gusto y hace un seguimiento de todo lo que ocurre en el mundo de las artes y el espectáculo. La sección de «corazones solitarios» le descubrirá una nueva perspectiva de los neoyorquinos.

Revistas El semanario *New York* es una conmemoración del estilo de vida neoyorquino, además de ofrecer una lista completa de las actividades metropolitanas. El *New Yorker,* publicado semanalmente, es más serio y formal, aunque ha ganado en viveza y colorido desde 1992. El *New Yorker,* famoso por sus largos artículos escritos por grandes literatos del país, no es la lectura ideal para el metro, aunque muchos lo compran solamente por sus críticas cinematográficas.

Publicaciones gratuitas
En las tiendas, bares, restaurantes, recepciones de hotel y otros muchos puntos de toda la ciudad se pueden encontrar publicaciones gratuitas de todo tipo. Muchas de ellas, sea cual sea su especialidad, son simples vehículos publicitarios. Otras, como *Manhattan Spirit, New York Perspectives, New York Press* y *Upper West Side Resident,* a pesar de estar también llenas de anuncios, contienen buenas críticas y notas de interés.

El brillante interior de la Metropolitan Opera House siempre inspira la idea de algún acontecimiento importante

Visitas guiadas al Lincoln Center
Las visitas guiadas de una hora de duración salen de la planta baja del Lincoln Center cada hora en punto, desde las10 de la mañana hasta las 5 de la tarde, de lunes a viernes. Los recorridos, llenos de anécdotas, cubren todos los edificios más importantes del complejo (a excepción de la Metropolitan Opera House), adentrándose entre bastidores y, con frecuencia, sorprendiendo a los actores en los ensayos. Más información, tel: 875 5350. Las visitas de la Metropolitan Opera House salen del vestíbulo de entrada del Met de lunes a viernes a las 3:45 y los sábados a las 10:30 (tel: 769 7020).

▶ Lincoln Center for the Performing Arts

151D1

Calles 62 a 66 entre avenidas Columbus y Amsterdam
Metro: 66 Street/Lincoln Center
Los edificios y la gran plaza del Lincoln Center for the Performing Arts roban importancia a la impresionante calidad de sus ofertas culturales. El complejo se erigió en los años 60 como parte de un plan que pretendía establecer un único punto de cita para los intelectuales de Nueva York. Un elemento clave en la génesis del Lincoln Center fue la decisión de la filarmónica New York Philarmonic, enfrentada a lo que parecía el inminente derribo del Carnegie Hall, de buscar una sede propia. El Philarmonic Hall fue concluido en 1962, cambiando su nombre en 1973 a Avery Fisher Hall, en honor al hombre que donó 10 millones de dólares para mejorar su acústica. Paralelamente, la Metropolitan Opera también estaba a la búsqueda de nuevos locales. En la actualidad, los diez pisos de la **Metropolitan Opera House** se elevan de forma atrevida sobre la plaza y, a través de sus ventanales, se pueden ver dos enormes murales de Marc Chagall. Lo que no se ve desde el exterior son las lámparas de cristal del auditorio, que son escondidas en el techo dorado antes de las representaciones.
El **Vivian Beaumont Theater** de Eero Saarinen es el edificio más destacable desde el punto de vista arquitectónico aunque, paradójicamente, sus ofertas culturales han recibido críticas muy pobres. Al lado se encuentra la **New York Public Library for the Performing Arts,** una biblioteca con más de 50 000 tomos que tiene espacio para otras tres galerías que ofrecen exposiciones temporales.
En la parte norte del complejo, la **Juilliard School** se precia de haber tenido al violinista Itzhak Perlman y al actor William Hurt entre sus alumnos. Junto a la escuela, el **Alice Tully Hall** proporciona un escenario de gran acústica a la Lincoln Center Chamber Music Society (Sociedad de música de cámara) y a los conciertos gratuitos ofrecidos por estudiantes, los miércoles a mediodía.

▶▶ Little Italy 87B2

Little Italy, o Pequeña Italia, ha sido testigo de cómo sus límites eran poco a poco superados por la expansión de Chinatown y por el movimiento de sus habitantes originales a enclaves italianos de los Outer Boroughs, o barrios exteriores. Sin embargo, entre 1890 y 1924, 145 000 inmigrantes de Sicilia y el sur de Italia se establecieron aquí, en una zona comprendida entre las calles Houston y Canal.

Después de años de declive, apenas unos cuantos miles de italianos quedan en el vecindario. Muchos de ellos trabajan en los restaurantes, cafés y panaderías situados en las calles Grand y Mulberry, que dan a Little Italy su gran atractivo. La comida es buena, aunque nada barata. El mejor modo de vivir el ambiente de Little Italy sin gastar mucho es difrutar de un capuchino en una terraza.

Un famoso local genuinamente italiano es el restaurante **Umberto's Clam House** (129 Mulberry Street), que adquirió su fama por extrañas razones en 1972, cuando Joe Gallo «el loco» fue muerto a tiros en una *vendetta* mientras cenaba.

Los irlandeses, que precedieron a los italianos en el vecindario, vieron colmadas sus necesidades espirituales con la construcción de la **«Old» St. Patrick's Cathedral** en el 264 de Mulberry Street. La catedral, primer edificio en estilo gótico de la ciudad, perdió su fachada original en un fuego en 1866, y fue degradada a simple parroquia con la consagración de la nueva St. Patrick's Cathedral 1879.

En los límites de Little Italy, en el 240 de Centre Street, se encuentran los **Old Police Headquarters** (Antiguos cuarteles de la policía). Este palacio de estilo renacentista, coronado por una cúpula verde, fue un importante símbolo de la ley y el orden en 1909, cuando se elevó en medio de uno de los distritos más peligrosos de la ciudad.

Pasee hasta el **Puck Building**, en el 295–307 de Lafayette Street. Fue concluido en 1886 para albergar a la revista satírica *Puck*, y su delirante enladrillado rojo fue inmediatamente considerado el primer ejemplo de diseño comercial de Nueva York.

Festival de San Gennaro
Cada septiembre, la calle Mulberry, en Little Italy, se llena de puestos improvisados que venden salchichas caseras, calzones y otras especialidades italianas (además de otras tantas chinas). El asfalto vibra con el sonido de las bandas, durante dos días que celebran la Fiesta de San Gennaro. El aspecto religioso del festival, que honra al santo patrón de Nápoles, resulta evidente en la procesión que pasea al santo por las calles mientras la gente le arroja dólares.

Little Italy. Sus numerosos restaurantes y cafés bien merecen una parada para disfrutar de un capuchino, un helado o una pizza

Los Italianos

Ningún otro grupo ha tenido mayor impacto sobre Nueva York que los italianos, que comenzaron a llegar a partir de 1880. Gracias al trabajo duro, los valores tradicionales y la perspicacia en los negocios, la comunidad italiana prosperó de tal modo que, al llegar los años 40, ya se había hecho con el mando de la ciudad.....

El primer vecindario italiano de Nueva York, refugio para liberales italianos y revolucionarios del siglo XIX, se estableció en Bleecker Street en 1860. Su población se componía fundamentalmente de sofisticados norteños. En cambio, la oprimida pobreza de la Italia rural del sur provocó el flujo masivo de finales del siglo XIX y, muy pronto, 145 000 personas se apiñaban en las viviendas de lo que se llamó, y se llama, Little Italy.

Muchos italianos trabajan en la industria hostelera, que abastece a los neoyorquinos y a los visitantes de pasta, pizza y otras especialidades famosas en todo en mundo

Explotación Con unos conocimientos de inglés mínimos o nulos, los recién llegados eran explotados nada menos que por los compatriotas que llevaban más tiempo en EE UU, habían aprendido el idioma y sabían lo suficiente sobre valores tradicionales italianos como para estar seguros de que los nuevos inmigrantes podían ser explotados sin ningún inconveniente. Los hombres de Little Italy construyeron los sistemas de metro y alcantarillado de Nueva York y sus mujeres trabajaron en los talleres de la industria textil. Todo el dinero ahorrado era enviado de vuelta a casa. En 1910, muchos italianos ya habían abandonado Little Italy y se habían instalado en East Harlem y, en los años 40, ya tenían poder adquisitivo suficiente para avanzar hacia zonas de los Outer Boroughs.

Ascenso Fue de East Harlem de donde emergió Fiorello La Guardia. Este protestante italiano, hijo de madre judía, estaba destinado a ser recordado como el mejor alcalde de Nueva York. El ascenso de La Guardia fue símbolo de la asimilación de los italoamericanos en la política de la ciudad, una esfera donde pronto desplazarían a los irlandeses como grupo dominante. Los descendientes de los primeros italoamericanos estaban presentes en todos los campos de la vida de Nueva York cuando, durante los años 80, llegó una nueva oleada de inmigrantes. A diferencia de los llegados un siglo antes, los pudientes y estilosos italianos se trasladaron al exclusivo Upper East Side y abrieron boutiques y buenos restaurantes que robaron el corazón y los monederos de los ricos residentes del Upper East Side.

▶▶▶ Lower East Side *CCAB2*

No venga al Lower East Side esperando arquitectura de época, caras de moda, boutiques famosas o restaurantes caros. Este es el Nueva York deprimido, sin pretensiones, tradicionalmente la primera parada para los inmigrantes recién llegados cuya prioridad es trabajar duro y ganar suficiente dinero para ascender.

La historia del Lower East Side tiene poco que ver con los relatos de millonarios neoyorquinos y los perifollos de la alta sociedad. Los primeros en llegar fueron los irlandeses que, a mediados del siglo XIX, salieron de su tierra natal huyendo del hambre de la patata. A estos seguirían oleadas masivas de inmigrantes alemanes y europeos del este, además de 2 millones de judíos que convirtieron el Lower East Side en la mayor comunidad judía del mundo. Los inmigrantes, que vivían en viviendas saturadas sin ventanas y trabajaban en talleres y fábricas en condiciones infrahumanas, fundaron instituciones culturales y lugares de culto, y establecieron las organizaciones educacionales que harían las vidas de sus hijos más fáciles que las suyas.

La restricción de las leyes inmigratorias de 1924 ralentizó el flujo europeo al Lower East Side, aunque para entonces los habitantes con más suerte habían ascendido y establecido zonas étnicas en otros lugares. Y hacia estos distritos se dirigieron los recién llegados.

Muchos bloques de viviendas del Lower East Side aún sobreviven, así como los «delicatessen», tiendas de ropa y joyerías en las que los primeros residentes hicieron sus ahorros. Hoy en día, los dueños son indios o coreanos, reflejo de las últimas oleadas de inmigración.

Los forasteros menos evidentes del Lower East Side son los inmigrantes caribeños, entre los que se encuentran los numerosos portorriqueños que dominan una amplia zona al este de Essex Street y se extienden hacia el norte por Houston Street hasta Alphabet City (ver página 60).

Las tiendas y los rebajadísimos precios atraen a la mayoría de los visitantes al Lower East Side. La zona alcanza su máximo apogeo los domingos por la mañana, cuando los neoyorquinos descienden a las estrechas

La mudanza anual
Muy pocos habitantes del Lower East Side permanecieron en una misma vivienda durante más tiempo del que debían. La oferta de un mes de renta gratuita a cambio de un año de alquiler era el aliciente suficiente para que los inquilinos cambiaran de domicilio cada 12 meses. Era algo común que las familias ocuparan diferentes casas en la misma calle y, con frecuencia, salieran y entraran en la misma vivienda varias veces a lo largo de los años.

Las gangas y chollos de los puestos y tiendas de ropa de Orchard Street, en el corazón del Nueva York judío en el Lower East Side, no tienen rival

Cómo vivía la otra mitad
La fotografías y los textos de Jacob Riis, publicados en 1894 en *Cómo vivía la otra mitad*, llamaron la atención sobre la cruda realidad de la vida cotidiana en el Lower East Side y fueron el instrumento que provocó las leyes de mejora de viviendas y condiciones de trabajo. Sin embargo, para la mayoría de los residentes del Lower East Side, el único escape real era ahorrar el dinero necesario para mudarse a Brooklyn, el Bronx o Queens.

Paseos organizados
El Lower East Side Tenement Museum organiza varios recorridos, que se centran en aspectos específicos de la vida del Lower East Side: la herencia étnica, la vida de las mujeres, la arquitectura de los bloques de viviendas y las proezas de las primeras bandas callejeras. Los paseos no son baratos, pero son muy agradables e increíblemente formativos. Salen los domingos por la tarde de la puerta del museo. Para obtener mayor información, tel: 431 0233.

calles en torno a Delancey Street en busca de las mayores gangas de ropa de toda la ciudad. La mayor aglomeración tiene lugar en los exteriores de los almacenes de ropa de **Orchard Street▶**. Cuando la multitud se haga abrumadora, explore las calles colindantes como Allen, Grand y Essex.
El tumulto de los domingos no se repite durante la semana, cuando la tranquilidad domina las calles. La excepción es **Essex Street Market▶**, mercado donde los vecinos del Lower East Side compran carne fresca, verduras y fruta. La mezcla de corrientes étnicas de la zona se hace patente en las conversaciones en *yiddish* (judío), español y chino. El mercado permanece cerrado los sábados. Tenga en cuenta que otras muchas tiendas cierran los sábados en cumplimiento del *Sabbath* judío.
Además de comprar, embeberse en el ambiente y probar *knishes* (pastas rellenas de carne o patatas) en una de las varias docenas de panaderías judías, hay poco más que hacer en el Lower East Side. No obstante, antes de irse, asegúrese de visitar el **Lower East Side Tenement Museum▶▶▶**, en el 97 de Orchard Street. El museo se encuentra en un bloque de viviendas de seis pisos que, aunque parezca increíble, alojó a 11 000 personas a lo largo de 70 años.
El museo ofrece una fascinante visión de la vida en el Lower East Side y revela innumerables hechos sobre las privaciones de los inquilinos. Los pisos superiores recrean las duras condiciones en que vivían los ocupantes, que incluían irlandeses, alemanes, judíos rusos e italianos.

Bloques de viviendas de Delancey Street, en el Lower East Side. Este tipo de construcción surgió en el siglo XIX para alojar a los inmigrantes recién llegados

La Población Judía

Los judíos han arraigado profundamente en la fibra de la vida de la ciudad desde 1654, cuando 23 judíos sefardíes deportados procedentes de Brasil llegaron a Nueva York y resistieron las hostilidades del gobernador holandés. Su presencia ha jugado un papel vital en la formación del carácter neoyorquino......

Establecidos y respetados en la vida comercial de la colonia de Nueva York, los judíos sefardíes continuaron prosperando después de la Guerra de Independencia. En 1830, comenzaron a llegar a la ciudad judíos alemanes en busca de nuevas oportunidades.

Alemanes y rusos Los alemanes, ayudados por sociedades de ayuda mutua, se asentaron en el Lower East Side y muy pronto establecieron las principales joyerías e industrias textiles de la zona. Tales negocios proporcionaron trabajo a los judíos que llegaron a finales del siglo XIX, huyendo de las persecuciones antisemíticas del zar Alejandro III. En su mayoría, los rusos evitaron la caridad ofrecida por los judíos alemanes y formaron sus propias organizaciones. En las fábricas textiles, los rusos se agruparon en poderosos sindicatos. Los judíos alemanes también trajeron una vida cultural rica al Lower East Side, en particular con los teatros de una zona que pasó a ser conocida como el «Yiddish Rialto». Aunque el teatro *yiddish*, o judío, comenzó con vodevil, la llegada de Jacob Gordin, un importante dramaturgo ruso, contribuyó al desarrollo de un drama serio y a la representación de obras de Ibsen y Gorky. Futuras estrellas como Walter Matthau o Edward G. Robinson hicieron sus primeros pinitos ante el público judío. Entre tanto, los cafés del Lower East Side se convirtieron en centros de debate político y literario, y en escenarios de reñidas partidas de ajedrez.
Es posible hubiera algo de antisemitismo, pero los judíos de Nueva York nunca sufrieron las hostilidades que tuvieron lugar en Europa, y la cultura judía pronto se fundió por completo en la vida de la ciudad.

Últimas llegadas El Lower East Side aún era la primera zona de asentamiento para los turcos sefardíes, griegos y judíos sirios que llegaron durante las guerras balcánicas de principios del siglo XX. A partir de 1930, los más educados judíos que huían del auge del nacismo, pudieron instalarse directamente en enclaves judíos más cómodos del Upper West Side y los Outer Boroughs.
En los años 70, unos cuantos judíos exsoviéticos se asentaron en Brighton Beach, Brooklyn, una zona que en poco tiempo se llenó de ciudadanos exsoviéticos en busca de libertad económica, más que religiosa.
En la actualidad, los aspectos más llamativos de la comunidad judía de Nueva York se ven en las áreas dominadas por sectas ultraortodoxas, como los judíos *satmar* de Williamsburg (ver página 78).

Los sombreros negros y abrigos largos a juego delatan a los hombres de la rígida secta ultraortodoxa satmar

Segunda Mano

■ Muchos visitantes vienen a Nueva York con el único propósito de ir de compras. Una vez recorridos los grandes almacenes y las boutiques de diseño, la atención del comprador serio se vuelve hacia los mercadillos y tiendas de segunda mano, donde la búsqueda de ese artículo esquivo a un precio regalado puede traer horas de placer......■

Tiendas económicas
El intrépido buscador de gangas no se irá de Nueva York sin investigar por lo menos unos cuantas tiendas económicas. Estos establecimiento, con frecuencia unidos a una iglesia, están dirigidos por voluntarios y sus ingresos van dirigidos a obras de caridad. En ellos podrá encontrar ropa, objetos cotidianos, libros y otros artículos de desecho. Si desea obtener una lista completa, consulte las Páginas Amarillas.

Mercadillos Allí donde las aceras de Nueva York sean lo bastante anchas, encontrará un mercadillo improvisado. La mercancía probablemente irá desde trastos viejos y baratijas a objetos robados (a menudo con etiquetas falsas). Resista la tentación y visite uno de los cuatro mercadillos oficiales más importantes de la ciudad, donde obtendrá mejores ofertas. Los fines de semana, el **Canal Street Flea Market** (al extremo oeste de Canal Street) ofrece una gran selección de objetos baratos y, en ocasiones, inservibles, aunque también se puede desenterrar alguna prenda que merezca la pena.
Todos los fines de semana, de marzo a diciembre, el **Annex Antiques Fair and Flea Market** (Sixth Avenue entre las calles 24 y 26) presenta un montón de curiosidades, ropa y joyas. La mercancía no es de gran calidad, pero siempre está bien investigar.
Los precios son más elevados en el **Greenwich Village Flea Market** (Greenwich Village con Charles Street). Acérquese a este pequeño mercado si visita el vecindario en sábado. El **PS 44 Flea Market** (Columbus Avenue entre las calles 76 y 77) tiene mucha más clase; aquí encontrará ropas, joyas, adornos y muebles que no desmerecerían las mejores mansiones.

Libros A los neoyorquinos no sólo les encantan las gangas, sino que también adoran la lectura. Esto explica las enormes filas de curiosos que se pueden ver en las librerías de segunda mano.
Pase un día husmeando en **Strand Book Store** (Broadway con 12th Street) y no se habrá llevado más que una impresión de sus casi 9 km. de estanterías. Los fondos varían desde ediciones de bolsillo sobadas hasta impecables copias en pasta dura, todos ellos vendidos por una parte de un precio original.
Mucho más pequeña, pero igual de interesante, la librería **Gryphon** (Broadway entre las calles 80 y 81), especializada en historia, contiene materias de interés general. Por el contrario, un enorme desorden de libros de bolsillo sin clasificar llena **Ruby's Book Sale** (119 Chambers Street), donde también se apiñan pilas de revistas antiguas.

Ropa Los elementos más pudientes de la ciudad pueden hacer sus compras de ropa en las boutiques que proliferan en Midtown Manhattan, pero los aventureros del vestir y los buscadores de gangas se acercan a las tiendas de ropa de Lower Manhattan.

La Subasta de la Oficina de Correos
Una vez al mes, la General Post Office (33rd Street entre las avenidas Eighth y Ninth) subasta los contenidos de los paquetes que no han podido ser entregados o no han sido reclamados durante un año. Aunque no desee comprar nada, merece la pena acercarse para contemplar los objetos que pasan por el sistema postal de Nueva York. Para obtener más detalles, tel: 330 2932.

Izquierda: Encontrará objetos de todo tipo, y puede que alguna ganga, en Canal Street

Los enormes almacenes de **Antique Boutique** (712-14 Broadway) tienen suficiente mercancía para contentar a los fanáticos de la ropa singular, aunque los mejores chollos los encontrará en **Andy's Chee Pees** (16 West 8th Street), o **Cheap Jack's** (Broadway entre las calles 13 y14).
La ropa de los años 50 es la especialidad de **Loves Saves the Day** (Second Avenue con East 7th Street) y **Rose's** (East 9th Street entre Avenue A y First Avenue). **Panache** (Hudson Street entre las calles 10th y Charles) contiene una apetitosa variedad de vestidos y trajes de los años 20 y 30, la mayoría en excelente estado. También popular por sus gangas es **Alice Underground** (dos tiendas: Broadway entre las calles Broome y Grand, y Columbus Avenue con 78th Street). Ambas ofrecen grandes colecciones de ropas con clase, a muy buen precio.

Música Nueva York posee una enorme audiencia para todo tipo de música, pero lo que más predomina en los mercados de segunda mano son rarezas clásicas y rock independiente.
La música de baile y el rock underground se encuentran en **Sounds** (16 St. Mark's Place). **Rock's In Your Head** (157 Prince Street) se especializa en rock alternativo e importaciones británicas. En **Smash Compact Discs** (17 St. Mark's Place) encontrará montones de todo lo relacionado con el rock, desde los años 50 hasta ahora. Los amantes de la música clásica deberían explorar la sección de discos usados de **Academy Records** (10 West 18th Street), y echar una ojeada a los singulares ejemplares, vendidos a magníficos precios en **Gryphon Records** (251 West 72nd Street) y **G&A Rare Records** (139 West 72nd Street).

Es difícil no sentirse abrumado por el enorme volumen de libros de Strand Book Store, famosa por ser la librería de segunda mano más grande del mundo

La imponente entrada neoclásica del Met

El edificio original
Pocas fachadas neoyorquinas son tan sobrecogedoras como la del Metropolitan Museum of Art , aunque los exuberantes rasgos neoclásicos que dan la bienvenida a sus visitantes en la entrada de Fifth Avenue no formaran parte de la estructura original del museo.
En 1880, en un esfuerzo por integrar el planeado museo en un lateral de Central Park, sus arquitectos originales Jacob Wrey Mould y Calvert Vaux idearon una estructura gótica para la fachada principal, que entonces miraba hacia el parque.
Al igual que aumentaban las colecciones, también lo fue haciendo el edificio. En 1902 se construyó la entrada de la Quinta Avenida. Tan sólo se puede apreciar un segmento del trabajo de Mould y Vaux, en el interior del ala Robert Lehman.

▶▶▶ Metropolitan Museum of Art *187C1*
Fifth Avenue y 82nd Street
Metro: 86th Street
Fundado en 1870, el Metropolitan Museum of Art se encuentra entre los museos de arte más importantes del mundo. A lo largo de los años, la colección se ha incrementado gracias a las donaciones procedentes de familias acomodadas. El Met le agotará antes de que usted lo agote a él. Lo mejor es tratarlo como si fuese una docena de museos diferentes.
Si no sabe por dónde empezar, diríjase primero hacia las pinturas europeas en la segunda planta. Hileras de retratos de aristócratas ingleses se alinean en la sala primera, donde las obras de Reynolds, Gainsborough y Lawrence dan muestra de su virtuosidad técnica. De las pinturas inglesas del Met cabe destacar dos paisajes: *El Gran Canal de Venecia* de Turner, que captura al artista en lo más alto de sus poderes, y la radiante *Catedral de Salisbury* de Constable. Más adelante, las salas francesas revelan tres siglos de asombroso trabajo: la *Magdalenapenitente* de George de la Tour atrae al espectador hacia sus esquinas más oscuras, y *Atardecer de invierno en el bosque* de Rousseau parece condensar las fuerzas de la naturaleza.
Las salas de los impresionistas y post-impresionistas franceses incluyen excelentes obras de Manet, Monet, Cézanne, Gaughin y Renoir, aunque destacan sobre todos los lienzos de Van Gogh, entre ellos *Autorretrato con sombrero de paja* y el sobrecogedor *Los cipreses.*
Las salas holandesas incluyen casi una sala completa de Rembrandts y cinco de las 40 pinturas existentes de Vermeer.Entre las contribuciones españolas, el centro de atención es la *Vista de Toledo* de El Greco, una conmovedora descripción del centro religioso del siglo XVI bajo amenazadoras nubes tormentosas.

Continúa en la página 144.

Arte egipcio

■ Los monitores con explicaciones detalladas son una ayuda esencial para comprender las colecciones egipcias del Met, un abrumador alijo de 40 000 objetos que abarcan desde la época predinástica hasta la era romana.......■

Afortunadamente, no es necesiario ser un erudito para disfrutar de las colecciones o de las impresiones duraderas que ofrece una de las civilizaciones más asombrosas del mundo. Algunos de estos colosales tesoros son donaciones, pero muchos proceden del propio programa de excavación del Met de 30 años de duración. La pieza más grande, el Templo de Dendur (ver panel), fue un regalo del gobierno de Egipto a los Estados Unidos en la década de 1960.

Aunque el paseo a través de la Tumba de Perneb, una estructura que llama la atención nada más entrar en las galerías egipcias, es una reconstrucción, la mayoría de los objetos que se muestran son originales en excelente estado de conservación.

Los boatos de la muerte. Los ejemplos más significativos son los numerosos ataúdes brillantemente decorados, siendo particularmente notable por la pintura de sus ojos el de Khnumnakht de la 12ª dinastía (1897-1843 a. C.), que intentaba permitir que la muerte mirara hacia la tierra de los vivos que aún se manifestaba con gran intensidad.

Los objetos más pequeños también pueden ser sorprendentes. Del periodo Ptolemaico (332-30 a. C.) data una escultura de Anubis, el dios con cabeza de chacal, y la erecta figura de un gato en desconcertante posición de alerta, vaciada y utilizada como ataúd para el animal considerado como sagrado por los antiguos egipcios.

El Templo de Dendur
Destinado a permanecer sumergido tras la construcción de la Presa de Asuán, este templo de 2 000 años de antigüedad fue embalado y transportado al museo desde su emplazamiento original a orillas del Nilo. El monumento a Isis y a dos hermanos egipcios que se ahogaron en el Nilo, fue construido en torno al año 15 a. C. en un esfuerzo del emperador romano Augusto por ganarse los corazones de los egipcios conquistados. La espectacularidad del templo se ve abrumada por la moderna galería que lo alberga y su muro de cristal con vistas a los árboles de Central Park y a los áticos de la Quinta Avenida.

El Templo de Dendur en su imponente sala

Más arte medieval
Después de una intensa visita a las principales colecciones del Met, los verdaderos medievalistas podrían optar por olvidar lo que queda del museo y reservarse para la segunda hornada de tesoros medievales, expuesta en los Cloisters del Met (ver páginas 92–3). Las entradas son válidas en ambos lugares en su día de emisión.

Continuación de la página 142.

El ala americana acoge una colección sobresaliente, que define el desarrollo del arte y del diseño en EE UU mientras las tradiciones europeas se imitaban, se absorbían y finalmente se aceptaban como estilos americanos.
Lo primero que se aprecia entre las pinturas son los paisajes magníficamente detallados de los artistas del Río Hudson, muchos de los cuales capturan la respiración del continente y su diversidad mientras los colonos iban adentrándose en el Oeste. Una serie de salas del periodo muestra el progreso de las artes decorativas, desde los sillones de la Reina Ana y las cómodas de cajones Chippendale de Filadelfia hasta la única cristalería *art nouveau* de Louis Comfort Tiffany, y un grandioso salón que expresa brillantemente la visión del estilo arquitectónico de Frank Lloyd Wright, pensado como réplica de los vastos espacios abiertos del corazón de América en un marco doméstico.
Las salas europeas equivalentes al periodo americano incluyen dormitorios venecianos e interiores ingleses de Robert Adam. Los anticuarios disfrutarán con una fenomenal colección de relojes, espejos, y objetos decorativos situada en un pasillo adyacente.
A poca distancia, un llamativo patio español del siglo XVI lleva por una escalera directamente a la entrada principal y al museo de arte medieval. Si el medievo es su principal interés, haga de ésta su primera visita. Tan sólo con una mente despejada se puede uno enfrentar a los 4 000 objetos expuestos: desde la caída de Roma hasta el despertar del Renacimiento. Desde un diminuto medallón alejandrino del s.III hasta una reja de hierro forjado (s. XVII) procedente de la capilla mayor de la catedral de Valladolid.

Continúa en la página 146.

Una de los rincones menos conocidos y más tranquilos del laberíntico Met: el Petrie Sculpture Court

■ Las colecciones de arte islámico del Met ocupan diez galerías de la segunda planta que documentan los orígenes y la expansión del islam a través del arte y artesanías que inspiró. A pesar de no encontrarse entre las muestras más conocidas del Met, constituyen una de las exposiciones más impresionantes del mundo.....■

Después de una brillante sala introductoria en la que se describe la fundación del islam por Mahoma en el año 622 y la propagación de la religión desde La Meca, las galerías iniciales se encuentran repletas de docenas de urnas en las que se revela un maravilloso surtido de piezas de oro y plata como abalorios, pendientes y medallones procedentes de los artesanos de Egipto, Irán y Siria de los siglos IX, X y XI. La sala contigua se encuentra aún más abarrotada, albergando enormes colecciones de cerámica desenterradas en las propias excavaciones del Met en Nishapur durante las décadas de 1930 y 1940. Esta ciudad iraní fue en el siglo X un gran centro de creatividad artística.

Caligrafía y cerámica Flanqueada por exquisitas lámparas de mezquitas y vaporizadores de perfume, otra galería nos asombra con unas hojas extraídas del Corán, en las que se muestra el desarrollo de la caligrafía: desde la escritura angular kufic sobre papiro del Egipto del siglo IX hasta el refinamiento final de la escritura en cursiva del Irak del siglo XIII (existen sillas disponibles para un estudio más exhaustivo). En la misma sala hay un nicho de oración (mihrab) del siglo XIV, con sus azulejos de cerámica cocidos individualmente para intensificar el color y realzar la decoración floral. El mihrab es el lugar de oración musulmana más importante, ya que muestra la dirección a La Meca.

Lo pequeño es hermoso Muchos exquisitos ejemplos de pinturas en miniatura del siglo XIV, utilizados para ilustrar textos y caracterizados por sus colores puros y un fuerte sentido del diseño, son expuestos de forma alternativa. La influencia de la artesanía en miniatura se trasladó al diseño de las alfombras en años posteriores, y encontrará una buena prueba de ello en las galerías siguientes. Preste especial atención a las lujosas telas, algunas decoradas con láminas de oro, con las que los emperadores mogoles revestían sus tiendas. Para finalizar, visite la Sala Nur ad-Din, una imitación de una sala de recepción de invierno, típica de una casa acomodada de Siria de principios del siglo XVIII: paredes profusamente decoradas con paneles de madera que se elevan desde un suelo de mármol con diferentes diseños hasta unas ventanas con vidrieras, típicas de la Siria Otomana.

Lámpara del sigloXIV de cristal dorado y esmaltado

Grabados y fotografías
Tan exhaustiva y extensa como cualquier otra sección del museo, la colección de grabados y fotografías del Met incluye de todo: desde aguafuertes de Rembrandt hasta fotografía constructivista rusa. Todos los grabadores y fotógrafos de los que haya oído hablar están aquí representados.

Continuación de la página 144.

A diferencia de las abarrotadas salas del museo principal, el reciente ala de Lila Acheson Wallace acoge espaciosas galerías llenas de luz y constituye un excelente emplazamiento para el arte del siglo XX.
El *Retrato de Gertrude Stein* de Picasso capta las primeras miradas, aunque la mayor parte de las obras están realizadas por artistas americanos, de Kooning, Lichtenstein, Pollock y O'Keeffe entre otros. A pesar de no ser la mayor muestra de arte moderno de Nueva York (para eso, ver el Museum of Modern Art, páginas 158–60), la sala adyacente ofrece una buena selección de pinturas de Paul Klee de la colección Berggruen. Además, en la azotea hay un jardín con esculturas, al que se accede por ascensor. Sus vistas de Central Park tienden a desviar la atención de

Aspectos prácticos del Met
Para hacer frente a la abundancia de riquezas del Met, es esencial planear la visita (o visitas) y establecer prioridades. Al hacerlo, tenga en cuenta que algunas galerías cierran de forma rotativa a ciertas horas o en ciertos días. Se pueden conseguir horarios en información, o llamando al teléfono 535 7710.

Las exposiciones de escultura y la majestuosa panorámica de Central Park son dos buenas razones para visitar la azotea del Met

las esculturas, seleccionadas de los fondos permanentes del museo y expuestas según un sistema de rotación.
Otra reciente adición al museo es el ala Michael C. Rockefeller Wing, llamada así por el coleccionista desaparecido en 1961 en un viaje a Papúa Nueva Guinea. Este ala alberga el arte de África, Oceanía y el continente americano. De una colección tan extensa como intrigante, los objetos de la tribu Asmat de Irian Jaya son quizá los más absorbentes. El pueblo Asmat creía que la muerte no era natural sino que la causaba algún enemigo; cuando ocurrían demasiadas muertes era necesario buscar venganza. La ceremonia *mbis* culminaba con la persecución y posterior matanza de los enemigos, a los que se decapitaba y cuyas.cabezas se empalaban en los bastones *mbis,* con diferentes tallas de figuras y símbolos ancestrales. Varios ejemplos de 20 pies de altura se alzan sobre los visitantes.

Continúa en la página 148.

La colección Lehman

■ Legada por un banquero millonario que pasó su juventud recorriendo Europa en busca de obras maestras y telegrafiando a su padre para que le mandara el dinero para comprarlas, la Colección Robert Lehman, situada en un moderno pabellón junto al edificio principal, proporciona un descanso de las salas más abarrotadas del museo......■

Las pinturas más importantes de la Colección Lehman, principalmente las italianas de los siglos XIV y XV, están colgadas en la primera planta en estancias de la época de la residencia Lehman en West 54 Street. Otras pinturas rivalizan por su atención con las exposiciones temporales de pintura de la planta baja, en las que se incluyen trabajos de Durero y Rembrandt.

Botticelli El cúlmen de la colección es quizá *La Anunciación* de Botticelli, excelente reflejo de los logros del arte florentino de finales del siglo XV en el uso de la perspectiva. La pintura muestra una hilera de pilares clásicos entre la Virgen y el Arcángel Gabriel. El mensaje de Dios llega en forma de luz a través de una puerta, cortando los rayos una línea diagonal, que divide las líneas horizontales y verticales de la pintura y une las dos figuras.

Pintores venecianos La familia Bellini está representada por la *Madona con el Niño* de Jacopo Bellini, y una obra temprana de su hijo más famoso, Giovanni, que data aproximadamente de 1460 también titulada *Madona con el Niño* en una intensa afectación ante un paisaje quedo y misterioso. Otro veneciano, Jacometto Veneziano, contribuye con dos cuadros intrigantes que presentan el estilo de retrato veneciano que cobraría importancia durante el siglo XVI.

Giovanni da Paolo Entre un fuerte complemento de trabajos sieneses, la *Expulsión del Paraíso* de da Paolo sobresale, y no sólo por su vivo uso del color. En la pintura aparece Dios encumbrado en lo alto de una constelación, señalando con un dedo a una Tierra estéril, destino para un Adán y Eva que son expulsados del Edén por un ángel. Otra interesante contribución sienesa es *Las tentaciones de San Antonio*, atribuida al maestro Osservanza Master, que sitúa al fundadorde la vida anacoreta en lo que parece un devastado paisaje de tono surrealista.

Pintura francesa
La colección de pinturas francesas del siglo XIX tiene varios representantes: Monet con su *Paisaje cerca de Zadam*, Matisse con *Paseo entre los olivos* (arriba), y Cézanne con *Casa detrás de los árboles en la carretera de Tholonet* y *Muchacha bañándose.*

Madona con el Niño de Jacopo Bellini

Comida y bebida en el Met
Una intensa exploración del Met requiere resistencia y, aunque haya tomado un copioso desayuno antes de llegar, sentirá la necesidad de reponer energías antes de marcharse.
En la planta baja del museo, cerca de la entrada al ala Michael C. Rockefeller, un espacioso atrio acoge una cafetería autoservicio, con una amplia elección de platos fríos o calientes a precios razonables, y un restaurante ligeramente más caro con servicio de camareros.
Si tan sólo pretende visitar el museo, o su tamaño comienza a parecerle excesivo, puede disfrutar del resto del día tomándose algo en el bar del atrio y disfrutando del estupendo ambiente.

Continuación de la página 146.

El Met tiene un par de departamentos insólitos que podrían venir como llovidos del cielo si va acompañado de mentes jovenes a las que ocupar. Las galerías de Instrumentos musicales albergan 4 000 extraños y maravillosos artilugios musicales, algunos de ellos de valor incalculable. Entre lo expuesto, busque las poco atractivas patas del piano más antiguo del mundo, que data de 1720 y es un producto del taller de Bartolommeo Cristofori, y un violín Stradivarius fabricado en 1691 y restaurado con su aspecto original.
Abundan los instrumentos extraños, tales como el mayuri indio del s.XIX, un tipo de sitar arqueado con la forma de un pavo real, y una carraca chamán de los nativos americanos, con un emblema tallado que simboliza la transferencia del poder mágico de los espíritus al chamán.
Aunque atrae menos la atención del público, la colección de armas y armaduras del Met se encuentra entre las mejores de su clase. Un estudio más profundo de las abundantes armaduras, desde el siglo XV en adelante, revela el alto nivel de aptitud artística y artesana necesaria para la creación de tales vestiduras de batalla.
Como ejemplo, la armadura de Sir George Clifford de finales del XVI, muestra un precioso entrelazado de rosas Tudor y flores de lis. Algunas de las armas no son menos ornamentales, ya sean pistolas, espadas cortas, o un sable con incrustaciones de esmeraldas y diamantes.
Explore tan sólo algunas de las secciones mencionadas arriba y facilmente habrá pasado un día sin tan siquiera haberse acercado a las galerías de arte griego, romano, chino, japonés (que incluye una deslumbrante exposición de manuscritos pintados), asirio, o las manifestaciones artísticas de Oriente Próximo. Asegúrese de regresar, pero después de varios días de descanso.

Figuras y arte figurativo: visitantes y exposiciones en el Metropolitan Museum of Art

▶▶▶ Midtown Manhattan CCAD2

Midtown Manhattan es el Nueva York de la imaginación popular: un lugar donde batallones de oficinistas bien vestidos abarrotan las aceras y marchan al son de las ululantes sirenas policiales y los continuos atascos de tráfico, mientras que los puestos callejeros despachan perritos calientes a la sombra de la más sorprendente arquitectura de altura del mundo.

En realidad, tales escenas se encuentran únicamente entre las calles 42 y 59, una zona con numerosos puntos de interés, la mayoría detallados en otra sección del libro y tratados en la página 150. Para los neoyorquinos, Midtown es normalmente la zona que limita al norte con la calle 59 y al sur con la calle 34. El mapa de Midtown de la página 151, sin embargo, extiende la zona sur hasta la calle 14.

En el cruce de Broadway con la calle 14, la concurrida **Union Square▶** estuvo rodeada de hogares elegantes y se convirtió en el distrito teatral del centro de la ciudad a finales del siglo XIX. En las primeras décadas del siglo XX, la vida social se trasladó más al norte y Union Square fue un punto de reunión para los izquierdistas. Allí se pueden encontrar dos bocas de metro de diseño *art déco* y el **Farmer's Market**, donde se venden frutas, quesos, hortalizas y pan casero los miércoles, viernes y sábados.

Al este, por la calle 14, las oficinas de Consolidated Edison, la compañía responsable del abastecimiento energético de Nueva York, llenan un edificio muy notable por la noche debido a su espléndida fachada iluminada y a su torre del reloj, y por el día debido a su **Energy Museum ▶**, en el que se recoge el triunfo de Thomas Edison al instalar la energía eléctrica en la ciudad. Unos dispositivos audiovisuales explican el intrincado de tuberías y cables situados bajo las típicas calles neoyorquinas.

Continúa en la página 152.

La torre Metropolitan Life Insurance de estilo veneciano, en su día el edificio más alto del mundo, domina el horizonte del Midtown cerca del Madison Square Park.

El Armory Show

El 69 Regiment Armory en Lexington Avenue entre las calles 25 y 26 no es el único cuartel general de la Guardia Nacional transformado en fortaleza medieval, pero sí es el único organizador del legendario Armory Show de 1913, la primera exposición de arte moderno europeo en un país entonces obsesionado con paisajes y retratos. Los trabajos de Marcel Duchamp y de otros conmocionaron por igual a la crítica y al público y el efecto del Armory Show sobre el arte americano fue profundo. Una pequeña placa sobre la fachada de la armería recuerda el acontecimiento.

A Pie Puntos históricos del Midtown

Comenzando en el **Empire State Building** y finalizando en el complejo de las Naciones Unidas, este paseo atraviesa siete décadas de la arquitectura de Nueva York.

Después de visitar el **Empire State Building** (páginas 100–2), continúe hacia el norte a lo largo de Fifth Avenue hasta la **New York Public Library** (página 168), su entrada algo apartada de la calle y guardada por esculturas de leones. Diríjase hacia el este a lo largo de la calle 42 hasta la Gran Central Terminal (páginas166–7) y los **Phillip Morris Headquarters**, en Park Avenue, un edificio moderno con una galería en la que se exhiben obras del Whitney Museum of American Art. Más al este en la calle 42, atraviese las puertas de bronce forjado del **Bowery Savings Bank** (ahora el Home Savings Bank of America) para ver el lujoso interior románico. Muy cerca de aquí, observe los sorprendentes relieves de Edward Trumbull en el exterior del **Chanin Building**. Más adelante encontrará el inconfundible **Chrysler Building** (página 89) y el **Daily News Building** (página 95), y girando hacia el norte en First Avenue llegará al complejo de **Naciones Unidas** (página 184).

A Pie Iglesias y museos del Midtown

Panorámica de la Catedral de St Patrick y la Olympic Tower

Comenzando y finalizando en el Rockefeller Center, este recorrido incluye varias iglesias y también pasa por el **Museum of Modern Art** (páginas 158–60) y el museo de artesanía **American Craft Museum** (página–62).

Al otro lado de Fifth Avenue, frente al **Rockefeller Center** (páginas 173–4), se encuentra **St. Patrick's Cathedral**, terminada en 1888 en estilo gótico. En su interior, las capillas y altares relucen a la luz de las velas.
En la East 50th Street, el **Hotel Waldorf–Astoria** de estilo *art déco* ha hospedado a reyes, reinas, emperadores y a todos los presidentes norteamericanos desde su apertura en 1913: mézclese con los adinerados viajeros que pululan por recepción.
Muy cerca, la esbelta torre octogonal del **General Electric Building** es otra destacada muestra *art déco*. **St. Bartholomew's Church**,iglesia de estilo bizantino restaurada en 1919 con un espléndido pórtico de triple arcada, ofrece un contraste considerable.
De regreso a Fifth Avenue, una única torre desmejora la visión de la iglesia **St. Thomas' Episcopal Church**.

MIDTOWN MANHATTAN

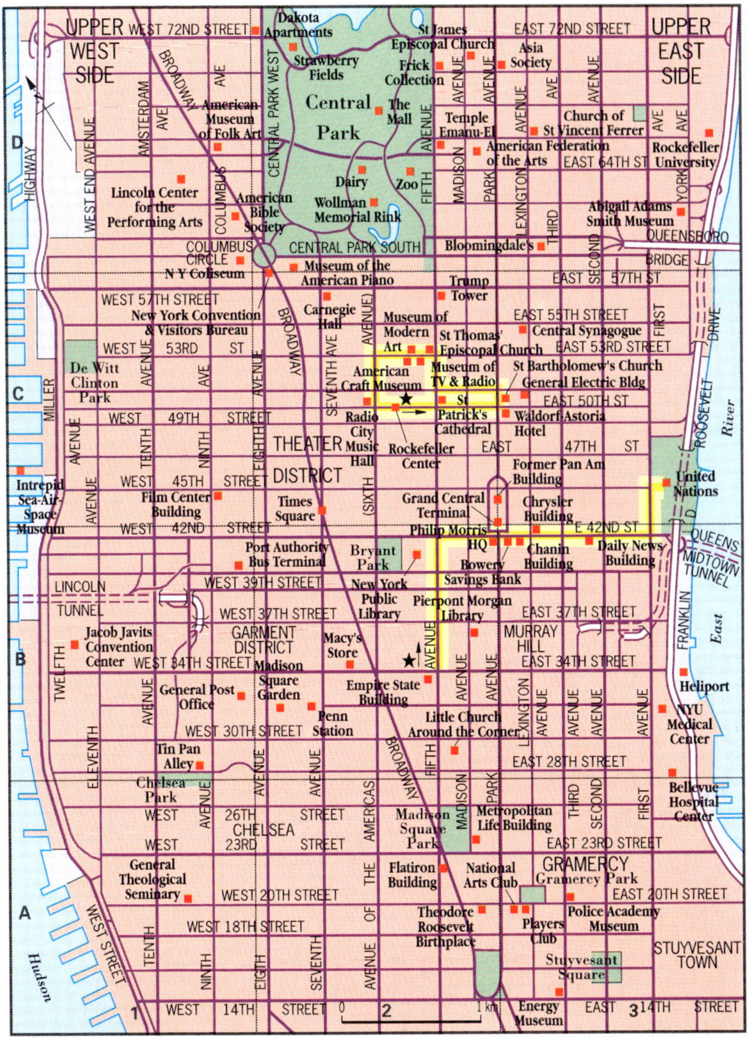

Madison Square Park

Continuación de la página 149.

A mediados del siglo XIX, la elite de la ciudad se trasladó desde el Greenwich Village a las nuevas zonas de **Gramercy**► y **Murray Hill**►. Favorecidas por ciudadanos destacados, las casas de piedra caliza de **Gramercy Park**►► entre las calles 20 y 21 formaban parte de un plan residencial similar al de las grandes plazas de Londres.
Un aura de riqueza todavía atrae a los neoyorquinos acomodados a esta zona. Gramercy Park es el único parque privado de la ciudad: los residentes tienen llave a cambio de una elevada renta anual. Mire a través del alto enrejado del parque y podrá apreciar estatuas que incluyen al actor Edwin Booth en su papel de Hamlet. En 1888, Booth fundó el influyente **Players Club**► en un edificio de 1845 en el 16 de Gramercy Park South. Dos decorativas máscaras teatrales presiden la entrada, diseñada por Stanford White. El codiseñador de Central Park, Calvert Vaux, añadió los rasgos góticos al edificio contiguo, ahora el **National Arts Club** y anteriormente ocupado por Samuel Tilden, gobernador del estado de Nueva York desde 1874. La posición de Tilden contra la corrupción en la vida pública neoyorquina no alivió su temor a las insurreciones: tenía un pasadizo secreto bajo su casa para facilitar su escapada si las masas molestas le entorpecían la entrada.
Unos cuantos bloques al este, en el 235 de East 20th Street, el **Police Academy Museum**►► ofrece muchas exposiciones intrigantes, entre ellas el armamento de Al Capone y un alijo de armas recogido durante armisticios. Dirigiéndose hacia el oeste, la calle 20 alberga la cuna del presidente Roosevelt, el **Thodore Roosevelt Birthplace** (ver página 182), mientras la calle 23, toda llena de tiendas, penetra en el **Madison Square Park**. Al sur se encuentra el **Flatiron Building** (ver página 106), y al oeste, el **Metropolitan Life Building** de 1893, con su torre de 1909.

Cuna del beisbol

El béisbol se introdujo en América en 1842, pero no fue hasta 1845 cuando un grupo de entusiastas, que regularmente jugaban en lo que más tarde se convirtió en el Madison Square Park, se agruparon para crear un reglamento y organizar el primer club de béisbol, el Knickerbocker Club. Mientras el béisbol se iba extendiendo por todo EE UU, era conocido como el «Juego de Nueva York».

Cuando se pidió a una iglesia de Murray Hill que oficiara el funeral de un actor en 1870, un representante dijo: «no aceptamos actores, pero a la vuelta de la esquina hay una pequeña iglesia que sí lo hace». Desde entonces, la Iglesia de la Transfiguración de 1849, en la calle 29, comenzó a conocerse como la **Little Church Around the Corner▶▶** (Pequeña iglesia a la vuelta de la esquina), atendiendo las necesidades espirituales de los actores. Un pintoresco jardín se sitúa frente a la iglesia y en el íntimo interior hay varios monumentos dedicados a los actores.
Chelsea▶, al oeste de Fifth Avenue, es uno de los barrios menos encasillados de Nueva York. Diríjase al **General Theological Seminary▶**, entre la avenidas Ninth y Tenth y la calles 20 y 21. Este constituye uno de los ejemplos más tempranos del resurgimiento gótico de la ciudad. Las secciones más antiguas datan de 1830 y dominan una plaza en el corazón del **Chelsea Historical District▶**, una buena zona para pasear que revela los diversos estilos residenciales del Nueva York del siglo XIX.
Más hacia el norte , la monumental **Post Office▶** (Oficina de Correos) de 1913 de McKim, Mead y White, en Ninth Avenue con 33rd Street se alza entre Chelsea y el **Garment District**, motor de la industria de la moda metropolitana. Desemboca en el **Theater District**, cerca de Times Square.

El Hotel Algonquin
En la Oak Room del Hotel Algonquin en el 59 de West 44th Street, hay una mesa redonda que, desde 1919, se convirtió en la Mesa Redonda. A su alrededor se reúne una camarilla de críticos, dramaturgos y periodistas enzarzados en discusiones ingeniosas y réplicas chistosas. Tales intercambios eran expuestos en la popular columna de la revista *New York World*.

Rascacielos de Midtown: una insólita panorámica.

Los irlandeses

■ Fue un irlandés, Thomas Dongan, quien dió su nombre al fuero de 1686 que creó el moderno sistema administrativo de New York. Sin embargo, como gobernador de una colonia británica, probablemente Dongan nunca imaginó que en los años venideros sus paisanos vendrían a Nueva York para liberarse de la opresión británica y tomarían el control de la vida neoyorquina......■

Bajo gobierno británico, los irlandeses católicos y protestantes se establecieron en la vida profesional de Nueva York, pero cansados del tratamiento británico a los de casa, ambos grupos abrazaron la Revolución Americana y vieron su oportunidad para construir una sociedad democrática autogobernable.

Caída y levantamiento Durante el siglo XIX, el hambre de la patata trajo a cientos de miles de irlandeses a Nueva York. Llegaban en los «camarotes irlandeses»: secciones abarrotadas donde las enfermedades estaban a la orden del día. Una vez en tierra, se veían forzados a instalarse en habitaciones inmundas en ínfimas condiciones.
En 1860, los católicos irlandeses ya constituían un cuarto de la población de la ciudad y formaban la piedra angular de la fuerza policial, del equipo de bomberos y del comercio. Las aptitudes organizativas irlandesas crearon sindicatos poderosos y abrieron el camino al dominio del aparato administrativo desde la década de 1870 hasta la de 1940.

Iglesia y taberna Un símbolo del dominio católico irlandés fue la construcción de la Catedral de St. Patrick en 1888. Pero mientras la iglesia era importante en la vida de los inmigrantes irlandeses, también lo era la taberna, primera parada para los recién llegados y cámara de compensación informal para los trabajos. Algunas servían almuerzos gratis a los trabajadores irlandeses.
Los irlandeses americanos están aún fuertemente representados en la burocracia neoyorquina. El último reducto de cultura irlandesa en Nueva York se encuentra en Bainbridge, en el Bronx. Los bares de Bainbridge son el artículo genuino, sin ningún duende decorativo, ni botellas de cerveza verde a la vista.

El Día de San Patricio (17 de Marzo) se celebra con el desfile más grande de la ciudad

Museum of American Folk Art *151D1*

2 Lincoln Square (pero muy pronto en West 53rd Street)
Metro: 66th Street
Desde juguetes y veletas hasta bastones tallados, las colecciones del Museo de arte tradicional americano se deben a la producción de artistas y artesanos, muchos de ellos personas respetadas dentro de sus propias comunidades, procedentes de todo el continente americano. Ya sean figuras mexicanas de animales de madera o mantas navajo, el trabajo expuesto es de muy alto nivel y decorado con detalles simbólicos que tan sólo son apreciables con una detenida inspección.
En una ciudad donde se vanaglorian de honrar el arte procedente de Europa, estas exposiciones de cultura indígena americana –una mezcla de artículos en exposición permanente y piezas elegidas para formar muestras temporales especiales– son muy apreciadas.

Visitor Information Center
En la planta baja de lo que parece una mezquita de Oriente Medio, frente al Columbus Circle (la unión principal entre Midtown Manhattan y Upper West Side, a corta distancia del Museum of American Folk Art), el Centro de Información al Visitante ofrece información, mapas gratuitos y multitud de folletos que describen las atracciones de Nueva York.

Tapices bordados en el Museum ofAmerican Folk Art: una exposición del talento artesano procedente de todo el continente americano

Museum of American Indian *104A2*

US Custom House, Bowling Green
Metro: Bowling Green
La mayor colección nacional de utensilios nativos americanos se trasladará muy pronto de su estable base en Upper Manhattan a la Smithsonian Institution en Washington DC, pero Nueva York retendrá lo suficiente para ofrecer una completa visión de la vida y culturas de los primeros pobladores de América. Una selección de estos objetos se dispondrá en exposiciones temporales en el interior de la distinguida US Custom House (descrita en la página 190).
A medida que los poderes norteamericanos reconocen los derechos de las pueblos indígenas, algunos de los objetos están siendo devueltos a sus tribus de origen. Sin embargo, el museo aún retiene en su poder un conjunto de cestas, mantas y cerámica procedentes de las muchas y diversas culturas que poblaron y pueblan el norte, sur y centro de América. Entre las piezas expuestas más curiosas destacan los objetos personales de Jerónimo y Toro Sentado, cabelleras, momias de Ecuador y figuritas esquimales en marfil.

El Museo de la Ciudad de Nueva York: su entrada por Fifth Avenue es la puerta a una colección mixta donde se representan aspectos de la Gran Manzana a través de los años

Acontecimientos especiales
El Museum of the City of New York organiza numerosas actividades que incluyen espectáculos de marionetas, conciertos de música clásica y conferencias. Durante primavera y otoño, el museo también organiza visitas turísticas guiadas de cuatro horas a diferentes secciones de la ciudad. Si desea información sobre calquiera de estos acontecimientos, tel: 534 1672.

▶ **Museum of the City of New York** *CCAA5*
Fifth Avenue con 103rd Street
Metro: 96th Street
Hacer una crónica sobre el desarrollo de una de las ciudades más diversas del mundo, no es tarea fácil, y aunque el Museo de la Ciudad de Nueva York tiene piezas de gran interés de los años formativos de la gran metrópoli, lucha por agruparlas con cierta cohesión. Muchas exposiciones del museo parecen perdidas en las espaciosas salas del edificio neogeorgiano que las alberga. Los devotos entusiastas de la historia encontrarán, sin embargo, mucho que admirar. Cronológicamente, la muestra comienza en la segunda planta con dioramas de la vida de los nativos americanos en los años que siguieron al descubrimiento europeo. Más interesantes son los primeros mapas de la zona, y los bocetos de mediados del siglo XVII, considerados las descripciones más tempranas de lo que fue el primer reducto holandés de Nieuw Amsterdam.
Seis interiores de diferentes periodos ofrecen una impresión general del mobiliario: desde mesitas holandesas hasta armarios coloniales ingleses, que vistieron los salones de Nueva York desde el siglo XVII hasta principios del siglo XX. No muy lejos, varias vitrinas guardan un brillante conjunto de cajitas de plata y cubiertos fabricados en Nueva York que adornaban las cocinas de los residentes más ilustres de la ciudad.
Unos cuantos mascarones de proa y muchas maquetas de barcos documentan el crecimiento de la ciudad a partir de un gran puerto.

Preste atención a los cuadros como el sencillo pero expresivo *Plantación en un día lluvioso* de Alonzo Chappel, pintado en 1849, y otro de 1865 que muestra a unos patinadores sobre hielo en Central Park. Ambos evocan de forma magistral el Nueva York de la época.

Lo mejor del museo se encuentra en la tercera planta, donde una gloriosa colección de juguetes (algunos datan de mediados del siglo XVIII) incluye una sala llena de elaboradas casas de muñecas de tres y cuatro pisos. Las muñecas son tan impactantes como las casas, e incluyen un modelo de cada tipo fabricado en EE UU desde finales de siglo XVIII hasta mediados del siglo XIX. La muñeca más antigua es de importación francesa y data de 1724.

Las Salas Rockefeller (que pueden estar cerradas debido a recortes financieros) en la quinta planta del museo comprenden el dormitorio principal y el vestidor de la mansión adquirida por Rockefeller en 1884 en West 54th Street, lugar que ahora está ocupado por el jardín del Museum of Modern Art. Las habitaciones eran el cúlmen de la moda en el Nueva York victoriano, con sus ricas maderas talladas e incrustaciones de nácar, inspiración del diseñador inglés Charles Eastlake. La maravillosa habitación morisca de la mansión se puede ver ahora en el Brooklyn Museum (ver página 78–9).

Las salas de la planta baja ofrecen exposiciones temporales, y el sótano del museo está ocupado por recuerdos de los primeros departamentos de bomberos de Nueva York. La pieza central de esta sala es un carro con manguera de 1865 en un excelente estado de conservación, pero piezas más pequeñas y más reveladoras llenan las vitrinas de los alrededores. Entre los cascos, lámparas, dispositivos contra incendios y recortes de periódico en los que se detallan los fuegos más famosos ocurridos en Nueva York y los hombres que los extinguieron, busque la trompetilla acústica de los bomberos, mecanismo para mejorar la comunicación en los edificios en llamas. Cuando se taponaba un extremo , también servía como recipiente para la cerveza cuando los «muchachos del fuego» (así se les conocía) se reunían en la

El Museo del Barrio
A pocos pasos por la calle 104 desde el Museum of the City of New York, El Museo del Barrio es un producto del entorno del East Harlem, desarrollado a partir de una clase de un colegio local y transformado en un museo que muestra las culturas de Latinoamérica, en particular la de Puerto Rico. La pequeña colección permanente de objetos precolombinos se ve enriquecida por las exposiciones temporales que incluyen pintura, escultura y video, y reflejan diversos aspectos del pasado y presente de la vida de Latinoamérica.

Los tiempos cambian: uno de los dioramas del museo muestra el aspecto del muelle del East River de New York en 1850

Avalancha de público a la puerta del MoMA

El edificio del MoMA
En 1939, el MoMA adquirió no sólo su sede actual, sino también el que sería uno de los primeros edificios de estilo internacional de EE UU. Los arquitectos Philip Goodwin y Edward Durrell Stone interrumpieron la línea de casas de piedra caliza de la West 53rd Street con una fachada de mármol, azulejo y cristal. El término «estilo internacional» fue acuñado en 1932 en una exposición del MoMA por Philip Johnson, que posteriormente presenció varias adiciones al edificio, entre ellas la más notable es el Sculpture Garden.

▶▶▶ Museum of Modern Art *151C2*

53rd Street entre Fifth y Sixth avenues
Metro: Fifth Avenue o Seventh Avenue

Este es ciertamente el Museo de Arte Moderno por antonomasia. En ningún otro lugar del mundo encontrará un museo tan bien dotado o diseñado para ilustrar los principales movimientos y tendencias, y mostrar tantos de los logros artísticos de los últimos 150 años.

La pintura y escultura forman el núcleo de los fondos permanentes del museo, pero también hay excelentes colecciones de fotografía, grabados, una sección de arquitectura y diseño y un archivo enciclopédico de películas y vídeos.

Hoy día puede resultar difícil de imaginar, pero cuando el MoMA (como se le conoce) realizó su primera exposición en 1929, los artistas que allí se incluían, Cézanne, Gauguin, Seurat y Van Gogh, no estaban representados en ningún otro museo de Nueva York. Por otra parte, el Metropolitan Museum of Art consideró tales nombres arriesgados y se abstuvo de exponerlos. Sin embargo, 47 000 personas visitaron la exposición en tan sólo un mes.

Una década más tarde, el MoMA adquirió su colección actual (regalo de la familia Rockefeller) y gracias a la energía de su joven director, Alfred H. Barr Jr., y la benevolencia de benefactores millonarios, poco a poco se fue convirtiendo en el principal depósito de arte moderno del mundo, adquiriendo prestigio propio.

El museo en sí mismo, es un lugar estimulante, con escaleras mecánicas que unen salas de diferentes niveles y abundante luz natural, permitiendo a los visitantes disfrutar sus contenidos sin sufrir cansancio ni padecer de los ojos.

Las salas de pintura y escultura están dispuestas en secuencia cronológica en la segunda y tercera planta, comenzando por una sala de postimpresionistas como Cézanne, Tolouse-Lautrec, Seurat y otros pintores ilustres.

La noche estrellada *de Van Gogh'*

Sin embargo, *La noche estrellada* de Van Gogh es la posesión más celebrada del museo. A la salida de la galería post-impresionista, los *Nenúfares* de Monet, pintado en 1920, es un notable estudio de las sutilezas de la luz y la sombra sobre el agua y la tierra.
Las salas siguientes recogen algunos de los trabajos seminales del cubismo, con piezas pioneras como las *Tres mujeres* de Picasso y *Hombre con guitarra* de Braque que pueden contrastarse con otros representantes del género como Gris y Léger.
A continuación, pasará por los primeros ejemplos del expresionismo y futurismo, antes de acceder a una sala dominada por los coloridos entresijos geométricos de Mondrian, entre los que destaca *Broadway Boogie-Woogie*. En otra sala, encontrará una selección del extensivo trabajo de Matisse (donde *La danza* es el centro de atención). Un poco más lejos, una única sala está dedicada a los cuadros y dibujos de Klee. Finalmente, llegará a una pared cubierta en su totalidad por una impresionante selección de obras de Picasso. Datando de la década de 1930, algunas de estas impresionantes imágenes muestran el impacto que causó la guerra sobre Picasso. Entre ellas se incluye la tenebrosa *Casa Charnel*.
Gran cantidad de trabajos de Miró, que ejerció una tremenda influencia en los artistas neoyorquinos en 1940, dominan las salas surrealistas, aunque también lo hacen las obras de Dalí (*La persistencia de la memoria*) y de Magritte (*El falso espejo*), que muestran imágenes familiares, si no menos surrealistas.
También en la segunda planta se celebran exposiciones temporales de fotografía, seleccionadas de los fondos permanentes que van desde Cartier-Bresson hasta Diane Arbus.
La tercera planta se detalla en la página 160. Subiendo por la escalera mecánica hasta la cuarta planta, pasará bajo un coche deportivo Pinin Farina con carrocería de aluminio y un helicóptero Bell de 1945, situados sobre la entrada a las salas de arquitectura y diseño. En éstas se exponen maquetas y dibujos arquitectónicos de Frank Lloyd Wright, Le Corbusier y otros. La colección de diseño permanente abarca todo, desde lámparas Tiffany hasta cazuelas italianas de vanguardia.

El Sculpture Garden
Justo frente al vestíbulo, el Abbey Aldrich Rockefeller Sculpture Garden del MoMA, un agradable lugar para pasar una hora en una tarde soleada después de haber disfrutado de las exposiciones interiores, alberga una excelente y variada colección de esculturas. Destacan el *Grupo de familia* de Henry Moore, *La cabra* de Picasso y el impresionante *Monumento a Balzac* de Rodin, una obra imponente de bronce que fue rechazada por el comité parisino en la década de 1890.

Interior del edificio del MoMA, pionero del estilo internacional en Nueva York y hogar de algunas de las pinturas y esculturas más famosas del siglo XX. El diseño inteligente, la abundante utilización de luz natural y los amplios espacios permiten apreciar las exposiciones sin agobios ni prisas

MoMA: Tercer Piso

Las galerías de la tercera planta del Museum of Modern Art acogen algunas de las obras más influyentes del arte moderno americano, desde lienzos expresionistas hasta los últimos experimentos audiovisuales......

Exposiciones temporales en el MoMA
Resulta evidente señalar que un museo con la categoría del MoMA no tiene problemas para atraer exposiciones temporales de prestigio internacional. Esto es fantástico para los amantes del arte neoyorquinos pero no tan bueno para los visitantes que puedan haber venido a Nueva York tan sólo para descubrir que sus piezas de arte favoritas han sido almacenadas para ceder espacio a muestras temporales. Para evitar esto, contacte con el museo (tel: 708 9480) o con la New York Convention & Visitors' Bureau (tel:484 1200) antes de planear su viaje.

Influencias europeas Mucho de lo aquí expuesto revela la influencia de europeos como Matisse y Miró. De hecho, una sala entera está dedicada al maravilloso cuadro de Matisse, *La piscina*, un mural de gran tamaño que originalmente decoraba una pared del hogar del artista.

La Escuela de Nueva York Las galerías más importantes exploran el desarrollo del expresionismo abstracto y la Escuela de Nueva York (ver páginas 128–9). La influencia de la preocupación de los surrealistas por el subconsciente y los mitos universales se observa en trabajos tempranos de Jackson Pollock (*La loba*), y Willem de Kooning.
Temas similares son explorados por los así llamados artistas del gesto, entre ellos Franz Kline y Robert Motherwell, que utilizó grandes bloques en negro y blanco. En contraposición, los artistas del color como Barnett Newman y Mark Rothko utilizaron relucientes bandas de colores luminosos para evocar estados emocionales. Paseando a traves de las galerías ordenadas por orden cronológico, los lienzos del expresionismo abstracto van siendo cada vez más grandes y osados, alcanzando su apoteosis con el monumental *Uno* de Pollock.

Trabajos recientes Después de los intensos trabajos de los expresionistas abstractos, llegan casi como un pequeño respiro, las galerías de arte contemporáneo, en donde se incluyen *Diana con cuatro caras* de Jasper Johns, el estudio de las formas cambiantes de Robert Rauschenberg en *Cama*, las tiras cómicas de Lichtenstein, y los modelos de gran tamaño de las comidas favoritas de América en papel maché de Claes Oldenburg.

Pintura de una de las excelentes salas de la tercera planta del MoMA

▶▶ **Museum of Television and Radio** *151C2*

25 West 52nd Street

Metro: Fifth Avenue o Seventh Avenue

Para los estudiantes de periodismo concienzudos y para los visitantes de a pie, el Museo de Televisión y Radio es el material del que están hechos los sueños. Para casi todo el mundo, una visita a este museo puede resultar una experiencia de lo más entretenida. Éste se diferencia bastante de los otros museos. Aquí se encuentran reunidos unos 40 000 programas y emisiones de radio y televisión americanas desde la década de 1920 hasta la época presente. Cada año se añaden a la colección varios miles de programas nuevos.

Cada día, varias salas con pantallas muestran una selección del archivo televisual del museo (los horarios se pueden recoger en el vestíbulo, o tel: 621 6800), mientras que los auriculares situados en la sala de radio, pueden conectarse a uno de los cinco canales separados en los que se explora un area diferente de la historia de la radiodifusión; cualquier cosa, desde una transmisión de Opera Metropolitana hasta una comedia de los tiempos de guerra.

El sueño de un adicto a la televisión se convierte en realidad en cualquiera de las 100 videoconsolas del Museum of TV and Radio

Los visitantes más interesados pueden perderse por el sistema catalogado y computerizado de la biblioteca y hacer sus propias selecciones de la colección completa. La base de datos no sólo contiene un listado de los programas de televisión, sino que también se pueden encontrar detalles de todo el personal que tuvo que ver con cada producción; una solución muy a mano si ha olvidado quién hacía el papel de *Cosa* en *La familia Addams*, o quiere descubrir la verdadera identidad de su villano favorito en *Batman*. Una vez hecha la elección (restringida a dos horas de programación), salga de la biblioteca y diríjase hacia la sala de cine, donde podrá disfrutar de ella desde una videoconsola. (Puede que tenga que esperar unos tres días para poder ver algunos de los temas difíciles.)

Loa anuncios, de los que el museo guarda unos 10 000, también ocupan un lugar importante en los fondos del museo, al igual que los programas de televisión de otros países, ya sean documentales importantes o los excelentes episodios del *Flying Circus* de Monty Python.

El edificio del museo

Puede que el visitante esté demasiado deseoso de renovar sus relaciones con Perry Mason o Lou Grant para darse cuenta de que el edificio que acoge al Museum of TV and Radio es una curiosa mezcla de estilos clásico y moderno de los arquitectos Philip Johnson y John Burges. Con su torre de piedra caliza de 16 pisos, la estructura ha sido descrita como el primer museo vertical del mundo.

Art déco

La llegada del art déco coincidió con el esplendor de los rascacielos de la década de 1920, y el nuevo estilo decorativo fue visto como el acompañamiento natural de la arquitectura más aventurera del mundo. Pasee por toda la ciudad y encontrará la influencia del art déco por todas partes; desde edificios mundialmente famosos hasta elegantes detalles de decoración......

Distribución por zonas

En 1915, cuando el Equitable Building del Financial District se construyó perpendicular al cielo, privando a las calles y a los edificios colindantes de luz y brisa, las autoridades de la ciudad respondieron con las primeras leyes de regulación de edificios de EE UU.

La Ley de Distribución de Edificios de 1916 dividió Nueva York en zonas comerciales y residenciales e insistió en que los futuros rascacielos fueran construidos con recortes a medida que se elevaban sobre la calle. Esto afectó en gran manera a la arquitectura de la ciudad durante los siguientes 50 años.

El *art déco* emergió por vez primera en 1925 en la Exposición internacional de las artes decorativas de París, una muestra que pretendía resaltar las habilidades de los artesanos franceses en una época en la que la Bauhaus alemana revolucionaba el mundo de las artes decorativas. Sin embargo, Nueva York ya estaba al tanto del *art déco* porque el Metropolitan Museum of Art había acumulado una colección de los mejores trabajos europeos y había contribuido de forma inadvertida a la creación de un estilo *art déco* americano apodado «moderno». Con el énfasis sobre el efecto del conjunto en vez de la artesanía aislada, el *art déco* moderno se adaptó a las necesidades del mercado americano.Los frisos de terracota y bronce cubiertos con diseños geométricos y florales, comenzaron muy pronto a aparecer en todos los edificios del país.

Además, el nuevo estilo comenzó a afectar a los interiores. Algunas de las recepciones y vestíbulos del mejor *art déco* de Nueva York, como el del Film Center Building (ver página 102), son obra del destacado arquitecto Ely Jacques Kahn.

Una de las muchas elegantes esculturas art déco *del Rockefeller Center*

New York Telephone Company Uno de los primeros edificios *art déco* de la ciudad fue el New York Telephone Company (también llamado el Barclay-Vesey Building, 140 West Street), descrito por un crítico como «*art déco* maya». Para moverse por las estrecheces impuestas por la angosta calle, el diseñador Ralph Walker instaló en el edificio una serie de galerías peatonales decoradas con frisos de hormigón armado cubiertos de racimos de uvas, conejos, cabezas de elefantes, campanas y muchas otros elementos.

Chrysler Building El edificio *art déco* más espectacular e impactante de Nueva York, el Chrysler Building (ver página 89) fue uno de los primeros construidos utilizando metal al descubierto. Se eleva sobre una serie de recortes con cada nuevo nivel marcados con un tipo de decoración diferente, ya sean frisos de ladrillo o ruedas de coche. Sin embargo, su rasgo más distintivo es la cúpula de siete pisos que adopta la forma de un arco con gradas, con ventanas triangulares abuhardilladas revestidas de acero cromado.

Empire State Building Muy pronto el Chrysler Building fue eclipsado como el edificio más alto del mundo por el Empire State Building. Construido puramente para el alquiler comercial, la decoración guardó unos mínimos, permitiendo que la estructura emergiera como una especie de rascacielos *art déco* en su mayor dignidad.

Chanin Building La fachada del escultor René Chambellan para el Chanin Building (122 East 42nd Street), desviando la atención del cercano Chrysler Building, representa pájaros precipitándose sobre una banda de bronce que rodea al edificio por debajo del friso de terracota de formas geométricas animales. En el interior del vestíbulo en bronce y mármol, otros relieves representan «La ciudad de la oportunidad», o Nueva York como lo fue para el propietario del edificio, Irwin Chanin, un constructor con suerte.

Raymond Hood Destinado a ser uno de los arquitectos principales del Rockefeller Center, Hood utilizó ladrillo negro y terracota dorada para enfatizar la forma elevada del **American Radiator Building** (40th Street entre Fifth y Seventh avenues). Posteriormente desarrolló esta idea con columnas verticales de ventanas para el **Daily News Building** (ver página 95). En el anterior **McGraw-Hill Building** (42nd Street entre Eight y Ninth avenues), de terracota verde y dorada, Hood continuó su movimiento hacia el estilo internacional pero el vestíbulo del edificio mantiene su impresionante interior *art déco*.
Con el **Rockefeller Center** (páginas 173–4), Nueva York alcanzó su punto álgido en el *art déco*. Raymond Hood así lo demostró en el RCA (ahora GE) Building. En la base del edificio, el *Prometeo* de Paul Manship es una de las primeras decoraciones *art déco* del complejo. Mientras tanto, el **Radio City Music Hall** del Rockefeller Center transporta el *art déco* a otra dimensión. Su enorme y teatral interior se propone ser parte del entretenimiento nocturno a la vez que los actores aparecen en el escenario.

El Chrysler Building con sus gárgolas en forma de águila

Exposiciones temporales en la National Academy
Las exposiciones de corta duración de la Academia Nacional de Diseño muestran trabajos de sus asociaciones de arte afiliadas y de los estudiantes de la School of Fine Arts. Con frecuencia son mucho más interesantes las exposiciones de la Academia, que presentan artistas europeos y americanos noveles o redescubiertos, normalmente mucho antes que expongan en los museos más prestigiosos de la ciudad. Una colección de cuadros de la artista filandesa Helen Schjerfbeck es uno de los ejemplos más recientes.

Iglesia de Nuestra Señora de Lourdes
Varias secciones del edificio de influencia gótica de 1865 que alberga la National Academy of Design (que permaneció en 23rd Street y Park Avenue South), junto con piezas de otros edificios, se incorporaron a la extraña fachada de la Iglesia de Nuestra Señora de Lourdes de Harlem, en la 142nd Street entre las avenidas Amsterdam y Convent.

► National Academy of Design 187C1

Fifth Avenue con 89th Street
Metro: 86th Street
Fundada en 1825 por un grupo de consumados artistas, arquitectos, escultores y grabadores,entre los que cabe citar al iluminado inventor Samuel Morse, la Academia Nacional de Diseño se estableció con la intención de llegar a ser una escuela y un museo regido por artistas para apoyar y animar a «los conceptos más altos de las artes».
Mientras la School of Fine Arts (Escuela de Bellas Artes) está situada a la vuelta de la esquina en la calle 89th, la Academia ocupa una elegante caserón frente a Central Park, donado en 1940 por Archer M. Huntington, fundador de la Sociedad Hispánica de América.
Todos los miembros de la Academia están obligados a contribuir con una muestra representativa de su trabajo como condición para poder pertenecer a ella, por consiguiente existen unos formidables fondos de los nombres más destacados de las artes americanas, acumulados desde los últimos 150 años.
Por desgracia, la falta de espacio no facilita la exposición de toda esta extensa muestra, aunque se puede visitar una selección de las colecciones permanentes en las galerías del piso de arriba. Una pieza que a buen seguro no se perderá es la figura esculpida de *Diana* de Anna Hyatt Huntington (esposa de Archer y miembro honorario de la Academia), colocada al pie de una elegante escalera que lleva a las galerías de la planta superior.

Un punto focal en la National Academy of Design: la estatua de Diana de Anna Hyatt Huntington

Material antiguo expuesto en el Fire Museum

▶ New York City Fire Museum *CCAB1*

278 Spring Street, SoHo
Metro: Spring Street

Puede que no sea una de las primeras opciones en el itinerario de todos los turistas llegados a New York, pero este original museo ocupa tres plantas repletas de los cubos, surtidores de agua manuales y coches de bomberos tirados por caballos, que salvaron a la Gran Manzana de una destrucción casi total en más de una ocasión.

Entre los objetos más antiguos se encuentra la primera campana de incendios de la ciudad, forjada en Inglaterra en 1796 y guardada originalmente en un edificio especial en la intersección de las calles Front y Fulton. La aparente crudeza del antiquísimo equipo contra incendios, da paso a ejemplos sorprendentes de innovación tecnológica como el surtidor manual de 1820 capaz de expulsar 2 646 litros de agua por minuto. A mediados del siglo XIX, la decoración comenzó a convertirse en una característica del equipo de los bomberos, y buena prueba de ello se encuentra en la colorida cabeza de un tigre adornando el extremo de un rollo de manguera de 1837, y en el carro de la bomba de1853 en el que se representa a un indio con un tocado de plumas sobre la cabeza.

Los carros antiguos son las piezas más espectaculares, pero el grueso del museo lo constituye la abrumadora colección de mangueras, escaleras, hachas, boquillas, herramientas, alarmas contra incencios, extintores, uniformes y cascos de varias tallas y diversas formas. Toda esta impresionante exposición se encuentra dispuesta bajo los retratos enmarcados de los oficiales del cuerpo de bomberos más distinguidos de la ciudad, y rodeado de recortes periodísticos, pinturas y fotografías que documentan algunos de los fuegos más destructivos de Nueva York.

El Gran Fuego de 1835

El 16 y 17 de Diciembre, la temperatura en Nueva York era de algunos grados bajo cero, pero esto no amilanó a uno de los fuegos más destructivos en la historia de la ciudad, que arrasó 647 edificios en un área de 5 Ha alrededor del Financial District.

Multitudes de personas que llegaron de los suburbios Five Points saquearon todos los edificios afectados por la tragedia e hicieron que otros más se quemaran. Muchas compañías de seguros se enfrentaron a las mismas pérdidas que sus clientes, y muchos de los bancos e instituciones financieras de la ciudad se vieron incapaces de reabrir; en consecuencia, Nueva York tuvo que soportar una fuerte inflación en los dos años siguientes.

Grand Central Terminal

■ En la década de 1930, a los pasajeros que utilizaban el servicio New York-Chicago desde la Grand Central Terminal, se les daba un tratamiento de «alfombra roja» o primera clase. Sin embargo, pocos de los que pisaran la venerada alfombra habrían pensado que tan sólo unas décadas después, la terminal, una proeza arquitectónica que fue apodada «la puerta de la nación», se vería amenazada por los baratos viajes en avión y por el alto coste del terreno en el que se levanta......■

¿Grand Central Station? Muchas personas a menudo se refieren erróneamente a la Grand Central Terminal como la Grand Central Station. De hecho, como los trenes solamente pueden comenzar o terminar sus recorridos allí, «terminal» es la palabra correcta a utilizar. La confusión se vió incrementada a partir de 1937 por un programa de radio de gran popularidad, ambientado en Nueva York, cuyo título era *Grand Central Station.*

En la década de 1960 la Penn Central Railroad (la compañía a cargo de la Grand Central Terminal) propuso la construcción de una torre de oficinas de 55 pisos sobre la terminal, pero estos planes fueron desechados por la opinión pública, y el edificio se fue convirtiendo poco a poco en un punto importante de Nueva York, consiguiendo una protección duradera.

La Grand Central Terminal se completó en 1913 sobre unos terrenos que entonces marcaban el extremo norte de la ciudad. La tierra había sido adquirida por un magnate de los transportes, Cornelius Vanderbilt (ver página 37), que se había hecho con el control de todas las rutas de ferrocarril de Nueva York. Después de diez años de construcción, la estación se abrió al público y fue aclamada como una maravilla de la ingeniería y una delicia para la vista.

Elegancia arquitectónica La construcción de la terminal fue un esfuerzo en común. Una firma de arquitectos ideó el innovador diseño multinivel que permitía un tráfico más fluido, ya fuera en tren, metro o a pie. Otra firma centró sus energías en crear el grácil estilo clasicista de la terminal. Como se trataba del punto de llegada y salida de millones de viajeros (en 1939, el número de personas que pasaron por la Grand Central Terminal era igual a la población de todo EE UU), las proximidades se llenaron de tiendas, hoteles, restaurantes y oficinas, que hicieron de aquel lugar una parcela fundamental de Midtown Manhattan.

Muchas entradas laterales y enormes túneles unen la terminal con las calles de alrededor y con los bloques de oficinas adyacentes como el anterior Pan Am Building (ahora el Metropolitan Life Building; ver panel de la página 183), situado al norte.

En la fachada sur de la terminal se encuentran las figuras de 8,5 m de altura de Mercurio, Hércules y Minerva de Jules-Felix Coutan, revolviéndose alrededor de un águila de cabeza blanca. También hay figuras en bronce de Cornelius Vanderbilt, que parecen estar contando a los viajeros del ferrocarril.

El interior Una vez dentro, diríjase al segundo piso de la terminal y mire hacia arriba. En el techo abovedado de 45,5 m de altura, el artista francés Paul Helleu utilizó 2 500 luces eléctricas para hacer una réplica de las constelaciones del zodíaco.

El diseño está basado en una ilustración de un manuscrito medieval y el debate continúa al pensar si Helleu sabía que los ilustradores medievales representaban los cielos al contrario, ofreciendo la visión de Dios.

Bajando la vista ligeramente se verán los pasadizos con paredes de cristal por los que los peatones marchan de forma fluida sobre el corazón de la terminal. En la segunda planta se encuentran los andenes de largo recorrido que ahora están en desuso. Hoy día, la mayoría de los trenes son utilizados por los viajeros de cercanías. También hay un acogedor bar que ofrece una panorámica excelente del Main Concourse, más abajo.

La grandeza del **Main Concourse** se encuentra a menudo disminuida por los incesantes pies de los viajeros que cada día lo atraviesan y por los vistosos carteles publicitarios. Sin embargo, intente encontrar un momento relajado para descender por las escaleras de mármol y buscar una esquina tranquila desde donde contemplar las ventanas de 22,8 m de altura que se elevan sobre la sala más grande del mundo, en la que habría espacio suficiente para construir tres boleras.

Una joya de restaurante Los niveles más bajos de la terminal proporcionan el acceso al sistema de metro y también a un número de restaurantes, que incluyen el famoso **Oyster Bar**. Además de servir una diversa selección de crustáceos, junto a otra amplia variedad de mariscos, el Oyster Bar tiene un techo bajo y abovedado que está cubierto de azulejos de color tostado. El restaurante también está provisto de unas propiedades acústicas inusuales; el susurro más leve puede ser fácilmente audible en todo el bar. Hay otros lugares en los que uno también puede estar al tanto de lo que cuchichean los ejecutivos neoyorquinos (aquí los precios pueden ser extremadamente caros), aunque la sugerencia de que ciertas fortunas del Stock Exchange se deben a algunos oídos muy finos es apócrifa en el mejor de los casos.

La enorme escala y el estilo del Main Concourse reafirman a la Grand Central Terminal como un monumento a los gloriosos días de los viajes en ferrocarril

Visitas guiadas

Para una exploración más detallada de la Grand Central Terminal, disfrute de las visitas guiadas organizadas por la Municipal Art Society (tel: 935 3960), que comienzan a las 12:30 pm cada miércoles en el exterior de la sucursal del Chemical Bank en el Main Concourse

La impresionante entrada a la New York Public Library en Fifth Avenue

Los tesoros de la biblioteca
La New York Public Library posee un extraordinario surtido de libros y grabados raros y valiosos, algunos de los cuales pueden estar expuestos. Entre estos se encuentra una Biblia de Gutenberg, un manuscrito de 1493 de una carta de Cristóbal Colón en la que describe sus descubrimientos en América; la primera edición completa de los manuscritos de Shakespeare, de 1623; el Bay Psalm Book de 1640 (el primer libro inglés publicado en América); una copia manuscrita del discurso de despedida de George Washington; y un primer borrador de la Declaración de la Independencia de Jefferson.

▶▶▶ New York Public Library 151B2

Fifth Avenue y 42nd Street
Metro: 42nd Street

No está permitido sacar libros de la Biblioteca Pública de Nueva York (los tres millones aproximados de tomos son tan sólo de referencia), pero sí se puede explorar una de las mejores expresiones arquitectónicas de uso público de la ciudad: un templo clasicista creado por la firma legendaria de Carrère y Hastings e inaugurado en 1911.

Acercarse al edificio ya supone todo un desafío. Su terraza y escalones están decorados por dos esculturas de leones, fuentes que simbolizan la Verdad y la Belleza, y mástiles de bronce forjados en los estudios de Louis Comfort Tiffany. El pórtico de triple arcada de la entrada penetra en el exquisito y proporcionado Astor Hall, llamado así por John Jacob Astor, fundador de la primera biblioteca de EE UU (una de las tres que se combinaron para crear los actuales fondos de la biblioteca pública). El mostrador de información facilita planos y señala el comienzo de las visitas libres (de lunes a sábado a las 11 am y 2 pm). Inmediatamente después, el Gottesman Hall acoge algunas exposiciones temporales de la biblioteca, pero diríjase a la izquierda hacia la De Witt Wallace Periodical Room al final del pasillo. El editor De Witt Wallace pasó muchas horas en esta estancia condensando los contenidos para su *Reader's Digest*. Sus considerables beneficios financiaron la restauración de la sala en 1983: las lámparas de latón y las sillas de nogal recobraron su gloria, y a éstas se unieron los espléndidos murales de Richard Haas.

Suba por las escaleras de mármol hasta la tercera planta y fíjese en las originales lámparas y en las cabezas de león de los pasillos que llevan a la abovedada McGraw Rotunda, decorada en 1940 con los murales de Edward Laning en los que se muestra el desarrollo de la lectura. Ésta señala la entrada a la sala pública de catalogación, donde los investigadores trabajan con las bases de datos de los ordenadores. Al otro lado del pasillo, la Edna Barnes Salomon Room expone las pinturas y una selección de los tesoros impresos de la biblioteca.

▶▶▶ Pierpont Morgan Library *151B2*

36th Street con Madison Avenue
Metro: 33rd Street
Nacido en la abundancia y educado en Europa, J. Pierpont Morgan era ya uno de los financieros más sobresalientes de Nueva York en las últimas décadas del siglo XIX pero, a diferencia de sus contemporáneos nuevos ricos, confió en su propio juicio mientras amasaba una fortuna en tesoros culturales europeos. Adquirió libros extraños, manuscritos y pinturas y, en 1890, todo esto se había convertido en una de las mejores colecciones privadas de todo EE UU.
En 1902, Morgan encargó al arquitecto del momento, Charles F. McKim la creación de la Pierpont Morgan Library de estilo renacentista. El porche palatino que señala la entrada original a la biblioteca en la 36th Street merece una visita especial, aunque la entrada actual se encuentra en Madison Avenue, y se adentra en un anexo de 1928 de la residencia del hijo de Morgan.
Las exposiciones temporales que llenan las estancias siguientes podrían captar su atención durante horas. Recorra primero toda la biblioteca, comenzando en la West Room, donde el estudio de Morgan se conserva tal y como estaba tras su muerte en 1913. Una vez descrita como «la habitación más hermosa de América», el estudio está decorado con cuadros renacentistas italianos y dominado por el inmenso escritorio de madera.
Desde el estudio, columnas con vetas de mármol verde señalan el camino hacia la impresionante rotonda y la East Room. La East Room es la sala de lectura más lujosa que probablemente exista. Tres niveles de estanterías, forjadas en bronce y forradas de madera de nogal, se elevan hasta un techo cubierto por vistosos murales de artistas y eruditos (y signos del zodíaco), mientras que sobre la chimenea cuelga un tapiz flamenco del siglo XVI.
Aunque suntuosa, la East Room nunca se hace pesada, sino que invita a pasar tiempo asombrándose ante las cartas y manuscritos de valor incalculable.

Las colecciones Pierpont Morgan
Los siguientes son tan sólo algunos artículos de la amplia colección de la Pierpont Morgan Library: tres Biblias de Gutenberg, un primer manuscrito de Shakespeare, un manuscrito autografiado del *El Paraíso perdido* de Milton, manuscritos y tempranas ediciones de Rudyard Kipling, Oscar Wilde y Gertrude Stein en los que se aprecian los garabatos y correcciones de los autores, partituras musicales de la mano de Bach, Brahms y Beethoven, bocetos y grabados de Rembrandt, Rubens y Degas, y una enorme selección de pinturas y objetos de arte anteriores al siglo XIX.

Espacio para estudiosos: la sala de lectura de la New York Public Library. Elija su tomo de entre los muchos metros de estanterías y consúltelo aquí

Numeración de las calles
Cualquiera que haya pasado varios días descifrando el sistema numérico de las calles de Manhattan encontrará las calles de Queens incluso más desafiantes. Parte del precio pagado por Queens por su afiliación a la ciudad en 1898 fue la pérdida del nombre de sus calles y la incorporación de un sistema numérico impuesto por los poderes cívicos de Manhattan.
El sistema, según parece, aún trae quebraderos de cabeza. Normalmente las calles y avenidas están dispuestas en ángulo recto y una dirección como la 10-35 14th Street estaría situada en la 14th Street cerca de la intersección con la 35th Avenue. Sin embargo, éste no es siempre el caso, y los problemas ocurren cuando los vecindarios se unen unos con otros y no precisamente en ángulo recto.
Si se pierde, pregunte a alguien del barrio, aunque los residentes de Queens a menudo se encuentran tan desconcertados por el sistema como cualquiera.

El interior de la Bowne House, el edificio más antiguo de Queens

▶ Queens *48C3*

Queens, un omnipotente bloque de barrios exteriores en el que conviven 2 millones de personas y que se extiende a lo largo de 300 km² al oeste de Long Island, es completamente incompresible a menos que se trate como lo hacen los residentes: un complejo de comunidades separadas, muchas de las cuales son étnicamente diferentes y no tienen nada en común, a excepción de la geografía, con los vecindarios colindantes.
Mientras la mayor parte de Queens encaja con la imagen de bungalows con garaje para dos coches, típica comunidad dormitorio de una gran ciudad americana, muchas zonas reflejan los modelos de inmigración de Nueva York. Extensas comunidades de coreanos, indios y japoneses habitan junto a otras áreas dominadas por griegos y portorriqueños.
Si su punto de llegada a Nueva York fueron los aeropuertos de **La Guardia** y **JFK**, habrá saboreado brevemente algunos aspectos de Queens sin apenas darse cuenta. Los dos aeropuertos están situados en el municipio. Los aviones que aterrizan en JFK planean sobre los 50 km² de terreno pantanoso del **Jamaica Bay Wildlife Refuge**, lugar importante para todas las aves migratorias.
Necesitará un coche y un mapa detallado para explorar todo Queens, aunque los principales puntos de interés están en varias zonas a las que se accede fácilmente en transporte público desde Manhattan.
Tome el metro desde Manhattan hasta **Flushing**, por ejemplo, y muy pronto comprenderá por qué la ruta tiene el apodo de «Orient Express». Sin embargo, lo que los supermercados japoneses, restaurantes coreanos y las casas chinas no sugieren, son los estrechos vínculos de la ciudad del siglo XVII con los cuáqueros.
En el 137-16 de Main Street, ha habido una Friends' Meeting House (Casa de Reunión de Amigos) desde 1694 y, en una esquina cercana, la **Bowne House▶▶** de 1661 tiene ciertas conexiones con la Sociedad de Amigos. El propietario de la casa, John Bowne, estuvo exiliado por desafiar la prohibición impuesta por Peter Stuyvesant, el gobernador holandés de Nueva York, a las reuniones cuáqueras. Sin embargo, éste persuadió a la Compañía Holandesa de las Indias Occidentales para que insistiera en que todos los grupos religiosos serían tolerados en una nueva colonia: un paso hacia la libertad religiosa posteriormente ensalzada por la constitución americana.
En la casa se puede ver el mobiliario colonial de Bowne y sus descendientes, que residieron aquí hasta la década de 1940. Las visitas a esta modesta morada finalizan en la cocina, donde tenían lugar las reuniones clandestinas de los cuáqueros.
A poca distancia de la Bowne House, la **Kingsland Homestead** de 1774 es un ejemplo de la mezcla arquitectónica holandesa e inglesa típica en las granjas del periodo. En esta casa tiene su cuartel general la Sociedad Histórica de Queens. Aquí se pueden conseguir guías históricas informativas del municipio.
Una milla al este de Flushing, el **Flushing Meadows-Corona Park▶▶** comenzó su vida como un pantano y posteriormente en 1939 atrajo a millones de personas a la Exposición Universal que simbolizaba el resurgimiento de New York después de la Depresión.

El Unisphere en Flushing Meadows–Corona Park, una reliquia de la Exposición Universal de 1964

Las Naciones Unidas en Queens
El City Building que acoge al Queens Museum en Flushing Meadows-Corona Park, fue utilizado por las Naciones Unidas mientras la organización esperaba que la sede de Manhattan fuese acabada. Entre las mociones llevadas a cabo aquí cabe mencionar la de 1947 que abrió el camino a la creación del estado de Israel.

Aún permanecen algunos restos de la Exposición Universal de 1939–40, y muchos otros de la segunda Exposición Universal de 1964–65. Entre éstos cabe citar el **New York State Pavilion Building** de Philip Johnson, centro arquitectónico de la exposición de los años 60, aunque su estado actual refleja las pobres ideas arquitectónicas del momento, y la **Unisphere** de 40 m de altura, que representaba a la Tierra y sus satélites. Otro superviviente de los años 60, el **New York Hall of Science▶▶**, se encuentra en estos días lleno de exposiciones dedicadas a explicar los rudimentos de la ciencia a los más jovenes. Otros recuerdos de tamaño más modesto de las dos exposiciones universales están expuestos en el **Queens Museum▶**, situado en un pabellón de la feria de 1939-40. Lo más fascinante es el Panorama: una maqueta a escala de Nueva York que cubre 1663,5 m² e incluye todos los edificios de la ciudad. Creado para la exposición de 1964,el Panorama se actualiza regularmente.
El parque también acoge al **Queens Wildlife Conservation Center**, un pequeño zoo en el que se pueden ver animales norteaméricanos en su habitat natural.

Una animada calle del barrio más extenso de Nueva York

Roosevelt Avenue, en el vecindario de Jackson Heights de Queens, es conocida por sus panaderías y restaurantes

Los aficionados al béisbol y los devotos al Fab Four podrían estar interesados en el Shea Stadium, hogar de los Mets de Nueva York y escenario de un famoso concierto de los Beatles, celebrado en 1965. El estadio se encuentra en la parte norte del parque.

Al norte del municipio, frente al Bronx al otro lado del East River, **Astoria▶** es una de las comunidades griegas más extensas del mundo. A lo largo de la 31st Street y Ditmars Boulevard hay multitud de panaderías, cafés y restaurantes e incluso las pintadas de las paredes están en griego. El **American Museum of the Moving Image▶** en el 36-11 de la 35th Avenue, ocupa parte de un complejo de estudios. Durante la década de 1920, la Paramount proyectó aquí películas mudas con figuras tan legendarias como Rodolfo Valentino, Clara Bow, Gloria Swanson y los Hermanos Marx antes de que todos ellos, junto con el resto de la industria cinematográfica de América, se trasladaran a Hollywood.

El museo presenta una selección de clásicos del cine y exposiciones temporales sobre los diversos aspectos de la historia del séptimo arte. Hay una interesante colección de disfraces, equipos de producción, revistas de fans y carteles de las películas en exposición permanente.

De regreso hacia Manhattan, la muy industrializada **Long Island City** se está forjando una reputación como enclave de artistas. En sus primeros días, el área de Long Island conocido como Hunter´s Point se encontraba unido, vía ferry, con Manhattan. Algunas de las viejas fábricas y almacenes, ahora en desuso, han sido reconvertidos en estudios de artistas.

Una pieza de museo de la artística Long Island City es el **Isamu Noguchi Garden Museum▶▶**, en el 32-37 Vernon Boulevard. Está dedicado a los trabajos del genial escultor. Hijo de un poeta japonés que emigró a California, las ideas poco convencionales de Noguchi fueron ridiculizadas por su primer maestro, pero su imaginación y creatividad son lo suficientemente claras según se muestra en las 12 salas interiores, que resumen su larga carrera (Noguchi murió en 1988, a la edad de 84 años), y en los jardines que contienen aún más de sus enigmáticas creaciones.

Steinway

Al este de Astoria, la ciudad de Steinway fue creada en 1872 por William Steinway cuando trasladó aquí desde Manhattan su fábrica de pianos, en parte para escapar del poder de los sindicatos. La fábrica aún sigue en pie en la 19th Avenue y la 39th Street. Steinway también se trasladó a una villa italiana de piedra en el 18-33 de la 41st Street, dominando todo el East River.

▶▶ Rockefeller Center *151C2*

47th–52nd streets entre Fifth y Sixth avenues

Metro: 50th Street

Este es el complejo comercial y de entretenimiento más grande del mundo; por él pasan cada día un cuarto de millón de personas. El proyecto cambió los planes urbanísticos de América desde la década de 1940.

El Centro tiene el nombre del multimillonario John D. Rockefeller Jr., abordado en 1928 por la Metropolitan Opera con el propósito de convertir un insignificante lugar en Midtown, sobre terrenos comprados a la Universidad de Columbia, en una nueva Opera House. Rockefeller accedió, pero la caída de Wall Street retrasó los planes y le dejó con 4,45 Ha de tierra y una enorme deuda.

Para el proyecto arquitectónico más ambicioso del país, Rockefeller contrató a varias empresas para levantar 14 edificios con la condición de que formaran una entidad unificada, y de que tal complejo fuera un entorno agradable para trabajar, comer, comprar y relajarse.

Como resultado, los edificios *art déco* pasan casi desapercibidos debido a los numerosos cafés, restaurantes, pasadizos de metro y zonas de tiendas que los rodean, permitiendo a su vez la entrada de luz y el movimiento fluido de los transeúntes, y convirtiéndose en el anteproyecto de las iniciativas renovadoras de todos los centros urbanos de EE UU.

Para llegar al corazón del complejo, entre desde Fifth Avenue por los Channel Gardens hasta la **Plaza▶**, que alberga un restaurante al aire libre y una pista de hielo en invierno, y está presidida por el *Prometeo* de Paul Manship. Sobre la cabeza de Prometeo, se levanta el **GE Building** de 70 pisos(más conocido por su nombre original, el RCA Building), corazón del Rockefeller Center.

Hechos sobre el Rockefeller Center

Número de empleados en la construcción (1931-40: 75 000

Número de teléfonos: 100 000

Número de ascensores: 488

Coste de la compra del inmueble a la Universidad de Columbia: 400 millones de dólares

Gertrude Stein sobre el RCA Building, 1935

«La cosa más hermosa que jamás haya visto».

Con el buen tiempo, la Plaza del Rockefeller Center se llena de sombrillas y de una atmósfera estival

Cómo llegar a Roosevelt Island
Existe un puente desde Queens hasta Roosevelt Island, pero para llegar a la isla desde Manhattan, utilice el metro (líneas B o Q) o el teleférico (la mejor elección) que hace un recorrido de 3 minutos sobre el East River desde una terminal en Second Avenue y 60th Street.

Entre en el vestíbulo y observe los murales de José María Sert, que sustituyen a los de Diego Rivera, quien no quiso satisfacer a los Rockefeller negándose a eliminar un retrato de gran parecido a Lenin.

Tome el ascensor hasta la **Rainbow Room** de la planta 65 desde donde, por un módico precio, podrá divisar todo Manhattan. Regrese al vestíbulo para recoger un mapa, esencial para adentrarse en el laberíntico complejo.

Hay muchas cosas interesantes para ver, pero uno de los lugares obligados es el **Radio City Music Hall**. La apertura de gala en 1932 tuvo el honor de contar con Charlie Chaplin y Clark Gable, e inmediatamente se convirtió en una de las mejores salas de fiestas de toda América. Más recientemente, ha sido un lugar favorecido para los estrenos cinematográficos. El interior del hall, con 6 000 asientos, es una delicia del *art déco* y puede verse en visitas guiadas (tel: 247 4777).

Menos atractivas pero sí dignas de ver son las oficinas y estudios de la **NBC Television**. Se pueden ver en visitas guiadas de una hora de duración (tel: 664 7174).

▶ Roosevelt Island *187A2*

En el pasado estuvo cubierta por 27 hospitales que acogían a enfermos incurables y a dementes que habían sido segregados del resto de la sociedad neoyorquina. Hoy día, la Isla Roosevelt es vista como uno de los intentos de mayor éxito en la integración de viviendas con presupuestos muy variados. Los residentes que algún día ocuparán la isla tienen que esperar varios años para conseguir un apartamento. Además de una ausencia casi total de crimen, los habitantes de Roosevelt Island pueden disfrutar de sus calles sin coches y de una de las mejores vistas del horizonte de Midtown Manhattan. Para los visitantes, la tranquilidad y la panorámica (y el teleférico que llega hasta la isla –ver panel) son las únicas atracciones, aunque las ruinas de los antiguos hospitales añaden una nota inconfundiblemente misteriosa.

Teleférico de Roosevelt Island

▶ SoHo 113A2

LLamado así por ser la calle SOuth of HOuston (delimitada por las calles Canal, Lafayette y Sullivan), el SoHo está dominado por edificios de hierro fundido construidos a mediados de siglo XIX para albergar enormes fábricas.
Cuando las peligrosas condiciones de trabajo de estas fábricas fueron declaradas ilegales en 1962 (los muchos fuegos y fatalidades le ganaron al SoHo el sobrenombre de «Los cien acres de infierno»), las industrias se trasladaron y el distrito sufrió una década de abandono.
Los esfuerzos de los conservadores salvaron la zona de la demolición y, después de 10 años de colonización por parte de artistas atraidos por las habitaciones espaciosas iluminadas por las inmensas ventanas, el SoHo entró en un periodo de aburguesamiento: sus apartamentos de estilo grandioso encontraron favor entre las personas más ricas de la ciudad y los marchantes convirtieron el área en sinónimo del arte contemporáneo. Con elegantes tiendas de moda y lujosos restaurantes junto a galerías de arte, el SoHo está ahora transformado; pero son los edificios de hierro supervivientes los que modelan su carácter.
Disponibles por correo y con una construcción rápida y barata, las estructuras prefabricadas de hierro representaban una revolución en el diseño urbano de mediados del XIX. Su decoración, dereivada de la europea, también imitó la imagen de los nuevos edificios comerciales de EE UU, los «templos del comercio».
Entre los ejemplos más tempranos, el **Haughwout Building** (488–92 Broadway) de 1857 todavía impone su armonía, elevándose en cuatro alturas de arcadas y columnas corintias, diseño basado en la Biblioteca Sansovino de Venecia.
En la Greene Street, números 28, 30 y 72–6 se muestra la maestría de las posteriores fachadas de hierro, mientras que el **Little Singer Building** (561–3 Broadway) sugiere el próximo gran paso arquitectónico: la sustitución de los soportes de hierro del suelo por otros de acero, la base de los modernos rascacielos.

No hace falta buscar mucho para encontrar creatividad en el SoHo

Mural de Richard Haas
Desde 1973, en la intersección de las calles Prince y Greene del SoHo, la unión del arte contemporáneo y de los antiguos edificios de hierro en el vecindario, se ha celebrado con un ingenioso *trompe l'oeil* de Richard Haas, que brillantemente confunde los actuales rasgos de los edificios con las escenas pintadas.

Galerías de arte

■ No hace falta ser un marchante de arte para encontrar fascinantes las más de 500 o galerías de arte de Nueva York. La mayoría están agrupadas en el SoHo, centro internacional del arte contemporáneo, aunque otras están situadas en el Upper East Side y a lo largo de la 57th Street. Tómese tiempo, también, para ver las galerías no comerciales en las que se muestran los trabajos considerados demasiado arriesgados para las comerciales......■

La Gallery Guide
El *New York Times*, el *Village Voice* y muchas publicaciones especializadas en arte ofrecen listas de galerías de arte, pero los mejores detalles los proporciona la *Gallery Guide*. Esta publicación cataloga unas 500 galerías y proporciona mapas para ayudar a localizarlas. La *Gallery Guide* se publica mensualmente y se distribuye gratis en las galerías y en algunas librerías. No obstante, la popularidad de la guía hace que sea casi imposible encontrarla a partir de mediados de mes.

Galerías del Upper East Side La conjunción de la elegancia y sofistificación del Upper East Side, el **Wildenstein & Co** (19 East 64th Street) está especializado en el impresionismo francés pero sus fondos van desde pinturas contemporáneas hasta antiguos objetos artísticos.
El diverso material del **Hirschl & Adler** se encuentra expuesto en tres galerías separadas. La galería principal (21 East 70th Street) presenta una extensa selección de piezas europeas de los siglos XVIII y XIX; en la misma dirección, Hirschl & Adler Folk presenta arte folk americano, desde pinturas hasta artesanías. A la vuelta de la esquina, **Hirschl & Adler Modern** (Madison Avenue entre las calles 76 y 77) se centra en la pintura figurativa contemporánea.
Más orientada hacia la pintura moderna americana, la **Gagosian Gallery** ofrece un espacio para los trabajos menos conocidos de nombres famosos como Jackson Pollock, Willem de Kooning, Andy Warhol y Cy Twombly.

Galerías de la 57th Street Si tan sólo visita una de las galerías de la 57th Street, asegúrese de que sea **Pace** (32 East 57th Street). Esta merece un buen puesto entre las mejores galerías del mundo por sus fondos, que incluyen todos los nombres importantes de Europa y América de los últimos 30 años. Influyente en la emergencia del arte pop y notable por la elevada calidad de sus adquisiciones, la **Sidney Janis Gallery** (110 West 57th Street) ha sido un elemento fijo en la escena del arte neoyorquino durante cuatro décadas y aún lo es hoy día con nuevos nombres en estimulantes exposiciones.
Los expresionistas abstractos aparecen en muchas galerías de Nueva York, pero uno de los mejores lugares para encontrar trabajos de los artistas del color es la **André Emmerich Gallery** (41 East 57th Street).
Si se cansa del arte americano e inglés, el remedio podría ser la **Galerie St. Etienne** (24 West 57th Street), donde se pueden observar intrigantes documentos históricos de la turbulenta década de 1930 junto algunos ejemplos del expresionismo alemán.

Galerías del SoHo La **Mary Boone Gallery** (417 West Broadway) incluye algunos de los nombres más brillantes del arte americano como David Salle y Julian Schnabel.

A principios de la década de 1960, la **Leo Castelli Gallery** (420 West Broadway) llamó la atención sobre artistas como Andy Warhol, Roy Lichtenstein, Jasper Johns y Frank Stella, y ahora se encuentra entre una de las mejores. La galería tiene un anexo de artes gráficas en 578 Broadway.
El arte minimalista y conceptual es la existencia de la apreciada **John Weber Gallery** (142 Greene Street), fuertemente unida a figuras como Sol Lewitt y exponiendo regularmente artistas nuevos con características similares. Las esculturas, pinturas y fotografías innovadoras de Europa y EE UU se exhiben regularmente en **Metro Pictures** (150 Greene Street), donde también se suelen presentar los trabajos de Cindy Sherman y Louise Laller.

Visitas guiadas a las galerías de arte
Si quiere que le guíen a través del laberinto de galerías de arte de la ciudad, y posee interés y el dinero suficiente (espere gastarse de 30 a 50 dólares por persona), ésta es una excelente manera de hacerse una idea de la escena artística más frenética del mundo. Dos pequeñas empresas ofrecen este servicio: Art Tours de Manhattan (tel: 254 7682) y Art Horizons International (tel: 921 5583).

Galerías no comerciales Artists' Space (223 West Broadway) posee una gran reputación como galería de lanzamiento para los artistas que trabajan con montajes y vídeo, y en el pasado hizo maravillas con Laurie Anderson, David Salle y Cindy Sherman. Cada septiembre, se selecciona un grupo de desconocidos de las filas de Artists' Space para una exposición colectiva.
Desde mediados de los años 70, la Dia Art Foundation ha recaudado fondos para montajes de larga duración y piezas ambientales. Entre estas destacan dos trabajos de Walter de María: la **New York Earth Room** (141 Wooster Street) es una habitación llena de 14 toneladas de tierra, y **The Broken Kilometer** (393 West Broadway) comprende un kilómetro de barras de latón colocadas en fila. Ambas salas son más interesantes de lo que parecen y podrían ser una de las visitas más extraordinarias de Nueva York.

Las características calles del SoHo se han convertido en lugar obligado si está interesado en el arte contemporáneo. Durante los últimos 20 años, numerosas galerías han abierto sus puertas en la zona, sirviendo de plataforma de lanzamiento a artistas noveles

Paseo: Water Street
Entre Wall Street y South Street se encuentra Water Street, la principal ribera de Nueva York, vía pública en el siglo XIX, repleta de pensiones de marineros, bares y burdeles.

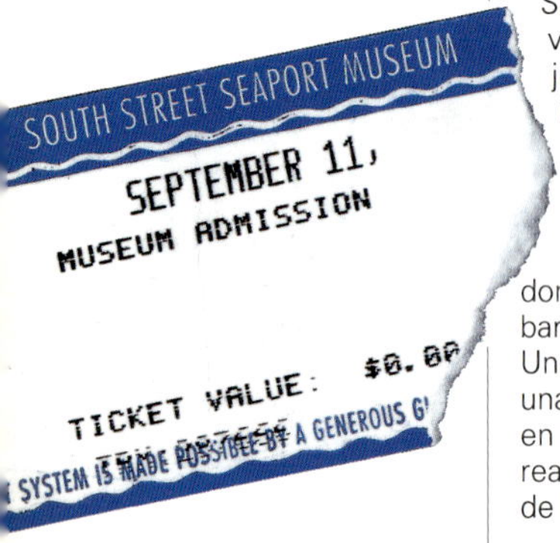

South Street Seaport y el barco de carga Peking

▶ South Street Seaport *104B3*

Extremo oriental de Fulton Street
Metro: Fulton Street
Una extensa colección de tiendas y restaurantes, y algunos pequeños museos, conforman el South Street Seaport, que transformó un área abandonada junto al East River en un complejo de tema recreativo histórico, vivamente protegido por los empleados del Distrito Financiero después del trabajo.

Sin embargo, durante el día, la mayoría de los visitantes vienen para explorar varios barcos antiguos anclados junto a los muelles de South Street. El barco más interesante es el **Peking** de 1911, un navío mercante de cuatro mástiles que pasó sus días gloriosos transportando nitrato desde América del Sur hasta EE UU y llegó varias veces hasta el Cabo de Hornos.

Suba a bordo y descienda hasta un espacio inferior donde una exposición pictórica recuerda la vida del barco.

Una vez en tierra firme, el **Museum Gallery** presenta una exposición menor de fotografías marítimas, barcos en botellas, y diversos certificados y documentos que reafirman a este lugar histórico de Nueva York como uno de los mejores puertos del mundo.

▶▶ Staten Island *48A1*

Un viaje en el famoso ferry de Staten Island (ver panel opuesto) es razón suficiente para cruzar desde el Financial District hasta la elevada porción de tierra situada entre New Jersey y Brooklyn, pero Staten Island tiene mucho más que ofrecer que un simple viaje en ferry.

Colonizada por granjeros holandeses y franceses en 1661 e importante base británica durante la Guerra de Independencia, la isla se ha desarrollado en barrios tranquilos que parecen encontrarse a millones de millas del resto de la ciudad de Nueva York.

Los muelles del ferry se encuentran en St. George. Dos millas al oeste (tome el autobús S40 desde la terminal del ferry), el Sailors' Snug Harbor es la mejor primera parada. Fundado en en el siglo XIX por varios marineros, ahora se le conoce por el nombre de **Snug Harbor Cultural Center▶**. La restauración ha conservado intactos varios de los impresionantes edificios del siglo XIX.

Pero más al sur es donde se encuentran los verdaderos tesoros de Staten Island (tome el autobús S74). En su visita de 1991, el Dalai Lama describió como «perfecto» el edificio de piedra sobre Lighthouse Hill, réplica de un templo de montaña tibetano que proporciona el lugar ideal para acoger al **Jacques Marchais Center of Tibetan Art▶▶▶**, una maravillosa colección de deidades escultóricas, objetos rituales, quemadores de incienso y muchos otros objetos procedentes de las culturas budistas del mundo.

Se trata de la colección budista de carácter privado más extensa del mundo occidental, inspirada por el descubrimiento llevado a cabo en 1880 por la joven Jacqueline Norman Klauber (que posteriormente se llamó a

La Conference House
Los estudiantes de conflictos internacionales que visiten Staten Island pueden acercarse a la Conference House. En septiembre de 1776, la casa de piedra se convirtió en el lugar de reunión de los únicos tratados de paz entre las fuerzas británicas y los americanos independentistas. Lo crea o no, la casa sirvió como fábrica de veneno para ratas antes de convertirse en museo en 1926. El interior está decorado con mobiliario de la época y numerosos objetos recuerdan el conflicto revolucionario y el intento fallido de establecer la paz.

Terminal de ferry de Staten Island

sí misma Jacques Marchais) de 12 figurines tibetanos que su bisabuelo había traído de un viaje a la India y había guardado en el ático. Esto estimuló una fascinación por el budismo y sus sacramentos, y desde entonces no perdió ninguna oportunidad para incrementar la colección. Ya se encuentre ante la Rueda de la Vida o ante un quemador de mantequilla de yak, los objetos van acompañados de textos informativos que iluminan su complejo simbolismo.

Una milla al sur, el **Richmondtown Historic Restoration▶▶** muestra los frutos de medio siglo de restauración de edificios de los siglos XVII al XIX y su posterior decoración con las posesiones originales de sus ocupantes. Estos varían desde una construcción holandesa que tenía la doble función de iglesia y escuela hasta un almacén provisto de productos de 1840. Todo esto ofrece una fascinante visión de los modos de vida ya olvidados. También dentro del complejo, el Island Historical Museum presenta un registro del crecimiento cronológico de Staten Island, con muchas exposiciones de algunas de sus primeras industrias, que a lo largo de los años han estado dedicadas a diversas actividades como la elaboración de la cerveza o la recogida de ostras.

El ferry de Staten Island
El barco actual es de lo más normal pero las vistas desde el ferry de Staten Island pueden ser maravillosas. La Estatua de la Libertad, la Governor's Island, y el Puente Verrazano–Narrows pasan ante la vista mientras los rascacielos de Lower Manhattan empequeñecen en la distancia y las verdes colinas de Staten Island se van aproximando. El ferry (sólo para peatones) tarda media hora en cruzar cinco millas y los billetes de vuelta, sorprendentemente baratos, se pagan antes de la salida, en la terminal de Staten Island, al final de Whitehall Street.

Si le sobra tiempo, visite la **Alice Austin House▶**, un lugar junto a la bahía en el extremo este de Staten Island, que data de 1710 y está lleno de algunas de las 8 000 fotografías realizadas por Alice durante un periodo de 50 años. En 1951, la revista *Time* descubrió y publicó algunos de sus trabajos. Su talento fue muy pronto reconocido, sin embargo, mientras su fama iba creciendo, Alice vivía en la pobreza en un asilo público para desamparados.
Otra colección pequeña e igualmente inesperada es el **Garibaldi Meucci Museum▶**, donde Giuseppe Garibaldi, uno de los fundadores de la Italia unificada, pasó dos años en el hogar del italoamericano Antonio Meucci, en la década de 1850. Los dos trabajaban en una fábrica local de candelabros. Garibaldi tiene un lugar asegurado en la historia, pero el destino fue menos agraciado con Meucci, un inventor que desarrolló un prototipo de teléfono pero no tuvo éxito al patentar su idea. Para llegar a este museo y a la Alice Austin House, tome el autobús S51 desde la terminal del ferry.

Datos sobre la estatua de la Libetad
Altura: 46m 5,02cm.
Peso: 10ton.
Longitud de la mano: 5m 3cm.
Longitud del dedo índice: 2m 44cm.
Longitud de la nariz: 1m 37cm.
Anchura de la cintura: 10m 67cm.
Mejor papel cinematográfico: *Sabotaje* de Alfred Hitchcock.
Mayor esperpento de ficción: *América* de Kafka; la antorcha está descrita como si fuera una espada.

▶▶ Statue of Liberty *48C2*

No existe símbolo mayor de los EEUU y su promesa de libertad y oportunidades que la Estatua de la Libertad, que ha sostenido la llama de la libertad sobre el puerto de Nueva York desde 1886. Desde Manhattan, una visita a la estatua comienza con un viaje en ferry desde Battery Park Pier. Los barcos hacia la estatua también amarran en la excelente Ellis Island (ver página 100).
Una vez en la estatua, hay dos opciones. Si tiene tiempo y energía, comience el asalto de los 354 escalones que llevan a la corona, pero sepa que la escalera es estrecha y sólo podrá ascender tan deprisa como la persona de delante suyo se lo permita (el ascenso puede llevar tres horas). Otra alternativa es tomar el ascensor hasta el nivel del pedestal, desde donde las vistas son, por lo general, menos impresionantes que desde la corona. En el descenso, visite el museo que recoge la creación de la estatua y el efecto que tenía sobre los inmigrantes recién llegados cuando la veían por primera vez.

Liberty Island se encuentra, en realidad,en aguas de New Jersey, pero su estatua es reconocida universalmente como símbolo de Nueva York

Estatua de la Libertad

■ Originalmente pensada para Egipto, costeada en parte por una lotería francesa, y en un principio considerada por los estadounidenses una pérdida de dinero, la Estatua de la Libertad podría ser el rasgo más famoso de América, pero la historia de su construcción fue mucho menos sencilla de lo que la mayoría cree......■

¿Libertad en Egipto? El escultor francés Frédéric Auguste Bartholdi, aficionado a los monumentos a gran escala visitó Egipto y presentó al sultán egipcio sus planes para la construcción de la figura gigante de una mujer sujetando una antorcha, que iría situada a la entrada del Canal del Suez.
El sultán se negó a tal proyecto pero Bartholdi, en un viaje a EE UU en 1871, encontró el lugar perfecto para la estatua a la entrada del puerto de Nueva York, a 4 000 millas del primer lugar propuesto.

Amistad con Francia La idea de una donación de Francia a EE UU para resaltar la compartida creencia de las dos naciones en la democracia estuvo presente durante algún tiempo, y la idea de la estatua de Bartholdi fue llevada a cabo por la nueva Tercera República de Francia, que se encontraba ocupada modelando su constitución junto con las diversas ideas americanas.
Como signo de amistad, los dos gobiernos acordaron que el trabajo sería compartido: Bartholdi construiría la estatua mientras que su pedestal era construido en Nueva York. En Francia, una suscripción popular logró recaudar 250 000 francos para el proyecto.
Mientras *La Libertad iluminando al mundo* (nombre oficial de la estatua) tomaba forma en el estudio de Bartholdi a las afueras de París, el pedestal progresaba lentamente y la prensa americana estuvo llena de viñetas satíricas y artículos que condenaban tal gasto.

Reuniendo el dinero Después de que el Congreso rechazara la propuesta de 100 000 $ destinados a este proyecto, y el alcalde de Nueva York vetara un plan para que la ciudad donara 50 000 dólares, el editor Joseph Pulitzer atacó la tacañería de las riquezas de la nación, y apeló a los americanos de a pie para que contribuyeran con cuanto pudiesen.
Embalada en 214 cajones, la estatua terminada llegó a Nueva York en junio de 1885. Dos meses después, Pulitzer anunció que el objetivo de reunir 100 000 $ había sido alcanzado.
La estatua fue colocada sobre su pedestal en mayo de 1886, y oficialmente inaugurada en una ceremonia el siguiente octubre. La respuesta, según el periódico de Pulitzer, fue «una gran ovación».

La Libertad Iluminando al Mundo: *un poderoso símbolo de bienvenida para las generaciones de nuevos inmigrantes que llegaban al puerto de Nueva York*

La Bolsa de New York

Un exorcismo radical en el Stock Exchange
La pantalla de cristal a prueba de balas que protege a la sala de la bolsa del Stock Exchange de la galería pública se colocó en 1967, año en el que un futuro yippie (distorsión del término «hippie»), Abbie Hoffman, y algunos amigos lanzaron sobre el suelo 300 billetes de dólar. Todos los presentes se avalanzaron sobre el dinero y uno de los coactivistas de Hoffman describió el incidente como «un exorcismo de los espíritus malignos del Stock Exchange».

Stock Exchange — *104B2*

Broad Street cerca de Wall Street
Metro: Wall Street
Situado en un edificio neoclásico de 1903, el Stock Exchange de Nueva York podría ser un lugar importante a visitar en todo el Financial District. Sin embargo, a menos que tenga un interés personal en las subidas y bajadas del promedio de Dow Jones, la sala de la Bolsa de 11 278 metros cuadrados, abarrotada de corredores, periodistas y mensajeros no ofrece nada más espectacular que lo que haya podido observar en la televisión.
Si quiere conocer el lugar donde el crac de 1929 hundió a EE UU en la Gran Depresión, será mejor recoger poco después de las 9:00 las entradas que se ofrecen gratis para las visitas guiadas de media hora.

► Theodore Roosevelt Birthplace — *151A2*

20th Street entre Broadway y Park Avenue
Metro: 23rd Street
El vigésimo sexto presidente de la nación, Theodore Roosevelt, llegó al mundo en una casa de piera caliza de Midtown Manhattan. Este edificio fue demolido pero vuelto a reconstruir en 1923 para albergar un museo en honor al único presidente nativo de Nueva York.
En la planta baja se expone la absorbente vida de Roosevelt, desde su lucha con el asma en su niñez y la muerte de su madre y esposa en el mismo día, hasta su entrada en la política y posterior conversión en el presidente más joven de la nación en 1901, a la edad de 43 años.
En el piso superior, más de la mitad del mobiliario de las habitaciones de época procede de la casa original de la familia de Roosevelt. Lo que mejor capta la personalidad del propio Roosevelt es una sala llena con sus trofeos de caza y sus recuerdos del extranjero.

► TriBeCa — *CCAB1*

Metro: Franklin Street
TriBeCa, TRIangle BElow CAnal Street (limita al este con Broadway y continúa hacia el oeste hasta el río Hudson), se convirtió en el territorio personal de artistas que no pudieron afrontar la subida de precio en sus buhardillas del SoHo (ver página 175) cuando el valor de la propiedad de ese distrito se elevó en la década de 1970.
Al igual que el SoHo, los almacenes de TriBeCa, anteriormente centros del comercio avícola y de productos lácteos, ofrecen apartamentos con amplios espacios y luz natural, convirtiéndose en perfectos estudios. TriBeCa está convirtiéndose en un lugar de lujo para aquellos residentes que buscan una vivienda con estilo en Lower Manhattan y pretenden invertir en la propiedad.
Además de ofrecer una buena muestra de la regeneración del estilo urbano de Nueva York, un paseo por TriBeCa cubre bastantes galerías de arte, que aunque un poco menos interesantes que las del SoHo, ocupan muchas de las primeras construcciones industriales.

Un ejemplo notable es la **Clocktower** en el 108 de Leonard Street. Docenas de restaurantes caros dan de comer a gente conocida, mientras que en Harrison Street, una hilera de casas de estilo federal de principios de siglo XIX primorosamente restauradas, ofrecen una visión bastante chocante.

Trump Tower

151C2

Fifth Avenue con 56th Street
Metro: 60th Street o 59th Street
El magnate de alto nivel Donald Trump puso su nombre a esta torre de cristal, un monumento al auge económico de principios de los años 80. Trump se convirtió en una de las personas que actualmente viven en uno de los 263 apartamentos que comprenden los pisos superiores de la torre.
Aunque la fachada no sea realmente especial, visite el interior de la torre y dispóngase a ir de escaparates y, en el mejor de los casos, de compras. Ambientadas por el sonido de una cascada de cinco alturas, un gran número de renombradas boutiques ofrecen saldos interesantes.

Dentro o fuera, nada es comedido en la Trump Tower

El anterior Pan Am Building
El arquitecto de la bauhaus Walter Gropius estaba en el equipo que diseñó el Pan Am Building de Park Avenue, unido a la Grand Central Terminal. El edificio de oficinas comerciales más grande que jamás se haya construido es también, probablemente, el único que se asemeja de forma asombrosa al ala de un avión. Después de la desaparición de Pan Am, la compañía Metropolitan Life Insurance adquirió el edificio en 1992 y se deshizo del vistoso logotipo de Pan Am. El edificio sigue siendo una visión familiar, aunque continúa bloqueando la vista a lo largo de Park Avenue.

Paseo: Duane Park
Durante el día, las calles que rodean el Duane Park en TriBeCa son un territorio óptimo para un paseo. Diríjase hacia el norte por Hudson Street y explore las calles Harrison y Leonard.

Sesión de la ONU
De septiembre a diciembre es posible presenciar las sesiones de la Asamblea General de las Naciones Unidas desde la galería pública. Las entradas gratuitas se recogen en información por orden de llegada. En teoría, las entradas se entregan a las 10:30 y a las 15:30. En la práctica se corre el riesgo de sufrir retrasos y, en ocasiones, ni siquiera hay entradas aunque se haya estado esperando todo el día.

▶ **United Nations** *151C3*

First Avenue entre 42nd y 46th streets
Metro: Grand Central Terminal
El edificio principal de las Naciones Unidas, organización internacional fundada por los estados firmantes de la Carta de San Francisco en 1945, es el Secretariat Building. Este enorme edificio acoge a los 16 000 empleados de la ONU y se eleva 39 pisos sobre el East River.
La entrada pública a la ONU es a través del General Assembly Building. En el vestíbulo se exhiben muestras temporales sobre temas internacionales, y desde aquí, una escalera sube hasta la tienda de regalos, la oficina de correos (que vende sellos de la ONU, válidos únicamente para el correo enviado desde allí), y una cafetería.
Si desea ver más de las Naciones Unidas, tendrá que comprar una entrada para una visita guiada. Partiendo cada 15 minutos desde el vestíbulo, las visitas duran alrededor de una hora y recorren los diversos edificios de la ONU, deteniéndose en las diversas exposiciones sobre el trabajo de la organización y obras de arte donadas por los estados miembros. Ninguna de éstas llega a igualar el impacto causado por los objetos medio derretidos procedentes de las ruinas de Hiroshima y Nagasaki que también se exponen.
Si no hay ninguna sesión en curso, la visita termina en la cámara del Security Council, donde la tranquilidad impuesta por los asientos vacíos hace olvidar el hecho de que éste es el único cuerpo capaz de imponer sanciones económicas e instigar acciones militares. La despedida del edificio tiene lugar en la sala de la Asamblea General, cuyo gran tamaño no sugiere más que una cámara de debate.

Sesión de la Asamblea General. La inmensa sala puede acomodar a las delegaciones de 179 países y las reuniones son traducidas a seis idiomas

La ONU en Nueva York

■ Los atascos de tráfico que se forman cuando los cabezas de estado llegan para ocupar su lugar en las Naciones Unidas parecen ser tan innatos en la vida de Nueva York, que ya se ha olvidado que la organización estuvo a punto de escoger Filadelfia como su sede permanente. Pero los problemas económicos de hoy día están provocando que la ONU valore no sólo sus gastos sino también, su continuada presencia en la Gran Manzana......■

La Carta de las Naciones Unidas fue firmada por los representantes de 50 países en Abril de 1945 en San Francisco, pero la Asamblea General celebró su primera reunión en Londres en 1946, año en el que la batalla entre varias ciudades por convertirse en la sede permanente de la organización estaba al rojo vivo.
San Francisco, Boston y Filadelfia lo intentaron antes de que se tuviera en cuenta la solicitud de Nueva York. El artífice de este logro para la ciudad fue el jefe del departamento de planificación, Robert Moses, que prometió que este reto haría de Nueva York «el centro del mundo».

¿Filadelfia o Nueva York? Entre los que formaban el comité de campaña a favor de la ciudad estaba Nelson Rockefeller, miembro de la dinastía de banqueros que quiso labrarse una carrera política con la esperanza de llegar a la presidencia algún día. Rockefeller persuadió a los oficiales de la ONU para que utilizaran Nueva York como sede en 1946, mientras consideraban las otras ciudades rivales, pero en diciembre parecía casi seguro que la elección recaería sobre Filadelfia y las autoridades de la ciudad comenzaron a preparar el futuro emplazamiento para la ONU.
Mientras tanto, el promotor William Zeckendorf había estado adquiriendo terrenos baratos para uso residencial a lo largo de la orilla del East River de Nueva York. Rockefeller le hizo a Zeckendorf una oferta que éste no pudo rehusar y presentó los terrenos a los oficiales de la organización, que finalmente se decantaron por Nueva York. El complejo de edificios fue completado en 1963.

Mezcla de sentimientos Aunque no todos los neoyorquinos supieron ver el acierto de dirigir sus impuestos hacia la recién llegada organización, su presencia supuso un gran prestigio para la ciudad y sus gastos inyectaron millones de dólares en la economía local.
Hoy día, sin embargo, una duda se cierne sobre la contribución de la ONU a las arcas de Nueva York. En 1992, los gastos abusivos provocaron una reflexión, al tiempo que dos de las agencias más grandes de la organización, la UNICEF y el UN Development Program, estuvieron tentadas a abandonar sus cuarteles de Nueva York para buscar una sede libre de gastos en cualquier otro sitio.

Considerado por muchos el edificio más aburrido de Nueva York, la torre de la ONU, situada junto al East River, acoge la máquina administrativa de toda la organización

Gracie Mansion, residencia oficial del alcalde de Nueva York, muestra la opulencia del Upper West Side

Museum Mile
Casi todos los mejores museos de Nueva York se encuentran en el Upper East Side, en una extensión de la Quinta Avenida conocida como la Museum Mile. Desde la calle 79, yendo en dirección norte, encontrará el Metropolitan Museum of Art, el Guggenheim Museum,el Cooper–Hewitt Museum, el Museo Judío, y el Museum of the City of New York. Justo en el límite de la milla oficial está la Colección Frick en la calle 70, el Whitney Museum of American Art en Madison Avenue, y el Museo del Barrio en la calle 104.

▶▶▶ Upper East Side *151D3*

Manhattan rebosa dinero, pero en ningún lugar resulta tan evidente este poder como entre las mansiones, los bloques de apartamentos de rentas elevadas y las tiendas ultramodernas del Upper East Side, sinónimo durante un siglo, del estilo de vida que puede comprar una cuenta bancaria sin límites.

Un espacio vacío hasta la creación del Central Park y un movimiento de la población de Manhattan hacia el norte, prepararon a esta zona para el desarrollo. Las primeras casas del Upper East Side eran modestas viviendas situadas a lo largo de las vías ferroviarias elevadas que pasaban sobre Park Avenue y las calles del este.

En 1890, las personas acomodadas de la ciudad comenzaron a fijar su atención en el pasillo de dos bloques formado por Fifth Avenue y Madison Avenue. Los más ricos de entre los ricos erigieron grandes mansiones con estilos que iban desde una imitación del gótico hasta el renacimiento italiano, mientras que los simples ricos se trasladaron a las elegantes casas de piedra caliza que se construyeron junto a las anteriores.

Con pocas excepciones, como el hogar de Andrew Carnegie (ahora el Museo Cooper–Hewitt) y el de Henry Clay Frick (emplazamiento de la Frick Collection), las mansiones de Fifth Avenue fueron demolidas durante los años 20 para dar paso a los lujosos bloques de apartamentos existentes hoy día, con vistas a Central Park y entradas vigiladas por porteros de guantes blancos.

En la década de 1950, las casas de piedra caliza de Madison Avenue se transformaron en tiendas y oficinas, y es aquí

a Pie Arte y elegancia

Saboreando un poco de la elegancia del Upper East Side y visitando varios edificios interesantes, este paseo también incluye un par de colecciones de arte importantes.
Comience en la 65th Street en el **Templo Emanu-El**, una sinagoga de 1929 con espacio para 2 500 personas. Su diseño incorpora rasgos románicos y bizantinos que simbolizan la mezcla entre Oriente y Occidente. Dos bloques hacia el este y hacia el norte, se levanta

UPPER EAST SIDE

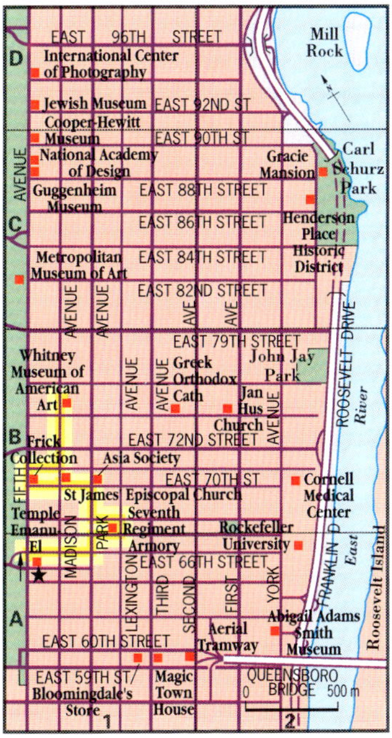

Templo Emanu-El

el **Seventh Regiment Armory**, construido en 1880 en ladrillo rojo. Su vestíbulo se utiliza para exposiciones y ventas, y algunas habitaciones fueron decoradas por Louis Comfort Tiffany. Más adelante, en Park Avenue, está el edificio **Asia Society** (página 65), al oeste del cual se encuentra **St. James' Episcopal Church**, que data de 1884, aunque sus impresionantes vidrieras y retablos fueron colocados en 1924 durante una reedificación. Frente a Fifth Avenue, la primera mansión de Henry Clay Frick acoge la **Frick Collection**, en su mayor parte de maestros clásicos europeos (página110). En contraste, cuatro bloques al norte y hacia el este, el **Whitney Museum** ofrece lo mejor del arte moderno americano (página 191).

donde los elegantes vecinos se apiñan en torno a las galerías de arte, tiendas de antiguedades y moda en una de las zonas comerciales más exclusivas de la nación.
Pasear tranquilamente por Madison Avenue, soñando con lo que ve en las tiendas y escuchando a hurtadillas los comentarios del vecindario es la manera perfecta de aclimatarse a la vida del Upper East Side.Otras razones para acercarse son la Museum Mile (ver panel), la Gracie Mansion (ver página 111) y el área portorriqueña de East Harlem, que comienza a definirse en la 96th Street (ver página 126).

■ «El adoraba la ciudad de Nueva York. La idolatraba sin medida». Estas líneas del comienzo de *Manhattan* de Woody Allen podrían aplicarse al director mismo, cuyas películas han versado sobre Nueva York y sus habitantes; y lo han hecho, quizá, de manera más convincente que ninguna otra película de ningún otro director......■

Woody Allen contra Mia Farrow

En el verano de 1992, Nueva York se vió sacudida por la polémica entre Allen y su compañera Mia Farrow, provocada por las acusaciones de ésta de abuso de menores y la revelación de que él había mantenido una relación amorosa con Soon–Yi, la hija de 21 años adoptada por Mia Farrow en su anterior matrimonio. En junio de 1993, Allen fue absuelto de la acusación de abuso de Dylan, la hija de 7 años adoptada por la pareja, pero se le prohibió verla durante seis meses.

En 1942, a los seis años de edad, Allen Konigsberg realizó un viaje en metro con su padre desde Brooklyn hasta la calle 42. Más tarde diría que estuvo «enamorado de Manhattan desde su más temprana memoria».

Nueva York, dulce hogar A mediados de 1950, Konigsberg se había convertido en Woody Allen y trabajaba como escritor de comedias televisivas en Los Angeles cuando (según la leyenda) se comprometió por teléfono con su amor de Brooklyn porque necesitaba alguien con quien ir a ver *Casablanca*.

Mientras tanto, Lenny Bruce y Mort Sahl habían reformado la comedia norteamericana y habían preparado el terreno para que el tímido Allen triunfara en el Greenwich Village y se convirtiera en una gran figura del circuito cómico nacional.

Una aparición televisiva de Allen molestó tanto a su ex-esposa que presentó un pleito por difamación de 1 millón de dólares. Pero los chistes antimatrimoniales no evitaron su nuevo enlace, esta vez con una residente del Upper East Side, gracias a la que declaró haber adquirido la «ciudadanía de Manhattan».

Las películas La primera película de Allen en la que Nueva York tiene un papel estelar es *Annie Hall* (1977). En ella Allen se caracteriza a sí mismo como un cómico devoto de New York que vive desesperado en Los Angeles. Dos años más tarde, llegaría *Manhattan*, una oda a Nueva York y un reflejo de la «alienación emocional de la intelectualidad de Manhattan». La genialidad de la película queda patente en la banda sonora de George Gershwin y en la sobresaliente fotografía monocroma.

En 1984, *Broadway Danny Rose* describía la vida de un agente teatral de Nueva York a través de anécdotas narradas en el Carnegie Deli.

Sin embargo, la mejor película sobre Nueva York que Allen ha realizado es *Hannah y sus hermanas* (1986), donde explora las complejas relaciones de un grupo de intelectuales de clase media de Manhattan. Las escenas de la ciudad subrayan los dilemas de un modo inteligente.

▶▶ The Upper West Side *151D1*

Entre el modernismo del Lincoln Center y el campus de principio de siglo de la Universidad de Columbia, el residencial Upper West Side es una de las pocas partes de Manhattan que no han variado de aspecto durante los últimos cien años.
En una cuidada zona alrededor de la calle 72 se encuentran algunos de los bloques de apartamentos más lujosos. El Dakota, el primero de todos ellos, está descrito en la página 96. Otro que merece la pena visitar es el Kenilworth Apartments, en la esquina de Central Park West y la calle 75. Las decoraciones de piedra caliza de su fachada hacen pensar en el significado del término «arquitectura de pastel de bodas». El resto de la zona está cubierto de numerosas casas señoriales antiguas y, cerca del Hudson River, varias calles albergan pintorescas casas de estilo Reina Ana.
Mientras sus edificios permanecen intactos, las décadas recientes han presenciado cambios en la vida social del Upper West Side. Los apartamentos de Central Park West siempre han estado ocupados por gente bien. Por el contrario, una gran parte del actual Lincoln Center fue una barriada en los años 50, y no fue elegido por casualidad como escenario de la película de 1960 *West Side Story*.

El Nicolas Roerich Museum
Nacido en Rusia en 1874, la vida de Nicolas Roerich estuvo dedicada al arte, la arqueología y la filosofía. En 1929 su mural «Paz a través de la cultura», que pretendía señalar y salvaguardar los monumentos culturales y las instituciones durante los periodos de guerra, le valió una nominación para el Premio Nobel de la Paz.
El Nicolas Roerich Museum (319 West 107th Street) recuerda a este notable personaje con unos cuantos de sus libros y posesiones y muchos de sus enigmáticos cuadros, en los que a menudo aparece una solitaria figura esforzándose por encontrar la iluminación entre los paisajes del Himalaya.

Central Park West desde el puente sobre el Lago. A lo lejos se divisan el Dakota y otros prestigiosos bloques de apartamentos

La llegada del Lincoln Center fue seguida por una afluencia de academicos y personas de clase media. Muchos de ellos huían de las elevadas rentas del Greenwich Village. Ellos han convertido al Upper West Side en un enclave cultural liberal, lleno de librerías, cafés y algunos bares modernos. Otros recién llegados fueron profesionales que se beneficiaron de uno de los pocos vecindarios de Manhattan faltos de bullicio las 24 horas del día.
Dejando de lado la vida social, el American Museum of Natural History es una de las principales atracciones del Upper West Side. Desde aquí se encuentra bien situado para explorar a pie nuevos lugares. Diríjase hacia el curioso Nicolas Roerich Museum, en el extremo norte del Upper West Side (ver panel).

Una opinión de 1939.
La valoración del estilo historicista de la Custom House parece ser un fenómeno reciente. En la Guía WPA (Works Project Administration) de Nueva York de 1939, el edificio es descrito como «ciertamente pesado en su tratamiento neoclásico».

Aunque ya no está ocupado por la US Customs, el imponente edificio de la Custom House en Bowling Green, permanece como testimonio de la prosperidad que el comercio marítimo trajo en su día a Nueva York.

► US Custom House *104A2*

Broadway con Bowing Green.
Metro: Bowling Green.
En el lugar de emplazamiento del Fort Amsterdam, primer asentamiento europeo en Manhattan, la antigua US Custom House de 1907 es un edificio historicista diseñado por el hasta entonces desconocido Cass Gilbert.
La Custom House costó la impresionante cifra de 7 millones de dólares, pero en la época de su construcción, los ingresos de aduanas eran la mayor contribución a las arcas del Tesoro americano. La aduana de Nueva York –con el establecimiento de la ciudad como importante puerto de mar– era la más lucrativa de todas. Profusamente dotado en su interior y exterior con símbolos del comercio marítimo, la fachada del edificio se compone de columnas corintias rematadas con la cabeza del dios romano del comercio; sobre ellas hay un friso con delfines, anclas,mástiles y otros emblemas naúticos.
Situadas sobre pedestales en las escaleras de la Custom House, cuatro esculturas de piedra caliza de Daniel Chester French (más conocido por su estatua de Abraham Lincoln en Washington DC) representan a los cuatro continentes comerciales más importantes: Asia contemplando su navío, Europa mirando hacia el pasado, África y América, que parece querer saltar y salir corriendo por Bowling Green.
El interior del edificio está coronado con una impresionante rotonda y está decorado por una serie de 16 frescos de Reginald Marsh, encargados por la Works Project Administration, una oficina del gobierno federal que creó trabajo para los artistas y escritores norteamericanos durante la Depresión. Se muestran los viajes de los exploradores americanos y un transatlántico amarrado en Nueva York, entre cuyos pasajeros está Greta Garbo.
El US Custom Service se trasladó al World Trade Center en 1973 y el edificio se cerró. Una sección volvió a abrir como juzgado de la bancarrota de la ciudad. El Museum of the American Indian (ver página 155) va a abrir una exposición permanente aquí.

▶▶ Whitney Museum of American Art *187B1*

Madison Avenue con 75th street.
Metro: 68th Street.

De una forma u otra, el Whitney Museum ha ignorado la moda, ha enfadado a las críticas, ha desconcertado al público general y ha sido el único dedicado a apoyar a los nuevos artistas norteamericanos a lo largo de ocho décadas. Ahora, se encuentra en posesión de algunos de los trabajos más importantes del arte del siglo XX.

La acaudalada Gertrude Vanderbilt Whitney comenzó su apoyo a los artistas jóvenes en 1910, adquiriendo y exponiendo sus trabajos en su estudio del Greenwich Village. Durante los años 20, ella presidió el Whitney Studio Club, un renombrado foro de arte que exponía las obras de Edward Hopper, Stuart Davis y John Sloan. Estos y otros artistas protegidos por Whitney resurgieron como grandes fuerzas creativas en el arte americano contemporáneo, aunque no hicieron demasiado para impresionar al Metropolitan Museum of Art, que rechazó la oferta de Whitney de su colección personal en 1929. Tal ofensa animó a Whitney a fundar su propio museo, el cual se trasladó en 1966 a su sede actual, un severo bloque rectangular de granito diseñado por Marcel Breuer.

Ahora más que nunca, el Whitney dirige sus energías hacia los avances de la actualidad aunque continúa con su apoyo a los jóvenes artistas. Celebrada por vez primera en 1932, la Whitney Biennal continúa siendo una exposición llena de controversia sobre las últimas tendencias del país que, en ocasiones, despierta las mismas reacciones que las primeras adquisiciones de Gertrude Whitney.

A lo largo del año, se pueden presenciar exposiciones que a menudo resaltan el trabajo de un único artista. Sin embargo, para la mayoría de los visitantes, la estrella de la Whitney Gallery es el largo recorrido cronológico por lo mejor de los fondos del museo: Claes Oldenburg, Mark Rothko, Jasper Johns, Georgia O'Keeffe, Roy Lichtenstein, Andy Warhol, Willem de Kooning, Jackson Pollock y Edward Hopper son algunos de los nombres más notables allí representados.

Casi todos los grandes nombres del arte americano del siglo XX están representados en el Whitney Museum

Sucursales del Whitney Museum.
En 1973, el Whitney Museum abrió su primera sucursal –con exposiciones gratuitas sobre temas concretos– en el Financial District. A finales de la década de 1980 ya existían cuatro sucursales en otras zonas de Manhattan (y otra en Connecticut). Por desgracia, los efectos de la recesión han dejado tan sólo una sucursal en la ciudad: en el Philip Morris Building, 120 Park Avenue.

▶▶ Woolworth Building 104C2

Broadway entre Barclay Street y Park Place.
Metro: Park Place.
Hoy día empequeñecido, aunque no amedrentado, por las cercanas torres del World Trade Center, el Woolworth Building llegó a ser el edificio más alto del mundo en 1913, cuando su torre de 800 pies de altura, con pináculos góticos, baldaquinos y gárgolas, se convirtió en una señal inconfundible de la ciudad. Encargado por F. W. Woolworth como cuartel general para su lucrativa cadena de almacenes, el edificio fue diseñado por Cass Gilbert (responsable también de la US Custom House, ver página 190) e inaugurado oficialmente por el Presidente Woodrow Wilson. El edificio, apodado la «Catedral del comercio» por un comentarista de la época, estuvo bañado con la replandeciente luz de 80 000 bombillas.
El exterior puede ser impresionante, pero el vestíbulo es todo un reto. Entre para admirar los mosaicos azules, verdes y dorados del techo abovedado, maravíllese con la grandiosa escalera de mármol, y busque las caricaturas esculpidas de Woolworth (contando su cambio) y Gilbert (sujetando una maqueta del edificio), entre otras.
La Woolworth Company aún es propietaria del edificio, y le restauró durante la década de los 80. El edificio continuó siendo el bloque más alto del mundo hasta 1929.

F. W. Woolworth. Existen pocas historias más espectaculares que la de Frank Winfield Woolworth, cuya carrera comenzó como humilde oficinista a mediados del siglo XIX, época en la que los clientes tenían que dirigirse a los dependientes y discutir sobre el precio de la mercancía. En 1879, el primer almacén de Woolworth abrió nuevas vías al permitir que los clientes examinaran y eligieran la mercancía cuyo precio oscilaba entre 5 y 10 centavos. Cuando comenzó la construcción del Woolworth Building, Woolworth presidía 2 000 almacenes y fue capaz de mantener su credo de «venta sin plazos», al pagar por el edificio en metálico un total de 13,5 millones de dólares.

El Woolworth Building, símbolo de un imperio mundialmente famoso

Paseo: World Trade Center. Después de visitar el World Trade Center, vaya paseando hacia el río Hudson, parándose en el atrio decorado con palmeras del World Financial Center y continuando después hasta la Esplanade del Battery Park City.

World Trade Center *104C1*

Church Street entre Liberty y Vesey Streets.
Metro: World Trade Center.
Elevándose más de 350 metros sobre Lower Manhattan, las torres gemelas del World Trade Center de Minoru Yamasaki se convirtieron en los edificios más altos del mundo en 1973. (Fueron sobrepasadas posteriormente por la Sears Tower de Chicago). Sus estructuras de acero expresan cierta monotonía a gran escala.
Aproximadamente un millón de visitantes vienen cada año, atraidos, no por su arquitectura sino por la impresionante panorámica visible desde el mirador situado en el observation deck (los tickets se recogen en el concourse

Un hecho curioso.
Desde el nivel de observación del tejado de la torre sur, la torre norte del World Trade Center se encuentra más alejada de la otra torre que lo que realmente está a nivel del suelo: un efecto causado por la curvatura de la tierra.

El techo del mundo: 450 metros de altura en el piso 110

level de la torre sur). Un aliciente inesperado es el ascensor que asciende hasta el piso 107 en 58 segundos: puede que no sienta el movimiento del ascensor, pero sentirá el cambio de presión en el aire.
El mirador de la plataforma de observación ofrece una vista panorámica de Manhattan y sus alrededores, aunque debido a que el World Trade center está situado en la punta sur de la isla, la panorámica de la Gran Manzana es menos completa y menos impresionante que desde el Empire State Building. Una escalera mecánica sube hasta la vertiginosa azotea (cerrada si hace mal tiempo).
Las torres son sólo dos de los siete edificios que componen el World Trade Center, situado en una plaza de 2 Ha, ideal para los conciertos estivales al aire libre y emplazamiento de las esculturas de Fritz Koening, James Rosati y Masayuki Nagare que intentaron, sin mucho éxito, humanizar la escala del complejo.
Uno de los mejores lugares para escapar de las sensaciones provocadas por la gigantesca arquitectura se encuentra en el nivel subterráneo, donde una gran variedad de tiendas y restaurantes atienden las necesidades prácticas de las 50 000 personas que trabajan en las torres del World Trade Center –empleados de las muchas compañías que alquilan las oficinas del centro.
En febrero de 1993, varias personas murieron y muchas otras fueron heridas de gravedad cuando una bomba, aparentemente activada por terroristas en un aparcamiento subterráneo, hizo explosión en el World Trade Center .

Cuándo ir.
Vaya a donde vaya en el área de Nueva York, debería hacerlo entre abril y septiembre. Esto no solamente evitará las frías temperaturas, sino que también le dará la oportunidad de disfrutar de los numerosos festivales locales que tienen lugar a lo largo de todo el verano, así como de visitar los museos locales, muchos de los cuales permanecen cerrados en invierno.

Los antepasados de los neoyorquinos pueden haber tenido residencias de verano por todo el estado, pero muchos de los neoyorquinos actuales tiemblan al pensar en salir de los confines familiares de la gran metrópoli y aventurarse más allá del cinturón de carreteras que rodea a la ciudad. Sin embargo, aquellos que se deciden suelen verse gratamente sorprendidos. A menos de una hora en coche de las bulliciosas calles de Manhattan, existe un paisaje rural lleno de plácidos pueblos, algunos de los cuales poco han cambiado desde la época de las primeras colonias.

El Hudson Valley Al norte de la ciudad, el río Hudson fluye a través de los 225,26 km de longitud del Hudson Valley (ver páginas 200-5). El río, en su día la ruta más importante que penetraba en Nueva York procedente de Nueva Inglaterra, tuvo gran importancia estratégica en la Guerra de Independencia, durante la que se fundaron varios fuertes a lo largo de su curso. Uno de ellos se transformó en la famosa academia militar norteamericana de West Point. Aunque los lugares de las batallas permanecen, el valle ya no deja oir los sonidos de los disparos de los mosquetes. Sus verdes colinas y los campos de cultivo sembrados de viñedo y productos hortícolas, son la encarnación de la tranquilidad pastoril. Este es el escenario que inspiró el primer movimiento artístico propiamente americano, la Hudson River School. Muchos ejemplos de los trabajos de estos artistas pueden ser vistos en los museos de la región.

Vida a la orilla del río en el tranquilo Hudson Valley. Resulta difícil creer que las frenéticas calles de Nueva York estén tan sólo a 48 km de distancia

Cielos claros, y colores de otoño hacen de esta estación una buena época para visitar las Catskill

Los Montes Catskill A medio camino en el Hudson Valley, las Catskill Mountains se asoman hacia el oeste (ver páginas 196-9). La cumbre más alta de las Catskill apenas alcanza los 1 219 metros. Estas montañas, con laderas cubiertas de pinos surcadas por multitud de riachuelos, ofrecen un perfecto escenario natural para las docenas de diminutas comunidades que se esconden entre sus pliegues.

El pueblo más extenso de las Catskill es Woodstock, famoso por su cultura y artesanía, que se remontan a principios de siglo. Las calles formadas por casas de madera, así como las docenas de galerías y tiendas de artesanía que venden productos de la zona, hacen de Woodstock un lugar maravilloso para sucumbir a la tranquilidad rural de las Catskill.

Long Island Con el océano Atlántico a un lado y Long Island Sound al otro, Long Island (ver páginas 206-11) se extiende 201 km al este desde Nueva York, perdiendo población a medida que se aleja de la ciudad.

La agricultura y la pesca son las ocupaciones tradicionales de la vida de Long Island, pero hace un siglo, los neoyorquinos comenzaron a frecuentar las maravillosas playas de la costa sur. Como resultado, un grupo de encantadores pueblos costeros llamados los Hamptons se convirtieron en lugares de retiro estival para las personas acomodadas, y hasta hoy han sido el refugio vacacional de la gente bien.

Las protegidas arenas cubiertas de dunas de Fire Island, ofrecen playas excelentes y de menor exclusividad social, aunque muchas de las paradas más intrigantes de Long Island están en la orilla norte, donde antiguos centros balleneros e inmaculados pueblos agrícolas anidan entre las mansiones construidas por familias como los Roosevelt y los Vanderbilt.

Alquiler de coches y transporte público.
Las excursiones descritas en las páginas siguientes sólo pueden realizarse si se dispone de coche. Alquilar un coche fuera de la ciudad de Nueva York supondrá todo un ahorro. Todas las principales ciudades del Hudson Valley y Long Island se encuentran bien comunicadas mediante transporte público y cuentan con oficinas de las compañías de alquiler de coches más competentes. Una alternativa saludable es combinar el transporte público con las excursiones en bicicleta. Durante el verano, el alquiler de bicicletas es muy común. Sin embargo, para descubrir lo mejor de las Catskill Mountains necesitará un coche.

En Coche Montes Catskill

Cruzando dos veces por las tierras altas de Catskill y pasando a través de algunos de los pueblos más interesantes de la región, esta excursión en coche comienza y termina en Kingston y Saugerties.

Más allá de Kingston, la carretera pronto llega a Woodstock y continúa a través de pequeños emplazamientos mientras avanza hacia el oeste.

El escenario que corta la respiración se encuentra en dirección este, en la Route 23A, mientras asciende desde Prattsville hasta Hunter, famoso por el esquí en invierno y por sus festivales en verano. Una ruta alternativa desde Prattsville le conducirá hasta East Durham, famoso por sus dos museos. El tramo final de la excursión desciende hacia Hudson Valley por el pueblo de Saugerties. Un maravilloso lugar con singulares tiendas de antiguedades y casas restauradas. Saugerties se encuentra a poca distancia de Slabsides, la cabaña de madera del venerado naturalista local, John Burroughs.
Los puntos de interés de la ruta se encuentran detallados en las páginas 197-9.

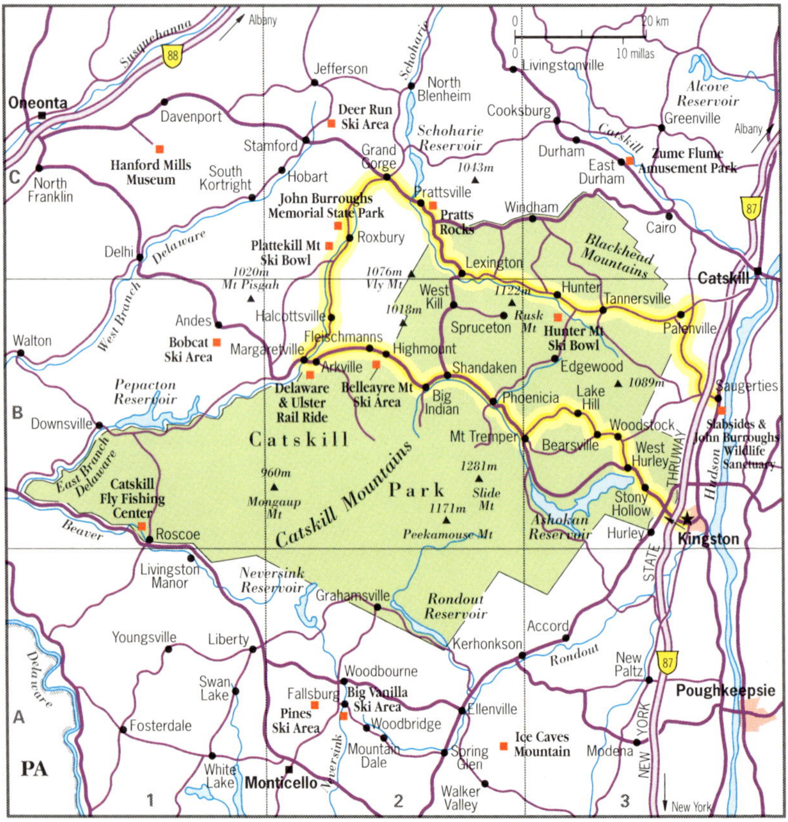

▶▶ Catskill Mountains (Montes Catskill)

Kingston y Hurley Las colinas cubiertas de bosques y diminutos pueblos ocultos entre los diversos caminos que componen las Catskill Mountains acogen la comunidad más extensa de la región, **Kingston▶▶**. Comenzó como centro de comercio holandés en 1616. A mediados de siglo XVIII había evolucionado ya hasta ser una importante base comercial, y durante la Guerra de Independencia se convirtió en la primera capital del estado de Nueva York. En el 312 de Fair Street, el **Senate House State Historic Site▶** ha sido restaurado para conmemorar los dos meses en que Kingston fue capital del estado; aunque el senado se fue desplazando hacia el sur a medida que los británicos avanzaban desde el norte. En un edificio contiguo se expone una selección de pinturas del artista local John Vanderlyn junto a otras de sus contemporáneos.
La Senate House es una de las diversas casas de piedra de construcción holandesa de los siglos XVII y XVIII que ocupa el Stockade District, dentro de fortificaciones erigidas en 1658 para proteger la ciudad de los nativos americanos. En la misma zona se encuentra el **Urban Culture Park Visitor Center▶▶**, en el que se cuenta la historia de Kingston, a poca distancia de la **Old Dutch Church▶**. Aunque construida en 1852, la iglesia fue fundada en 1659 y en su cementerio aún se pueden ver tumbas holandesas.
La segunda zona histórica de Kingston es el distrito **Rondout** frente al río, donde las exposiciones del **Hudson River Maritime Center** rememoran el momento de esplendor de la ciudad como centro comercial marítimo y astillero.
Al igual que Kingston, **Hurley▶**, a unos cuantos kilómetros al oeste, disfrutó de un corto periodo como capital del estado en el siglo XVIII y conserva mucho más que sus casas de construcción holandesa. Diez de estos edificios se sitúan a lo largo de Main Street, y abren sus puertas a las visitas el segundo sábado de julio. La restaurada **Hurley Patentee Manor** del siglo XVIII, está abierta en verano.

New Paltz
New Paltz, al sur de Kingston en la Route 32, fue colonizado en 1677 por una comunidad de hugonotes. Seis de sus hogares permanecen en condiciones excelentes a lo largo de la calle de Huguenot Street. Desde la Deyo House de 1692, la sociedad histórica local organiza visitas a las casas, amuebladas según el estilo de la época y ofrece una visión de las vicisitudes de la vida local en el siglo XVII.

La Route 42 cerca de Shandaken

Woodstock El pueblo más conocido y concurrido de todos los Catskill, (a 12,8 km al oeste de Kingston por la Autopista 212), dió su nombre al legendario concierto de rock celebrado en 1969, aunque en realidad, la concentración tuvo lugar a 96,5 km. Sin embargo, si el concierto hubiera tenido lugar aquí, se habría adecuado estupendamente al carácter bohemio que el pueblo ya poseía de por sí.

Hunter y sus festivales
Los neoyorquinos conocen Hunter (al norte de Woodstock en la Route 214) como estación de esquí, pero cuando la nieve desaparece de las laderas de Hunter Mountain, la zona comienza su periodo estival con una serie de festivales notables por su diversidad. A principios de julio hay un festival italiano, seguido por el festival de los alpes germanos y la primera parte de un festival de música country. En agosto se celebran el festival nacional de polkas, un festival celta, la segunda parte del festival de música country y un festival de música de las décadas de los años 50 y 60. El Mountain Eagle Native American Indian Festival, celebrado a principios de septiembre, pone punto final a la estación estival.

A principios de 1900, un inglés inspirado por las ideas utópicas de John Ruskin y William Morris fundó los **Byrdcliffe Studios** sobre 12,14 Ha. de las colinas que circundan Woodstock (busque el indicador de salida en la Autopista 212). Los artistas y artesanos llegados para vivir y trabajar en los estudios ayudaron en la creación de un rico programa de acontecimientos culturales en el pueblo, una tradición que continúa hoy día.

Al oeste de Woodstock Adentrándose en las colinas de Catskill, las carreteras serpentean entre las cimas y pasan pueblos diminutos como **Phoenicia** y **Shandaken,** donde el rafting en aguas claras y una rica variedad de exquisitos restaurantes franceses son la principal fuente de ingresos.
En la margen oeste de las Catskills, **Arkville** ofrece un toque más diverso con el **Delaware & Ulster Rail Ride▶,** un segmento de 19,3 km de un ferrocarril histórico que constituye una excursión muy turística y extremadamente fotogénica hasta Halcottsville, ida y vuelta, realizada varias veces al día.

Roxbury y Prattsville Al norte de Arkville, **Roxbury** adquirió la iglesia **Jay Gould Memorial Reform Church** en 1892. Esta impresionante estructura de piedra caliza y roble fue erigida por los hijos del poco querido barón Gould, nacido aquí en 1836.

La visita realizable al **John Burroughs Memorial State Park▶**, 3,2 km al oeste, bien merece la pena. Aquí nació en 1837 el naturalista que sería enterrado en 1921. Burroughs compartió los gustos de Theodore Roosevelt, Thomas Edison y Henry Ford por las acampadas en las Catskills, y difundió las maravillas de su entorno en sus escritos.
Prattsville▶▶, que tomó su nombre de Zadock Pratt, propietario de una curtiduría local, se enorgullece de ser una de las primeras comunidades de EE UU, y confirma este hecho con algunos edificios del siglo XIX excelentemente conservados. Uno de ellos, la vivienda del propio Pratt, acoge en la actualidad las exposiciones de historia local del recomendable **Zadock Pratt Museum▶**.
En **East Durham,** en el extremo norte de las Catskills, una interesante colección de aperos de labranza, fósiles, útiles nativos americanos, parafernalia militar y muebles de época componen el **Durham Center Museum▶**, en el interior de una escuela del siglo XIX. Los recuerdos más raros de las Catskills también se encuentran en East Durham: adornos fabricados a base de mariposas reales en el **Butterfly Art Museum▶**. Fundado por una alemana aficionada a los lepidópteros, llegada en 1932, el museo posee una extensa colección de mariposas, y un grupo mucho menos exótico de escarabajos disecados. En completo contraste, los paseos sobre el agua en el **Zume Flume Amusement Park▶** cerca de Shady Glen Road, son la manera perfecta de mantenerse fresco en un día caluroso.
No lejos de **Saugerties,** en el Hudson Valley (fuera de la carretera 9W cerca de West Park), están Slabsides y el tranquilo bosque del **John Burroughs Wildlife Park▶**.

Pratt Rocks
Justo a las afueras de Prattsville por la Route 23, el Pratt Rocks muestra grabados que describen a Pratt y su caballo. Fueron encargados por Zadock Pratt en la década de 1860, para permitir que un escultor ganase algún dinero para pagarse su estancia.

Izquierda, derecha y abajo: Aspectos de Woodstock, el pueblo clásico de las Catskills

En Coche Valle del Hudson

La siempre cambiante panorámica del Hudson River y su valle plagado de árboles le garantizarán recuerdos duraderos de esta excursión.

Ver mapa opuesto.

Tómese dos o tres días para realizar la mayor parte de la ruta, visitando algunas de las muchas comunidades únicas y casas históricas -algunas de las cuales han sido un rasgo de la región del Hudson Valley desde sus primeros asentamientos europeos. Este viaje finaliza en Albany, capital del estado de Nueva York y una de las pocas ciudades del Hudson Valley donde los edificios modernos son tan evidentes como los del pasado. Los lugares de interés que visitará a lo largo de la ruta se tratan detalladamente en las páginas 200-5.

Casa señorial y molino de Philipsburg

▶▶ Hudson Valley (Valle del Hudson)

De Yonkers a Tarrytown Aunque no tiene nada que ver con los verdes pastos de la zona más septentrional, el industrial Yonkers debería ser su primera parada una vez fuera de Nueva York por la Autopista Interestatal 87. Los evocadores paisajes de la Hudson River School

Sunnyside, el hogar de Washington Irving, es uno de los edificios conservados cerca de Tarrytown

representados en el **Hudson River Museum▶** en Yonkers, despertarán su interés por lo que encontrará en adelante. Cerca puede contemplar un poco de la historia del Hudson Valley en la mansión **Philipse Manor▶**, donde Frederick Philipse III, nieto de un colono holandés que amasó una fortuna gracias al comercio de esclavos, llevó una vida tranquila hasta que fue encarcelado durante la Guerra de Independencia por apoyar a los británicos. El insulto definitivo a la actitud de Philipse bien podrían ser los retratos de los presidentes norteamericanos que ahora se exponen en el museo de la casa señorial.

Más al norte por la Route 9, al sur de Tarrytown, descansa junto al río un castillo neogótico, con sus torres, chapiteles y almenas, semioculto detrás de un bosque. Conocido como **Lyndhurst▶▶▶**, la exuberante estructura se encuentra entre los mejores ejemplos de arquitectura neogótica americana y es obra del maestro del género Jackson Davis. Construido en 1838, Lyndhurst fue adquirido por el despreciado barón Jay Gould en 1880. Gould mantuvo bien el edificio y sus descendientes vivieron aquí hasta 1961. El edificio constituye una fiesta para la vista, construido en 25,9 Ha de tierras maravillosamente cuidadas, pudiendose contemplar en su interior una gran colección de objetos victorianos.

Cuando Lyndhurst estaba a punto de ser terminado, el autor Washington Irving se trasladó a una morada mucho menos ostentosa a una milla de **Sunnyside▶▶**, añadiendo tejas holandesas y una torre románica a una cabaña del siglo XVII. Visitas guiadas exploran las 17 habitaciones donde el creador de *Cuentos de la Alhambra* y de *La leyenda de Sleepy Hollow* pasó los últimos años de su vida. Además de convertirse en el primer autor de ficción norteamericano mundialmente conocido, Irving fue también un experto fontanero: los grifos de su bañera y el tanque de agua caliente de su cocina fueron grandes innovaciones.

Un corto desvío en la Route 9, al norte de Tarrytown, se adentra en la **Philipsburg Manor▶▶**, donde podrá ver una reconstrucción de un molino del siglo XVII. Las visitas con guías vestidos con atuendos del siglo XVIII son informativas y divertidas.

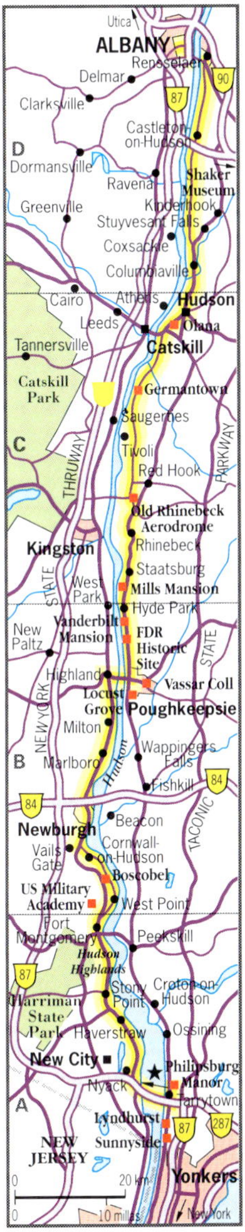

El nombre de Tarrytown. De acuerdo con el autor Washington Irving, las esposas holandesas del lugar fueron las responsables del nombramiento de Tarrytown. La razón fue la constante inclinación de sus maridos a merodear por la taberna del pueblo en los días de mercado. Otras fuentes, de orientación menos romántica, sugieren que el nombre fue una incorrección de la palabra holandesa para trigo, «tarwe».

Muy cerca se encuentra la **Old Dutch Church▶** construida bajo el mandato de Frederick Philipse en 1697. Sólo se puede entrar durante los servicios. El cementerio es lúgubre y misterioso; junto a las tumbas de muchos colonos holandeses se encuentran las de Andrew Carnegie y Washington Irving. El héroe decapitado de *La leyenda de Sleepy Hollow* de Irving permanece inhumado en este lugar.

De Tarrytown a West Point En la orilla oeste del Hudson, la Route 9W pasa cerca del pueblo de **Nyack▶**, lugar de nacimiento de Edward Hopper en 1882. El artista pasó aquí la mayor parte de su vida, en lo que ahora es el **Hopper House Arts Center** (82 North Broadway). Los mejores lienzos de Hopper se encuentran en los museos más prestigiosos de todo el mundo, pero los devotos encontrarán aquí algunos de sus paisajes locales, además de un gran número de libros y grabados de recuerdo.
Más al norte, por la Route 9W, está el **Stony Point Battlefield State Historic Site▶**, los restos de un fuerte británico asediado y capturado por el general Anthony Wayne «el loco» en 1779. Un pequeño centro de visitantes describe la batalla y su significado. La hazaña del general Wayne le valió la medalla de oro del Congreso.
Más allá de Stony Point, la Route 9W asciende hasta las **Hudson Highlands:** una zona de asombrosa belleza donde el río se estrecha y las vertientes, cada vez más escarpadas, muestran impresionantes muros de roca viva. La Route 218 ofrece una panorámica sobre el río, a su paso por la **United States Military Academy en West Point▶**. Desde 1802, West Point ha intentado inculcar las cualidades de disciplina, moral y liderazgo a sus cadetes.

El campus de la Academia Militar Norteamericana en West Point. Aquí puede pasear tras las huellas de muchos americanos famosos

Numerosos presidentes, generales y austronautas se han graduado aquí; incluso entre los que se dieron de baja ha habido nombres famosos, como el autor Edgar Allan Poe y el gurú del LSD durante los años 60, Timothy Leary.
Entre los lugares de interés destaca el **West Point Museum.** En sus salas pueden verse fusiles, banderas, uniformes y medallas de todos los conflictos en que Estados Unidos se ha visto envuelto. Asímismo, el **Drill Ground** es el lugar donde pueden ser vistos algunos de los 4 000 cadetes de West Point pueden a veces ser vistos mientras desfilan en recia formación. Por otra parte, los restos del **Fort Putnam** de la Guerra de Independencia, descansan a 137 metros sobre sobre el Hudson.

Nada fuera de lugar: el Drill Ground, terreno utilizado para los desfiles en West Point

De West Point a Poughkeepsie En Newburgh, George Washington ocupó una vivienda, construida en piedra por el colono holandés Jonathan Hasbrouck, en el 84 de Liberty Street durante los 16 meses transcurridos entre la rendición británica y la firma del Tratado de París. Conservado como el **Washington's Headquarters State Historic Site▶**, la casa es una de las diversas moradas de los siglos XVIII y XIX que merece la pena visitar.
Una mejor descripción de los difíciles tiempos del periodo revolucionario se encuentra en el **New Windsor Cantonment State Historic Site▶▶**, al suroeste de Newburgh cerca de Vails Gate. Aquí, 10 000 soldados de las tropas de Washington fueron acomodados en cabañas al concluir la guerra. Tan sólo un discurso de Washington sofocó un motín en sus filas. Durante los meses estivales se recrean la historia en este lugar, produciéndose sonoras explosiones con réplicas del armamento de la Guerra de Independencia.
Al norte de Newburgh yacen al pie de la colina los pueblos de las Catskill Mountains. En la orilla este del Hudson, se encuentra **Poughkeepsie.** Esta población fue fundada por los nativos americanos y hoy lucha por conservar su rancio sabor. Una venerable institución del pasado de Pouchkeepsie aún en activo es el **Vassar College▶**, fundado en 1881 como la única universidad femenina de la nación, y el primer campus en incluir un museo y una galería de arte. Aquí encontrará algunas obras menores de Rembrandt y Whistler compartiendo sala con los notables paisajes de la Hudson River School.

Un desvío, 3,22 km al sur de Poughkeepsie en la Route 9, lleva a **Locust Grove▶**. La casa fue adquirida en 1847 por el inventor Samuel Morse que, con la ayuda de Alexander Jackson Davis, la transformó en una villa de estilo renacentista. El edificio permanece en buenas condiciones y buena parte del equipo telegráfico de Morse comparte el interior con una gran diversidad de muebles victorianos.

De Poughkeepsie a Albany Puede que Morse sea recordado por el código que lleva su nombre, pero no pudo equipararse a los logros de Franklin D. Roosevelt. Destinado a ser el presidente que mayor servicio brindó a su nación, Roosevelt nació en una casa de madera junto al Hudson en 1882, cerca del caserío de Hyde Park, en la Route 9 al norte de Poughkeepsie.
Roosevelt transformó la casa en 1916 en una mansion de estilo georgiano de 35 habitaciones y la utilizó para recibir a la realeza y jefes de estado. Hoy día se conserva como el **Franklin D. Roosevelt National Historic Site▶▶**, y en él se puede admirar el buen gusto de Roosevelt en el diseño de interiores.
El **Franklin D. Roosevelt Library Museum▶** conserva el archivo presidencial, además de una exposición sobre la vida de Roosevelt. Un servicio de autobús continúa hasta el **Eleanor Roosevelt National Historic Site▶**, la casa utilizada por la esposa de Roosevelt, como lugar de retiro estival y como hogar permanente durante su viudedad.
Comparado con el hogar de los Roosevelt, el **Vanderbilt Mansion National Historic Site▶▶**, 3,2 km más al norte, recuerda una vida mucho más frívola. Frederick W. Vanderbilt, nieto del millonario Cornelius Vanderbilt, pasó la mayor parte de su vida dilapidando la fortuna familiar, empleando 2 millones de dólares en esta mansión de tres plantas de estilo neoclásico. En el interior, las alfombras persas, los tapices flamencos, y otras valiosas pertenencias están expuestas al público, ya que la sobrina de Vanderbilt no pudo encontrar un comprador para la casa en 1940, incluso al precio regalado de 250.000 dólares, así que la donó a la nación.
El hogar más imaginativo del Hudson Valley no es una mansión multimillonaria sino **Olana▶▶**, en la Route 9G, al suroeste del Hudson. Olana se construyó en la década de 1870, en un estilo que evoca la arquitectura musulmana, como el hogar de un importante artista de la Hudson River School, Frederick Church. Decoradas con motivos islámicos y bizantinos, las puertas y ventanas de Olana sirven de marco para unas vistas maravillosas. El mismo Church pintó la colina donde se encuentra emplazada. En su interior abundan las alfombras, adornos y tesoros procedentes de Oriente Medio y, en especial, de la antigua Persia.
En el trecho final hacia Albany, desvíese hacia el este hasta Old Chatham, un asentamiento de la comunidad religiosa conocida desde 1787 como los *shaker*. Viviendo bajo un código de celibato, moderación y entrega, el sencillo mobiliario artesanal de los *shaker* cambió el aspecto de las artes aplicadas de América. En muchos museos de la nación se pueden apreciar diversos ejemplos, pero el **Shaker Museum▶▶** de Old Chatham es, sin duda, la colección más extensa. Ocho edificios muestran labores de carpintería, ebanistería, metalurgia y confección *shaker*, y otras exposiciones, detallan su historia y sus creencias.

La cáscara de huevo de Albany
Lo que parece una gigantesca cáscara de huevo dada la vuelta en el centro de Albany, es en realidad la sede del ESIPA, o Empire State Institute for the Performing Arts. En el interior, hay capacidad para 900 personas y una programación regular de variados acontecimientos musicales y teatrales.

La sede del gobierno del estado de Nueva York tiene sus oficinas en la Empire State Plaza de Albany

Llegando al extremo norte del Hudson Valley, **Albany▶▶** surgió durante el siglo XVIII como centro comercial y nudo de comunicaciones, convirtiéndose en la capital del estado en 1797. Un intenso programa de restauración ha conservado muchos de los edificios del siglo XIX de Albany en buen estado. En la actualidad, domina el centro de la ciudad el blanco mármol de la **Empire State Plaza,** construida en los años 60, cuyo paseo de un cuarto de milla está decorado por abundantes esculturas. Tome el ascensor hasta el observatorio, en el piso 42 del edificio más alto de todo el atrio, la **Corning Tower▶**, para divisar todo el valle. En la planta baja, el atrio resurge con el granito rosado del exterior del **Capitol Building▶▶▶** de 1898, construido con un coste de 24 millones de dólares, que adquirió rasgos franceses, italianos y románicos a medida que los gustos iban cambiando durante los 30 años de construcción. Las visitas guiadas suben por la elegante escalera de mármol hasta las restauradas cámaras legislativas.

Atravesando el atrio, el **New York State Museum▶▶▶** utiliza copiosas exposiciones y dioramas para aunar la historia de la región, centrándose en temas tan diversos como la geología de los Adirondacks y la arquitectura de altura de Manhattan. En el **Albany Institute of History and Art▶▶**, en el 125 de Washington Avenue, hay mucho más sobre el pasado de la zona. La mayor parte de lo expuesto data de la época de la colonización holandesa: un festín de mobiliario, menaje y portarretratos aristocráticos, junto a una loable selección de pinturas de la Hudson River School.

La Mansión Schuyler

Si el recorrido por todo el valle no le ha quitado el apetito por construcciones del periodo, dispóngase a disfrutar de la flor y nata de las residencias de Albany, la Mansión Schuyler de 1762, en el 32 de Catherine Street. Fue construida por Philip Schuyler, un importante hombre de negocios que sirvió con distinción como oficial durante la Guerra de Independencia.

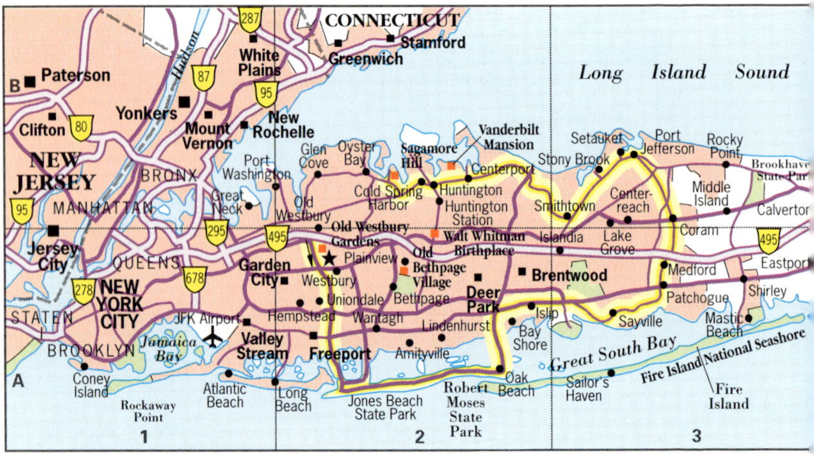

En Coche **Long Island**

Esta excursión le llevará a algunas playas de Long Island, hogares históricos y auténticos puertos pesqueros.

Desde los hermosos jardines Old Westbury Gardens, el viaje llega hasta la popular Jones Beach antes de pasar por las comunidades de Sayville y Patchogue, en la costa sur. A continuación, la ruta recorre diminutos caseríos antes de llegar a los pintorescos pueblos de Setauket y Stony Brook, en la costa norte.

Se puede llegar a la mansión Vanderbilt tomando una desviación en la ruta principal, o puede continuar hasta el lugar de nacimiento de Walt Whitman, Cold Spring Harbor, en el pasado, un importante centro ballenero. La parada final tendrá lugar en Sagamore Hill, la casa de Theodore Roosevelt.
Los puntos de interés a lo largo de la ruta, al igual que otros lugares notables para una visita más extensa a Long Island, se encuentran detallados en las páginas 207-11.

Las playas de la costa sur de Long Island son tan extensas como para absorber cualquier número de turistas neoyorquinos

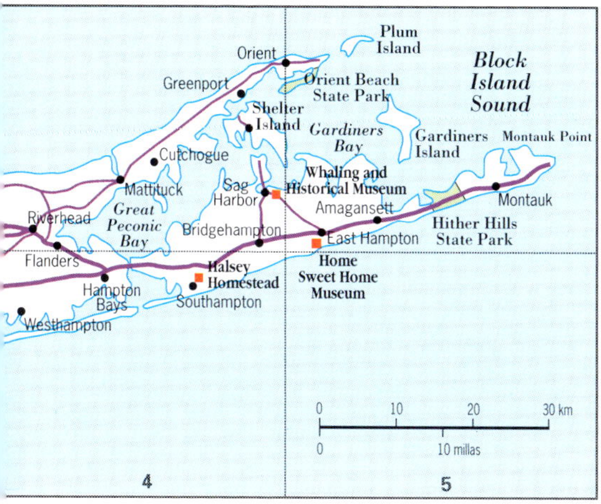

Amityville
Una casa sobre una colina de Amityville, en uno de los barrios más arraigados de Long Island, hizo que sus ocupantes huyeran aterrorizados en la década de 1970. Después la publicación y realización de un libro y una película, titulados *Amityville*, en los que se describían (y en cierto modo se exageraban) los sucesos allí acaecidos, los lugareños comenzaron a enseñar el lugar a todos los turistas. No es sorprendente que la venta de la casa haya encontrado ciertas dificultades. Hoy por hoy, todavía añade un toque sombrío a esta tranquila comunidad.

▶ Long Island

Old Westbury y Old Bethpage La mayor parte del oeste de Long Island es ahora un barrio sin fronteras atravesado por autopistas, pero hace un siglo estaba lleno de escenas rurales. John S. Phipps, el hijo del compañero de trabajo de Andrew Carnegie, eligió un terreno cerca de Old Westbury como lugar para una impresionante casa de campo. La Westbury House de ladrillo rojo se finalizó en 1903. Hoy día, las 40,47 Ha. de terreno, conocidas como **Old Westbury Gardens▶▶**, son la atracción principal. Los jardines, perfectamente cuidados, poseen miles de árboles y un aromático jardín de rosas.

Long Island no sólo ofrece una vía de escape a Nueva York, sino que además, en **Old Bethpage Village▶▶**, ofrece un escape del siglo XX. Los paseos construidos con conchas de ostras llevan hacia esta recreación de un pueblo agricultor y ganadero de principios del siglo XVIII, ejemplo típico de los que cubrían Long Island mucho antes de que se construyeran las carreteras interestatales y los barrios

The William Floyd Estate Cerca de Mastic Beach, donde la carretera hacia Fire Island se une con la tierra firme; el William Floyd Estate es lo que queda de una plantación, propiedad del general William Floyd, uno de los cosignatarios de la Declaración de Independencia. La sencilla casa que Floyd construyó en 1724 permanece en el centro de una hacienda de 243 Ha. El último de los descendientes del general vivió aquí hasta 1975, mientras que muchos de los otros permanecen enterrados en el cementerio familiar. Las 25 habitaciones de la casa fueron testigo de los cambios en la fortuna familiar.

comenzaran a crecer. El sastre, el herrero, las bordadoras y los propietarios de establecimientos llevan a cabo sus tareas diarias mientras se las explican a los visitantes.

Jones Beach y Fire Island Sin embargo, la mayoría de los neoyorquinos que llegan a Long Island, no piensan en el antiguo estilo de vida rural, sino en broncearse en la costa sur. Cualquier fin de semana estival, **Jones Beach** es el reflejo del recreo de Nueva York. Si busca soledad y tranquilidad realice el corto trayecto hasta **Robert Moses State Park▶**, que cuenta con un faro del siglo XIX, que ahora se emplea como centro de visitantes. El parque estatal de 405 Ha ocupa el extremo oeste de **Fire Island▶▶**, el mayor banco de arena de la costa sur de Long Island. Aunque su anchura nunca sobrepasa la media milla, Fire Island se extiende a lo largo de 51,5 km y, además de ser accesible por las carreteras de sus extremos, se puede utilizar el ferry para llegar a ella. La totalidad de Fire Island es terreno público, aunque varias secciones están dedicadas a lugares recreativos privados, cada uno de ellos con su distintivo social. Un lugar acogedor para una excursión de un día es **Sailor's Haven▶▶**, donde se llega en ferry desde Sayville. La playa, los senderos naturales que serpentean alrededor de las dunas, y la resistente vegetación que forma el **Sunken Forest▶**, no deberían pasar desapercibidos. Un centro de información ofrece material informativo sobre la sorprendente ecología de Fire Island.

The Hamptons Al este de Fire Island, el conjunto de poblaciones conocidas como The Hamptons descansaba en medio de tierras de labranza repletas de molinos de viento hasta finales de siglo XIX, cuando neoyorquinos adinerados comenzaron a descubrir su potencial como destino vacacional y lo transformaron en zona turística de clase alta. The Hamptons sigue siendo refugio de ricos, pero retiene gran parte de su encanto. Allí hay playas excelentes, boutiques de moda y restaurantes caros. **Southampton▶** es una de las ciudades más antiguas de Long Island y, en ella, la **Halsey Homestead▶** se vanagloria de ser la casa con estructura de madera más antigua de todo el estado. El mayor atractivo de The Hamptons es **East Hampton▶▶▶**, con sus estrechas calles delimitadas por setos minuciosamente recortados y cabañas de campo con vallas de madera. El actor y dramaturgo local John Howard Payne adoraba tanto el lugar, que le dedicó una de sus canciones más sentimentales, «Hogar Dulce Hogar». Los vecinos reconocieron su labor convirtiendo su casa en el

La costa norte de Long Island atrae a los neoyorquinos que buscan un lugar en el campo

Home Sweet Home Museum▶, en su mayoría compuesto por cerámicas del siglo XVIII.

Aún queda más por ver; cuatro edificios añejos mantenidos por la East Hampton Historical Society a lo largo de Main Street. El que más abarca es la **Clinton Academy▶** de 1784, una vez importante lugar de aprendizaje y hoy día centro de exposición de las diversas facetas de la vida local.

Cruce el Robert Moses Causeway para llegar a la costa sur

Sag Harbor Si el paseo de 32 km hacia el extremo este de

Long Island no le atrae (ver panel), diríjase hacia el norte desde East Hampton hasta **Sag Harbor▶▶**. Aunque no lo parezca a primera vista, fue en su día un puerto concurrido, el segundo en importancia después de Nueva York. Hasta 1871 aquí amarraban las cuatro flotas balleneras más grandes del mundo. Pase a través de la mandíbula de una ballena en la puerta del museo ballenero **Whaling and Historical Museum▶▶**, donde se hace patente un pasado glorioso: enormes pilas de aparejos naúticos y una colección más modesta de objetos caseros.

La **Custom House▶** (Aduana) de 1789 es otro superviviente del apogeo marítimo de Sag Harbor, al igual que la **Whaler's Church▶**, construida en 1841 en un curioso estilo griego-egipcio. La aguja del campanario, durante mucho tiempo de gran ayuda para los navegantes, fue destruida por un huracán en 1938, augurando el inicio del declive de la actividad marítima en Sag Harbor.

Shelter Island El corto viaje en ferry (personas y vehículos) a **Shelter Island,** al norte de Sag Harbor, no es sólo un atajo hasta la bifurcación norte de Long Island (un segundo ferry cruza hasta Greenport) sino también un lugar de tranquilidad suprema, donde las estrechas y serpenteantes calles se encuentran flanqueadas por casas de campo victorianas. No obstante, Shelter Island no ha disfrutado de un pasado admirable. Fue un enclave pirata en el siglo XVIII y durante la ley seca, lugar de contrabando de alcohol.

Extremo este de Long Island
Si viaja en dirección este de East Hampton a Montauk, no dude en acercarse hasta Montauk Point, la última parada antes de la costa irlandesa. Un faro, construido en 1797 bajo el mando de George Washington, descansa en el punto más oriental. La recompensa al vértigo y al mareo despúes de ascender sus 138 escaleras son las impresionantes vistas de Rhode Island y la costa de Connecticut.

Sagamore Hill

Riverhead
Una razón para visitar Riverhead, una ciudad situada fuera de las rutas principales entre The Hamptons y la costa norte, podría ser el Suffolk County Museum, cuyas exposiciones varían desde las culturas nativas americanas hasta la pesca de ballenas. Otra razón podría ser la bodega y los viñedos de Palmer Winery (haga la reserva con antelación, tel: 516 722 WINE). Si se encuentra aquí a mediados de agosto, no debería perderse la feria y festival polacos de Riverhead.

La costa norte Una exploración de la costa norte de Long Island debería comenzar en **Sagamore Hill▶▶▶**, una deseable residencia de tres plantas, situada en 32,4 Ha verdes al este de Oyster Bay. La vivienda se concluyó en 1884 como el hogar de veraneo de Theodore Roosevelt. Dos plantas de la casa principal albergan habitaciones repletas de mobiliario victoriano y una extraordinaria colección de trofeos de caza de Roosevelt. Las espaciosas pero confortables habitaciones ofrecen el escenario para la intervención pacificadora entre Rusia y Japón en 1905, que le valió el Premio Nobel de la Paz. Otras exposiciones, además de un cortometraje en el que se detalla la vida de Roosevelt, se pueden presenciar en el contiguo Old Orchard Home Museum, que fue añadido por el hijo de Roosevelt en 1938.

Continuando hacia el este por la Route 25A, el **Whaling Museum en Cold Spring Harbor▶** rememora la flota ballenera de nueve embarcaciones amarrada aquí a mediados de 1880. La muestra incluye uno de los pocos navíos balleneros existentes y numerosas piezas pequeñas, así como ejemplos de arpones y de las herramientas utilizadas para separar la grasa del hueso de la ballena. Cuando la flota ballenera de Cold Spring todavía navegaba por los extensos mares, Walt Whitman, nacido en 1819, a 6,4 km de Huntington, se encontraba ocupado trastocando las reglas del verso tradicional para crear *Hojas de Hierba,* la obra que le hizo merecedor de un lugar entre los mejores autores norteamericanos. La vivienda de dos plantas construida en 1816 por el padre de Whitman es ahora el **Walt Whitman Birthplace State Historic Site▶▶**. Una habitación ha sido redecorada como lo estuvo en la niñez de Whitman y, en la planta superior, diversas exposiciones hacen un recuento de su vida plagada de aventuras.

Al norte de Centerport, se encuentra la **Vanderbilt Mansion▶**, de estilo español, que perteneció a William K. Vanderbilt II, tataranieto de Cornelius Vanderbilt. Combinó su gusto por la vida opulenta con un interés por la historia natural, adquiriendo las 17 000 especies de criaturas disecadas que producen un extraño efecto junto a las antiguedades y los muebles originales que se exponen en este templo de vida lujosa. El contiguo Vanderbilt Planetarium ofrece vistas de los cielos de la isla.

Stony Brook y Setauket Stony Brook▶▶, un pueblo casi perfectamente conservado, fue salvado de la decadencia por el acaudalado filántropo Ward Melville durante los años 30. Melville también financió el complejo **Museums at Stony Brook▶▶▶**, un conjunto de tres museos que se centra en la vida de Long Island en el siglo XIX. El orgullo del lugar se encuentra en la colección de carruajes de época y en los cuadros de William Sidney Mount, un residente de Stony Brook que surgió como uno de los artistas más originales y atrevidos de mediados del siglo XIX.
Cerca de Stony Brook, el hermoso pueblecito de **Setauket▶** fue un semillero del espionaje durante los años revolucionarios de finales del siglo XVIII. Una técnica empleada para burlar a las tropas británicas fue la emisión de mensajes utilizando las cuerdas de los tendederos de las casas. La combinación de ropas sobre la cuerda correspondía a un código preestablecido, que sería vital en 1780, cuando se utilizó para alertar a George Washington de la llegada de la fuerza expedicionaria francesa.

¿Una excursión a Connecticut?
Si la combinación de la brisa marina de Long Island y los museos naúticos le hacen desear las olas, puede aprovechar la oportunidad en Port Jefferson, 4,83 km al este de Setauket. Desde aquí, un ferry (coches y personas) surca los 32,2 km que separan Long Island Sound de Bridgeport en Connecticut, varias veces al día.

La familia Vanderbilt gastó parte de su fortuna en una impresionante residencia estival cerca de Centerport

Alojamiento

Hoteles: Información
La Nueva York Convection y el Visitor's Bureau (2 Columbus Circle, New York, NY 10019; tel: 397 8222) publica una guía gratuita de hoteles en la que se aparece la dirección, números telefónicos y precios, además de indicar su localización en al mapa. En las páginas 262–9 encontrará más información sobre los hoteles en Nueva York.

Ya se trate de un cuchitril con desnudas bombillas en una calle apartada o de un alojamiento de clase alta con *jacuzzi* en una *suite* con mobiliario de época, la única cosa que comparten todos los hoteles de Nueva York es su precio elevado: se gastará dos veces más en esta ciudad que en cualquier otro lugar de EE UU por un alojamiento similar.

Hoteles económicos Cualquier habitación de hotel con un precio inferior a 75 dólares no le ofrecerá más que las necesidades básicas: un techo, un colchón y un baño, probablemente compartido. Aunque su aspecto parezca pobre, los hoteles de más bajo precio son, por lo general, seguros, aunque algunos cercanos a Times Square son la excepción y se deberían tomar ciertas precauciones.

Bienestar básico Por 75-150 dólares, puede esperar una habitación a la que estará encantado de regresar, con televisión en color (los adictos a la TV deberían asegurarse de que su hotel tiene canales por cable), baño y teléfono individuales. Si profundiza más en su presupuesto y se gasta entre 150 y 200 dólares, las habitaciones serán más espaciosas y dispondrán de un mobiliario más elegante. La televisión tendrá más canales y el baño estará provisto de una buena variedad de jabones y champúes. Cada mañana le llevarán el periódico.

Mimándose a uno mismo Para saborear de verdad la buena vida de Nueva York hay que decir adiós, al menos a 200 dólares por noche. Haga esto, y podrá desperezarse cada mañana en una gigantesca y confortable cama en una habitación de igual tamaño, con un baño completamente equipado, más grande que algunos apartamentos de Nueva York. Gastar aún más no es tarea difícil si se tiene en cuenta el servicio de habitaciones, en funcionamiento durante las 24 horas. Esto le evitará la fastidiosa tarea de abrir su propia cama: una empleada lo hará por usted, dejando una chocolatina sobre su almohada.

Necesitará tener gusto por la opulencia,y un amplio presupuesto para disfrutar de una estancia en el enorme y lujoso Helmsley Palace en Madison Avenue

El Warwick es uno de los muchos hoteles confortables convenientemente situados en el norte de Midtown, donde también se encuentran algunos de los comercios más lujosos de la ciudad

Extras ocultos Los precios de los hoteles son realmente aterradores. Aunque parezca increíble, existen además unos cuantos impuestos que deben ser añadidos: impuesto de venta (8,25%), impuesto de hoteles de la ciudad de Nueva York (6%), impuesto estatal (5% sobre las habitaciones que asciendan de 100 dólares) y un impuesto de 2 dólares por ocupación. Por lo tanto, lo que puede parecer un chollo de 80 dólares, costará en realidad 93,40 dólares y una habitación de 250 dólares ascenderá en último término a más de 300 dólares. Los impuestos no son lo único que olvidan los precios; normalmente tampoco incluyen desayuno. Algunos hoteles tienen restaurante, pero desayunar en una «coffee shop» cercana es siempre más barato y divertido, además de una manera genuina de comenzar el día en Nueva York.

Oportunidades especiales Los precios de los hoteles son más bajos durante los fines de semana, cuando muchos establecimientos buscan atraer a la gente del extrarradio con precios especiales. Tales ofertas pueden suponer un ahorro de más del 40% sobre el precio original y suelen aparecer anunciadas en los periódicos locales. Merece la pena averiguar las ofertas vigentes durante su estancia; es posible que pueda beneficiarse de alguna de ellas. Unos cuantos hoteles también hacen descuento dependiendo de la duración de la estancia, dos semanas o más, lo que supone un ahorro considerable.

Factores estacionales Los mejores meses son abril, mayo y junio. Durante el otoño, muchos hoteles se encuentran llenos con los 3,5 millones de delegados que atienden las convenciones anuales y la temporada navideña es especialmente concurrida. Incluso si su visita tiene lugar en el abrasador calor del verano o en las heladas temperaturas de enero, no aparezca sin haber reservado su alojamiento con antelación, al menos para la primera noche.

Alojamiento para mujeres
Las mujeres que viajen solas a Nueva York pueden experimentar ciertos problemas que no afectan a sus iguales masculinos. La zona cercana a Times Square (donde muchos hoteles están situados) es, en particular, poco acogedora para las mujeres solas. Otra posible fuente de problemas es la plantilla de algunos hoteles de alto nivel que pueden encontrar sospechosa la presencia de una mujer sin compañía. Las buenas noticias son que varios hoteles ofrecen alojamiento seguro para mujeres (ver páginas 262-9).

El Upper East Side es un escenario exclusivo para el enclave de la torre Carlyle, de estilo art déco. *Este enorme hotel ofrece todas las comodidades que pueda imaginar*

La Ley del Raines Hotel
En un esfuerzo por reducir el nivel de consumo de alcohol en la ciudad, la Ley del Raines Hotel de 1896 declaró ilegal la venta de alcohol los domingos, excepto en los hoteles a la hora de la comida. Para burlar esta ley, muchos bares con habitaciones libres se registraron como hoteles, ofreciendo bocadillos a la sedienta clientela. La ley fue muy pronto revocada.

Reservas y pago Para reservar una habitación por adelantado, es necesario realizar un depósito. El modo más sencillo de hacerlo es facilitando su número de tarjeta de crédito por teléfono o por fax. Si reserva una habitación sin depósito durante la temporada alta y llega después de las 6, puede encontrarse con que la habitación ya esté ocupada. El pago por su estancia ha de ser abonado a su llegada con tarjeta de crédito, cheques de viaje o dinero en metálico (no es aconsejable llevar grandes cantidades de dinero en metálico a Nueva York; ver páginas 54-5).

Areas de la ciudad Moverse por Manhattan es sencillo, lo que supone una ventaja a la hora de elegir alojamiento. La mayor concentración de hoteles se localiza en la sección de Midtown Manhattan, limitada por las calles 44 y 57. Algunos de los alojamientos más lujosos y caros de la ciudad se encuentran aquí, en un nudo en torno a Grand Central Terminal, aunque los hoteles más baratos de Midtown (reunidos en su mayor parte entre la avenidas sexta y octava, cerca de Times Square) resultan ser poco atractivos y caros para lo que ofrecen.
En el extremo sur de Midtown Manhattan, donde los niveles de ruido y tráfico son más soportables, zonas residenciales como Chelsea y Gramercy Park acogen varios hoteles pintorescos con precios atractivos.
Si puede permitirselos, en los alrededores del adinerado Upper East Side hay un puñado de hoteles de clase alta con precios sumamente elevados. Al otro lado de Central Park, el conjunto limitado de hoteles del Upper West Side es de gran calidad.
En Lower Manhattan, varias residencias del Financial District están exclusivamente dirigidas a las cuentas corrientes internacionales de los hombres de negocios. Los hoteles ubicados en Chinatown, SoHo y Greenwich Village ofrecen alojamiento más asequible e interesante.

Bed and Breakfast El Bed and Breakfast es una alternativa cada vez más popular, aunque los precios no sean muy inferiores: tal es la demanda de alojamiento en la ciudad que las verdaderas gangas son difíciles de conseguir. Los B&Bs de Nueva York se dividen en dos categorías. «Hosted» significa que los huéspedes ocupan una habitación libre en el apartamento de un neoyorquino que les dará de desayunar (una taza de café y un bollo). Los «Hosted B&Bs» pueden ser una valiosa fuente de información directa, pero siempre existe el riesgo de no encajar con el anfitrión. En un alojamiento «unhosted», los huéspedes consiguen un apartamento de Nueva York cuyo propietario se encuentra fuera de la ciudad. Naturalmente, los precios de los B&Bs varían según las comodidades y el vecindario. Muchos B&Bs están situados en el extrarradio, aspecto a tener en cuenta a la hora de hacer la reserva. Los «Hosted B&B» son, por lo general, más baratos (60-150 dólares) que los «unhosted» (80-200 dólares). Sus oportunidades de elección aumentarán en relación a la antelación con que haya efectuado la reserva. Algunas de las agencias de B&Bs más competentes son City Lights (PO Box 20355, Cherokee Station, New York, NY 10028; tel: 737 7049) y Urban Ventures (PO Box 426, Planetarium Station, New York, NY 10024; tel: 594 5650).

Residencias de estudiantes También se puede encontrar alojamiento barato en las residencias de estudiantes de la Universidad de Nueva York en temporada no lectiva. Existe una estancia mínima de tres semanas, siendo el coste por semana de 70 dólares. Este tipo de alojamiento es extremadamente limitado, y se cubre rápidamente. Si está interesado, consulte las guías telefónicas de Nueva York y contacte con la oficina de alojamiento de la universidad.

Comodidad hogareña, habitaciones atractivas y unos precios razonables son la clave de la popularidad del Wyndham

Barato y alegre Si los hoteles y los B&Bs le resultan caros, aún existe otra posibilidad: las YMCAs. Hay tres, que por un precio inferior al de los hoteles más baratos, ofrecen habitaciones sencillas, dobles y familiares con una gran variedad de servicios para hombres, mujeres y familias. La YMCA del West Side ocupa un elegante edificio histórico en el 5 West 63rd Street (tel: 787 4400). No es necesario ser joven o americano para hospedarse en los elegantes y bien equipados albergues neoyorquino de la American Youth Hostel Association (891 Amsterdam Avenue; tel: 932 2300), aunque sí que hace falta ser miembro de la International Youth Hostel Federation. Los precios dependerán de la opción elegida, dormitorio común o habitación privada, pero de cualquier modo son más baratos que los hoteles y los B&Bs. Reserve con antelación.

Comer y Beber

Es posible que Nueva York sea la ciudad que nunca duerme, pero además, es también una ciudad que nunca deja de comer. Mire a donde mire, siempre habrá alguien, en alguna parte, saboreando un delicioso bocado.
Esta obsesión gastronómica se explica fácilmente: ninguna otra ciudad de la tierra posee tal abundancia y tal variedad de alimentos disponibles a cualquier hora a precios asequibles para cualquier bolsillo.

Comidas en movimiento Cuando los neoyorquinos hablan de «agarrar un bocado» lo hacen de verdad, deteniéndose en cualquier puesto callejero para escoger un aperitivo que después devoran mientras continúan su camino.
La mayoría de los puestos callejeros, que aumentarán en número cuanto más concurrida sea la calle, despachan perritos calientes, *knishes* (pastel relleno de carne o patatas), bolsas de castañas asadas, *pretzels* y *bagels,* a tan solo un dólar la pieza.

Nunca se está lejos de un puesto de comida en Manhattan

En el Financial District, la recesión de 1990 ha reducido los almuerzos caros, lo que ha popularizado la imagen del hombre de negocios comprando su almuerzo en los abundantes puestos étnicos que se alinean en las principales vías públicas. Por tan sólo unos cuantos dólares, se puede disfrutar de un humeante plato de carne o pescado y tallarines.

El *deli:* una institución neoyorquina Dejando a un lado los puestos callejeros, lo que abunda en Nueva York más que en ninguna otra ciudad americana son los delis. Situados en casi todas las calles y en el interior de los supermercados, los *delis* proporcionan desayunos para llevar a todo un ejército de oficinistas, que no pueden sobrevivir sin el café y el donut de la mañana. El *deli* se hace incluso más popular a la hora del almuerzo, también para llevar.
Los *delis* más grandes tienen un extenso autoservicio con bandejas llenas de pasta, carne, marisco, hortalizas y fruta, de las que los clientes toman los alimentos deseados, que pagan según su peso. Una comida generosa de un *deli* puede llegar a costar entre 3 y 4 dólares. Cómala sentado en el banco más próximo.

Propinas
Se debe dejar propina en todo establecimiento de comidas con servicio de camareros o camareras La plantilla de los restaurantes y de las *coffee-shops* depende de las propinas para completar sus ingresos, por lo que la mayoría atenderá sus necesidades con gran entusiasmo. La cantidad precisa a dejar dependerá del servicio recibido, aunque se considera aceptable una propina de aproximadamente el 15% del total de la factura. Un modo de calcular la propina es duplicar la cifra del impuesto de venta (8,25%) que aparece en la cuenta.

Los *delis* también sirven una impresionante variedad de bocadillos y bollos. El *pastrami* un pan de centeno (escoger el tipo de pan es un asunto crítico; ver panel) es una elección popular pero podría probar un «hero» (carne, queso u hortalizas mezclados a su gusto en un bollo de pan francés), o un «gyro» (carne asada de ternera o cerdo en el interior de un sobre de pan de pita). Los *bagels* (bollos de pan tierno en forma de rosquilla) se sirven con muchos rellenos extraños y deliciosos, pero es difícil resistirse a la tradición neoyorquina de comerlos untados de queso.

Cada neoyorquino tiene su *deli* favorito. Una vez que haya encontrado el suyo, comience a explorar sus deliciosas sopas, tartas caseras, y *blintzes* (especie de crepes rellenos de queso o fruta).

Desayunos en *coffee-shops* Si, a diferencia del típico neoyorquino, no tiene prisa por las mañanas, tome un pausado desayuno en una *coffee-shop* o en un *diner* (restaurante económico). Estos establecimientos son tan comunes como los delis y los puestos callejeros, y poseen una clientela igualmente devota.

Siéntese en una mesa o en la barra de una *coffee-shop* y haga su pedido de un menú, que probablemente incluye salchichas, bacon, *lox* (salmón ahumado), huevos revueltos, tortillas con una multitud de rellenos, y huevos fritos de estilo variado (elija incluso cómo desea la yema; ver panel). Los desayunos en las *coffee-shops* se sirven normalmente con *has-browns* (también llamados *home-fries*), o pequeños trozos de patata frita, y tostadas, magdalenas o *bagels*.

Aunque pueda resultar extraño para los europeos, los *waffles* (o gofres) también aparecen en los menús del desayuno; los neoyorquinos sueñan con empezar el día comiéndose uno empapado en almíbar. Las fresas y el helado son otro acompañante tradicional de los *waffles*.

Decisiones, decisiones

En Nueva York, como en el resto de EE UU, no basta con elegir simplemente la comida que se desea; además, es necesario definir con precisión los ingredientes. En el caso de la panadería y bollería, la selección normalmente incluye pan blanco, pan integral de trigo, pan de centeno (en variedades oscura y clara) y, en ocasiones, pan ácimo.

También hay varios estilos de huevos fritos: «sunny side up» significa fritos por un lado; «over easy», poco hecho por ambos lados; y «over hard», muy hecho por ambos lados.

Si pide queso, se enfrentará a una nueva decisión: americano, cheddar, suizo o mozzarella son los más comunes.

Una leyenda neoyorquina: el auténtico deli *judío*

Brunch
El *brunch*, hoy día una institución dominical, es una mezcla de desayuno tardío y almuerzo temprano, que normalmente se sirve desde las 12:00 hasta las 14:00. El *brunch* viene a costar entre 5 y 15 dólares, dependiendo de la categoría social del restaurante y de la combinación de comida y alcohol incluidos en el precio. Las últimas ofertas de *brunch* se anuncian en los periódicos neoyorquinos y la costumbre se ha hecho tan popular que algunos restaurantes lo ofrecen también en sábado.

Un desayuno en una *coffee-shop* cuesta alrededor de 5 dólares. Por un dólar o dos más podrá encontrar establecimientos más preocupados por la salud, que ofrecen algo más que alimentos fritos. Aquí las opciones podrían incluir avena con pasas y avellanas o fruta con un refrescante zumo de naranjas recién exprimidas.

La hora del almuerzo Las *coffee-shops* son también un buen lugar para el almuerzo, aunque varían en calidad. En ocasiones podrá pedir todavía el desayuno a la hora del almuerzo (que comienza a las 11:00 y finaliza a las 2:00), pero la sabrosa variedad de bocadillos será, a buen seguro, más tentadora.
Los bocadillos americanos son, por lo general, una comida completa. Los «open sandwiches» (bocadillos abiertos) presentan la comida sobre el pan, los «triple-decker» (de tres pisos) son unos sandwiches enormes (varias combinaciones de jamón, ternera, pavo, queso e hígado troceado) partidos en porciones más manejables, pinchadas en un palillo de madera.
Entre las especialidades de bocadillos de Nueva York están el «Reuben» (ternera con queso suizo y col en pan de centeno), y el «Monte Cristo» (tostada francesa con pavo, jamón y queso suizo derretido). Las *coffee-shops* también sirven ensaladas tan generosas que podrían alimentar a un ejército, además de ofrecer variaciones de la hamburguesa clásica, como las de bacon y queso o de chili con queso.
El almuerzo en una *coffee-shop* no costará más de unos 8 dólares por cabeza, aunque con tanta gente optando por comer en la calle, descubrirá que merece la pena tomarse la molestia de aventurarse a entrar en un restaurante (más elegante que las *coffee-shops*, con cortinas en las ventanas).
Muchos restaurantes ofrecen buffets para el almuerzo por menos de 7 dólares, lo que no sólo significa buena comida a buen precio sino que también le ofrece una oportunidad de oro para comenzar su investigación sobre las innumerables cocinas étnicas de la ciudad. Pocas veces tendrá la ocasión de saborear los platos de la carta de un restaurante a precios tan asequibles.

Restaurantes italianos Los restaurantes italianos de toda la ciudad son sinónimo de excelente comida a buen precio, pero si desea algo verdaderamente especial, lo más recomendable es dirigirse a Little Italy. Lo que distingue a Little Italy no es tanto la comida, aunque existen extraordinarios establecimientos sicilianos y napolitanos, sino su ambiente genuinamente italiano. Los precios de Little Italy son también más elevados. Sin embargo, si el dinero no es problema y está vestido para impresionar, diríjase a los restaurantes italianos recientemente inaugurados en el Upper East Side.

Comida china A poca distancia de Little Italy, los restaurantes de Chinatown son incomparables en precio. Estos negocios están dirigidos primordialmente a la enorme comunidad china de Nueva York, por lo que los establecimientos de Chinatown pueden mantener sus bajos precios sin comprometer su calidad.

Comida para todos los gustos

No se vaya de Nueva York sin haber pasado por un *dim sum* en Chinatown. Abiertos generalmente hasta media tarde, los locales *dim sum* ofrecen bolas de masa hervida, alubias estofadas rellenas de carne, marisco y arroz o tallarines, que se seleccionan de carritos pasan entre las mesas (no se preocupe por el idioma, simplemente señale lo que le guste). Cuando ya no pueda comer más, hágaselo saber al camarero o camarera y le traerán la cuenta, calculada según el número de platos vacíos que haya sobre la mesa.

Comida japonesa A finales de la década de 1970, la aparición de una nueva oleada de restaurantes puso de moda el *sushi* y el *sashimi*. En un principio estos locales estaban dedicados a abastecer a la creciente población nipona de la ciudad, pero muy pronto se vieron invadidos por multitud de personas deseosas de degustar pescado crudo sentadas sobre un *tatami*.
La ciudad es todavía un excelente lugar para el *sushi* y *sashimi*, aunque el último grito entre los devotos a la comida japonesa son los restaurantes *okonomiyaki*, donde los camareros preparan, sobre una plancha caliente y a la vista de todos, enormes crêpes con su elección de carne, marisco, verduras o tallarines sobre una plancha caliente y a la vista de todos.

Horarios de comidas
Si desea evitar la multitud, o estar a solas en un restaurante, tenga presente el horario de comidas más popular de la ciudad. La mayoría de las *coffee-shops* abren para el desayuno alrededor de las 6:00 y su hora más concurrida es en torno a las 8:00. A las 10:00, el ritmo es más lento y la mayoría de los neoyorquinos comienzan a pensar en el almuerzo.
Algunas personas almuerzan a las 11:30, aunque la hora más común es las 13:00. A las 14:30 o 15:00, la avalancha del almuerzo ya ha desaparecido y las *coffee-shops* inician los preparativos para la hora punta de la cena: de 17:00 hasta las 19:00.
En los restaurantes, las horas del almuerzo tienden a ser similares a las de las *coffee-shops* pero la hora punta de la cena es entre las 19:00 y las 22:30; algunos locales del distrito teatral reciben la mayor afluencia tras la última función: 23:00 y medianoche.

Diríjase a la 6th Street en el East Village y encontrará una gran variedad de restaurantes indios

Mezcla étnica en la cocina Las cocinas étnicas de Nueva York son fáciles de mezclar. Si desea convertirse en un explorador gastronómico y embarcarse en una auténtica aventura culinaria (que a veces dista mucho de ser excelente), busque las pizzerías chinas de la ciudad, los *delis* judeo-italianos, los locales de comida rápida indio-mexicanos, o cualquier otro híbrido étnico.

Coreana e india La coreana es otra de las cocinas asiáticas arraigadas en Nueva York, aunque pocos forasteros se aventuran en el interior del distrito mercantil coreano. Aquí, a poca distancia del Empire State Building, en la calle West 30, diversos restaurantes coreanos ofrecen sus servicios gastronómicos durante las 24 horas del día.

La comida coreana, centrada en la ternera y el cerdo a la barbacoa, podría tener menos de aventura gastronómica que la china o la japonesa, aunque si es aficionado a las especias debería probar el *jeyuk gui* coreano, tiras de cerdo a la barbacoa cubiertas con una salsa muy picante.

La comida india ha sido muy popular en Nueva York durante décadas. La zona de la calle 6, entre la avenidas primera y segunda, en el East Village se encuentra abarrotada de restaurantes indios. Además, existen otros locales en Midtown Manhattan, alrededor de Lexington Avenue entre las calles 27 y 30.

Española y griega Los neoyorquinos a menudo combinan una noche en el teatro con una cena en un restaurante, pero nunca si planean enfrentarse a uno de los gigantescos platos de paella servidos en los restaurantes españoles esparcidos por toda la ciudad, con varios ejemplos notables en Greenwich Village y Chelsea.

Es difícil encontrar auténtica comida griega fuera de la zona de Astoria, la zona griega de Queens. No obstante, los sencillos platos griegos como el pastel de espinacas y la *musaka* aparecen a menudo en las *coffee-shops,* muchas de los cuales están regentadas por griegos. El postre también podría incluir pastelería griega.

Comida de Sudamérica y América Central Los numerosos y bien considerados restaurantes brasileños son siempre sinónimo de buena comida en un ambiente animado.
La cocina brasileña a menudo hace uso de pies y rabo de cerdo, pero si sus ganas de cochinillo a la barbacoa fueran más allá, será mejor optar por alguno de los restaurantes portorriqueños de la calle 116, en East Harlem, ya que el cerdo a la barbacoa es el plato nacional de la isla.
Es conveniente recordar que East Harlem puede ser peligroso por la noche, por lo que es sensato restringir sus correrías alimenticias en la zona a la hora del almuerzo.

Europa del Este En el distrito de Yorkville, entre las calles 70 y 80 del Upper East Side, varios restaurantes húngaros, alemanes y checoslovacos permanecen como recuerdo de las comunidades de Europa del Este, afincadas aquí antes de marchar hacia el extrarradio. No necesita dar más vueltas para saborear sabrosas sopas, col rellena, y enormes porciones de *goulash* (puchero húngaro). Recetas igualmente sabrosas se pueden encontrar en los establecimientos ucranianos del East Village y en los cafés polacos que aún sobreviven en el Lower East Side. Mientras tanto, en los restaurantes rusos de Brighton Beach, prepárese para un menú escrito en caracteres cirílicos, u opte por el impresionante buffet.

Comer con niños
Los restaurantes de alta categoría del Upper East Side podrían ser una excepción pero, en general, cualquier restaurante de Nueva York admite niños. Las comidas para los más pequeños a menudo vienen acompañadas de juguetes y diversos entretenimientos. Los que ya sepan leer descubrirán que el menú incluye una sección infantil, donde prevalecen las porciones de tamaño reducido y los platos favoritos de los niños como hamburguesas, patatas, aros de cebolla y helado.

Recetas regionales Con todas las comidas del mundo tan a mano, la cocina regional de EE UU tiene dificultades para sobresalir en Nueva York. No obstante, la cocina cajún, tex-mex y del suroeste del país tiene sus adictos. Bagre frito, pez espada al gril, jambalaya, sopa de gumbo, e incluso armadillo relleno, son algunas de sus especialidades.
Tener hambre en Harlem es una de las excusas perfectas para descubrir la comida espiritual (soul). Pida un plato de pollo frito o costillas de ternera cubierto de salsa y no escatime en las guarniciones como guisantes, pan de maíz y granos molidos.

Aunque la popularidad de la comida étnica sea difícil de batir, los aperitivos genuinamente americanos cuentan con abundantes aficionados.

Comida vegetariana Los puestos callejeros, *delis* y *coffee-shops* no son en absoluto zonas prohibidas para los vegetarianos, quienes (suponiendo que coman pescado) podrán disfrutar de numerosos y tentadores platos, incluidos en los menús de la mayoría de los restaurantes neoyorquinos. Los vegetarianos estrictos, que sigan una dieta rigurosa, pueden confiar en los excelentes establecimientos especiales, donde se preparan platos sabrosos con una gran dosis de imaginación. Algunos están especializados en cocina étnica sin nada de carne; la comida vegetariana vietnamita es un ejemplo.

Fumar en restaurantes
Si es usted fumador, intente aguantar sin fumar mientras permanezca en un restaurante La mayoría de los neoyorquinos están muy al día en temas relativos a la salud y su temor a ser fumadores pasivos ha contribuido a que los fumadores sean vistos como una plaga. Está prohibido fumar en algunos restaurantes, pero la mayoría cuenta con una zona para fumadores. Asegúrese de encontrarse en ella antes de encender un cigarrillo.

Parrillas Las parrillas de Nueva York son, sin lugar a dudas, el tipo de establecimiento al que un vegetariano no soñaría con entrar. Sin embargo, los carnívoros se encontrarán como en el cielo en estos palacios de la carne, donde se sirven grandes, gruesos y jugosos filetes de ternera de primera acompañados de puré de patata y ensalada.

La crème de la crème Los restaurantes más exquisitos de Nueva York no sólo emplean a los mejores chefs del mundo, sino que también contratan a los mejores camareros (algunos famosos por su malhumor), a los diseñadores de interiores más de moda, y cuentan con un *maitre d'* capaz de realizar su trabajo a la perfección. Disfrutar de una comida a este nivel requiere mucho más que simple apetito y una enorme cuenta bancaria. Además, necesitará hacer una reserva (preferiblemente con unos cuantos días de antelación) y estar preparado para dejar una propina, más que generosa, al *maitre d'*. El vestuario ha de ser elegante y adecuado para la ocasión; de no ser así, le acompañarán hasta la puerta o, en su defecto, le conducirán a una mesa apartada de los demás comensales. Una vez en la mesa, con el menú en la mano, descubrirá que la gastronomía americana está basada en la cocina francesa pero también está profundamente influenciada, dependiendo de los gustos del chef y de la estación, por

Una institución respetada en Nueva York: la parrilla

las cocinas regionales de EE UU. Los resultados, que podrían ser gambas gigantes al ajillo o sesos de ternera con salsa de mantequilla, bien podrían extasiar a los amantes de la buena comida.

Bebidas Ya sea café, Coca–cola, zumo de zanahoria o un cóctel, los neoyorquinos beben tanto como comen. En cualquier *coffee-shop* o restaurante, una vez sentado a la mesa, le traerán de inmediato un vaso de agua helada que será rellenado constantemente a lo largo de toda la comida.

Café y té A diferencia del agua, se debe pagar por el café (normalmente 50 o 70 centavos), que también será servido de forma inmediata. En la mayoría de los locales, le rellenarán la taza, cuantas veces sea necesario, sin tener que pagar por ello.
El café siempre está recién hecho y se puede pedir normal o descafeinado. El capuchino y el café exprés, que cuestan entre 2 y 3 dólares la taza, también son populares, especialmente en las cafeterías italianas. En los puestos de la calle y *delis* encontrará todo tipo de café «para llevar»; los precios varían según el tamaño de la taza.
Algunos neoyorquinos han desarrollado el gusto por el café con hielo, aunque la mayoría se decanta por el té helado. Ambas bebidas son fabulosas para refrescarle después de un día abrasador en las calles de la ciudad.
Casi todas las *coffee-shops* y *delis* sirven té caliente, pero es mejor evitarlo (a menos que le guste flojo y tibio) si no está incluido en el menú. Cuando el té sea la especialidad de la casa, la carta le ofrecerá una gran variedad de mezclas chinas, indias y de hierbas diferentes. Los verdaderos amantes del té deberían dejarse caer por alguna de las *tea rooms* (salas de té) de la ciudad (ver panel).

Refrescos Las «sodas» como Coca–cola, Pepsi, Seven Up y otras muchas, se venden en todas partes en cualquiera de sus diversas formas: normal, sin azúcar o sin cafeína, a un precio de 75 centavos la lata.

Pruebe la pesca del día en el Oyster Bar, en Grand Central Terminal, famoso por la frescura de todos sus alimentos

Tea rooms
En las alborotadas calles de Manhattan existen pocos lugares tan acogedores como los elegantes salones de té de la ciudad (normalmente situados en hoteles de lujo y con nombres franceses bastante pretenciosos). A las 16:00, por un precio que oscila entre los 15 y 20 dólares, usted puede tomar el té, chino, indio o ruso, y picar de una bandeja repleta de bocadillos de pollo, jamón y salmón ahumado, pasteles de chocolate, deliciosas pastas y bollos cubiertos de crema Devonshire.

Descanso en la terraza del Victoria Café en el Upper East Side

Happy hours
Para atraer a la clientela en las horas críticas de la tarde, muchos bares de Nueva York organizan «happy hours» (horas felices), anunciadas en las puertas de los bares y en los periódicos de la ciudad. La duración típica es de 17:00 a 19:00. Normalmente incluyen ofertas especiales como dos consumiciones por el precio de una, cerveza de barril por un dólar el vaso, o margaritas por 2,50 dólares. Durante las *happy hours*, algunos bares ofrecen también aperitivos gratis.

La popularidad de los refrescos está disminuyendo entre los neoyorquinos más preocupados por los temas de salud que, después de salir del gimnasio o correr 8 km, prefieren tomar nutritivos zumos de frutas, a la venta en los numerosos bares especializados en este tipo de bebidas. Además de refrescantes zumos de naranja, pomelo y zanahoria, algunas «zumerías» ofrecen batidos mezclados con perejil, jengibre, espinacas y raíces; espere pagar de 1 a 4 dólares por vaso.

Bares y cervezas Nueva York puede parecer muy diferente con un vaso de alcohol en la mano, no porque la visión sea borrosa sino porque, casi con toda seguridad, se encontrará rodeado de neoyorquinos sociables. Los bares, que permanecen abiertos desde el mediodía hasta bien entrada la madrugada (legalmente deben dejar de servir a las 4:00), van desde la variedad familiar de los vecindarios hasta aquellos favorecidos casi exclusivamente por un estrato social concreto, ya sean corredores de bolsa, tratantes de arte o rockeros. Encontrará más información sobre los diversos bares neoyorquinos en las páginas 114–15.
La mayor parte de los bares, especialmente los más grandes y aquellos con mesas en el exterior, tienen servicio de camareros y camareras, aunque por lo general, usted puede acercarse a la barra y pedir directamente la consumición deseada.
En establecimientos menos concurridos, optar por sentarse en el bar significa que no hay necesidad de pagar hasta que el camarero le traiga la cuenta. En todos los bares, es costumbre dejar propina al pedir una ronda de bebidas o cuando vaya a abandonar el local.
Las cervezas americanas como Budweiser, Miller y Rolling Rock se venden en barril y en botella en casi todos los bares. Muchos establecimientos también ofrecen una

atractiva selección de cervezas mexicanas y rubias europeas embotelladas. Estas dos variedades de cerveza son más caras, pero también de calidad superior, que sus equivalentes americanas. Los bebedores de cerveza con ganas de aventura deberían investigar también la producción de las pequeñas cervecerías de EE UU, como la Anchor Steam Beer, elaborada en California, que aunque no es la mejor, sí es la que se encuentra con mayor facilidad.

Vinos y licores Además de cerveza, los bares de Nueva York también ofrecen una selección de vinos europeos y americanos. Cuanto más lujoso sea el bar, más extensa (y cara) será la carta de vinos. Algunos restaurantes facilitan listas computerizadas con los últimos vinos del mercado. Detrás de la barra de cada bar habrá un estante bien provisto de bebidas alcohólicas, entre las que nunca falta el whisky de malta, el vodka ruso y varios tipos de bourbon. Las bebidas alcohólicas se sirven de manera más generosa que en Europa, pero, a menos que pida su bebida sola (straight), se la traerán en un vaso lleno de hielo (on the rocks).

Cócteles Además de ser unos maestros en el arte del parloteo y de realizar complicadas operaciones aritméticas en las condiciones más estresantes, la mayoría de los camareros son también unos ases preparando excelentes cócteles. Si se siente con ganas de una bebida alcohólica exótica, averigue primero las especialidades de la casa. Algunos bares tienen sus propias variedades, y aunque éste no sea el caso, el camarero le sugerirá diversas posibilidades, a cuál más apetitosa. Cualquier bar que se autocalifique como salón de cócteles, particularmente en zonas de Midtown Manhattan y en el Upper East Side, es, con toda probabilidad, un refugio para los más pudientes. Para pasar una noche en un salón de cócteles, será necesario vestir de forma impecable, ir decidido a gastarse 10 dólares o más en una sola bebida y, por supuesto, no perder el equilibrio una vez sentado en el taburete.

Venta de bebidas alcohólicas
La mayoría de los supermercados, *delis* y tiendas de comestibles ofrecen una interesante selección de cervezas nacionales y de importación. Los precios son mucho más baratos que en los bares: un paquete de seis latas o botellas de cerveza americana cuesta unos 3 dólares; las cervezas importadas entre 5 y 7 dólares el paquete de seis. La cerveza es la única forma de alcohol vendida en los locales mencionados; el vino o cualquier otro tipo de bebida alcohólica para consumir en casa, sólo se puede adquirir en las licorerías. Los domingos no se puede comprar ningún tipo de alcohol antes del mediodía. La edad mínima para el consumo legal de alcohol es de 21 años. Los controles son muy rígidos, y puede que le pidan identificación.

Una panorámica del South Street Seaport y Lower Manhattan complementan la comida y el vino en el River Café de Brooklyn

La Winter Antiques Fair
Una manera de mantenerse caliente en Nueva York durante el mes de enero es visitando la Feria de Antigüedades de Invierno, ofrecida en el Seventh Regiment Armory (ver página 187). Con todos los anticuarios y amantes de lo antiguo neoyorquinos reunidos bajo un mismo techo, puede que le resulte difícil permitirse el lujo de comprar algo, pero los comentarios que escuchará a su alrededor pueden ser fascinantes. También hay gran cantidad de antigüedades exquisitas dignas de admiración.

De las tiendas de antigüedades superexclusivas del Upper East Side a los departamentos de ropa en rebajas que proliferan en Lower Manhattan, Nueva York no es tan sólo el lugar más excitante del mundo para comprar, sino el más fácil y a veces incluso el más barato. No es de extrañar, que los neoyorquinos «compren hasta caer rendidos».

Antigüedades Los millonarios neoyorquinos que utilizaron los tesoros de Europa y del Lejano Oriente para amueblar sus mansiones contribuyeron a que la ciudad fuera centro del comercio internacional de antigüedades. Para los compradores serios, no hay mejor lugar para localizar esa acuarela japonesa tan esquiva o la caja de música suiza necesaria para completar una colección multimillonaria. En las tiendas de antigüedades del Upper East Side hay multitud de piezas con las que quedarse extasiado. Los objetos más asequibles se pueden encontrar en el SoHo. Entre los mejores anticuarios de la ciudad, **A La Vieille Russie** (Fifth Avenue con 59th Street) resalta las labores de los artesanos de los zares rusos con utensilios de hierro esmaltado, iconos con incrustaciones de joyería, tabaqueras, relojes y diversas piezas de plata, ninguno de los cuales desmerecería en el palacio más elegante. Las piezas de marfil y plata del Japón de los siglos XVIII y XIX se encuentran entre los tesoros del Lejano Oriente que se pueden encontrar en **Flying Cranes Antiques** (Second Avenue con 55th Street), mientras que **Michael**

Escenario de muchas manifestaciones, Union Square aparece ahora abarrotada de compradores eligiendo productos frescos en el Farmer's Market, celebrado varias veces a la semana.

B. Weisbrod (en el Carlyle Hotel, en Madison Avenue entre las calles 76 y 77)tiene algunos maravillosos ejemplos de porcelana china y bronces.
Los objetos de arte decorativos del siglo XX son algunos de los fondos de **Minna Rosenblatt** (Madison Avenue con 69th Street). Los artículos que más resaltan tienden a ser los de *art dèco* y *art nouveau*. Mientras tanto, **America Hurrah Antiques** (Madison Avenue en 66th Street) eleva las habilidades de los primeros colonos norteamericanos en cada objeto expuesto, desde veletas hasta patos de reclamo, al estatus de un arte elegante con precios muy asequibles. Melodias antiguas acompañan el ambiente en **Rita Ford Music Boxes** (65th Street entre Madison y Fifth avenues), una colosal colección de cajas de música y carruseles en miniatura hechos a mano, que los dependientes estarán ansiosos de mostrarle. Si le falta el arresto para hacerse pasar por un cliente genuino en las tiendas de antigüedades más exclusivas, diríjase entonces, al entorno más acogedor del **Manhattan Art and Antiques Center** (Second Avenue entre las calles 55 y 56). En la **Laura Fisher Gallery,** una de las 104 tiendas del centro, aprenderá mucho sobre quilts. En las tiendas-almacén de antigüedades del SoHo, el ambiente es mucho menos afectado que en el Upper East Side y los precios son mucho más bajos. Entre el inventario del **Pony Circus** (Broadway entre las calles Broome y Grand) encontrará antiguas cajas registradoras americanas, camas, y unas cuantas lámparas Tiffany. Los desechos de la Gran Manzana forman la ecléctica colección de **Urban Archeology** (285 Lafayette Street). Éste es el lugar perfecto para elegir los complementos para un baño peculiar o una antigua silla de barbero. Objetos similares componen **Lost City Arts** (275 Lafayette Street), entre ellos carteles de neón de Coca–cola y máquinas recreativas.

Libros En Nueva York hay multitud de librerías. Varían desde cadenas nacionales como **B. Dalton Bookseller** (principal surcusal en Fifth Avenue con 52nd Street) y **Doubleday** (principal surcusal en Fifth Avenue con 57th Street), cada una de ellas con unos formidables fondos de títulos de ficción y no ficción, hasta establecimientos más independientes con una temática más especializada. La sucursal principal de **Barnes and Noble** (Fifth Avenue y 18th Street) se dice que contiene más de 3 millones de volúmenes, lo que la convierte en la librería más grande del mundo. Busque, también, las mil y una diminutas tiendas dedicadas a un género en particular.
Los ratones de biblioteca se encontrarán en la gloria entre las diversas estanterías de **Cooper Square Books** (21 Astor Place), **Gotham Book Mart** (47th Street cerca de Sixth Avenue) y **Tower Books** (Lafayette Street en 4th Street). El lugar más cómodo para leer ociosamente, es en el **Rizzoli** (57th Street entre Fifth y Sixth avenues). Entre las librerías de género, los aficionados al crimen de ficción encontrarán a sus autores favoritos en la **Mysterious Bookshop** (56th Street entre Sixth y Seventh avenues) y **Murder Ink** (Broadway entre las calles 92 y 93).

¿Un cambio de identidad? Todo es posible en las tiendas del Greenwich Village

Tiendas insólitas
Nueva York tiene una tienda poco común en cada esquina. Entre las curiosidades que puede encontrar destacan: The Firefighter's Friend (Lafayette Street entre las calles Prince y Spring), donde se venden diversos artículos relacionados con la extinción de incendios, desde maquetas de camiones hasta cascos y mangueras; Maxilla and Mandible (82nd Street con Columbus Avenue), está abarrotado de esqueletos y huesos de humanos, animales e insectos. The Erotic Baker (Amsterdam Avenue entre las calles 88 y 89) vende especialidades pasteleras con formas tan sólo prescritas para adultos; y Tender Buttons (62nd Street entre Third y Lexington avenues), con nada más que miles y miles de botones.

Tiendas en los museos
La mayoría de los museos neoyorquinos tienen excelentes tiendas en su interior. El Museum of Modern Art (páginas 158-60) y el Guggenheim Museum, en particular, son lugares excelentes para encontrar libros de arte, insignias originales, camisetas, y otros recuerdos que señalen las grandes exposiciones. Una sucursal del Guggenheim Museum en el SoHo (575 Broadway) también ofrece una variedad de objetos relacionados con el arte, y el Cooper-Hewitt Museum (página 95) tiene volúmenes que tratan todos los aspectos de las artes decorativas.

Forbidden Planet (Broadway con 12th Street) ofrece una inmensa variedad de libros fantásticos y de ciencia-ficción y tebeos de los años 30, además de parafernalia de todo tipo, desde trajes de Darth Vader hasta robots a pilas. **The Science Fiction Shop** (163 Bleecker Street) también está dedicada a la literatura de lo fantástico.
Aunque muchas librerías tienen una sección especial dedicada a Nueva York, tan sólo en **New York Bound** (50 Rockefeller Plaza) encontrará un local completamente dedicado a volúmenes nuevos, viejos, extraños o simplemente insólitos sobre la Gran Manzana.
The Biography Bookshop (400 Bleecker Street), almacena abundantes biografías y autobiografías, libros de cartas, diarios y documentación de gran interés.
Los libros de arte se encuentran mejor en las tiendas de los museos (ver panel), aunque la sucursal de **Rizzoli** en el SoHo (West Broadway entre las calles Prince y Houston) tiene una estupenda sección de interesantes tomos de arte. Muy cerca, **A Photographer's Place** (133 Mercer Street), almacena libros nuevos y usados sobre técnicas fotográficas y fotógrafos.
Puede que no sea la librería más antigua de la ciudad, pero la **Oscar Wilde Memorial Bookstore** (15 Christopher Street) está reconocida como la primera librería gay del mundo: abrió en 1969 y almacena libros y revistas de interés gay. **A Different Light** (548 Hudson Street) cubre más o menos la misma temática, pero además incluye una sección para lesbianas.

CDs y discos Los precios de los CDs y, ahora en menor grado, de los discos son mucho más baratos en EE UU que en Europa. Los visitantes europeos amantes de la música que quieran ahorrarse una fortuna, pueden hacerlo entre la enorme y ecléctica colección de **Tower Records** (Broadway en 14th Street)

Ropa Lo último en prendas de cuero, goma y plástico lo puede ver en los alrededores del East Village pero los neoyorquinos, por lo general, visten de manera conservadora, a pesar de que cada diseñador de moda internacional tiene al menos un establecimiento en la ciudad. Docenas de tiendas de saldos venden ropas usadas en desfiles.

Lower Manhattan es una buena zona de tiendas de saldo y puestos callejeros como éste en West Broadway

Los chiflados por la moda que no tienen que preocuparse por el límite de sus tarjetas de crédito, o por ser atendidos por dependientes presumidos, hacen sus compras entre las tiendas de renombre de Midtown Manhattan y del Upper East Side, zonas plagadas de boutiques de nombres famosos en la alta costura como **Giorgio Armani** (Madison Avenue con 68th Street), **Gucci** (dos tiendas en Fifth Avenue con 54th Street,números 685 y 689), **Hermès** (57th Street entre Madison y Fifth avenues) e **Yves St. Laurent** (Madison Avenue con 71st Street).

Acérquese hasta **Polo/Ralph Lauren** (Madison Avenue con 72nd Street), aunque sólo sea para disfrutar del escenario. Ocupa una mansión de estilo renacentista francés en el Upper East Side, que complementa a la perfección su variedad de atuendos elegantes.

Giorgio Armani también tiene otro establecimiento en Lower Manhattan, **Emporio Armani** (Fifth Avenue con 16th Street). Está dedicado a los más jóvenes, aunque necesitará una cartera con más dinero que la de un estudiante para poder comprar cualquier cosa.

Una persona de ingresos medios que busque ropas de calidad deberá dirigirse a los establecimientos rebajados, donde las prendas de diseño valen la mitad de su precio habitual. Un vistazo por los estantes de **NBO** (Broadway con 67th Street), **Syms** (45 Park Place, cerca de City Hall), o el establecimiento masculino **BFO** (Fifth Avenue con 21st Street) es muy probable que le reporte unos dividendos de buen gusto en el vestir. Otra posible fuente de saldos es **Gabay's** (First Avenue entre las calles13 y 14), que ofrece artículos de los grandes almacenes de Manhattan.

Otras tiendas de diseño de precios más bajos (aunque no baratos) son **Banana Republic** (205 Bleecker Street), especializada en ropa de moda y accesorios para el viajero presumido. **Betsey Johnson** (130 Thompson Street, una de las tres franquicias de Manhattan) adopta la moda de la calle de Nueva York con atuendos de vivos colores chillones.

Rebajas y ofertas especiales
Las tiendas neoyorquinas rara vez mantienen en secreto sus rebajas y ofertas especiales. Normalmente, los detalles aparecen anunciados en todos los periódicos de la ciudad. La edición dominical del *New York Times* suele traer las últimas ofertas. Además, las numerosas revistas turísticas gratuitas ofrecidas en las recepciones de los hoteles suelen incluir cupones de descuento, que suponen hasta 10 dólares de rebaja en cualquier compra de un establecimiento concreto.

Aviso para los buscadores de rebajas
Los artículos fotográficos y eléctricos pueden ser una verdadera ganga para los turistas que visitan Nueva York. Sin embargo, es de vital importancia saber exactamente lo que desea antes de entrar en la tienda y tener que resistirse al seductor parloteo del dependiente. Tenga especial cuidado con los aparatos eléctricos, ya que la mayoría no son adaptables al voltaje europeo, aún cuando el dependiente así lo sugiera. El establecimiento de descuento fotográfico más grande es 47th Street Photo (sucursal principal en 47th Street entre Fifth y Sixth avenues; otros aparecen en las Páginas Amarillas). Ofrece además una gran variedad de vídeos, ordenadores y todo tipo de aparatos eléctricos.

Las prendas de producción americana, los vaqueros Levi's en particular, representan un ahorro excepcional para el visitante europeo; los precios son más bajos en los establecimientos rebajados y alrededor de la sección del SoHo de Broadway: el más grande es **Canal Jean** (entre las calles Broom y Spring), con un gigantesco almacén de tejanos, camisetas, chaquetas, gafas de sol, ropa de playa, corbatas excéntricas y todo tipo de prácticos accesorios de viaje con precios extremadamente tentadores.
Army/Navy (328 Bleecker Street, una de las tres franquicias de Manhattan) es otro proveedor de artículos como vaqueros, camisas a cuadros, camisetas y cazadoras de cuero a buen precio.

Grandes almacenes Inmortalizados en el cine, la ficción y el folclore, los grandes almacenes de Manhattan son una leyenda. Generaciones de neoyorquinos han crecido incapaces de imaginarse una vida sin estos totems del consumismo del siglo XX. Todos ellos son aparentemente similares y, sin embargo, cada uno tiene un carácter y sello de distinción propios, y su propia banda de aficionados locales.
Macy's (34th Street y Sixth Avenue) es el gran almacén más grande del mundo. Esto queda justificado una vez que se han subido sus diez pisos y se han encontrado medio millón de artículos en venta. Existe incluso una sección de animales domésticos y una sucursal de la tienda de regalos del Museum of Modern Art.
Puede que sea muy grande pero, a pesar de haber renovado su imagen en la década de 1970, Macy's se encuentra lejos de ser el gran almacén más emocionante del mundo, habiendo ganado su reputación como proveedor para las familias de ingresos medios de gustos más bien mediocres.
Por el contrario, **Bloomingdale's** (Third Avenue con 59th Street) representa el consumismo de alto nivel de Nueva York. Una mezcla entre una discoteca de moda y un bazar del Oriente Medio, Bloomies (como se le conoce familiarmente) tiene techos bajos y pasillos abarrotados que contribuyen a crear una atmósfera claustrofóbica. A pesar de ello, comprar aquí, o simplemente visitarlo, es siempre una aventura, y no sólo por las promociones especiales que cada poco transforman la totalidad del establecimiento.

Bloomingdale's fue el primer gran almacén que se arriesgó con diseñadores ahora conocidos como Yves St. Laurent, Calvin Klein y Ralph Lauren, y apoya a muchos otros nuevos. Por todas partes, hay cosméticos (los paseantes son rociados con perfumes), lo último en equipamientos eléctricos, una librería bien dotada, y una planta de alimentación con una sección dedicada exclusivamente al caviar.
Bloomingdale's es caro, pero resulta económico si se compara con **Bergdorf Goodman** (Fifth Avenue entre las

Todo bajo un enorme único techo: Macy's ocupa un bloque completo de 34th Street

calles 57 y 58). Aquí es donde las damas del Upper East Side compran ropa, joyas, perfumes, y otros artículos de lujo. Mientras tanto, sus últimos maridos, examinan los muestrarios de corbatas de 100 dólares de **Bergdorf Goodman Men,** al otro lado de Fifth Avenue.
El antídoto a tanto lujo ostentoso es **Saks Fifth Avenue** (Fifth Avenue entre las calles 49 y 50), que sencillamente ofrece mercancía de gusto y calidad, ropa, artículos de cama y cosméticos, con un servicio eficiente.

Joyas Docenas de joyerías ocupan el «diamond district» (distrito del diamente) de Manhattan, llenando un bloque de 47th Street inmediatamente al oeste de Fifth Avenue. Entre los establecimientos más famosos está **Tiffany & Co** (Fifth Avenue entre las calles 56 y 57), con tres pisos de piezas de gran valor, y el más conservador **Cartier** (Fifth Avenue con 52nd Street), que merece la pena visitar por el edificio que ocupa. Lower Manhattan es el lugar ideal para encontrar joyería contemporánea más atrevida: pionero en el campo es **Artwear** (Broadway entre las calles Prince y Houston).

Zapatos Las zapaterías abundan en Nueva York y si no puede encontrar lo que desea, ya sean zapatos italianos hechos a mano o unas playeras elegantes, es que no lo ha intentado. Además de los numerosos establecimientos del Upper East Side, y de las extensas secciones de los grandes almacenes, muchas zapaterías de saldo de Lower Manhattan ofrecen grandes descuentos. Manhattan tiene además dos distritos de zapaterías; en West 8th Street y en 34th Street entre las avenidas Fifth y Sixth.
También puede acercarse a **Susan Bennis/Warren Edwards** (Park Avenue y 56th Street) donde los zapatos para hombre y mujer hechos a mano y de edición limitada abarcan todos los estilos posibles.

Compras personales
Si la perspectiva de muchas horas de vagabundeo por los grandes almacenes de la ciudad no le atrae demasiado, cada establecimiento cuenta un equipo de compradores personales que hará las compras por usted. Todo lo que ha de hacer es pagarlas -y pagar también al comprador personal. Para obtener mayor información: Bergdorf Goodman (tel: 753 5300); Bloomingdale's (tel: 705 3375); Macy's (tel: 695 4400); Sacks Fifth Avenue (tel: 753 4000).

Vida Nocturna

La vida nocturna neoyorquina nunca es aburrida. Ya sea una entrada de 100 dólares para la Metropolitan Opera o un club nocturno de vanguardia del East Village, los entretenimientos de la ciudad son más abundantes y más diversos que en cualquier otro lugar del mundo. Para disfrutar, lo único que se necesita es energía y, en la mayoría de los casos, mucho dinero.
Las publicaciones de la ciudad traen extensas listas de entretenimientos nocturnos. Las más completas son el *Village Voice* y las ediciones del viernes y del domingo del *New York Times.* Para obras de teatro y películas nuevas, el *New Yorker* es también una fuente excelente de información dogmática.

Entradas para el teatro
Para muchas de las producciones de Broadway y Off-Broadway, los aficionados al teatro en Nueva York adquieren sus entradas por teléfono (Tele-Charge, HIT-TIX, Ticketmaster), o las compran a través de una agencia de entradas (anunciads en las Páginas Amarillas y en los periódicos locales) en vez de ir a la taquilla.
Las entradas a mitad de precio a la venta el mismo día de la representación («half-price-day-of-perfomance») se venden en dos de las sucursales de TKTS de Manhattan (en 47th Street entre Broadway y Seventh Avenue, y en la torre sur del World Trade Center; tel: 768 1818) de 15:00 a 20:00 para los espectáculos nocturnos, y desde las 10:00 hasta las 14:00 para los espectáculos matutinos de los miércoles. Otra manera de reducir gastos es con un «two-fers»- un cupón que autoriza al portador a comprar dos entradas por el precio de una. Estos pretenden estimular a la audiencia y se entregan en las colas de las taquillas y en las recepciones de los hoteles. El establecimiento Public Theater's Quixtix vende entradas «half-day-of-perfomance» y también ofrece pases gratuitos para los ensayos: una alternativa perfecta para los entusiastas del teatro que hayan fundido todo su dinero.

Teatro Desde los *Ziegfeld Follies* hasta *El Fantasma de la Opera,* el teatro ha sido parte integral de la vida nocturna de la ciudad durante años. La sección de Broadway más cercana a la sórdida Times Square se estableció hace tiempo como el centro comercial del teatro americano.
Sin embargo, el teatro neoyorquino ha pasado por malos

momentos. Los elevadísimos costes de producción han repercutido en el precio de las entradas (más de 65 dólares). Por otra parte, los productores tienden a poner en escena obras de bajo presupuesto. El resultado son las numerosas comedias, musicales y obras ligeras, por lo general, con muy pocos nombres conocidos. Los espectáculos de altura cuelgan cada noche el cartel de «no hay entradas», pero en el resto de los teatros de Broadway se hace presente el descenso de la audiencia. No obstante, aunque el espectáculo no sea nada del otro mundo, una de las razones para acercarse a uno de los 34 teatros de Broadway es disfrutar del suntuoso auditorio y empaparse un poco en la historia y folclore de cada teatro. Entre ellos, el **Belasco** (111 West 44th Street) fue construido por el legendario director David Belasco en 1907 y fue equipado con mecanismos técnicos que por aquel entonces eran un tanto futuristas. El **Martin Beck** (302 West 45th Street) fue el primer teatro de estilo bizantino del país cuando abrió sus puertas en 1924, para la representación de la primera obra de Eugene O'Neill. El **Music Box** (239 West 45th Street) fue diseñado en 1921 por Irving Berlin para acoger a su Music Box Revue, mientras que el **Walter Kerr** (219 West 48th Street) ha sufrido una carísima restauración para recrear el estilo y la grandeza de los años 20.
Más pequeños que sus homólogos de Broadway, los teatros Off-Broadway (100-499 asientos) tienden un poco

más a la aventura y entre ellos se ofrecen una selección de musicales, comedias, *revivals,* clásicos y trabajos nuevos que pocas ciudades pueden igualar. Las obras de teatro más importantes y los actores profesionales no son ajenos a las producciones Off-Broadway, y muchas de las que obtienen gran éxito realizan su transición hacia Broadway. La mayor parte de los mejores teatros Off-Broadway están situados en Greenwich Village y sus alrededores. Entre ellos destacaremos el **Circle in the Square Downtown** (159 Bleecker Street; tel:254 6330); el **Circle Repertory Company** (99 Seventh Avenue; tel: 924 7100); **Orpheum** (Second Avenue con 8th Street; tel: 477 2477) y el **Provincetown Playhouse** (133 MacDougal Street; tel: 477 5048).

Los numerosos diminutos teatros Off-Off-Broadway (menos de 100 asientos) se encuentran a menudo en lugares como iglesias reconvertidas o escuelas abandonadas. Aquí es donde se representan obras experimentales con actores desconocidos pero de enorme talento. Rara vez pagará más de 15 dólares por asiento. Los puntos Off-Off-Broadway también escenifican arte interpretativo y cabaret alternativo. Entre los más consagrados están **The Kitchen** (19th Street entre Tenth y Eleventh avenues; tel: 255 5793); el **Living Theater** (3rd Street entre las avenidas C y D; tel: 979 0604); y PS122 (First Avenue con 9th Street; tel: 477 2588).

Otra venerable institución dramática de Nueva York es el **Joseph Papp Public Theater** (425 Lafayette Street; tel: 598 7150). Aquí descubrirá provocativas obras nuevas y adaptaciones controvertidas de los clásicos en seis teatros independientes.

Información teatral
Además de los extensos listados del *New Yorker,* el *New York Times* y el *Village Voice,* existe un servicio telefónico que facilita información durante las 24 horas del día sobre las obras en cartelera y sobre la existencia de entradas; NYC/ON STAGE (tel: 768 1818).

Shakespeare in the Park
El anterior director del Public Theater, Joseph Papp, instigó el popular festival «Shakespeare in the Park», que pone en escena dos obras de Shakespeare en el teatro al aire libre Delacorte Theater de Central Park (cerca de la entrada de 81st Street en el Upper West Side) entre junio y agosto. Las entradas son gratis pero se limitan a dos por persona. Al mediodía comienza a formarse una larga cola, aunque las entradas no se reparten hasta las 18:00.

Grandes nombres en el distrito del teatro

La edad de oro del neón puede haber finalizado, pero no la legendaria agitación de Times Square

El Festival de Cine de Nueva York
Cada septiembre, películas extranjeras y americanas especialmente seleccionadas se proyectan en el New York Film Festival, celebrado en el Alice Tully Hall, en el Lincoln Center. El festival está organizado por la Film Society of Lincoln Center, y las entradas tienden a ser escasas (tel: 875 5610).

Cine Nueva York siempre ha tenido una relación especial con el cine, tomando parte en numerosas películas durante más de 60 años (ver páginas 14-15 y 188). La ciudad es además un magnífico lugar para verlo. No sólo se proyectan primero las producciones de alto presupuesto de Hollywood, sino que docenas de pequeñas salas se especializan en el nuevo cine independiente y en películas extranjeras. Los nostálgicos del cine también están de suerte con la proyección regular de lo antiguo, desde los clásicos del cine mundial hasta los musicales *kitsch* de los años 40.

Los multicines proyectan por toda la ciudad los últimos lanzamientos; la mayoría están en Lower Manhattan. Estos incluyen el **Angelika Film Center** de seis pantallas (Houston Street con Mercer Street; tel: 995 2000); los **Anthology Film Archives** (Second Avenue con 2nd Street; tel: 505 5181); **Bleecker Movie House** (144 Bleecker Street; tel: 807 9205); **Cinema Village** (12th Street entre Fifth y Sixth avenues; tel: 924 3363); **Film Forum** (Houston Street con Varick Street; tel:727 8110); el **Public Theater** (425 Lafayette Street; tel: 598 7150); **Theatre 80** (80 St Mark's Place entre First y Second avenues; tel: 254 7400); y el **Walter Reade Theater** (70 Lincoln Center Plaza; tel: 875 5600).

Muchos de los museos de la ciudad ofrecen películas que tienen que ver con sus exposiciones. El **Museum of Modern Art** y el **Metropolitan Museum of Art** poseen extensos archivos filmográficos; el **Museum of TV and Radio** (ver página 161) es otra buena opción.

Música clásica Durante todo el año, Nueva York reverbera con el sonido de la música clásica. Desde recitales gratuitos al aire libre hasta conciertos con algunos de los nombres más sobresalientes, los amantes de la buena música encontrarán abundantes ocasiones para recrearse. El Avery Fisher Hall del Lincoln Center es la sede de la **New York Philharmonic,** cuya temporada va desde mediados de septiembre hasta mayo (para entradas, tel: 721 6500). Durante el mes de julio, la orquesta realiza una serie de conciertos gratuitos en los parques de cada uno de los cinco vecindarios de la ciudad.

El Mostly Mozart Festival
Durante seis semanas cada julio y agosto, los neoyorquinos se desprenden de su inactividad con el popular Mostly Mozart Festival, celebrado en el Avery Fisher Hall del Lincoln Center. El festival, que cuenta con la presencia de importantes músicos y directores de orquesta, es además para muchos, la única oportunidad de poder permitirse entradas en primera fila; ya que todos los asientos tienen el mismo precio (barato).

La **New York Chamber Orchestra** (tel: 996 1100) tiene su sede en el 92nd Y (92nd Street en Lexington Avenue). El **Kaufmann Concert Hall** de paredes de roble acierta con la acústica y el ambiente, y es un punto de reunión muy popular para solistas y grupos de cámara.
En el Lincoln Center, el **Alice Tully Hall** (tel:721 6500) es otro lugar importante para la música de cámara. Por toda la ciudad, otros lugares ofrecen regularmente todo tipo de música clásica. El histórico **Carnegie Hall** (Seventh Avenue y 57th Street; tel: 247 7800) presenta un repertorio de música de cámara y recitales de solistas; el **Merkin Concert Hall** (67th Street entre Broadway y Amsterdam Avenue; tel: 362 8719) se especializa en temas menos habituales, como la música étnica; y el **Town Hall** ofrece otros programas de gran variedad (43rd Street entre Sixth Avenue y Broadway; tel: 840 2824).
Los aficionados a la música con escasos medios deben buscar en los periódicos los conciertos gratuitos, ofrecidos en la capilla **St Paul's Chapel** del Financial District, en la **Riverside Church** del Upper West Side, y en las numerosas escuelas de música de la ciudad, entre las que destaca la **Juilliard School of Music** en el Lincoln Center.

Ballet y danza Nueva York es el lugar ideal para los aficionados a la danza. Algunas de las compañías más respetadas del mundo están establecidos en la ciudad.
La compañía de ballet más importante de Nueva York es el **New York City Ballet,** con sede en el **New York State Theater** del Lincoln Center (tel: 870 5660). Sus temporadas de representación van de noviembre a febrero y de abril a junio, con una puesta en escena especial en Navidad del *Cascanueces.* Las entradas varían en precio y a menudo se agotan antes del evento. El mismo día de la representación se ponen a la venta las entradas devueltas.

Muchos de los mejores bailarines actúan en el Met.

Entradas a mitad de precio
Las entradas «half-price day–of–performance» para muchas representaciones de música clásica, danza y ópera (aunque raras veces para la Metropolitan Opera) se ponen a la venta el mismo día de la representación en una taquilla (tel; 382 2323) en Bryant Park, Sixth Avenue con 42nd Street. No se aceptan tarjetas de crédito.

Con sede en la **Metropolitan Opera House** del Lincoln Center, el **American Ballet Theatre** (tel: 362 6000) suele recibir excelentes críticas por sus representaciones de piezas clásicas y contemporáneas. La temporada va de abril a junio. Cuando el ABT está de gira, compañías internacionales invitadas, como el Bolshoi o la Ópera de París, ocupan su lugar. Los precios de las entradas varían enormemente, y debería saber que los asientos más baratos están muy altos y alejados del escenario.

Otro centro de danza importante pero menos intimidatorio, es el **City Center** (55th Street entre Sixth y Seventh avenues; tel: 581 7907), que acoge a un trío de compañías innovadoras: la **Alvin Ailey American Dance Theater;** la **Dance Theater of Harlem;** y la **Merce Cunningham Dance Company.**

Otro local más pequeño, pero igualmente interesante, es el **Bessie Schoenberg Theater** (19th Street entre Seventh y Eigth avenues; tel: 924 0077), donde la **Dance Theater Workshop** es la pionera en danza experimental. El talento prometedor de muchas futuras estrellas de la danza resulta evidente en las funciones de estudiantes de la prestigiosa **American School of Ballet** (tel: 874 7515) en la **Juilliard School of Music** del Lincoln Center.

Tal es la calidad de las representaciones de la **Brooklyn Academy of Music,** que los residentes de Manhattan cruzan el East River para presenciar sus espectáculos (tel: 718/636 4100). Establecida como un importante centro de la danza moderna, alberga el espectacular festival de otoño *Next Wave.*

«The Gate» es uno de los muchos lugares nocturnos de éxito del Greenwich Village

Opera Durante la temporada de septiembre a mediados de abril, las representaciones de la compañía **Metropolitan Opera** en la enorme **Metropolitan Opera House** del Lincoln Center (tel: 362 6000) constituyen un evento social tanto como una representación musical. Las entradas son bastante caras y pueden ser difíciles de conseguir sin haber realizado las reservas con antelación. También con sede en el Lincoln Center está la innovadora **New York City Opera** (tel: 870 5570), que actúa en el **New York State Theater.**
Entre unas cuantas pequeñas compañías de opera, con precios baratos y asientos cómodos, se encuentra la **Amato Opera Company** (319 Bowery; tel: 228 8200) y la **Bel Canto Opera Company** (31st Street y Madison Avenue; fax: 535 5231), que se enfrenta con vigor a los modelos establecidos. El **Gilbert & Sullivan Players** (302 West 91st Street, tel: 969 1000) ofrece numerosas obras de Gilbert & Sullivan entre su repertorio.
De junio a agosto, **New York Grand Opera** (tel: 245 8837) organiza espectáculos gratuitos en el Summer Stage de Central Park.

Poesía en vivo: Poets' Slam
Escuchar a poetas desconocidos recitar sus últimos versos puede ser un modo emocionante de pasar la tarde, pero en el Nuyorican Poet's Café (3rd Street entre las avenidas B y C; tel: 505 8183)), el «Poets' Slam» del viernes por la noche reúne a un grupo de poetas deseosos de impresionar a la audiencia, y a un grupo de jueces, con su trabajo. Al final de este evento tan neoyorquino se selecciona un ganador.

La música es un modo de vida para muchos neoyorquinos. La ciudad ofrece grandes posibilidades para los músicos con talento

Clubs de comedia Los clubs de comedia neoyorquinos sirvieron de catapulta a las carreras de Eddie Murphy, David Letterman, Robin Williams e innumerables actores a lo largo de los años. No espere chistes y bromas al estilo de Las Vegas; los clubs de comedia neoyorquinos son lugares bulliciosos y la audiencia puede llegar a ser bastante cruel con los actores que no caen en gracia.
La mayoría de los clubs ofrecen dos espectáculos por noche. Es mejor hacer las reservas para los viernes y sábados. La entrada es más cara si actúa alguien famoso, pero las noches «open-mike», o de micrófono abierto (cuando los amateurs tienen su oportunidad), son casi siempre gratis. En el *Village Voice* se encuentran las listas más completas sobre clubs de comedia.
Con talentos para todos los gustos, y algún nombre conocido, los mejores clubs son el **Comedy Cellar** (117 MacDougal Street; tel: 254 3630), el **Comic Strip Inc** (Second Avenue entre 81st y 82nd streets; tel: 861 9386); **Dangerfield's** (First Avenue entre 61st y 62nd streets; tel: 593 1650); y **Stand Up NY** (78th Street y Broadway; tel: 595 0850).

Disfrutando en el Palladium

Clubs nocturnos Los club nocturnos de Nueva York se encuentran en permanente estado de cambio. Los últimos 15 años han visto el auge y posterior declive de Studio 54, del extravagante Mudd Club, que ayudó a rejuvenecer el SoHo, y de otro grupo de clubs punk del East Village que remodelaron la idea de lo que podía ser una salida nocturna.

La escena nocturna de Nueva York está volviendo a florecer, después de un periodo en el que había perdido color. En los últimos años, la acción se ha trasladado a Downtown, pero todavía existen multitud de locales de todo tipo donde uno puede ir arreglado, desarreglado, posar, pavonearse, o sencillamente bailar hasta bien entrada la madrugada.

Para los no habituales, el peor trago de cualquier club es el portero, que decidirá si usted es la persona adecuada (dependiendo de su ropa y aspecto general) para poder entrar. La arrogancia de los porteros es una leyenda, pero si no le dejan entrar, no desespere e inténtelo en otro lugar. Ningún club que se precie comienza a animarse antes de la 1:00 o las 2:00 de la madrugada (la mayoría abren hasta las 4). Llegue antes de la medianoche y, a buen seguro, no encontrará ni un alma. Sin embargo, una ventaja de llegar pronto puede ser una rebaja en la entrada. Las bebidas en los clubs nocturnos son mucho más caras que en los bares.

Identificación
Sin importar la edad que tenga, existe la posibilidad de que le pidan alguna identificación al entrar en cualquier club nocturno. Si tiene menos de 21 años –edad mínima para consumir alcohol- puede que no le permitan la entrada. Los clubs que aceptan a menores de 21 años, a menudo distinguen a los clientes que pueden consumir alcohol con pulseras especiales (u otra forma similar no transferible de identificación) que se muestran al hacer el pedido.

Muchos clubs ofrecen entretenimientos diferentes y, por lo tanto, tienen una clientela completamente variada en determinadas noches de la semana: infórmese siempre con antelación. Los clubs nocturnos de Nueva York abren, cierran, y cambian de dirección con rapidez asombrosa; las siguientes sugerencias intentan detallarle lo que puede encontrar.
Uno de los clubs con solera, el **Au Bar** (58th Street entre las avenidas Madison y Park; tel: 308 9455) atrae a una clientela vestida de diseño y bastante formal, que baila música disco ligera.
Visitado de vez en cuando por celebridades del rock & roll, el **China Club** (Broadway con 75th Street; tel:877 1156) es una discoteca de música rock bastante divertida. Excepto los domingos, cuando predominan los ritmos caribeños más dulzones, sonidos similares se filtran de la planta baja de **Perfect Tommy's** (Amsterdam Avenue entre las calles 84 y 85; tel: 787 7474), un popular bar de vecindario.
Animado y joven, y completamente abarrotado por las noches, **Red Zone** (54th Street entre las avenidas Ninth y Tenth; tel: 582 2222) tiene lo mejor del *House* y los mejores pinchas *hip-hop,* y a veces también se escucha salsa. Podrá disfrutar de más ritmos latinoamericanos en **SOBs** (Varick Street con Houston Street; tel: 243 4940). Si no siente predilección por ningún estilo, **The Bank** (Houston Street en Essex Street; tel: 505 5033) es un

El Radio City Music Hall es un popular centro de rock

lugar razonable para salir de noche, aunque siempre podría experimentar el Palladium (14th Street entre las avenidas Third y Fourth), una cavernosa sala con una gigantesca pista de baile con monitores de vídeo, diseñada por el sobresaliente arquitecto Arata Isozaki.
Inaugurado a mediados de los años 80, el tenue ambiente de **Nell's** (14th Street entre las avenidas Seventh y Eighth; tel: 675 1567) surgió como un antídoto contra las luces brillantes y la música machacona; este salón de estilo victoriano ha pasado de moda pero merece la pena visitarlo.

Música Rock Los grandes nombres de la musica rock incluyen siempre Nueva York en su programa de giras internacionales. Si no son tan populares como para llenar el Shea Stadium de Queens, lo más probable es que actúen en el **Beacon Theater** (Broadway con 75th Street; tel: 496 7070), el **Madison Square Garden** (Seventh Avenue entre las calles 31 y 33; tel: 465 6741), o el **Radio City Music Hall** (Sixth Avenue con 50th Street; tel: 247 4777).

Clubs nocturnos de gays y lesbianas
En Nueva York hay muchos lugares para gays y lesbianas, además de numerosos clubs nocturnos de Lower Manhattan que dedican a este colectivo ciertas noches de la semana. Los últimos detalles se encuentran en el *Village Voice* y en las pequeñas publicaciones para gays y lesbianas, disponibles en librerías temáticas como *A Different Light,* en el 548 de Hudson Street.

The Garden
MADISON SQUA

Entradas para conciertos rock
Las entradas para los conciertos de rock más importantes (normalmente 15-30 dólares) y para la mayoría de los espectáculos con una cierta audiencia (10-20 dólares), se pueden reservar por teléfono y pagar con tarjeta de crédito a través de Ticketmaster (tel: 307 7171).

Las bandas europeas y americanas que han superado los escenarios de los clubs pequeños, pero que todavía no están preparadas para las enormes salas de conciertos, actúan durante la semana en lugares como el **Ritz** (54th Street con Broadway; tel: 541 89000), el **Marquee** (21st Street cerca de Tenth Avenue; tel: 249 8870), y **Roseland** (52nd Street entre Eighth Avenue y Broadway; tel 249 8870), el legendario salón de baile de la era de las Big Band.

Merece la pena visitar otros lugares como **The Bottom Line** (4th Street cerca de Fifth Avenue; tel: 228 6300), y **Wetlands** (Hudson Street, tres bloques al sur de Canal Street; tel: 966 4225), con decoración psicodélica de los años 60, comida orgánica y libros y panfletos sobre temas ecológicos, además de un buen número de bandas de rock, reggae y funk.

La escena de la música rock neoyorquina es bastante incestuosa; algunas bandas pueden ser muy conocidas en vecindarios concretos y totalmente desconocidas fuera de ellos. Cada noche se puede escuchar gratis, o por unos pocos dólares, a multitud de talentos con nombres exóticos en docenas de clubs diminutos, ocultos por todo el East Village y el SoHo. Para más detalles, lea los anuncios del *Village Voice* o mire los carteles pegados en los bares y cafés locales.

Talking Heads y Blondie fueron dos de los grandes nombres que emergieron de la escena punk neoyorquina de mediados de los años 70, centrada en el CBGB (Bowery con Bleecker Street; tel: 982 4052). Aún en funcionamiento, bandas desconocidas tocan aquí cada noche, mientras que la **CB's Gallery** (tel: 388 2529) ofrece arte escenificado y disertaciones.

Los músicos experimentales exploran el rock de vanguardia en la **Knitting Factory** (Houston Street cerca de Mulberry Street; tel: 219 3055). Si lo que desea es música de rock atronadora para acompañar la borrachera de cerveza, vaya a **Desmond's Tavern** (Park Avenue entre las calles 29 y 30; tel: 684 9472).

Birdland, un popular club de jazz en el Upper West Side, tomó su nombre de otro que fue una leyenda en los años 40

Jazz y blues Desde la década de 1940, Nueva York ha contado con numerosos clubs de jazz, que normalmente ocupaban los sótanos del Greenwich Village. Sus suelos de madera han sido pisados por las figuras más ilustres del jazz. La mayoría de los clubs de jazz ofrecen dos o tres espectáculos nocturnos. Los precios varían de 8 a 20 dólares, o más. En ocasiones, puede que le cobren una cantidad mínima (6 dólares aproximadamente) por cada dos bebidas.

El **Village Vanguard** (Seventh Avenue con 11th Street; tel: 255 4037) representa el humeante club de jazz del

Jazz en Greenwich Village: una noche más cara que hace 50 años, pero con el mismo ambiente

Greenwich Village. Muchos nombres importantes tocan aquí regularmente. Las estrellas de jazz son también visitantes frecuentes del **Blue Note** (3rd Street con MacDougal Street; tel: 475 8592), un local de ambiente que a veces resulta bastante caro. Un par de lugares de tono más bajo en el Greenwich Village son **Sweet Basil** (Seventh Avenue con Bleecker Street; tel: 242 1785) y **Bradley's** (70 University Place; tel: 228 6440), donde dúos de piano y de cuerda tocan en una atmósfera íntima. En otra parte de la ciudad, el caro **Michael's Pub** (55th Street con Third Avenue; tel: 785 2272) se especializa en jazz al estilo de New Orleans. A veces, un inesperado Woody Allen añade su clarinete a la exuberante refriega musical. Una audiencia agradecida contribuye a que el **Fat Tuesday's** (Third Avenue entre las calles 17 y 18; tel: 533 7902) sea el lugar ideal para captar nuevos talentos. El **Knickerbocker Bar and Grill** (9th Street y University Place; tel: 228 8490) ofrece espectáculos con grandes estrellas. Lejos de Greenwich Village, **Birdland** en Broadway con 105th Street (tel: 749 2228), está ambientado como un club de moda de los años 40. Ofrece tres actuaciones de jazz por noche y un «brunch jazz» los domingos.Por otra parte, los blues y R&B más puros se encuentran en el **Dan Lynch Blues Bar** (Second Avenue con 14th Street; tel: 677 0911), donde la entrada es gratis excepto los viernes y sábados.

Folk Greenwich Village fue el epicentro del *folk revival* de los años 60. Lejos quedaron los días de gloria, pero los centros legendarios del folk como el **Bitter End** (147 Bleecker Street; tel: 673 7030) y el **Speakeasy** (esquina de las calles Macdougal y Bleecker; tel: 598 9670), aún sobreviven ofreciendo actuaciones folk casi todas las noches.

Música country
Escuchar música *country* parece algo incongruente en el Nueva York urbano, pero la Lone Star Roadhouse (52nd Street entre Broadway y Eighth Avenue; tel: 245 2950) organiza una mezcla de sonidos *new wave* y *country* tradicionales. Otros lugares más pequeños son el Cheatin' Heart Café (Fifth Avenue con 28th Street; tel: 685 8989), O'Lunney's (44th Street cerca de Fifth Avenue; tel: 840 6688) y el Rodeo Bar (Third Avenue con 27th Street; tel: 683 6500).

Nueva York para Niños

En los barrios exteriores
El Brooklyn´s Children Museum (145 Brooklyn Avenue) es una innovación arquitectónica, con exposiciones que contribuyen al mejor entendimiento de la ciencia y naturaleza. Los niños de más edad podrían preferir jugar entre los antiguos vagones de metro que se exhiben en la New York Transit Exhibit (ver página 76).
Navegar en el ferry de Staten Island es ya divertido de por sí y, una vez en tierra, la Richmondtown Historic Restoration (página 179) dispone de guías vestidos con trajes de época que de manera agradable y divertida hacen un recuento de la historia.
El Bronx Zoo (páginas 70-1) tiene una sección para niños, en Queen's, el New York Hall of Science (página 171) tiene un montón de entretenidas exposiciones que se pueden tocar.

Algunos museos de Manhattan tienen secciones dedicadas a los niños, pero sólo el **Children's Museum of Manhattan** (en el Tisch Building, 83rd Street, entre Broadway y Amsterdam Avenue) está diseñado para tal propósito: unas maravillosas facilidades para aprender jugando, utilizando exposiciones interactivas. Las cuatro plantas del Children's Museum incluyen el Brainatarium, en el que se exploran las funciones del cerebro humano, y el Time Warner Center for Media, donde las pequeñas manos pueden rodar, editar, y protagonizar sus propios vídeos. En el exterior, la Urban Tree House explora los conflictos medioambientales entre la vida urbana y el mundo natural.
En el **Children´s Museum of the Arts** (72-8 Spring Street, tel: 941 91 98) la gente joven, desde los 18 meses hasta los 10 años, puede disfrutar de zonas de juego creativas centradas en un espacio dedicado al arte escenificado.
Sin perder su función educativa, el **American Museum of Natural History** (ver páginas 63-64), con sus esqueletos de dinosaurios, su maqueta de una ballena gigante y un montón de criaturas disecadas, es otro lugar donde los gritos infantiles se oyen con frecuencia.
En la ciudad, si usted tiene niños a su cargo, el **World Trade Center,** con su ascensor supersónico, sobrepasa al **Empire State Building,** aunque la exposición de Guinness World of Records de éste, atrae los corazones más jóvenes. Más tarde se podría combinar una excursión en barco (ver página 67) con una visita a los navíos históricos del **South Street Seaport** (ver página 178).

Alicia y sus amigos en Central Park

En Central Park, el **Central Park Zoo,** se encuentra detrás de Arsenal en 64th Street y Fifth Avenue (tel: 408 02 71). Como curiosidad puede visitar los leones marinos en su horario de comida. Los sábados también se cuentan cuentos en el parque en la estatua de Hans Christian Andersen junto al Conservatory Water (tel: 794 65 64 para mayor información). En el **Enchanted Forest** (85 Mercer Street), animales disecados habitan un bosque medieval, y en **FAO Schwarz** (Fifth Avenue entre las calles 58th y 59th) juguetes de todo tipo hacen las delicias de los niños.

Arriba: Familiarizándose con el juego en Central Park

Arriba izquierda: El Bronx Zoo, descrito en las páginas 70-1

Izquierda: Patinaje: el último grito en Central Park

Nueva York Gratis

En los Outer Boroughs
La Brooklyn Historical Society es gratis todos los días. Durante el verano, el Brooklyn Arts Council (información en tel: 718/625 0080) organiza actuaciones musicales gratuitas en varios lugares, incluyendo Brighton Beach. El Bronx's Hall of Fame for Great Americans es siempre gratis, y también el Bronx Zoo (páginas 70-1) de martes a jueves, aunque se esperan donativos voluntarios. En Queens, el New York Hall of Science (página 171) no cobra la entrada pero espera donativos. El Garibaldi Meucci Museum de Staten Island (página 180) tiene entrada gratuita, y tampoco se paga nada en los conciertos de julio en Snug Harbor (tel: 718/448 2500).

Sin dinero también puede divertirse en la Gran Manzana. Muchas de las mejores cosas de Nueva York –arquitectura, actividad callejera, vecindarios elegantes, grandes almacenes de lujo– se pueden ver y disfrutar sin gastar un centavo. Estudie las sugerencias de abajo para disfrutar de Nueva York sin abrir la cartera.

Gratis en Manhattan Varios de los museos más importantes de la ciudad descritos en la sección De la A a la Z de este libro, ofrecen entrada gratuita por la tarde en determinados días de la semana: el **Cooper- Hewitt Museum** (martes de 17:00 a 19:00); el **Guggenheim Museum** (martes de 17:00 de 20:00); el **Museum of Modern Art** (jueves de 17:00 a 20:00, se esperan donativos voluntarios); y el **Whitney Museum of American Art** (jueves de 18:00 a 20:00).Entre las instituciones más pequeñas que acogen exposiciones temporales, la **National Academy of Design** permite la entrada gratis los martes por la tarde (17:00 a 20:00), al igual que el **International Center of Photography.**
Los museos y galerías en los que la entrada es siempre gratuita son: la **American Numismatic Society** (página 65); la **American Bible Society** (página 61); las **Forbes Magazine Galleries** (página 107); la **Hispanic Society of America** (página 126); el **Museum of American Folk Art** (página 155, se sugiere un donativo de 2 dólares); el **Nicolas Roerich Museum** (página 189); y el **Police Academy Museum** (página 152).
No cuesta nada visitar el **Federal Hall** (página 102) y el **General Grant Memorial,** y tanto el **Lincoln Center** (página 134) como el **Stock Exchange** (página 182) ofrecen visitas guiadas gratuitas. Si logra conseguir entradas, se pueden presenciar los discursos de los delegados en la **Asamblea General de la ONU** (página 184).
Durante el verano, se puede asistir gratis al teatro y a musicales en **Central Park** (tel: 6988901), en el **Rockefeller Center** (tel: 698 8901), en los atrios del **Lincoln Center** (tel: 875 5400) y el **World Trade Center** (tel: 435 7000) y en **South Street Seaport** (tel: 669 9400).

De escaparates por Manhattan: los grandes almacenes Macy's

INFORMACIÓN PRÁCTICA

Llegada

Formalidades de entrada Los ciudadanos de la mayoría de los países europeos necesitan pasaporte para visitar EE UU pero no necesitan visado si la duración de su estancia en EE UU es inferior a 90 días y tienen billete de vuelta. Sin embargo, sí es necesario rellenar un formulario especial que le darán en el avión.

Antes de aterrizar, le entregarán también unos formularios de aduanas e inmigracion que tendrá que completar. Estos formularios requieren información simple sobre la duración de su estancia y la dirección donde va a pasar su primera noche. No tendrá problemas de ningún tipo si visita EE UU por motivos de vacaciones.

Sin embargo, si planea vivir y/o trabajar en EE UU, necesita obtener permiso –y los papeles pertinentes– de una embajada americana, antes de preparar su vuelo.

Si sus vacaciones son largas (por ejemplo, más de tres semanas) es probable que le pidan que muestre evidencia suficiente de los fondos que le mantendrán durante su estancia. Si muestra una cartera llena de tarjetas de crédito y un fajo de cheques de viaje, será suficiente para que los oficiales de inmigración dejen de sospechar de usted.

Si viaja con una compañía aérea importante, es posible que le hagan una comprobación de inmigración, una vez en el aeropuerto.

Utilice solamente los taxis de las paradas oficiales

Le pondrán una pegatina en el pasaporte que agilizará su paso por los controles de inmigración cuando esté en tierra.

Si no fuera así, esté preparado para una hora de espera, por lo menos, antes de haber terminado en el aeropuerto. Una vez que haya llegado al mostrador, entregue al oficial su pasaporte y el formulario de inmigración que habrá rellenado en el avión, y tenga su billete de vuelta preparado para una posible inspección.

Suponiendo que no hay problemas, le sellarán el pasaporte y le graparán una parte del formulario de inmigración, que retirarán cuando salga de EE UU.

Avión Los vuelos internacionales a Nueva York aterrizan en John F. Kennedy Airport (en Queens, 24 km al este de Manhattan) o Newark (en New Jersey, 24 km al oeste de Manhattan). Ambos aeropuertos támbién reciben vuelos nacionales, al igual que el tercer aeropuerto de la ciudad, La Guardia (también en Queens, 12,8 km al este de Manhattan).

Aterrice donde aterrice, llegar a Manhattan no debería representar ningún problema, aunque sí bastante tiempo: una vez libre de inmigración y aduana, tardará al menos, una hora y media hasta llegar a la ciudad. En cada aeropuerto encontrará un Ground Transportation Desk, donde puede informarse sobre rutas, horarios y precios para llegar a la ciudad.

Además de los servicios de transporte público detallados abajo, los taxis están presentes en cada uno de los tres aeropuertos. Deben cogerse únicamente en las paradas oficiales de taxis que le mostrará la plantilla uniformada del aeropuerto. Cualquier taxista que se le acerque en persona es muy probable que no tenga licencia, carezca de seguro, y puede que le cobre de más (o que le robe).

El coste de un taxi desde el aeropuerto hasta Manhattan es elevado: espere gastarse entre 40 y 50 dólares (los peajes de carretera y puentes son aparte) desde JFK o Newark, y de 20 a 30 dólares desde La Guardia. Además, tenga en cuenta que el tráfico puede ser denso en los alrededores del aeropuerto, lo que incrementará la tarifa del taxi.

Los helicópteros ofrecen una mánera rápida pero cara de llegar al aeropuerto. La mayoría de los viajeros prefieren el autobús

Desde JFK Autobuses gratuitos recorren el trayecto hasta la estación de metro más cercana, en Howards Beach, desde la que parte un metro hasta Manhattan con un trayecto de una hora de duración. Otros autobuses unen el aeropuerto con otras líneas de metro, sobre todo, para los neoyorquinos que quieren llegar a casa sin cambiar de línea. (Antes de utilizar el metro, vea **Transporte Público** en las páginas 256-8)

Los turistas nerviosos que llegan por primera vez a JFK con equipaje pesado, deberían ignorar el metro y utilizar el servicio Carey Express Airport Coach (tel: 718/632 0500), que sale cada 20 minutos entre las 6:00 y la media noche hacia Midtown Manhattan. Se pueden comprar billetes de ida, por mucho menos de la mitad del importe de un taxi, a los encargados uniformados fuera de las terminales del aeropuerto.

Otra opción –un poco más cara pero mucho más rápida– es utilizar un miniautobús compartido. Gray Line Air Shuttle (tel: 757 6840) trabaja con este tipo de autobuses desde JFK hasta cualquier dirección de Manhattan.

Si el dinero no es problema, puede llegar a Manhattan desde el aeropuerto en helicóptero. El servicio de helicópteros tarda 10 minutos en llegar al helipuerto de 34th Street (tel: 800/645 34 94).

Desde Newark El Airport Express Bus (tel: 762 5100) sale cada hora hacia el Port Authority Bus Terminal de Manhattan (42nd Street y Eighth Avenue). El trayecto dura entre 30 y 45 minutos.

Paralelamente, el Olympia Trails Bus (tel: 964 6233) conecta Newark con tres paradas en Midtown y Lower Manhattan entre las 6:15 y la medianoche.

Al igual que en JFK, Gray Line Air Shuttle (tel: 757 6840) opera con miniautobuses compartidos desde Newark hasta cualquier destino en Manhattan.

Desde La Guardia Los autobuses locales llegan hasta el resto de Queens, pero para llegar a Manhattan, la elección está entre el Carey Express Airport Coach (tel: 718/ 632 0500), que sale cada 20 minutos entre las 6:00 y la medianoche hacia Midtown Manhattan, y un miniautobús compartido de la Gray Line Air Shuttle (tel: 757 6840), que sale entre las 7:00 y las 23:00 hacia cualquier punto de Manhattan.

Barco Lejos quedaron los días gloriosos del puerto de Nueva York, pero el QE2 mantiene la tradición y resucita los viajes de lujo en los trasatlánticos. Después de haber cruzado el océano, irá adentrándose lentamente en Nueva York bajo la Estatua de la Libertad, y llegará a la reluciente Passenger Ship Terminal de Midtown Manhattan, que está en Twelfth Avenue entre las calles 50 y 52.

Autobús Los autobuses de largo recorrido que llegan a Nueva York, finalizan su trayecto en la estación de autobuses más grande y concurrida dal país: Port Authority Bus Terminal (tel:564 8484) en la intersección de 42nd Street y Eighth Avenue.

Ferrocarril La mayoría de los trenes de cercanías paran en Grand Central Terminal, en 42nd Street y Park Avenue, mientras que los trenes de largo recorrido lo hacen en la otra estación de Nueva York, la Pennsylvania Railroad Station (conocida como «Penn Station»), en 31st Street y Eighth Avenue. Para obtener información sobre trenes en EE UU, llame al tel: 800/872 7245.

Averías
En el caso poco probable de que su coche alquilado se averiara, telefonée al número de averías que debería tener a la vista en salpicadero del automóvil (de no ser así, telefonée a la compañía). Con suerte, un representante de la compañía llegará en poco tiempo con otro coche en el que podrá continuar su viaje.
Si se le averiara el coche lejos de un teléfono, quédese en el vehículo y espere a que pase una Highway Patrol. Si cualquier otro vehículo parase para ofrecer su ayuda, tenga precaución. Normalmente, la mejor ayuda que esa persona puede ofrecerle, es acercarse al teléfono público más próximo y realizar la llamada de su parte.

La vista que confirma que ha llegado verdaderamente a la Gran Manzana

Alquiler de vehículos
Con semáforos en casi todas las calles y gran escasez de aparcamientos, Manhattan –y en general la Ciudad de Nueva York– es un lugar horrible para conducir. Sin embargo, para hacer excursiones fuera de la ciudad, un coche alquilado es un accesorio vital.
Muchas vacaciones organizadas desde Europa a EE UU incluyen el alquiler de coches a precios tentadores. Todas las compañías internacionales de alquiler de vehículos tienen un mostrador en los aeropuertos de Nueva York (y oficinas en la ciudad), donde puede recoger un coche previamente reservado o alquilar uno en el momento. Si su viaje organizado no incluye un coche alquilado, ahorrará tiempo y dinero si se desplaza fuera de la ciudad en transporte público y luego alquila un coche en una localidad más pequeña.
La dirección de los establecimientos de alquiler de coches más cercanos se puede obtener llamando a los siguientes números gratuitos: Avis (tel: 800/331 1212); Budget (tel: 800/527 0700); Hertz (tel: 800/654 3131); Interrent (tel: 800/227 7368); Thrifty (tel: 800/367 2277). Muchas otras firmas de alquiler aparecen en las Páginas Amarillas, aunque las grandes compañías internacionales son siempre las más seguras.
Cuando alquile un coche, lea la letra pequeña con atención, en particular, la que se refiere a Collision Damage Waiver (CDW), un tipo de seguro que puede añadir gastos considerables. Compruebe también, si el vehículo tiene que ser entregado con el déposito de gasolina lleno o no.
Si no se ha hecho la reserva con antelación, los menores de 25 años que no sean ciudadanos americanos y no dispongan de tarjeta de crédito puede tener problemas a la hora de alquilar un coche en Nueva York.

Clima
Nueva York atrae a los turistas durante todo el año. Aquellos que evitan los calurosos meses de julio y agosto y las tormentas de nieve y temperaturas bajo cero comunes entre diciembre y febrero, consiguen la mejor temporada en clima.

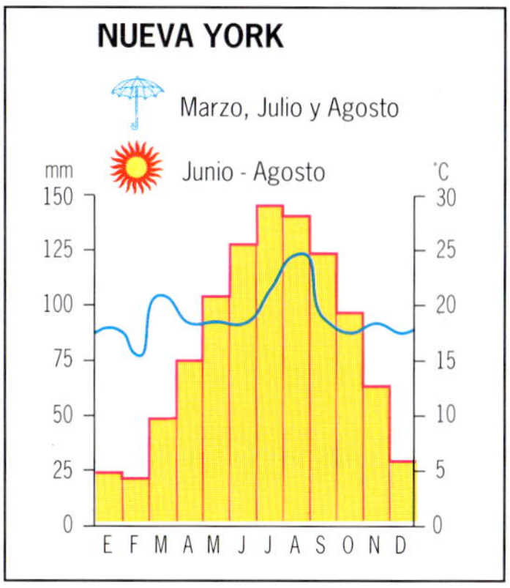

La ciudad despierta de su letargo invernal a mediados de marzo. En abril, los numerosos acontecimientos que tienen lugar al aire libre están en su mejor momento. Después del feroz calor del verano, la humedad comienza a desaparecer mientras se acerca el otoño, permaneciendo las temperaturas suaves hasta bien entrado el mes de octubre.
En el panel de la página 194 encontrará información sobre cuándo viajar fuera de la Ciudad de Nueva York, donde los veranos son más agradables.

Crimen
Nueva York se encuentra entre las ciudades del mundo que poseen un mayor índice de crimen. Sin embargo, una organización cuidadosamente preparada, permanecer alerta en las calles y en el metro, y una ojeada a las páginas 54-5 de este libro, le ayudarán a reducir las remotas posibilidades de ser robado o atacado.
El robo de dinero y objetos de valor de la habitación de su hotel es fácil de evitar si los guarda en las cajas de seguridad. Las posibilidades de que le roben en la calle se ven reducidas si no lleva bolsos o carteras ni su billetero a la vista.
Los cheques de viaje perdidos o robados son relativamente fáciles de reemplazar (lea las instrucciones cuando compre los cheques y anote todos los detalles pertinentes). Si pierde o le roban el pasaporte, acuda o telefonée a la oficina consular más cercana de su país (ver **Embajadas y Consulados** en las páginas 252-3).

Aduana
Las compras libres de impuestos permitidas para los no-americanos que entran en el país incluyen un cuarto americano (poco menos de un litro) de licores o vino (prohibido a los menores de 21), 200 cigarrillos o 50 puros, y un máximo de 100 dólares en regalos.
Entre las cosas que no puede llevar a EE UU están: carne, fruta, plantas, licores de chocolate y cupones de lotería.
Le advertimos que los botes de píldoras y otros medicamentos pueden alertar el interés de los oficiales de aduanas norteamericanos, si los descubren entre su equipaje.
A menos que no tenga un certificado de su médico, puede que le confisquen los medicamentos si en EE UU se consiguen tan sólo con receta médica.

Minusválidos
En Nueva York, al igual que en todo EE UU, las facilidades para los viajeros minusválidos no sólo son impresionantes, sino que también mejoran día a día. Legalmente, todos los edificios públicos tienen que ser, al menos parcialmente, accesibles en silla de ruedas y todos deben tener baños para minusválidos (cuyo diseño a veces difiere de los encontrados en Europa).
Casi todos los autobuses de Nueva York tienen plataformas elevadoras para sillas de ruedas en la puerta de atrás y la mayoría de ellos, están preparados para descender hasta el nivel de la acera y facilitar el acceso.

Metro elevado en Williamsburg

Los trenes y compañías aéreas norteamericanas están obligados a ofrecer servicios a los minusválidos si se solicitaran; Amtrack (servicio de trenes americano) se ha forjado una excelente reputación en este campo. Aunque menos cómodos que los trenes, los autobuses Greyhound permiten que el acompañante viaje gratis si un certificado médico ratifica tal necesidad.
Algunas compañías de alquiler de coches proporcionan vehículos con controles manuales, siempre que se notifique con antelación.
Para más información sobre los servicios para minusválidos, contacte con la Mayor's Office for People with Disabilities, tel: 788 2830.

Viajes nacionales
Si va a combinar su viaje a Nueva York con otras excursiones por EE UU, encontrará que los servicios de transporte nacional del país son (considerando las distancias) más baratos que sus homólogos europeos. Los visitantes extranjeros se benefician de tarifas reducidas que pueden abaratar más los costes.

En avión Es la manera más rápida y puede ser una verdadera ganga.
Busque las últimas ofertas y rebajas de los billetes de avión en cualquier periódico o agencia de viajes.
Los turistas extranjeros pueden elegir también entre una variedad de billetes de avión «Visit USA» que, por un precio establecido, permiten volar sin límite durante un periodo fijo de tiempo (30 ó 60 días) o hasta un número determinado de vuelos sin ninguna restricción de tiempo. La mayoría de las compañías aéreas trasatlánticas ofrecen estos billetes; para mayor información consulte en su agencia de viajes.

En autobús Los servicios de autobuses de largo recorrido en EE UU están a cargo de la compañía Greyhound y, por unos cuantos dólares, son la forma más barata de recorrer largas distancias en todo el país. Todas las salidas desde Nueva York se realizan desde la Port Authority Terminal (ver **Llegada,** página 248).
Aunque los autobuses Greyhound son cómodos –con aire acondicionado, asientos reclinables, baño, y paradas

cada poco para estirarse y refrescarse– los viajes pueden ser muy largos (cinco horas desde Nueva York a Boston, por ejemplo) y aburridos. Los autobuses casi siempre van por las rápidas pero tediosas autopistas interestatales, en vez de ir por carreteras más costeras y con mejores vistas.
Con un billete Ameripass los costes de varios trayectos largos pueden verse reducidos. La compañía Greyhound ofrece viajes ilimitados en un periodo de tiempo fijo, de 4 a 30 días. Los billetes Ameripass se pueden comprar tan sólo fuera de EE UU.

En coche Si va a viajar más allá de Nueva York o va a realizar cualquiera de las excursiones descritas en las páginas 194-211, la manera más barata y conveniente de hacerlo es en coche. En EE UU, la gasolina cuesta una fracción de su precio europeo y las tarifas de alquiler de coches (fuera de la ciudad de Nueva York) son muy razonables. Para mayor información, ver **Alquiler de Vehículos** (página 249).
Las leyes de EE UU no exigen ningún permiso extraordinario, basta con un carnet de conducir válido de cualquier país europeo o un carnet de conducir internacional. Si desea hacerse a la idea de lo que se encontrará una vez al volante, vea **Consejos para el conductor** (página 252)

En tren Antes de la llegada de los vuelos nacionales baratos, el tren era la manera más rápida y estilosa de viajar por todo EE UU y la Grand Central Terminal de Nueva York era, verdaderamente, la puerta hacia el continente.
Hoy día, los trenes –equipados con coches-cama, restaurante, etc– están mejor que nunca, pero los precios no suelen ser más baratos que la tarifa más reducida de avión para el mismo trayecto. Los extranjeros que visiten el país en tren, pueden optar por unos billetes especiales regionales o nacionales que suponen un ahorro si se utilizan en su totalidad.
Los visitantes europeos encontrarán la red ferroviaria de EE UU un tanto pobre, pues los servicios entre ciudades con relativa importancia no son frecuentes. Todas las salidas desde Nueva York tienen lugar en Grand Central Terminal o Penn Station (ver **Llegada,** página 248).

EQUIVALENCIAS

DE	A	MULTIPLICA POR
Pulgadas	Centímetros	2.54
Centímetros	Pulgadas	0.3937
Pies	Metros	0.3048
Metros	Pies	3.2810
Yardas	Metros	0.9144
Metros	Yardas	1.0940
Millas	Kilómetros	1.6090
Kilómetros	Millas	0.6214
Acres	Hectáreas	0.4047
Hectáreas	Acres	2.4710
Galones	Litros	3.7854
Litros	Galones	0.2642
Onzas	Gramos	28.35
Gramos	Onzas	0.0353
Libras	Gramos	453.6
Gramos	Libras	0.0022
Libras	Kilogramos	0.4536
Kilogramos	Libras	2.205
Toneladas imp	Toneladas m	0.9072
Toneladas m	Toneladas imp	1.1023

TRAJES DE CABALLERO

RU	36	38	40	42	44	46	48
Resto de Europa	46	48	50	52	54	56	58
EE UU	36	38	40	42	44	46	48

VESTIDOS DE SEÑORA

RU	8	10	12	14	16	18
Francia	36	38	40	42	44	46
Italia	38	40	42	44	46	48
Resto de Europa	34	36	38	40	42	44
EE UU	6	8	10	12	14	16

CAMISAS DE CABALLERO

RU	14	14.5	15	15.5	16	16.5	17
Resto de Europa	36	37	38	39/40	41	42	43
EE UU	14	14.5	15	15.5	16	16.5	17

CALZADO DE CABALLERO

RU	7	7.5	8.5	9.5	10.5	11
Resto de Europa	41	42	43	44	45	46
EE UU	8	8.5	9.5	10.5	11.5	12

CALZADO DE SEÑORA

RU	4.5	5	5.5	6	6.5	7
Resto de Europa	38	38	39	39	40	41
EE UU	6	6.5	7	7.5	8	8.5

Consejos para el conductor
No es recomendable conducir en Nueva York (no sólo debido a que los neoyorquinos son unos maníacos conduciendo y a que aparcar le puede costar a veces 10 dólares la hora), ni tampoco es necesario. Aventúrese más allá de la ciudad hacia las Catskill Mountains, las zonas más remotas del Hudson Valley, Long Island o New Jersey y entonces, sí que será esencial disponer de un vehículo propio (ver páginas 194-211).
En las carreteras americanas, las distancias señaladas siempre están en millas (en algunos lugares las distancias son temporales: lo que uno tarda en llegar a un lugar en particular). El tráfico circula por la derecha, y está permitido adelantar por el carril interior o exterior de las autopistas interestatales.
En las carreteras interestatales el límite de velocidad es de 55mph (88 km/h) o 65mph (105 km/h); en algunos lugares también existe un mínimo. En zonas vecinales se especifican los límites de velocidad. A los conductores con algunas copas de más se les imponen fuertes multas, y en algunos casos, la prisión. La infracción a la hora de aparcar, también conlleva fuertes multas: lea todas las señales. Nunca aparque a menos de 3 m de una boca de incendios.
Las carreteras y autopistas interestatales forman parte de la red federal de carreteras. Las carreteras y autopistas estatales son más pequeñas y están financiadas por los gobiernos estatales. Alguna vez, puede que se encuentre viajando por carreteras condales, típicas vías tortuosas que atraviesan aisladas zonas rurales.
Con la excepción de algunas rutas menores, las carreteras son de buena calidad, con gasolineras fáciles de encontrar, a no ser en regiones de difícil acceso. Casi todos los coches funcionan con gasolina sin plomo, que se vende por galones (3,8 litros). Se paga peaje en algunos de los puentes de Manhattan, y en algunos tramos de carretera de los vecindarios exteriores.
Si es miembro de alguna organización automovilística en su país, entérese de sus equivalentes norteamericanas; muchas ofrecen una amplia variedad de servicios gratuitos a los conductores extranjeros afiliados.

Es una infracción adelantar a un autobús de escuela

Electricidad
El sistema eléctrico de EE UU va a 110 voltios (60 ciclos) y todos los aparatos eléctricos utilizan enchufes con dos clavijas. Los electrodomésticos europeos están diseñados para 220 voltios (50 ciclos) y tan sólo se pueden utilizar con un adaptador.
Muchos aparatos eléctricos como ordenadores, vídeos y CDs se venden en Nueva York a precios mucho más bajos que en Europa y en el resto de EE UU. Si se ve tentado, asegúrese de que el artículo es compatible con los sistemas eléctricos europeos.

Embajadas y consulados
La mayoría de los países tienen su embajada en Washington DC. Algunos consulados en Nueva York son:
Alemania, 460 Park Avenue (tel: 308 8700); **Australia,** 636 Fifth Avenue (tel: 245 4000); **Canadá,** 1251 Sixth Avenue (tel: 586 2400); **Dinamarca,** 825 Third Avenue (tel: 223 4545); **Francia,** 934 Fifth Avenue (tel: 606 3600); **España,** 150 58th Street (tel: 355 4080); **Irlanda,** 515 Madison Avenue (tel: 319 2555); **Italia,** 690 Park Avenue (tel: 737 9100); **Noruega,** 825 Third Avenue (tel: 421 7333); **Nueva Zelanda,** 630 Fifth Avenue (tel: 586 0060); **Países Bajos,** 1 Rockefeller Plaza (tel: 249 1429);

Portugal, 630 Fifth Avenue (tel: 246 4580); **Reino Unido,** 845 Third Avenue (tel: 745 0200); **Suecia,** Dag Hammarskjöld Plaza (tel: 751 5900).

Teléfonos de emergencia
Para la ambulancia, policía y bomberos, marque el 911 (no se necesita dinero) y pregunte por el servicio pertinente.
Otros números de emergencia incluyen el **Crime Victim's Hotline** (tel: 577 7777), **New York Gay and Lesbian Anti-violence Unit** (tel: 807 0197), al servicio de la comunidad homosexual y la **Rape Hepline** (tel: 267 7273), que ofrece ayuda en casos de violación.

Sanidad
Es esencial, aunque no obligatorio, hacerse un seguro cuando viaje a cualquier parte de EE UU. Además de los beneficios obvios de compensación por los objetos robados y mala organización del viaje, concertar un seguro le salvará de una factura astronómica, si tiene la mala suerte de necesitar tratamiento médico durante su estancia en EE UU.
Un seguro a todo riesgo debería incluir seguro médico con una cobertura de, por lo menos, 1 millón de dólares. Si reserva un viaje organizado a Nueva York, es probable que la cobertura opcional del seguro ofrecido sea más cara y menos completa que la que le daría una compañía aseguradora especializada. Con un precio más reducido, algunas compañías ofrecen seguros de viaje para EE UU que incluyen solamente las facturas médicas.
Si necesita la asistencia de un médico o dentista, busque en las Páginas Amarillas bajo los títulos de «Physicians and Surgeons» o «Dentists»; también puede solicitar servicio médico en el teléfono: 876 5432.
Los hospitales de Nueva York con departamentos de urgencias son St. Luke's Roosevelt (59th Street con Ninth Avenue) y St. Vincent's (Seventh Avenue y 11th Street).

Idioma
Los neoyorquinos no sólo hablan deprisa, sino que además hablan inglés americano. Si no está familiarizado con el inglés del Nuevo Mundo, le convendrá conocer una serie de acepciones: además de variaciones bien conocidas como «elevator» en vez de «lift», «sidewalk» en vez de «pavement», y «being through» en vez de «having finished», los americanos también utilizan comúnmente «sir» y «madam» (normalmente abreviado a

La vida en la calle adopta muchas formas en la Gran Manzana

Los carteles publicitarios son una forma artística propia de Nueva York

«M'am'») como manera formal de dirigirse a los extraños, y dirán «excuse me» en vez de «pardon» si no han oído bien o no han entendido a alguien.

Objetos Perdidos

En el aeropuerto de JFK, tel: 718/ 656 4120.
En el aeropuerto de La Guardia, tel: 718/476 5115.
En el aeropuerto de Newark, tel: 201/961 2230.
En un taxi, tel: 840 4734.
En un autobús o en el metro, tel: 718/330 3322.

Medios de comunicación

En Nueva York hay cientos de canales de radio y televisión, periódicos y revistas. Las publicaciones gratuitas dirigidas a los visitantes, se amontonan en los vestíbulos de los hoteles, siendo la mejor fuente de información el nuevo *Critic's Choice*. También es excelente el semanario *Village Voice*. Para una rápida ojeada a los medios de comunicación de la ciudad, ver páginas 132-3.

Cuestiones de dinero

Antes de viajar a EE UU, cambie su dinero en cheques de viaje en dólares americanos, que pueden utilizarse como dinero efectivo (simplemente firme el cheque, entréguelo y espere a que le den la vuelta) en New York y por todo el país, en hoteles, restaurantes y grandes tiendas. Los cajeros de los hoteles también canjean estos cheques por dinero en metálico.
Intentar cambiar moneda extranjera -o cheques de viaje en moneda extranjera- en EE UU, es una experiencia penosa, aunque Nueva York se enorgullece de sus bancos con mostradores de cambio y de un número más reducido de oficinas de cambio de moneda. Se puede obtener dinero al llegar a los aeropuertos de JFK y Newark.
Entre las compañías que ofrecen cambio de moneda están American Express (tel: 640 2000) y Thomas Cook (tel: 757 6915). Las dos tienen varias sucursales por toda la ciudad; telefonée y obtendrá la dirección de la más cercana.
Los cheques de viaje en dólares americanos se pueden cambiar por dinero en efectivo en un banco, pero tendrá que enseñar su identificación y puede que le carguen una comisión. Pregunte primero.
El horario habitual de los bancos en Nueva York es de 9:00 a 15:00 ó 15:30 (18:00 los jueves en algunas sucursales) de lunes a viernes.
Las tarjetas de crédito son una forma

común de pago y las más conocidas son aceptadas en todos los lugares. Los europeos que conozcan su número secreto, pueden conseguir dinero en efectivo en los cajeros automáticos (llamados ATMs) que exhiban el símbolo de su tarjeta de crédito.
Los billetes americanos son de igual tamaño y color; los más comunes son: 20 dólares, 10 dólares, 5 dólares y 1 dólar. Las monedas son de tamaño diferente: 25 centavos (un «quarter»), 10 centavos (un «dime»), 5 centavos (un «nickel») y 1 centavo (un «penny»).

Fiestas nacionales
Los bancos y todas las oficinas públicas permanecen cerrados los siguientes días, aunque puede que las tiendas sí que abran: Día de Año Nuevo (1 de enero), Cumpleaños de Martin Luther King (tercer lunes de enero), Cumpleaños de Lincoln (12 de febrero), Cumpleaños de Washington (tercer lunes de febrero), Memorial Day (tercer lunes de mayo), Día de la Independencia (4 de julio), Labor Day (primer lunes de septiembre), Columbus Day (segundo lunes de octubre), Veteran's Day (11 de noviembre), Día de Acción de Gracias (cuarto jueves de noviembre), Día de Navidad (25 de diciembre). Además, Viernes Santo es una fiesta de medio día y el Lunes de Pascua es una fiesta de día completo. No obstante, las fechas pueden variar si la festividad cae en fin de semana.

Horarios de apertura
Los horarios de apertura de las tiendas neoyorquinas varían bastante. Las más grandes abren los días de diario y los sábados de 9:00 a 17:00 o 18:00, pero los establecimientos más pequeños o más específicos pueden llegar a abrir a las 11:00 o al mediodía y cerrar a las 21:00 o 22:00.
También varían los horarios de los museos. Muchos están abiertos de 10:00-11:00 a 18:00 durante la semana y sábados (aunque unos cuantos cierran los lunes). Algunos abren también los domingos, y varios permanecen abiertos hasta tarde los martes.
Los bancos permanecen abiertos de 9:00 a 15:00 o 15:30 de lunes a viernes.

La St. Paul's Chapel de Fulton Street fue construida en 1776

Farmacias
En Nueva York abundan las farmacias. Los visitantes europeos encontrarán medicinas conocidas con nombres desconocidos. Algunos medicamentos europeos tan sólo se pueden conseguir con receta medica.
Si está en tratamiento, lo más recomendable es venir bien aprovisionado (pero vea la sección **Aduana** de la página 250). Si desea comprar medicamentos con receta en New York, es necesario presentar una nota de su propio médico. (Para encontrar un médico en Nueva York, vea **Sanidad** en la página 253.)

Lugares de culto
Los lugares de culto en Nueva York son muchos y variados. Algunos de los más importantes aparecen descritos en la sección De la A a la Z de este libro y en las páginas 120-1. El recepcionista de su hotel le podrá informar sobre los que hay en su vecindario y la guía telefónica ofrece una lista muy completa.

Policía
La policía de la ciudad es eficiente y de gran ayuda en la mayoría de los casos. Además de patrullar en coches, los oficiales están presentes en las calles y en todos los acontecimientos públicos.
Si es usted víctima de un robo, debe contactar con una comisaría para dar parte. En todos los vecindarios de Nueva York hay una comisaría. Para localizar la más cercana, marque el 374 5000. Si necesita se trata de una emergencia, marque el 911.

Servicio postal La principal oficina de correos de Nueva York, en Eighth Avenue y 34th Street, permanece abierta las 24 horas del día, durante toda la semana. En otras zonas de la ciudad, las oficinas de correos más grandes abren de lunes a viernes desde las 8:00 hasta las 18:00, y los sábados desde las 8:00 hasta las 13:00. Las numerosas oficinas de correos de menor tamaño reducen su horario. Los buzones de correos son azules.
Los sellos se pueden comprar en oficinas de correos y en máquinas expendedoras (más caros), situadas en las calles y en los vestíbulos de los hoteles.

Transporte público
Si va a pasar la mayor parte del tiempo en Manhattan, no tendrá que hacer mucho uso del transporte público. No sólo las distancias son cortas, sino que la mayor parte de Manhattan se ve mucho mejor a pie. Si se encuentra cansado, tiene prisa, planea visitar los barrios exteriores, o quiere trasladarse de un club nocturno a otro, entonces es cuando necesitará utilizar los autobuses, metro y taxis de la ciudad.

Autobuses urbanos Más lentos que los trenes subterráneos, los autobuses de Nueva York permiten, al menos, que los pasajeros disfruten de la panorámica mientras viajan. Para muchos son, además, más seguros que el metro. La red de autobuses es muy completa (se pueden conseguir mapas gratuitos en la oficina de información turística detallada en la página 260). La mayoría de las rutas hacen recorridos de norte a sur, con transbordos gratis para cambiar a autobuses «crosstown», con recorridos de este a oeste.
Las paradas están situadas cerca de las esquinas –señaladas con un cartel azul y una sección de la acera pintada de amarillo– y todas tienen el mapa de las rutas y horarios de los autobuses que allí paran. La ruta se especifica también, en la parte delantera de cada autobús. La mayoría hace paradas cada dos o tres bloques; aquellos señalizados con la palabra «limited» (que tan sólo funcionan en horas punta) efectúan menos paradas, normalmente en los grandes cruces.
Al igual que en el metro, hay una tarifa fija (1,25 dólares) para todos los viajes. El pago se puede realizar con monedas (cambio exacto; no se admiten billetes) o con una ficha de metro (ver abajo).
Si necesita hacer un transbordo, comuníqueselo al conductor cuando pague y éste le

Los sellos se pueden comprar en máquinas expendedoras

entregará un pase de transbordo («transfer slip»). Estos pases sólo se pueden utilizar para continuar un viaje, nunca como billetes de vuelta. Son válidos durante una hora desde el tiempo sellado y sólo en las rutas especificadas en el reverso del pase. Los autobuses neoyorquinos se abarrotan por completo en las horas punta. Si se encuentra en un autobús totalmente lleno y piensa que su parada está a punto de llegar, comience a acercarse a las puertas de salida (que están en medio del autobús; aunque también puede bajarse por donde entró); de no hacerlo así, lo más probable es que no le dé tiempo y el autobús continúe su ruta.

El metro El metro de Nueva York es la manera más rápida, barata y eficiente de moverse por la ciudad. La maraña de líneas señaladas con números y letras del mapa de la red de metro (gratis en las taquillas de fichas y en la oficina de información turística) parece, en un principio, un panorama desesperanzador.
En realidad, el sistema es relativamente sencillo, siempre y cuando recuerde que los trenes «Uptown» van hacia el norte (hacia el Upper West Side, Upper East Side y Harlem) y los trenes «Downtown» van hacia el sur (hacia Lower Manhattan). Cualquier tren que indique «Brooklyn Bound», se dirige a Brooklyn pero parará de camino en Lower Manhattan.
Más confusa todavía es la elección entre trenes «Express» y «Local». Los trenes locales paran en todas las estaciones de una línea concreta; los expresos paran solamente en estaciones específicas. Si se sube a un tren expreso por equivocación, podría aparecer en un vecindario lejano y peligroso. Si ésto ocurriera, súbase en el siguiente tren de vuelta. Si sabe la línea y dirección a tomar antes de entrar en la estación, siga los indicadores hasta el andén. Si no sabe, pregunte en la taquilla de billetes o a un policía uniformado que pase por allí. Una vez en los andenes, los trenes que llegan son anunciados por un altavoz. Cada tren tiene una letra o un número y su destino en uno de sus laterales, en un color que se corresponde con los del mapa de metro.
Durante el día, los trenes pasan cada 10-15 minutos. Entre la medianoche y 5:00 (el servicio funciona las 24 horas del día), el tiempo de espera es de unos 20 minutos.
Para entrar en el metro, necesitará introducir una ficha (1,25 dólares) en una ranura y pasar a través de una máquina giratoria. Las fichas de metro se pueden comprar en las taquillas de cada estación (los horarios se muestran en la entrada de las estaciones) y también en los museos de mayor importancia. Con frecuencia se forman colas en las taquillas; ahorrará tiempo (que no dinero) comprando un «ten-pak» (una bolsa de plástico con 10 fichas).

Tenga cuidado en el metro

Taxis Los taxis en Nueva York son caros, y muy dados a encontrar atascos. Pero, si no puede resistir la tentación de montarse en un taxi amarillo, llame al primero que pase por su lado.

Una vez dentro, dígale al conductor su destino. No se sorprenda si él (o ella) no sabe cómo llegar: en Nueva York, ser taxista es la ocupación tradicional de los inmigrantes recién llegados. El conductor también puede tener problemas para entender inglés.

Una vez en camino, es buena idea seguir la ruta en un mapa. Esto servirá de ayuda si el conductor se pierde, y le evitará cualquier «desvío turístico» que le aumente la tarifa.

Utilice tan sólo los taxis con el «medallón» oficial. Estos son amarillos, con un letrero «NYC Taxi» pintado en el lateral y con una luz y un medallón en el techo. Cualquier otro vehículo que intente atraer la atención de los transeúntes, probablemente no tendrá licencia (coloquialmente conocido como «taxi gitano») y será conveniente ignorarlo.

Las tarifas oficiales de los taxis comienzan en 1,50 dólares y aumentan 25 centavos por cada 375 m y otros 25 centavos por cada minuto de espera; como norma, hay que dejar un 20 por ciento de propina.

Jóvenes y estudiantes

Procedentes de Europa, los estudiantes y, en general, cualquiera menor de 26 años pueden disfrutar de vuelos trasatlánticos rebajados, ofrecidos por las agencias de viajes especializadas en viajes para jóvenes y estudiantes. Los jóvenes que tengan el Carnet Internacional de Estudiante (ISIC), disfrutarán también de un precio especial en museos y otros lugares de interés de Nueva York

Aunque no son lugares exclusivos para jóvenes y estudiantes, los albergues juveniles YMCA de la ciudad (ver página 215) ofrecen un alojamiento económico y la oportunidad de relacionarse con jóvenes de todo el mundo.

Los viajeros menores de 21 años deben recordar que las leyes americanas les prohiben comprar o consumir alcohol, y que en algunos clubs neoyorquinos tampoco se les

permitirá entrar. Los menores de 25 pueden también tener problemas para alquilar un coche en algunas zonas de EE UU.

Teléfonos

Los americanos utilizan el teléfono para simples trivialidades con más frecuencia que los europeos. Muchos negocios tienen números con el prefijo 800, que es gratuito, o números «touch-tone», en los que con una simple llamada puede acceder a multitud de extensiones, simplemente siguiendo las indicaciones de una voz computerizada.

Los teléfonos públicos son fáciles de encontrar: en la calle, en los vestíbulos de los hoteles, en las estaciones de tren y autobús, en bares y restaurantes, y en la mayoría de edificios públicos.

El teléfono tiene ranuras para los diferentes tipos de monedas, que deben insertarse antes de marcar el número. En comparación con Europa, las llamadas telefónicas son baratas. Una llamada local cuesta 20 centavos por tres minutos. Sin embargo, la definición de local, a menudo sólo cubre una zona de unos cuantos kilómetros cuadrados; otras llamadas, desde Manhattan a Staten Island, por ejemplo, pueden resultar más caras. Casi sin excepción, los teléfonos de las habitaciones de los hoteles cobran tarifas más elevadas que las de un teléfono público. Hay veces que hasta cobran las llamadas con prefijo 800. En caso de emergencia marque el 911 y para contactar con la operadora el 0. Marque el 1 800 874 4000 si necesita a la operadora internacional. Todos estos números son gratuitos. El prefijo para Manhattan (212) se omite siempre que se esté llamando desde otro número de Manhattan. Si no es así, necesitará añadir el 212 a cualquier número (excepto los 800). Debe marcar el 1 delante de prefijos o números 800.

Horario

La diferencia horaria de Nueva York con algunos países es la siguiente: 6 horas menos que en Europa Occidental, y 13-15 horas menos que en Australia. Estas diferencias pueden variar en una hora durante algunas semanas de marzo/abril y octubre/noviembre, cuando comienza y termina la temporada de ahorro de luz.

Propinas

Nada causa tantos problemas o tanta vergüenza para el turista europeo en EE UU como el asunto de las propinas. En EE UU, las propinas son un hecho establecido en la vida de las personas dedicadas a la hostelería. Las propinas son la base del salario, relativamente bajo, de los empleados en servicios.

Cuánto dejar de propina es algo que sólo depende de usted, pero la regla general en un restaurante o coffee shop es dejar al camarero/a que le ha atendido, el 15-20% del total de la factura. (Una manera sencilla de calcular la cantidad aproximada es duplicar el 8,25% de impuestos que aparece al final de la factura). El dinero se debe dejar en la mesa, o en una caja junto a la máquina registradora. No deje propina en ningún autoservicio o establecimiento de comida para llevar.

Después de un viaje en taxi, la costumbre es dar al conductor una propina del 15-20% de la tarifa. Sin embargo, la cantidad no tiene por qué ser exacta, y la mayoría de la gente (si

Desde un restaurante hasta un limpiabotas...¡no olvide dejar propina!

la cantidad entra dentro de lo razonable) permite que el conductor se quede con el cambio.

Dar la propina a los porteros de los hoteles también está bien visto, especialmente después de haberse hecho cargo de su equipaje. Una vez más, la cantidad es discrecional, pero cuente con 50 centavos o 1 dólar por maleta. Si el portero le ayuda simplemente a transportar su equipaje desde el vestíbulo del hotel hasta un taxi, un total de 1-2 dólares debería ser suficiente.

En algunos hoteles, las camareras dejan sobres con sus nombres en las habitaciones. Deposite en ellos las propinas, aunque no está obligado a dejar nada, particularmente si su estancia va a ser de unas cuantas noches.

Lavabos

Los lavabos de las calles neoyorquinas están, por lo general, en mal estado. Afortunadamente, cada edificio público está obligado a tener aseos públicos (busque los carteles que digan «Restrooms» o «Bathrooms»). Éstos se encuentran siempre en perfectas condiciones, al igual que los aseos de los vestíbulos de hoteles, restaurantes y la mayoría de los bares.

Información turística

La plantilla multilingüe de la Convention & Visitors' Bureau de New York, 2 Columbus Circle, en la intersección de 59th Street y Broadway, contesta a cualquier pregunta extranjera y ofrece mapas gratuitos de metro y autobús. La oficina (abierta todos los días de la semana de 9:00 a 18:00 y los fines de semana de 10 a 18:00; tel: 397 8222) también tiene estanterias repletas de folletos en los que se detallan los principales hoteles, restaurantes y atracciones de Nueva York.

Mujeres viajeras

Muchas mujeres de Nueva York ocupan puestos de trabajo importantes, pero, al igual que otras mujeres de la ciudad, ya sean residentes o visitantes, pueden llegar a ser el centro de diferentes agravios si van solas.

En **Hoteles y Restaurantes** se ofrecen detalles sobre alojamiento especializado para las mujeres que viajan sin compañía (ver páginas 262-8), aunque el sentido común dicta que las mujeres solas deberían evitar los hoteles baratos de las zonas sórdidas de la ciudad, poco seguras durante la noche.

De todas formas, las mujeres que viajan solas se enfrentan con los mismos problemas que sus equivalentes masculinos; ver **Consejos Útiles** en las páginas 54-5. Si tiene problemas y necesita ayuda, llame a los **teléfonos de emergencia** mostrados en la página 253.

Bajo el puente de Brooklyn

HOTELES Y RESTAURANTES

HOTELES Y RESTAURANTES

Los siguientes hoteles y restaurantes recomendados se han dividido en tres categorías según su precio:
Económico (£)
Moderado (££)
Caro (£££)
Los números telefónicos con el prefijo 800 son gratuitos, incluso fuera del área 212, siempre que se llame desde EE UU (marque el 1 primero); los números locales marcan el prefijo 800; el prefijo de Manhattan es el 212 (ver también las páginas 258-9).

ALOJAMIENTO

CHINATOWN

Holiday Inn Downtown (££) 138 Lafayette Street, en la esquina de Howard Street (tel: 800/282 3933; 966 8898). El único hotel de Chinatown, con habitaciones muy pequeñas en las que hay dos teléfonos, vídeo y control de temperatura individual. Coma en el excelente restaurante Pacifica, o busque otras alternativas más baratas en las calles de los alrededores.

FINANCIAL DISTRICT

Manhattan Seaport Suites (££) 129 Front Street (tel: 800/427 0788; 742 0003). Situado al pie de Wall Street y a poca distancia de South Street Seaport, las habitaciones aquí varían desde estudios bien amueblados hasta suites de una o dos habitaciones con microondas, frigoríficos y bares bien provistos.
Millenium (£££) 55 Church Street (tel: 800/835 2220; 693 2001). Una torre de cristal negro de 55 pisos de altura frente al World Trade Center, el Millenium fue diseñado para los altos ejecutivos del Downtown. Piscina y dos restaurantes: el Taliesin y el menos formal Grille, con servicio de habitaciones durante las 24 horas del día. Pida una de las habitaciones de los pisos superiores, pues la vista es inolvidable.
New York Marriott Financial Center (£££) 85 West Street (tel: 800/242 8685; 385 4900). Un hotel tradicional dedicado a los hombres y mujeres de negocios, el Marriott Financial Center demuestra saber lo que es hacer bien las cosas. El servicio es rápido y profesional, y las habitaciones son muy cómodas. El Liberty Lounge sirve aperitivos y cócteles, o puede cenar en el restaurante JW. Las habitaciones son pequeñas, con un baño grande y unas vistas espectaculares. Los precios de fin de semana son asequibles y lo convierten en una buena base para explorar el sur de Manhattan.
Vista Hilton International (£££) 3 World Trade Center (tel: 800/HILTONS; 938 9100). El Vista ofrece un gimnasio y una piscina cubierta para relajar los músculos antes de enfrentarse a esos tratos cruciales de Wall Street. Los turistas se benefician de los precios de fin de semana que incluyen visitas guiadas a los vecindarios cercanos y un autobús gratuito hasta Midtown Manhattan.

GREENWICH VILLAGE

Washington Square Hotel (£) 103 Waverly Place (tel: 800/222 0418; 777 9515). No existe lugar mejor situado ni de mejor precio en Greenwich, frente a una esquina de Washington Square Park. Las habitaciones son pequeñas pero están limpias y bien amuebladas. El personal es muy agradable. En su vida anterior como Hotel Earle, fue el primer hogar de Bob Dylan en Nueva York y fue donde Jonn Phillips de los Mamas and the Papas escribió la canción «California Dreamin».

LITTLE ITALY Y SOHO

Off-SoHo Suites (££) 11 Rivington Street (tel: 800/OFF SOHO; 979 9808). Estas suites mini-apartamentos son excelentes si quiere estar a un paso del SoHo, Little Italy y el Lower East Side. Los precios no son caros debido a que las suites son diminutas y la zona puede ser arriesgada. Pero vale la pena considerarlo si busca un alojamiento económico. Cada habitación tiene TV por cable y vídeo, y hay lavandería y gimnasio. Utilice el servicio de taxis del hotel.

MIDTOWN MANHATTAN

Aberdeen (£) 32nd Street entre Fifth Avenue y Broadway (tel: 800/551 2303; 736 1600). Ahora parte de la cadena Chatwal de hoteles con precios asequibles, el Aberdeen ofrece habitaciones funcionales en el corazón del compacto distrito de negocios coreano, casi a la sombra del Empire State Building.
Algonquin (££) 44th Street entre Fifth y Sixth Avenues (tel: 800/548 0345; 840 6800). Una compañía japonesa fue la que restauró este destacado edificio (hogar de la Mesa Redonda, presidida por Dorothy Parker desde 1919). Aunque las habitaciones sean adecuadas, hay mejores alternativas en los alrededores.
Allerton House (£) 57th Street con Lexington Avenue (tel:753 8841). Un hotel sólo para mujeres con habitaciones pequeñas pero limpias y ordenadas y con un precio muy módico. Los baños privados aumentan un poco el presupuesto.
Ameritania (£) Broadway con 54th Street (tel: 800/922 0330; 247 5000).Un hotel barato próximo al teatro de Ed Sullivan y a seis bloques de Central Park. Todo es nuevo, desde los baños de mármol negro hasta la cascada del vestíbulo con sus luces de neón. También hay un restaurante italiano, una pizzería y cafetería. La mayor atracción son sus bajos precios; asegúrese de hacer las reservas con antelación.
Beekman Tower (£££) 3 Mitchell Place con First Avenue y 49th Street (tel: 800/637 8483; 355 7300). La Beekman Tower de estilo gótico de 1928, se eleva sobre el East River y alberga un hotel que

proporciona alojamiento agradable para estancias largas, lo que explica su popularidad entre los oficiales de la cercana sede de Naciones Unidas. En todas las suites hay cocinas pequeñas con microondas y cafeteras, y también hay un gimnasio muy bien equipado.
Best Western Milford Plaza (££) 45th Street con Eighth Avenue (tel: 800/221 2690; 869 3600). No es uno de los hoteles más lujosos, pero el Milford Plaza está muy bien situado en Times Square, atrayendo por igual a hombres de negocios que a turistas. Esta zona puede ser peligrosa por la noche, pero la seguridad del hotel es buena.
Beverly (££) 50th Street entre Second y Lexington Avenues (tel: 800/223 0945; 753 2700). Las últimas restauraciones han adecentado el Beverly, cuyas espaciosas suites de un dormitorio, equipadas con cocinas pequeñas, tienen muy buen precio. Cabe destacar la farmacia, abierta las 24 horas del día.
Box Tree (£££) 49th Street con Second Avenue (tel: 758 8320). El Box Tree, lugar perfecto para un fin de semana indulgente, ocupa dos (pronto tres) brownstones adosadas en la zona de Turtle Bay del Midtown. Las paredes están decoradas con trampantojos y una escalera principal de estilo gaudí sale del restaurante hasta una serie de comedores privados, la mayoría de temática versallesca. Las 13 habitaciones están decoradas en estilos diferentes, chino, egipcio o japonés, y aunque los baños son diminutos, se paga por el estilo y no por el espacio.
Carlton Arms (£) 25th Street con Third Avenue (tel: 679 0680). Cada una de las habitaciones está diseñada y decorada por un artista (desconocido) diferente, lo que le convierte en un lugar un tanto excéntrico. Si cree que le conviene, reserve con antelación una habitación con baño. Muchos artistas

hacen de este hotel su primer hogar en Nueva York, así que espere extraños huéspedes en las habitaciones contiguas y unos precios excepcionalmente bajos. Si paga por seis noches, consigue una séptima gratis.
Chatwal Inn (££) 45th Street con Sixth Avenue (tel: 800/CHA-TWEL; 921 7600). Tras su gris fachada, el Chatwal Inn ofrece habitaciones sencillas pero bien amuebladas con TV por cable y servicio de habitaciones durante las 24 horas del día. Está bien situado, y en el vestíbulo se sirve un pequeño desayuno gratis.
Chelsea Hotel (££) 23rd Street entre Seventh y Eigth Avenues (tel: 243 3700). Arthur Miller se hospedó aquí, pues estaba cansado de tener que ponerse corbata para ir a recoger su correo en el Plaza Hotel. El Chelsea todavía sigue atrayendo a refugiados de otros establecimientos más formales. Para mayor información sobre los escritores y artistas que han permanecido en este destacado hotel de Nueva York, ver página 85.
Comfort Inn Murray Hill (££) 35th Street entre Fifth y Sixth Avenues (tel: 800/221 2222; 947 0200). Esta sucursal de una cadena extendida por toda la nación, tiene tarifas bastante altas en comparación con sus otros homólogos, pero representa un buen valor en Nueva York, con habitaciones ordenadas y cómodas.
Doral Inn (£££) Lexington Avenue con 49th Street (tel: 800/22DORAL; 755 1200). Un hotel con una popularidad merecida y con una situación inmejorable. Las habitaciones están decoradas en un estilo arquitectónico neogriego de los 90, y el personal es agradable y servicial. Si los paseos por las calles de Nueva York no le han dejado sin energía, puede utilizar las pistas de squash privadas, o sencillamente relajarse en la sauna del gimnasio.
Drake Swissötel (£££) Park Avenue con 56th Street (tel: 800/ DRAKENY; 421 0900). Las decoraciones de madera y latón del vestíbulo (y las bandejas con bombones suizos) proporcionan un ambiente agradable a todo el hotel.
Edison(££) 47th Street con Eighth Avenue (tel: 800/637 7070; 840 5000). Una restauración parcial ha transformado algunas de las habitaciones del Edison en espacios amplios y acogedores. Las habitaciones tienen un buen precio, aunque el tamaño del hotel (1.000 habitaciones) y su localización en el distrito teatral, lo convierten en un lugar muy turístico, con un ambiente un tanto pobre.
Elysée (££) 54th Street entre Madison y Park Avenues (tel:

753 1066). Una reforma reciente ha terminado con el antiguo encanto de las habitaciones anteriores, pero la nueva dirección ha guardado algunos de los muebles originales, incorporándolos a las nuevas habitaciones de inspiración Regencia. La mayoría de las habitaciones dobles son pequeñas; si quiere espacio, opte por una suite. En todas hay vídeo, bañeras de mármol y cajas de seguridad. En un futuro no muy lejano, abrirá el Monkey Bar, donde podrá comer, beber y divertirse.

Essex House Hotel Nikko (£££) Central Park South entre Sixth y Seventh Avenues (tel: 800/NIK-KOUS; 247 0700). Desde las decoraciones art déco del vestíbulo hasta las habitaciones ampliamente proporcionadas y amuebladas con buen gusto, el Essex House tiene estilo y disfruta de una posición envidiable frente a Central Park. Sin embargo, para conseguir las mejores vistas, acomódese en una de las lujosas suites.

Gorham New York (££) 55th Street entre Sixth y Seventh Avenues (tel: 800/735 0710; 245 1800). Una posición excelente para disfrutar de lo mejor de Midtown Manhattan. El personal destaca por su cortesía y amabilidad y las habitaciones más caras tienen jacuzzis, cocinas pequeñas con microondas, y lo último en bañeras con regulación de la temperatura.

Gramercy Park (££) 21st Street y Lexington Avenue (tel: 800/221 4083; 475 4320). Frente a Gramercy Park (los huéspedes del hotel pueden pedir llaves para entrar en este parque privado), este grácil hotel antiguo puede tener ascensores lentos y pocos muebles recientes, pero posee una gran personalidad. Durante los fines de semanas y en estancias largas, se ofrecen descuentos, y está muy bien situado en los límites de Midtown y Lower Manhattan.

Helmsley Middletowne (££) 48th Street entre Lexington y Third Avenues (tel: 800/843 2157; 755 3000). Propiedad de la controvertida hostelera Leona Helmsley (no confundir con el Helmsley Palace; ver abajo), el Middletowne ocupa una anterior casa residencial, no lejos del complejo de Naciones Unidas. En las agradables habitaciones se incluyen cocinas pequeñas y frigoríficos. Algunas habitaciones tienen terraza.

Hemsley Palace(£££) Madison Avenue entre 50th y 51st Streets (tel: 800/221 4982; 838 3000). Un grupo de casas renacentistas italianas de 1884 que ahora albergan las habitaciones del hotel, dan al Hemsley Palace el aspecto exterior de una residencia real europea. El orgullo de Leona Hemsley, el Palacio posee todos los sellos de su estilo: enormes candelabros de cristal, escaleras de caracol, habitaciones repletas con reproducciones de mobiliario Luis XIV y toallas de baño de tamaños y brocados sorprendentes.

Herald Square (£) 31st Street cerca de Fifth Avenue (tel: 800/727 1888; 279 4017). Situado en el edificio de la revista *Life* de 1893, con recuerdos de las publicaciones por todas partes, las habitaciones de este hotel son pequeñas y espartanas, con baños alicatados. La mayoría tiene TV en color y teléfonos, pero probablemente, usted no pasará mucho tiempo dentro de la habitación. Su principal interés es el módico precio.

Inn on 57th Street (££) 440 West 57th Street (tel: 800/231 0405; 581 8100). Sucursal de una cadena nacional, a poca distancia de Midtown Manhattan.

Iroquois (£) 44th Street entre Fifth y Sixth Avenues (tel: 800/332 7220; 840 3080). Una remodelación mejoró enormemente este hotel. Las habitaciones más caras están equipadas con cocinas pequeñas; hoy día, casi todas ellas están decoradas en agradables tonos pastel.

Journey's End (££) 40th Street entre Fifth y Madison Avenues (tel: 800/668 4200; 447 1500). Habitaciones parcamente decoradas con todas las amenidades normales, en un buen lugar y con un buen precio.

Kitano (££) Park Avenue con 38th Street. Las habitaciones del nuevo Kitano tienen decoraciones japonesas y mejores facilidades para los negocios, incluyendo una sala de conferencias. Para mayor información, tel: 685 0022.

Le Parker Meridien (£££) 56th Street entre Sixth y Seventh Avenues (tel: 800/543 4300; 245 5000). Desde la decoración arquitectónica del interior hasta la cara *nouvelle cuisine* francesa, servida en su restaurante, todo en el Le Parker Meridien simboliza el lujo y la abundancia. El huésped ideal ha de ser rico y guapo, e inclinado a pasar muchas horas en la piscina del tejado.

Lexington (££) Lexington Avenue con 48th Street (tel: 800/448 4471; 755 4400). Más allá del vestíbulo con suelos de mármol y preciosos arreglos florales, existen dos tipos de alojamiento: las habitaciones más antiguas y las que han sido renovadas recientemente (más caras). Aunque todas son pequeñas, el hotel es espacioso de por sí. Incluye una coffee shop, un restaurante italiano, otro chino, y el club nocturno Denim and Diamonds de estilo vaquero. Las tarifas Winter Citysaver son una gran oportunidad.

Mansfield (£) 44th Street entre Fifth y Sixth Avenues (tel: 944 6050). Un lugar con pocas pretensiones pero que ofrece habitaciones a muy buen precio en un estupendo emplazamiento en Midtown Manhattan (cruzando la calle se encuentra el más famoso Algonquin Hotel). Este edificio de principios de siglo fue diseñado por el notable arquitecto neoyorquino Stanford White.

Marriott East Side(£££) Lexington Avenue con 49th

Street (tel: 755 4000). Construido como una casa de apartamentos, ligeramente más reciente que lo que sugieren las gárgolas de estilo medieval situadas en la fachada, el Marriott East Side de 34 pisos, ha reconvertido con gran éxito las espaciosas habitaciones residenciales del Nueva York de los años 20 en cómodas habitaciones de hotel. Cada habitación contiene numerosos extras como plancha y cafetera, aunque si prefiere no tener que hacer nada, el servicio lo hará por usted. Abajo, hay un club-bar.

Martha Washington (£) 30th Street entre Park y Madison Avenues (tel: 689 1900). Un alojamiento tan sólo para mujeres en una zona semiresidencial. Las habitaciones son oscuras y varían de tamaño. Pague extra por un baño privado y TV. Se puede hacer la reserva la noche anterior y las tarifas durante la semana son muy tentadoras; hay descuentos adicionales para estancias largas (un mes máximo).

Michelangelo (£££) 51st Street con Seventh Avenue (tel: 800/237 0990; 765 1900). Arte europeo genuino de los siglos XVIII y XIX y abundancia de mármol y cristal, ayudan a situar al Michelangelo entre los hoteles más lujosos de Nueva York. Las amplias habitaciones están decoradas en estilos art déco, Imperio o rústico francés, con cualquiera de los extras, incluída la TV, en el baño. Hay un servicio para deshacer maletas, por si trae demasiado equipaje. Este *palazzo* de lujo es uno de los mejores lugares de residencia en los alrededores de Broadway.

Morgans (£££) Madison Avenue entre 37th y 38th Streets (tel: 686 0300). Concebido por los anteriores propietarios del ultramoderno club nocturno Studio 54, Morgans tiene un diseño minimalista y un esquema de colores basado en el negro, gris y blanco. Los baños se caracterizan por sus lavabos y complementos de acero inoxidable, y en cada habitación hay un videojuego. La clientela es predominantemente joven, muy a la moda y nada faltos de dinero.

Penn Plaza (£) 34th Street entre Seventh y Eighth Avenues (tel: 800/633 1911; 947 5050). Habitaciones pequeñas y funcionales, adecuadas para una noche de descanso. Está situado frente a Penn Station. Las habitaciones tienen TV por cable y baño privado. Su principal atracción son sus bajos precios.

Pickwick Arms (£) 51st Street entre Second y Third Avenues (tel: 800/PICKWIK; 355 0300). Un suntuoso vestíbulo, un salón de cócteles y un jardín en el tejado, compensan de alguna forma las habitaciones pequeñas. Esta es una buena opción de precio por la zona; a pocos minutos a pie del corazón de Midtown Manhattan.

Plaza (£££) Fifth Avenue con Central Park South (tel: 800/759 3000; 759 3000). El mejor hotel de Nueva York desde que abrió en 1907, el Plaza ha hospedado a Teddy Roosevelt, F. Scott y Zelda Fitzgerald, los Beatles, y Solomon Guggenheim, que vivió en una de las suites del Plaza y decoró sus paredes con el arte que más tarde se convertiría en el centro de la colección del Guggenheim Museum. El magnate de la propiedad Donald Trump reformó el Plaza en 1988 por 400 millones de dólares y puso a su entonces esposa Ivana al mando de 100 millones de dólares para su modernización. Todavía el epítome del lujo, el Plaza tiene todas las facilidades imaginables. Algunas de las habitaciones con menos vistas se han transformado en suites y las habitaciones más caras del hotel tienen unas impresionantes vistas sobre Fifth Avenue o Central Park.

Portland Square Hotel (£) 47th Street entre Sixth y Seventh Avenues (tel: 800/388 8988; 382 0600). Un desconocido James Cagney se encontraba entre los muchos actores que solían ocupar este económico hotel en el corazón del distrito teatral de Broadway. Algunas zonas de los alrededores pueden llegar a intimidar por la noche.

Remington (£) 46th Street entre Broadway y Sixth Avenue (tel: 221 2600). Limpio, sin ningún adorno, en la zona del distrito teatral. Las habitaciones más baratas no tienen baño privado, pero están bien para su precio. Muy cerca de Times Square, lugar poco recomendado por la noche.

Roger Smith (££) Lexington Avenue con 47th Street (tel: 800/445 0277; 755 1400). Situado al norte de Grand Central Terminal, el Roger Smith ofrece habitaciones con mobiliario atractivo y la personal e íntima atmósfera que tan sólo desprenden los hoteles de Midtown Manhattan.

Roger Williams (£) 31st Street entre Madison y Park Avenues (tel: 800/637 9773; 684 7500). Situado en una tranquila zona semirresidencial del Midtown, el Roger Williams es uno de los hoteles que mejor presupuesto ofrece. Cada habitación tiene una cocina pequeña y TV por cable; además ofrece una buena elección de suites para familias.

Roosevelt (££) Madison Avenue con 45th Street (tel: 800/223 1870; 661 9600). Una vez un importante hotel que hospedaba a los miles de viajeros del tren que llegaban a la ciudad por la Grand Central Terminal, el Roosevelt ha bajado de categoría aunque todavía es un lugar serio y formal. Ahora está siendo renovado; una de las primeras áreas en ser rehabilitada fue su enorme vestíbulo neoclásico. Muchas de las habitaciones han sufrido también cambios; con sus razonables precios por habitación, éste es uno de las mejores ofertas en Midtown.

Royalton (£££) 44th Street entre Fifth y Sixth Avenues (tel: 800/635 9013; 869 4400). Otro hotel ultramoderno de los que creó Morgans (ver página 265), el Royalton está diseñado con una decoración fría y es el favorito de los jóvenes y guapos.
St. Moritz on the Park (££) Central Park South con Sixth Avenue (tel: 800/221 4774; 755 5800). Pagará las tarifas habituales por una vista sobre el parque, pero, en general, éste es uno de los hoteles menos exclusivos y más asequibles frente a Central Park. En el St. Moritz hay huéspedes para todos los gustos, desde la tripulación de un avión hasta los que compran de manera intensa en Fifth Avenue, y hay bastante gente pululando por el vestíbulo, el bar y el salón de helados de Rumpelmayer. Las habitaciones son pequeñas pero suficiente para un par de días.
Salisbury (££) 57th Street entre Sixth y Seventh Avenues (tel: 800/223 0680; 246 1300). Un pequeño hotel acogedor y profesional frente a la Russian Tea Room y en un lugar conveniente para ir de compras. Las habitaciones son cómodas y limpias y las recién renovadas tienen microondas y frigorífico. Si desea mayor espacio, opte por una de las suites de tamaño igual a un apartamento.
San Carlos Hotel (££) 50th Street entre Lexington y Third Avenues (tel: 800/722 2012; 755 1800). Poco difiere de los otros hoteles de Midtown Manhattan, pero el San Carlos ofrece habitaciones de buena calidad con amplio espacio en los armarios y cocinas pequeñas equipadas adecuadamente.
Sherry Netherland (£££) Fifth Avenue con 59th Street (tel: 355 2800). El Sherry Netherland, uno de los grandes edificios al estilo *chateau* francés, construidos durante la década de 1920 a lo largo de Fifth Avenue, al otro lado de Central Park, ofrece un servicio impecable y una panorámica alucinante. Las habitaciones son espaciosas y están decoradas individualmente, con vídeos, microondas y un montón de toques personales. El servicio de habitaciones está a cargo del restaurante Harry Cipriani, situado a nivel de la calle.
Tudor (£££) 42nd Street entre First y Second Avenues (tel: 800/879 8836; 986 8800). Un hotel con estilo situado en una planificada sección residencial de estilo Tudor de Midtown Manhattan, a poca distancia del Chrysler Building, Grand Central y la ONU. Las habitaciones son espaciosas y están amuebladas con elegantes piezas de colores profundos, y ofrecen plancha, TV por cable, mini bar y caja de seguridad. Los descuentos a corporaciones y los teléfonos de doble línea favorecen al viajero de negocios, pero hay muchas otras cosas, desde el abalaustrado Regency Lounge y Carvery hasta la sauna y gimnasio.
United Nations Plaza (£££) First Avenue con 44th Street (tel: 800/233 1234; 758 1234). Las habitaciones de esta moderna estructura ganadora de un premio no comienzan hasta la planta 28, estando los pisos inferiores dedicados a las oficinas de la ONU. Cromo, mármol y espejos presiden cada habitación, desde donde las vistas son espectaculares. El complejo deportivo es excelente. Encontrará a muchos delegados de la ONU utilizando las pistas de tenis cubiertas, piscina y sauna.
Vanderbilt-YMCA (£) 47th Street entre Second y Third Avenues (tel: 755 2410). Reserve con antelación su estancia en el YMCA más popular y mejor situado de Nueva York. Tanto para hombres como para mujeres, ofrece habitaciones sencillas y dobles a precios muy bajos, además de otras facilidades como un nuevo restaurante, taquillas para el equipaje, piscina, gimnasio y una lavandería autoservicio.
Waldorf-Astoria (£££) Park Avenue entre 49th y 50th Streets (tel: 800/HILTONS; 355 3000). Después del Plaza, el Waldorf-Astoria es el hotel más famoso de Nueva York. Fue el lugar de nacimiento de los bailes de caridad y el punto de reunión de la alta sociedad neoyorquina desde 1930. Una sensación de opulencia le envuelve en cuanto entra al vestíbulo, y todas las habitaciones están elegantemente decoradas con baños de mármol. Sin embargo, sólo en las suites más caras encontrará un nivel de lujo acorde con la riqueza histórica del hotel.
Warwick (£££) 65 West 54th Street (tel: 800/223 4099; 247 2700). Construido por William Randolph Hearst en 1927, el recientemente renovado Warwick es popular entre los hombres de negocios. Tiene más de 400 habitaciones (todas con TV y teléfono), además de un restaurante y

un gimnasio, y es conveniente para visitar los principales lugares del Midtown.

Wellington (££) Seventh Avenue con 55th Street (tel: 800/652 1212; 247 3900). A excepción del vestíbulo, nada destaca demasiado en el Wellington, con habitaciones limpias, sencillas y precios razonables para un lugar tan preciado.

Wolcott (£) 31st Street con Fifth Avenue (tel: 268 2900). Este hotel ofrece habitaciones más bien pequeñas pero elegantemente adornadas, con baño privado y TV por cable. En las paredes cuelgan algunas fotos interesantes de Nueva York. El vestíbulo de estilo barroco es espectacular.

Wyndham (££) 58th Street entre Fifth y Sixth Avenues (tel: 800/257 1111; 753 3500). El Wyndham parece más un edificio de apartamentos que un hotel y es muy popular entre los actores de Broadway. Las amplias habitaciones y el asequible precio son poco comunes en la zona. Es esencial hacer reservas con antelación.

UPPER EAST SIDE

Barbizon (££) 63rd Street con Lexington Avenue (tel: 838 5700). Según el promedio del caro Upper East Side, el Barbizon es notable por el buen precio de sus habitaciones y de la docena de suites con terraza (algunas de ellas con vistas impresionantes del horizonte de Nueva York) que ocupan la torre de estilo gótico de ladrillo rojo. Hasta 1981, el Barbizon fue un hotel residencial de mujeres; entre sus huéspedes más famosas se incluyen Grace Kelly, Candice Bergen y Liza Minelli.

Carlyle (£££) 76th Street con Madison Avenue (tel:744 1600). Durante años, la conocida elegancia del Carlyle ha acogido a altos dignatarios internacionales y a aquellos tan generosamente acomodados que no tienen necesidad de lucirse. Lámparas de cristal cuelgan en los lugares públicos y las habitaciones están decoradas con antigüedades, tapices y flores frescas. En la mayoría hay máquinas de fax y junto a la bañera de mármol, un teléfono.

Lowell (£££) 63rd Street entre Park y Madison Avenues (tel: 838 1400). Un hotel pequeño y lujoso, el Lowell ocupa un edificio art déco en el distrito de edificios destacados del Upper East Side. Porcelana china, grabados de los siglos XVIII y XIX y chimeneas decoran las habitaciones; el servicio es personal (en pocos minutos todos le saludarán por su nombre). Hay un gimnasio para todos los huéspedes, pero si desea hacer ejercicio en privado, puede ir a la Gym Suite, inspirada por Madonna, una vez cliente del hotel.

Mark (£££) 77th Street con Madison Avenue (tel: 800/843 6275; 744 4300) El Mark atrae a su clientela de alto rango porque sus habitaciones incluyen jacuzzis, vídeos con una gran selección de películas y un personal muy amable.

Mayfair Hotel Baglioni (£££) Park Avenue con 65th Street (tel: 800/223 0542; 288 0800). Con sus habitaciones de principios de siglo, ascensoristas de guantes blancos, y un montón de extras, el Mayfair Hotel Baglioni es uno de los lugares de clase alta más consistentes. Las espaciosas habitaciones están adornadas con flores frescas y de tela. Una atracción añadida es Le Cirque, uno de los mejores restaurantes de Nueva York, que está al lado.

Pierre (£££) Fifth Avenue con 61st Street (tel: 800/743 7734; 838 8000). No hay nada absolutamente irreal en los murales de los pasillos y habitaciones amuebladas del Pierre, aunque éste fue el hotel favorito en Nueva York de Salvador Dalí. Abarrotado de antigüedades y de alfombras lujosas, el ambiente aristocrático se ve sublimado por el té de la tarde, servido diariamente bajo la rotonda.

Plaza Athénée (£££) 64th Street entre Park y Madison Avenues (tel: 734 9100). Con mobiliario de estilo Luis XIV, mármol y cristal donde quiera que se mire, el Plaza Athénée pretende evocar la grandeza de los palacios europeos. Aunque algunos lo encuentran pretencioso, muchos huéspedes adinerados disfrutan en la atmósfera versallesca prerrevolucionaria; el nivel del personal está bien cualificado.

Regency (£££) Park Avenue entre 60th y 61st Streets (tel: 800/23 LOEWS; 759 4100). Puede que el vestíbulo esté abarrotado de antigüedades francesas, pero el Regency, aunque extremadamente lujoso, es mucho menos presuntuoso que sus rivales del Upper East Side. Ya sean hombres de negocios o estrellas de rock, la clientela aprecia las amplias habitaciones bien amuebladas y el personal atento y eficiente.

Surrey (£££) 76th Street con Madison Avenue (tel: 800/ME-SUITE; 288 3700). Un acogedor hotel pequeño y tranquilo, que incluye cocinas pequeñas en todas las habitaciones, aunque el servicio de habitaciones funciona las 24 horas del día y no muy lejos hay un famoso restaurante francés.

Stanhope (£££) Fifth Avenue con 81st Street (tel: 800/828 1123; 288 5800). Con reproducciones de alta calidad de mobiliario Luis XIV en el vestíbulo y porcelana antigua junto a los modernos aparatos eléctricos de las habitaciones, el Stanhope es una interesante mezcla de lo nuevo y lo antiguo.

Wales (££) Madison Avenue con 92nd Street (tel: 876 6000). Uno de los hoteles más antiguos de Nueva York, el Wales ha estado en funcionamiento desde 1900 y los atractivos precios reflejan su situación en la parte norte del vecindario, aunque el transporte que llega a Midtown y Lower Manhattan es fluido. El precio de las acogedoras habitaciones incluye el té de la tarde y un ligero desayuno.

Westbury (£££) Madison Avenue con 69th Street (tel: 800/321 1569; 535 2000). La elegancia americana se sobrepone a una apariencia inglesa en el Westbury, donde genuinos muebles Chippendale decoran el vestíbulo y un generoso número de reproducciones de primera clase adornan las habitaciones. En las habitaciones de lujo hay camas con dosel y entre los extras se incluye un gimnasio bien equipado.

UPPER WEST SIDE

Beacon (££) Broadway con 75th Street (tel: 800/572 4969; 787 1100). Un pequeño hotel dirigido por profesionales, situado diez bloques al norte de Lincoln Center y no muy lejos de las principales atracciones del Upper West Side. En todas las habitaciones grandes hay TV por cable y cocina, y Zabar's, el mejor deli de la ciudad, está al otro lado de la calle.

Broadway American (£) Broadway con 77th Street (tel: 362 1100). Hotel de tamaño medio con tarifas competitivas. En todas las habitaciones hay TV en color y frigorífico. Se puede ahorrar dinero si se opta por un baño compartido.

Esplanade (£) West End Avenue con 74th Street (tel: 800/367 1763; 874 5000). Ocupando un gran edificio de ladrillo rojo en una zona residencial del Upper West Side, el Esplanade es un hotel con precios atractivos y habitaciones bien proporcionadas. Las que dan al oeste, disfrutan de la puesta de sol sobre el río Hudson. Sin embargo, le advertimos que la zona aunque es segura durante el día, por la noche no lo es tanto.

Excelsior (£) 81st Street entre Central Park West y Columbus Avenue (tel: 800/368 4575; 362 9200). Habitaciones normales pero aceptables, con baños antiguos sin ninguna mancha que hacen de este hotel situado en una zona residencial del Upper West Side, el lugar ideal para pasar la noche. A poca distancia están Central Park, el American Museum of Natural History y los bares y restaurantes de Columbus Avenue.

Malibu Studios (£) Broadway entre 102nd y 103rd Streets (tel: 800/647 2227; 222 2954). Limítrofe con un distrito que puede ser peligroso por la noche, aunque cerca de Columbus University y la Cathedral Church of St John the Divine, el Malibu ofrece alojamiento al estilo de las residencias estudiantiles, con precios muy bajos. Las habitaciones son hogareñas, aunque con poco detalle. Por unos cuantos dólares más, se puede conseguir TV, cocina y baño privado.

Mayflower on the Park (££) Central Park West con 61st Street (tel: 800/223 4164; 265 0060). Junto a Midtown Manhattan, y con algunas habitaciones sobre Central Park, el Mayflower ofrece un cómodo alojamiento a tiro de piedra del Lincoln Center. Entre sus huéspedes suele haber estrellas de la pantalla y del escenario.

Milburn (£) 76th Street cerca de Broadway (tel: 800/833 9622; 362 1006). Uno de los hoteles más económicos del Upper West Side, en el Milburn no sólo hay un vestíbulo tranquilo y habitaciones con cocina nueva (incluyendo microondas), sino que el servicio es excelente. Las espaciosas suites son ideales para las familias (los niños menores de 12 años pueden dormir gratis con sus padres); y también hay lavandería autoservicio.

New York International Youth Hostel (£) Amsterdam Avenue con 103rd Street (tel: 932 2300). El albergue juvenil más grande de EE UU ocupa un edificio arquitectónicamente importante, que data de 1883. El edificio fue diseñado por el hombre encargado de la base de la Estatua de la Libertad. Muy limpio y acogedor, con habitaciones pequeñas y servicios adicionales a precios asequibles.

Olcott (£) 72nd Street entre Central Park West y Columbus Avenue (tel: 877 4200). Las listas de precios durante la semana son muy interesantes. Las estancias más cortas dependen de la disponibilidad del hotel. Es esencial hacer las reservas con antelación.

Radisson Empire (££) Broadway con 63rd Street (tel: 800/221 6509; 265 7400). Un hotel de lujo, recientemente reformado, donde se ofrecen habitaciones pequeñas con equipos de música, TV y vídeo. En el vestíbulo se expone una colección de maquetas de montajes escénicos, muy apropiada para un hotel que está a poca distancia del Lincoln Center.

Riverside Tower (£) Riverside Drive con 80th Street (tel: 877 5200). Situado en una zona residencial del Upper West Side, las habitaciones del Riverside Tower tienen teléfono, TV en color y magníficas vistas sobre el río Hudson. No hay más facilidades. Utilícelo como una alternativa barata donde pasar la noche.

West Side YMCA (£) 63rd Street cerca de Central Park West (tel: 787 4400). Haga sus reservas con antelación para este hotel sencillo, pero muy bien situado, de habitaciones dobles o sencillas a precios económicos. El edificio está muy cerca del Lincoln Center. En el precio se incluye un gimnasio bien equipado, piscina, cajas de seguridad, lavandería autoservicio y servicio de seguridad las 24 horas del día.

RESTAURANTES

EL BRONX

Dominick's (££) 2335 Arthur Avenue (tel: 718/733 2807). Comida italiana del sur en un ambiente típico. El menú no está escrito; los camareros lo recitan mesa por mesa.

Mario's (££) 2342 Arthur Avenue (tel: 718/584 1188). A menudo tan concurrido como Dominick's, pero con comida napolitana.

BROOKLYN

Aunt Sonia's (££) Eighth Avenue con 12th Street (tel: 718/965 9526). Muy cerca del Brooklyn Museum, aunque el menú depende completamente del chef.
Gage and Tollner (££) esquina de Fulton y Jay Streets, Downtown Brooklyn (tel:718/875 5181). Excelentes platos de marisco fresco, muchos de ellos especialidades del sur de EE UU, servidos en un interior del siglo XIX, iluminado por lámparas de gas.
Lichee Hut (£) 162 Montague Street, Brooklyn Heights (tel: 718/522 5565). Una variedad de platos hunan y szechuan, además de una excelente variedad de comidas vegetarianas. Bueno a la hora del almuerzo.
Montague Street Saloon (£) 122 Montague Street, Brooklyn Heights (tel: 718/522 6770). Comida americana a precios económicos. Un lugar agradable si está explorando Brooklyn Heights.
Mrs Stahl's Delicious Knishes (£) 1001 Brighton Beach Avenue (tel: 718/648 0210). Despacha exactamente lo que el nombre sugiere: knishes muy bien preparados. Compre varios.
New Prospect Café (£) 393 Flatbush Avenue (tel: 718/638 2148). Establecimiento de comidas muy animado, a poca distancia del Brooklyn Museum.
Odessa (££) 1113 Brighton Beach Avenue (tel: 718/332 3223). Venga con varios amigos. Pagando una sola vez todos podrán comer del buffet ruso-georgiano con botella de vodka incluida. Esté preparado también para bailar.
Primorski (££) 282 Brighton Beach Avenue (tel: 718/891 3111). Especialidades variadas georgianas y borscht con un precio asequible durante el día; por la noche, la cena de tres platos viene acompañada de espectáculos variados.
River Café (£££) 1 Water Street (tel: 718/522 5200). Situado bajo el Brooklyn Bridge y con una hermosa vista del perfil de Manhattan, en el River Café también se sirve comida americana moderna.
Santa Fe Grill (££) 60 Seventh Avenue, esquina con Lincoln Place (tel: 718/636 0279). A la hora del almuerzo, se sirven enormes porciones de comida picante cajún o tex-mex, pero el lugar realmente cobra interés por la tarde, cuando también se convierte en bar.
Teresa's (£) 80 Montague Street, Brooklyn Heights (tel: 718/797 3996). Comida polaca a muy buen precio.

CHINATOWN

Bo Ky (£) 80 Bayard Street (tel: 406 2292). Nada espectacular en la decoración pero los nutritivos cuencos de sopa de tallarines con marisco o pato, se sirven a precio muy asequible.
Golden Unicorn (££) 18 East Broadway (tel: 941 0911). Un favorito entre los banquetes familiares o grandes fiestas. Gran selección de platos, desde sabrosos aperitivos hasta pato y pescado fresco.
Grand Fortune (£) 194 Canal Street (tel: 267 2221). Un excelente «dim sum» se sirve en el piso de abajo; en las mesas de arriba se sirve una gran variedad de platos exóticos.
Hong Fat (£) 63 Mott Street (tel: 962 9588). Favorito por sus tallarines humeantes y platos de carne, servidos en un lugar muy acogedor.
House of Vegetarian (£) 68 Mott Street (tel: 226 6572). Si los precios de la carne y del pescado de la mayoría de los locales de Chinatown le han dejado sin habla, este establecimiento hace maravillas, recreando platos chinos, pero sin utilizar nada que haya andado, nadado, ni se haya arrastrado.
HSF (££) 46 Bowery (tel: 374 1319). Una buena apuesta para un «dim sum», en especial para los visitantes occidentales que vienen a Chinatown por primera vez.
Hunan House (££) 45 Mott Street (tel: 962 0010). Uno de los primeros lugares en preparar comida picante en el Chinatown cantonés, con gran variedad de platos.
King Fung (££) 20 Elizabeth Street (tel: 964 5256). Buena comida cantonesa en un elegante establecimiento del vecindario; también hay «dim sum» a la hora del almuerzo.
Kob Ma (££) 9 Doyers Street (tel: 349 6900). Atrae a muchas personas por sus especialidades baratas; acérquese por la noche para saborear las especialidades tailandesas de la casa. Se preparan los platos tradicionales de Tailandia a la perfección.
Little Szechuan (££) 31 Oliver Street (tel: 349 2360). Este pequeño establecimiento ofrece excelentes especialidades szechuan.
Mandarin Court (£) 61 Mott Street, cerca de Canal Street (tel: 608 3838). Una maravillosa sala «dim sum» que se abarrota los domingos. Una vez que esté sentado, pida lo que desee de los carros que van pasando alrededor de las mesas.
Mon Bo (£) 65 Mott Street (tel: 964 6480). Sencillos pero excelentes platos cantoneses. La sopa de tallarines está deliciosa, y todo lo demás, también.
Mweng Thai (££) 23 Pell Street (tel: 406 4259). Una variedad de tentadores platos tailandeses. Tenga cuidado con la comida picante.
Nice Restaurant (£) 35 Broadway (tel: 406 9510). Un concurrido lugar de comida cantonesa a precios muy bajos. Si quiere ver el lugar en su mayor apogeo, venga a la hora del almuerzo.
Nom Wah Tea Parlour (£) 13 Doyers Street (tel: 962 6047). Muy popular por la enorme selección de «dim sum» servido a lo largo de todo el

día. Abundantes maravillas gastronómicas componen las bandejas que pasean por las mesas.

Noodle Town (£) 28 Bowery Street (tel: 349 0923). Muchas variedades de tallarines y fideos, cocinados de mil y una formas.

Peking Duck House (££) 22 Mott Street (tel: 227 1810). Reconocido por el anterior alcalde de Nueva York, Ed Koch, como «el mejor restaurante chino del mundo», ofrece una gran variedad de platos de cerdo crujiente y de ternera. Si tiene hambre, opte por la completa cena Peking Duck, que cuesta en torno a 30 dólares.

Phoenix Garden (££) 46 Bowery Arcade (tel: 233 6017). Sofisticada comida cantonesa donde destaca la especialidad de gambas con sal y pimienta.

Saigon (££) 60 Mulberry Street (tel: 227 8825). Excelente selección de especialidades vietnamitas bien preparadas.

Sun Say Gay (£) 220 Canal Street (tel: 964 7256). Precios ridículos para abundantes platos de arroz con carne, hortalizas y pepinillos.

Thailand (£) 106 Bayard Street (tel: 349 3132). Especialidades tailandesas nada caras y algunos otros platos no muy conocidos componen el sabroso menú de este establecimiento.

20 Mott Street (££) 20 Mott Street (tel: 964 0380). Este es uno de los restaurantes más conocidos de Chinatown. Acérquese a la hora de la comida para degustar un «dim sum», o a la hora de la cena para disfrutar de un memorable e interminable menú.

Viet-Nam (£) 11 Doyers Street (tel: 693 0725). Un escenario nada pretencioso para la mejor y probablemente más auténtica comida vietnamita de Nueva York.

Wong Kee (£) 113 Mott Street (tel: 226 9018). Buena selección de platos cantoneses a muy buen precio. Siempre está lleno.

EAST VILLAGE Y LOWER EAST SIDE

Acme Bar and Grill (££) 9 Great Jones Street (tel: 420 1934). Comida cajún: gumbo, jambalaya y ostras fritas entre otras cosas, además de una gran variedad de salsas picantes.

Angelica Kitchen (£) 12th Street entre First y Second Avenues (tel: 228 2909). Comidas naturales muy sabrosas y nada caras.

B&H Dairy (£) Second Avenue con St Mark's Place (tel: 505 8065). Si nunca ha probado los blintzers, este es el lugar indicado. También hay gran variedad de comidas vegetarianas.

Bayamo (££) Broadway entre Washington Place y 4th Street (tel: 475 5151). Merece la pena visitar este lugar por la mezcla de comida china y cubana, aunque también encontrará variedades de otras cocinas.

Benny's Burritos (£) Avenue A con 6th Street (tel: 254 2054). Burritos con gran variedad de rellenos para una multitud marchosa, antes o después de pasar la noche en los clubs del East Village.

Caffè della Pace (£) Seventh Street entre First y Second Avenues (tel: 529 8024). Comida italiana a precios razonables.

Caravan of Dreams (£) 6th Street entre First Avenue y Avenue A (tel: 254 1613). Establecimiento vegetariano suavemente decorado, con sopa y pasta del día, además de muchos otros platos orgánicos, incluidas algas.

Cloister Café (£) 9th Street con Third Avenue (tel:777 9128). Elija entre una gran variedad de ensaladas sencillas pero imaginativas, tortillas y hamburguesas, y beba capuccino. Cene en el interior, rodeado de vidrieras, o fuera en un agradable jardín.

Eat (£) 11st St Mark's Place (tel: 477 5155). Interesante selección de aperitivos y comidas; normalmente abierto después del mediodía.

Everybody's (££) Second Avenue entre 1st y 2nd Streets (tel: 473 1884). Establecimiento francés con precios asequibles, oculto tras una fachada nada descriptiva; merece la pena encontrarlo.

Great Jones Café (££) 54 Great Jones Street (tel: 674 9304). Aquí es donde los personajes del East Village seleccionan sus desayunos entre los especiales del día escritos en una pizarra.

Gulshan (£) Second Avenue con 6th Street (tel: 979 6572). No es la mejor comida india de la zona, pero es bueno para los vegetarianos y los precios son muy bajos. Los fines de semana a la hora del almuerzo entra en juego el especial «todo lo que puedas comer» *(All you can eat).*

Haveli (££) Second Avenue entre 5th y 6th Streets (tel: 982 0533). Uno de los pocos establecimientos de comida india del East Village, que ponen especial cuidado en la decoración y en la comida; sirviendo algunas especialidades sureñas en un menú de comida india del norte.

Indochine (££) Lafayette Street entre Astor Place y 4th Street (tel: 505 5111). Cene entre palmeras con un surtido de comida vietnamita, camboyana y tailandesa; abierto solamente para cenar.

Katz's Delicatessen (£) East Houston Street cerca de Orchard Street (tel: 254 2246). Legendario por servir bocadillos de pastrami durante más de un siglo a clientes hambrientos. Katz's cobró fama adicional con la película de 1989, *Cuando Harry encontró a Sally.*

Kiev (£) Second Avenue con 7th Street (tel: 674 4040). Especialidades de la Europa del este como pirogi y blintzes, al igual que una familiar selección de tortillas y hamburguesas.

Mitali (££) 6th Street entre First y Second Avenues (tel: 533 5208). La cocina india de calidad atrae a comensales aventureros de todo Nueva York; las mesas suelen estar completas los viernes y sábados por la noche.

Ratner's Dairy Restaurant (£) Delancey Street entre Norfolk

y Suffolk Streets (tel: 677 5588). Fundado en 1905, Ratner´s es el favorito entre los habitantes del Lower East Side por su sopa de champiñones y muchas otras especialidades judías.
Rectangle's (££) Second Avenue con 10th Street (tel: 677 8410). Intrigante variedad de platos yemenís e israelitas, todos ellos a precios muy asequibles.
Second Avenue Kosher Deli (££) Second Avenue con 10th Street (tel: 677 0606). Conocido establecimiento familiar judío y uno de los últimos lugares donde podrá degustar kasha, kugel, knishes y knaidels en sus formas auténticas, además de otras comidas más comunes como los bocadillos de pastrami e hígado troceado y una humeante sopa de pollo. Coma en la parte de atrás y disfrutará de multitud de recuerdos del teatro judío del Lower East Side.
Sugar Reef (££) Second Avenue entre 5th y 6th Streets (tel: 477 8427). Establecimiento animado y de gran colorido para la cocina caribeña (dominicana en su mayor parte). Los platos de marisco y los cócteles del bar son particularmente buenos.
Tibetan Restaurant (££) Second Avenue entre 5th y 6th Streets (tel: 979 9202). Se trata de una cocina étnica con la que los neoyorquinos tienen que familiarizarse todavía. Prepárese para una cena estimulante.
Two Boots (£) Avenue A con 2nd Street (tel: 505 2276). Mezcla emprendedora de comida cajún e italiana: pizza de gambas, por ejemplo.
Ukrainian Restaurant (££) Second Avenue con 9th Street (tel: 529 5024). Las porciones son tan abundantes que le costará trabajo terminar el borscht o pirogi.
Veselka (£) Second Avenue con 9th Street (tel:288 9682). Comida ucraniana y polaca servida las 24 horas y en grandes cantidades. Si quiere algo más ligero, pruebe los blintzes.
Yaffa Café (£) 97 St. Mark's Place (tel: 674 9302). Establecimiento popular entre la gente del East Village, centrado en los croissants o hamburguesas, dentro o fuera en el jardín.

FINANCIAL DISTRICT, SOHO Y TRIBECA

American Harvest (£££) 3 World Trade Center, en el Vista International Hotel (tel: 432 9334). La mayoría de los distinguidos restaurantes de Nueva York ofrecen una cocina continental basada en los platos clásicos europeos, pero el American Harvest ajusta el menú a los productos americanos y ofrece la mejor carne, fruta, hortalizas y pescado fresco de EE UU.
Au Mandarin (£) World Financial Center (tel: 385 0313). Una buena selección de comida china a buen precio, servida en una innovadora estructura arquitectónica, notable por sus palmeras en el interior.
Big Kitchen (£) 5 World Trade Center (tel: 938 1153). Gran selección de comida étnica y especialidades sabrosas y nutritivas a precios muy económicos para los empleados y visitantes del World Trade Center.
Bridge Café (££) Water Street en Dover Street (tel: 227 3344). Si acaba de cruzar el puente de Brooklyn a pie, recompénsese en este acogedor comedor situado bajo el mismo puente. Junto con la comida favorita americana, hay una exquisita variedad de pescado y marisco.
Cellar in the Sky (£££) 1 World Trade Center (tel: 938 1111). Aunque está en el piso 107, nadie viene a Cellar in the Sky por la panorámica. La atracción es una cena especial de varios platos, servida con excelente vino. El precio es astronómico e ir bien vestido resulta esencial. Se necesita hacer reservas.
Delphi (£) West Broadway cerca de Reade Street (tel: 227 6322). Maravillosas porciones de comida griega a precios muy asequibles.
Duane Park Café (££) Duane street entre West Broadway y Hudson street (tel: 732 5555). Establecimiento de moda con un impresionante menú con influencias culinarias de Italia, Japón y California.
Ecco (££) Chambers Street entre West Broadway y Church Street (tel: 227 7074). Interior elegante y espléndida comida italiana servida a altos financieros y tratantes de arte.
Ellen's Café and Bake Shop (£) Broadway en Chambers Street (tel: 962 1257). Deliciosa selección de bollería, ideal para un aperitivo o un almuerzo en compañía de abogados de los juzgados cercanos y bajo las fotos de la anterior propietaria que fue reina de la belleza en su día.
Fraunces Tavern (££) 54 Pearl street (tel: 269 0144). Una reconstrucción de una taberna del siglo XVIII (ver página 107), la Fraunces Tavern es un establecimiento con un ambiente acogedor.
Greene Street Café (££) Greene Street entre Prince y Spring Streets (tel: 925 2415). Situado en un espacioso desván decorado con elegante material gráfico y con jazz en directo por las tardes, hace de una cena en el SoHo algo especial, incluso antes de haber leido el menú de *nouvelle cuisine* al estilo americano.
Hamburger Harry's (£) 157 Chambers Street (tel: 267 4446). Parada esencial para los amantes de las hamburguesas: aquí se preparan sobre un fuego de madera de manzano y llevan una enorme variedad de acompañantes, desde caviar hasta aguacate.
Japonica (£) 100 University Place, entre 11th y 12th Streets (tel: 243 7752).

Favorito por sus bajos precios. Los sábados y los domingos se ofrecen desayunos tardíos.
McDonald's (£) Broadway en Liberty Street (tel: 385 2063). Un McDonald's como nunca ha visto antes, con portero, flores y un pianista haciendo las delicias de los comensales. Además de lo habitual, se pueden pedir uvas, fresas y capuccinos.
Omen (££) Thompson Street entre Spring y Prince Streets (tel: 925 8923). Un lugar con estilo para relajar los nervios. La especialidad de este restaurante japonés es el omen, una sopa picante con tallarines y hortalizas.
Pipeline (££) Planta baja, World Financial Center, entre Vesey y Liberty Streets (tel: 945 2755). La decoración de este establecimiento puede llegar a distraerle de algunos platos interesantes para la cena o el almuerzo. Al final, puede llevarse lo que le sobre.
Raoul's (££) Prince Street entre Sullivan y Thompson Streets (tel: 966 3518). Una lograda versión americana de un restaurante francés, con una tentadora selección de platos, postres increíbles, una impresionante lista de vinos, y unos cómodos asientos en una atmósfera agradable.
Sloppy Louie's (££) 92 South Street, en South Street Seaport (tel: 509 9694). Ambiente informal y un menú marino que ha estado en alza desde 1930. La especialidad son las sopas, pero hay una amplia selección donde elegir.
SoHo Kitchen and Bar (£) 103 Greene Street (tel: 925 1866). Buenas hamburguesas, fajitas y filetes, además de una soberbia selección de vinos. Pruebe uno de sus «flights», vinos diferentes agrupados según la variedad de la uva y servidos en vasos pequeños.
Sweets (££) Fulton Street cerca de South Street (tel:344 9189). Desde 1842 se ha dedicado ha servir productos recién salidos del mar, y no hay razón para dejar de hacerlo.
Tennessee Mountain (££) Spring Street con Wooster Street (tel: 431 3993). Comida de alto valor calórico: pollo frito, aros de cebolla, hamburguesas y chile.
Tommy Tang (££) Greenwich Street cerca de Reade Street (tel: 334 9190). Animada sucursal de un restaurante de Los Ángeles, que ofrece variaciones de comida tailandesa a una multitud de banqueros y artistas de éxito.
TriBeCa Grill (££) Greenwich Street con Franklin Street (tel: 941 3900). Copropiedad del actor Robert de Niro y situado en un edificio de una compañía de cine, TriBeCa Grill atrae a gran multitud de deseosa de ver a famosos, pero su atracción real son los elaborados platos de pescado.
Windows on the World (£££) 1 World Trade Center (tel: 938 1111). Comida de primera servida en el piso 107. No sólo la comida es impresionante sino también las vistas (si la niebla lo permite).

GREENWICH VILLAGE

Acme Bar and Grill (£) 9 Great Jones Street, cerca de Broadway (tel: 420 1934). Establecimiento informal de comida cajún. Las margaritas heladas están a buen precio en las happy hours.
Anglers and Writers (£) Hudson Street con St Luke's Place (tel: 675 0810). Afín a los vínculos literarios del vecindario, sirve aperitivos, té y café junto a hileras de libros frecuentemente revisados.
Apple Restaurant (£) 17 Waverly Place (tel: 473 8888). Cocina vegetariana vietnamita.
Benny's Burritos (£) 113 Greenwich Village (tel: 633 9210). Al igual que su sucursal del East Village (ver arriba), Benny's sirve tortillas rellenas de queso, alubias, carne y hortalizas.
Black Sheep (£££) 344 West 11th Street (tel: 242 1010). La cocina provincial francesa es la especialidad de este antigo y popular establecimiento, que ofrece una cena de cinco platos o un desayuno tardío los domingos.
Café Loup (££) 13th Street entre University Place y Fifth Avenue (tel: 255 4746). Escenario francés donde se sirve comida clásica a precios muy razonables.
Caffé Dante (£) 79 MacDougal Street (tel: 982 5275). Excelente lugar para observar a la gente mientras se degusta un pastel casero y se bebe un capuccino o un espresso.
Caffé Regio (£) 119 MacDougal Street (tel: 475 9557). Reconocida como la cafetería más antigua del país, con una gran selección de cafés y pasteles.
Caribe (£) 117 Perry Street (tel: 255 9191). Busque una mesa entre las palmeras de plástico para degustar una sabrosa y picante muestra de comida india.
Cent' Anni (££) 50 Carmine Road (tel: 989 9494). Los lugareños lo conocen como un lugar mágico de cocina florentina, donde se preparan deliciosos platos con sabrosas salsas, pasta de cabello de ángel y carne cuidadosamente preparada.
Chumley's (££) 86 Bedford Street (tel: 675 4449). Buen lugar para comer o beber alimentos típicos americanos.
Coach House (£££) 110 Waverly Place (tel: 777 0303). Si arreglarse para la cena no le desagrada, el Coach House es una buena elección para disfrutar de ternera, costillas tiernas y elaborados platos de pescado
Cornelia Street Café (££) 29 Cornelia Street (tel: 989 9319). La variedad de comida europea servida en este restaurante atrae a una clientela regular del Greenwich Village. Hay un espacio dedicado a la lectura de poesía y a las representaciones artísticas.
Corner Bistro (£) 331 West 4th Street (tel: 242 9502).

Comida típica americana como hamburguesas, alas de pollo y patatas fritas, servida al ritmo de una máquina de música.
Cottonwood Café (££) 415 Bleecker Street (tel: 924 6271). Comida al estilo tejano para personas con gran apetito. Rara vez decepciona el filete frito con tropezones de pan y la mayoría de las noches, hay música tejana en directo.
Elephant and Castle (££) 68 Greenwich Avenue (tel: 243 1400). Gran selección de tortillas para el desayuno y otras comidas sanas para el almuerzo y la cena.
Eva's (£) 11 West 8th Street (tel: 677 3496). Enormes bandejas vegetarianas y algunos platos de carne, servidos a precios inmejorables en un establecimiento de comida rápida.
Gotham Bar and Grill (£££) 12th Street con Fifth Avenue (tel: 620 4020). Desde una perfecta arquitectura a una comida de refinada presentación, el Gotham Bar and Grill tiene un estilo impecable y es un lugar que merece la pena ver.
The Grange Hall (£) 50 Commerce Street (tel: 924 5246). Un lugar maravilloso y muy popular entre las personas del lugar por su barata comida portuguesa.
Gulf Coast (££) West Street con 12th Street (tel: 206 8790). Un continuo ir y venir de margaritas, este establecimiento es conocido por su pescado al estilo cajún, jambalaya y gumbo. Reserve una mesa si no quiere esperar.
Hudson Corner Café (£) 570 Hudson Street (tel: 229 2727). Cenas atractivas con algunos platos de pasta, además de comida típica americana.
India Pavilion (££) 35 West 13th Street (tel: 243 8175). Comida india servida en un ambiente agradable. El menú es corto pero lleno de especialidades del chef e incluye una prometedora selección vegetariana.
Jane Street Seafood Café (££) Eighth Avenue con Jane Street (tel: 243 9237). Paredes de ladrillo, suelos de madera y personal vestido con informalidad, hacen de este establecimiento un lugar acogedor para disfrutar del pescado y marisco al estilo de Nueva Inglaterra. Los especiales del día aparecen escritos en una pizarra.
Jonn Clancy's (£££) 10th Street con Seventh Avenue (tel: 242 7350). Pez espada a la plancha y gambas gigantes preparadas en la barbacoa son los platos más preciados de este establecimiento.
John's Pizzeria (£) 278 Bleecker Street (tel: 243 1680). Muy conocido por sus excelentes pizzas horneadas con más de 50 variedades. Lugar perfecto para enterarse de lo que se cuece por Greenwich Village.
La Bohème (££) 24 Minetta Lane (tel: 473 6447). Un comedor pequeño decorado al estilo provenzal francés. La influencia francesa se hace notar en sus platos de pasta y pizzas.
Little Mushroom Café (£) 10th Street con Seventh Avenue (tel: 242 1058). Local con mucho éxito entre las personas de los alrededores a pesar su espacio muy reducido.
Louisiana (££) Broadway entre Bleecker y Houston Streets (tel: 460 9633). Especialidades cajún y criollas presentadas artísticamente, con sabor picante pero muy buenas.
Manhattan Chili Company (£) 302 Bleecker Street (tel: 206 7163). Chiles de variada selección, además de otros platos del suroeste de EE UU. Para los que gustan del chile muy picante deberían pedir el chile Texas Chain Gang, hecho con pimientos jalapeños.
Minetta Tavern (££) Minetta Lane y MacDougal Street (tel: 475 3850). Un salón histórico del Greenwich Village, decorado con motivos de los años 30. Lugar informal para almuerzos y cenas italianas.
One If By Land, Two If By Sea (£££) 17 Barrow Street (tel: 228 0822). Situado en una casa de carruajes restaurada del siglo XIX, éste es un lugar clásico para cenar a la luz de las velas. Su especialidad es la ternera Wellington y los impresionantes postres son caseros.
Patisserie Lanciani (£) 271 West 4th Street (tel: 929 0739). La mejor bollería de la ciudad, además de buenos cafés capuccinos y espressos. Lugar ideal para el desayuno o para el último café del día.
Peacock Caffé (£) 24 Greenwich Avenue (tel: 242 9395). Escuche ópera mientras hojea los periódicos y degusta el magnífico café, tarta y pasteles.
Pink Teacup (££) 42 Grove Street (tel: 807 6755). Si le gustan los guisantes, éste es el lugar idóneo; aunque su localización se refleja en los precios.
Pot Belly Stove (£) 98 Christopher Street (tel: 242 8036). Funciona las 24 horas del día sirviendo hamburguesas, tortillas, bocadillos y todo tipo de comida americana.
Ray's Original Pizza (£) Sixth Avenue con 11th Street (tel: 243 2253). Por todo Nueva York hay establecimientos Ray's Pizza, pero éste es el mejor de todos; sirve porciones de pizza para llevar o tomar allí mismo.
Spain Restaurant (££) 13th Street entre Sixth y Seventh Avenues. (tel: 929 9580). En este aclamado restaurante español se sirve una excelente variedad de comida tradicional gallega.
Tea and Sympathy (£) 108 Greenwich Avenue (tel: 807 8329). Comida típica británica; además del tradicional té, se sirven pasteles de pescado y puddings.
3Z Café (£) 60 University Place (tel: 777 7370). Una cafetería limpia y eficiente, donde se sirven desayunos, almuerzos (los bocadillos

son gigantes) y cenas. Merece la pena probar las tartas griegas.
Tortilla Flats (£) Washington Street con 12th Street (tel: 243 1053). Lugar propicio para consumir cocina tex-mex y grandes cantidades de alcohol.
University Place (£) University Place y 12th Street (475 7727). Una cafetería muy concurrida que ofrece los platos normales a buenos precios. Muchos vienen por los excelentes waffles, cubiertos de helado o fresas.
Vegetarian Paradise (££) 144 West 4th Street (tel: 260 7130). Platos familiares chinos, preparados de manera poco conocida. No utilizan ningún tipo de producto animal o lácteo.
Villa Mosconi (££) 69 MacDougal Street (tel: 673 0390). Pasta casera y algunos sabrosos platos de marisco servidos bajo pinturas italianas en un agradable ambiente.
White Horse Tavern (£) Hudson Street con 11th Street (tel: 243 9260). Famoso por ser el bar donde Dylan Thomas bebió demasiados whiskies, el White Horse Tavern también ofrece una extensa variedad de comidas.
Whole Wheat'n Wild Berrys (££) 57 West 10th Street (tel: 677 3410). Restaurante pequeño y acogedor situado en un sótano y especializado en comida sana y vegetariana.

HARLEM

Copeland's (££) 145th Street entre Broadway y Amsterdam Avenue (tel: 234 2356). Donde la gente más conocida de Harlem se deja ver, a la vez que disfrutan de una deliciosa mezcla de comida soul y de *nouvelle cuisine.*
Sylvia's (££) Lenox Avenue entre 126th y 127th Streets (tel: 996 0660). Un destacado restaurante de comida soul, muy popular entre turistas y locales. Su especialidad son los platos sureños como costillas a la barbacoa y pollo, terminando con postres tentadoramente deliciosos.

LITTLE ITALY

Angelo's (£) 146 Mulberry Street (tel: 966 1277). No es el mejor pero es uno de los restaurantes más visitados de Little Italy. Sirve platos italianos del sur.
Assaggio (££) 178 Hester Street (tel: 226 9197). No tan ruidoso como algunos establecimientos de Little Italy y con mucha comida italiana del sur.
Benito's (£) 163 y 174 Mulberry Street (tel:226 9012 y 226 9171). Dos sucursales de la misma «trattoria», cada una con excelentes platos a buen precio.
Caffé Biondo (£) 141 Mulberry Street (tel: 226 9285). Popular entre los habitantes del SoHo, con una amplia selección de cafés.
Caffé Roma (£) 385 Broome Street (tel: 226 8413). En funcionamiento desde 1890, el Caffé Roma ofrece excelente café y pastelería recién salida del horno.
Ferrara (£) 195 Grand Street (tel: 226 6150). Le falta la atmósfera del Caffé Roma, pero es un lugar agradable para saborear un capuccino y comer bollería reciente, a la vez que ve pasar a la gente desde una de las mesas del establecimiento.
Luna's (£) 12 Mulberry Street (tel: 226 8657). Pequeño establecimiento italiano con una atmósfera agradable, al que se entra a través de la cocina.
Puglia (££) 189 Hester Street (tel: 226 8912). Ya sea por sus mejillones al horno o por su variedad de preparados de pasta, Puglia siempre atrae a una multitud emocionada y bulliciosa, debido a lo barato de sus precios, al vino de la casa, y a que, a menudo, se toca música en directo mientras se come.
Taormina (££) 147 Mulberry Street (tel: 219 1007). Más clásico y más caro que sus vecinos, el Taormina sirve platos napolitanos en un ambiente muy agradable.

MIDTOWN MANHATTAN

East y West Midtown

Argentine Pavilion (££) 46th Street entre Fifth y Sixth Avenues (tel: 921 0835). Un restaurante ligeramente turístico, pero con unos platos de marisco, preparados según la tradición Argentina, y otros platos de carne que no le defraurarán.
Christine's (££) Lexington Avenue con 40th Street (tel: 953 1920). Sirve tortillas, ensaladas y bocadillos, pero la clientela habitual pide los platos polacos, reservándose para el postre.
Crystal Gourmet (£) 45th Street entre Fifth y Madison Avenues (tel: 808 5578). Perfecto para los glotones con bajo presupuesto, con pasta, ensalada y platos de carne dispuestos a modo de buffet durante el día y «todo lo que puedas comer» durante la noche.
Delegates' Dining Room (££) United Nations, First Avenue con 46th Street (tel: 963 7626). Armado con una reserva y con la vestimenta apropiada, el público general puede codearse con los oficiales y delegados de Naciones Unidas, cualquier día de la semana. El buffet es caro.
Dosanko (£) 45th Street entre Lexington y Third Avenues (tel: 697 2967). Quizá no sea el mejor, pero casi con seguridad, se trata del restaurante japonés más barato de Nueva York, donde se sirven maravillosas sopas y platos de tallarines.
Four Seasons (£££) 52nd Street entre Park y Lexington Avenues (tel: 754 9494). Punto álgido de la nueva ola de cocina americana, el Four Seasons raramente ofrece algo que pueda desagradar al verdadero gastrónomo, o a los corredores de bolsa que se reunen aquí para

almorzar. La entrada del restaurante está decorada por un impresionante mural de Picasso y se encuentra en el interior del prominente Seagram Building, diseñado por Mies van der Rohe y Philio Johnson.

Grand Central Oyster Bar and Restaurant (££) Planta baja de Grand Central Terminal (tel: 490 6650). Un extenso menú de pescados y marisco particularmente fuerte en ostras, que hace un excelente negocio con directores de oficina, que comen lentamente y hablan deprisa bajo un techo abovedado.

Kaplan's Deli (££) 59th Sytreet entre Park y Madison Avenues (tel: 755 5959). Al igual que otros delis de la zona, ofrece bocadillos, sopas y alimentos habituales en este tipo de establecimiento.

Keens Chophouse (££) 36th Street entre Fifth y Sixth Avenues (tel: 947 3636). Desde 1885, Keens ha estado sirviendo carne y patatas. Las chuletas de cordero con menta son la especialidad; aunque hay variedad de otros platos de carne y algunas opciones de sabrosos mariscos.

La Bonne Soupe (££) 55th Street entre Fifth y Sixth Avenues (tel: 586 7650). Sabrosa comida provinciana francesa a precios muy asequibles; variedad de sopas, tortillas y platos basados en carne.

Lou G. Seigel (££) 38th Street entre Seventh y Eigth Avenues (tel: 921 4433). Deli judío establecido desde 1917, donde todavía se sirve hígado troceado, pescados variados y sopa de pollo a trabajadores de la zona y a clientes regulares que vienen de más lejos.

Lutèce (£££) 50th Street entre Second y Third Avenues (tel: 752 2225). No encontrará innovaciones culinarias en Lutèce, pero sí cocina francesa clásica. Los precios fijos de las cenas y almuerzos son excepcionales. Haga la reserva con antelación.

Manganaro's Hero Boy (£) Ninth Avenue entre 37th y 38th Streets (tel: 947 7325). Aquí nació el «hero», un bocadillo inmensamente largo de pan francés, en 1940. Hoy día, puede pedir su bocadillo según los centímetros que quiera.

New York Deli (££) 57th Street cerca de Sixth Avenue (tel: 541 8320). El establecimiento menos pretencioso y menos caro de esta conocida cadena local de delis, donde se ofrecen buenas comidas, a buen precio.

Raga (££) 48th Street entre Fifth y Sixth Avenues (tel: 757 3450). Raga está entre los restaurantes indios más conocidos de la ciudad, y es muy popular entre la gente de negocios. A la hora de la cena, la clientela disfruta de música tradicional en directo.

Rainbow Room (£££) 65th planta, 30 Rockefeller Plaza (tel: 632 5000). Este establecimiento art déco es una delicia, y tiene una banda de 12 músicos que ameniza las noches con canciones de los años 40. Se necesita hacer una reserva, vestir elegantemente y una vista aguda para disfrutar de las impresionantes vistas de Nueva York, que aparecen 65 pisos más abajo.

Secret Harbor Bistro (££) Lexington Avenue con 37th Street (tel: 447 7400). Lugar de moda para comenzar el día con pasteles, yogurt y zumos frescos, o para finalizarlo con platos bien preparados que varían desde lasaña vegetal a atún con salsa de limón.

Vong (££) 200 East 54th Street (tel: 486 9592). El lugar más de moda de la ciudad, gracias a uno de los chefs con más talento de Nueva York, Jean-Georges Vongerichten. Debe reservar con semanas de antelación, si quiere degustar la mezcla de comida francesa y comida tailandesa.

Zarela (££) Second Avenue entre 50th y 51st Streets (tel: 644 6740). Comida mexicana de creaciones exóticas con sabores y texturas diferentes.

Theater District

Bangkok Cuisine (££) Eigth Avenue entre 52nd y 53rd Streets (tel: 581 6370). El primer restaurante tailandés de Nueva York, donde se ofrece una excelente comida en un ambiente relajado.
Broadway Diner (££) Broadway con 55th Street (tel: 765 0909). Amplia variedad de excelente comida, pero hay que pagar de más por las guarniciones al estilo de los años 40.
Cabana Carioca (££) 45th Street entre Sixth y Seventh Avenues (tel: 581 8088). Grandes porciones de comida brasileña, carne en abundancia muy bien preparada, y alubias pintas, son las especialidades de este establecimiento.
Café 44 (££) 44th Street entre Eighth y Ninth Avenues (tel: 581 3080). Una razón suficiente para visitar el Café 44 son sus tortillas, hamburguesas y bocadillos, pero el pescado y los platos de pasta son también comidas muy populares para antes del teatro.
Café 57 (££) 57th Street entre Eighth y Ninth Avenues (tel: 489 9767). Con el mismo propietario del Café 44 (ver arriba). Merece la pena visitarlo.
Carnegie Delicatessen (££) Seventh Avenue con 55th Street (tel: 757 2245). Un prominente establecimiento de comidas, con una rica mezcla de manjares preparados, desde enormes bocadillos de pastrami a exquisitos pasteles. Muchos de los platos llevan el nombre de leyendas de Broadway.
Jezebel (££) Ninth Avenue con 45th Street (tel: 582 1045). Comida favorita como pollo frito, bagre y granos molidos, ofrecida a precios asequibles en un escenario decorado al estilo de un burdel del Profundo Sur.
Joe Allen (££) 46th Street entre Eigth y Ninth Avenues (tel: 581 6464). Hamburguesas, platos de chile y otras sencillas comidas americanas, se sirven en grandes cantidades entre carteles de los espectáculos de Broadway.
Landmark Tavern (££) Eleventh Avenue con 46th Street (tel: 757 8595). Pescado con patatas, y pastel de pastor junto con hamburguesas y bocadillos, además de otros platos, servidos en un atractivo comedor con paredes de madera que data de 1856.
Munson Diner (£) 49th Street con Eleventh Avenue (tel: 246 0964). Aunque se encuentra muy apartado, este establecimiemto cerca del río Hudson, no ha dejado de atraer a una clientela regular desde 1908.
Russian Tea Room (£££) 57th Street entre Sixth y Seventh Avenues (tel: 265 0947). Fundado por bailarines rusos en 1920, la Russian Tea Room es un lugar de reunión de la alta sociedad neoyorquina, donde se sirve caviar, borscht y salmón ahumado, además de champán, vodka y té del samovar. Si usted no tiene una cara conocida, le estará prohibida la entrada a «Siberia», el comedor de la planta de arriba.
Sardi's (££) 44th Street entre Broadway y Eighth Avenue (tel: 221 8440). Lugar ambientado con motivos teatrales y con una graciosa colección de caricaturas de las estrellas de Broadway adornando sus paredes, Sardi's ofrece comida al estilo italiano.
Stage Deli (££) Seventh Avenue con 54th Street (tel: 245 7850). Rival durante mucho tiempo del Carnegie Deli (ver arriba), el Stage Deli ofrece el mismo tipo de exquisitos platos preparados con porciones igualmente generosas.

Murray Hill, Gramercy y Chelsea

America (££) 9 East 18th Street entre Fifth Avenue Y Broadway (tel: 505 2110). Grande y de aspecto parecido a un almacén, con una barra de bar muy bien situada para observar a la gente. La comida también es buena, una mezcla de comida americana, italiana y tex-mex.
An American Place (££) Park Avenue y 32nd Street (tel: 684 2122). Comida innovadora y excitante de la *nouvelle cuisine* americana, inspirada en la cocina regional de todo el país.
Annapurna (££) Lexington Avenue entre 27th y 28th Streets (tel: 679 1284). Por el servicio y la decoración, Annapurna se sitúa por encima de los otros restaurantes indios del vecindario, aunque todavía con precios muy razonables.
Burke & Burke (£) Seventh Avenue con 29th Street (tel: 564 0273). Uno de los delis pertenecientes a una de las cadenas más extendidas por toda la ciudad.
Chelsea Cottage (£) Ninth Avenue entre 22nd y 23rd Streets (tel: 366 4881). Preparados hunan y szechuan donde sólo se utilizan ingredientes del día. Los especiales del almuerzo son increíblemente baratos.
Chelsea Place (££) Eighth Avenue entre 17th y 18th Streets (tel: 924 8413). Para pasar a un tranquilo restaurante situado en una entreplanta y degustar una exquisita comida italiana, hay que atravesar una tienda de antigüedades y un abarrotado y humeante bar. Lo mejor son los especiales del día.
Choshi (££) Irving Place entre 18th y 19th Streets (tel: 420 1419). Comida japonesa, especialmente sushi y sashimi, presentada con gran estilo a una clientela de mayor estilo.
Coffee Shop (££) 16th Street y Union Square West (tel: 243 7969). Las coffee shops abundan alrededor de Union Square pero ésta, a pesar de

su nombre, es un lugar animado donde se consume comida americana y brasileña.
Cola´s (£) Eighth Avenue entre 17th y 18th Streets (tel: 633 8020). La falta de licencia para vender licores mantiene los precios baratos en este agradable comedor italiano, que atrae a una gran multitud de la zona.
Cottage (£) Irving Place entre 15th y 16th Streets (tel: 505 8600). Platos hunan y szechuan baratos. Si no tiene hambre nada más llegar, se le abrirá el apetito al leer el extenso y variado menú.
Curry in a Hurry (£) 29th Street con Lexington Avenue (tel: 889 1159). Una atractiva selección de comidas indias y un excelente buffet a la hora del almuerzo.
Empire Diner (£) Tenth Avenue con 22nd Street (tel: 243 2736). Un lugar de estilo y decoración retro, con buena comida a precios muy asequibles, que sirve las 24 horas del día a una clientela sumamente elegante.
Frank´s (££) 14th Street entre Ninth y Tenth Avenues (tel: 243 1349). En funcionamiento desde 1912, este honesto establecimiento de carnes y pescados, ofrece comida de alta calidad. Los carniceros de la zona se encuentran entre la clientela fija de la hora de los almuerzos.
Friend of a Farmer (££) Irving Place entre 18th y 19th Streets (tel: 477 2188). Restaurante popular y atractivo donde se sirve comida típica americana, ya sea en el desayuno, almuerzo o cena.
Galaxy (£) Eighth Avenue con 16th Street (tel: 463 7460). Si tiene que elegir entre ir a comer o visitar el Hayden Planetarium en el American Museum of Natural History, podría acercarse hasta aquí y consumir una comida normal de un coffee shop mientras observa la decoración inspirada en el cosmos.
La Colombe D'Or (££) 26th Street entre Third y Lexington Avenues (tel: 689 0666). Excelente comida provinciana francesa servida en una elegante brownstone de la ciudad.
Live Bait (££) 23rd Street entre Madison y Fifth Avenues (tel: 353 2400). Al estilo de un rústico bohío de pescadores de la zona sur, Live Bait es un concurrido bar, donde también sirven bocadillos, hamburguesas y ensaladas.
Lola (££) 22nd Street entre Fifth y Sixth Avenues (tel: 675 6700). Comida americana con influencias nativas americanas, y con algunos platos de Sudamérica y del Caribe. Los domingos se sirve un desayuno tardío.
Lox Around the Clock (£) Sixth Avenue con 21st Street (tel: 691 3535). Con sus múltiples pantallas de vídeo, este lugar es frecuentado por la multitud nocturna del East Village. Ofrece una decente variedad de comidas rápidas hasta altas horas de la noche, y las 24 horas del día durante los fines de semana.
Mary Anne's (£) Eighth Avenue con 16th Street (tel: 633 0877). Comida mexicana un poco más cara que en cualquier otro sitio, pero merece la pena por su alta calidad y su variada selección.
Park Bistro (££) Park Avenue entre 28th y 29th Streets (tel: 689 1360). Entre los mejores restaurantes de estilo francés de la ciudad, y con una merecida popularidad por ofrecer comida exquisita en un maravilloso lugar.
Peter's Place (£) Third Avenue entre 20th y 21st Streets (tel: 260 2900). No se quedará con hambre después de haber comido en Peter's Place, una acogedora coffee shop donde el menú incluye inmensos bocadillos, waffles belgas gigantes, y salmón ahumado sobre un bollo de pan enorme.
Pete's Tavern (££)18th Street con Irving Place (tel: 473 7676). Un bar popular en las horas de después del trabajo y el lugar ideal para comer algo en las mesas de la acera. La comida incluye especialidades americanas y una variedad de platos de pasta.
Raymond's Café (££) Seventh Avenue entre 15th y 16th Streets (tel: 929 1778). Hígado de ternera en salsa de jerez y calamar con pasta son dos de los platos de la casa; Raymond también sirve un buen desayuno tardío los sábados y domingos.
Tullio Trattoria (££) 22nd Street entre Fifth y Sixth Avenues (tel: 691 4188). Un restaurante italiano deliciosamente íntimo, con un menú de muy buena calidad.
Union Square Café (££) 16th Street y Union Square West (tel: 243 4020). Cocina francesa e italiana y un tentador pescado a la brasa predomina en este establecimiento de moda que atrae a los neoyorquinos preocupados por la imagen.
Young Fu Noddle Soup (£) Madison Avenue con 31st Street (tel: 447 5400). Restaurante chino muy popular entre los locales, especialmente fuerte en platos picantes szechuan y ofreciendo especiales para el almuerzo a precios muy bajos.

QUEENS

Cosy House (£) 36-26A Union Street, Flushing (tel: 718/762 0167). Un diminuto pero excelente restaurante coreano, donde se sirve auténtica comida nacional a una clientela predominantemente coreana.
Happy Dumpling (£) 135-29 40th Road, Flushing (tel: 718/445 2163). Comida china; excelentes platos de tallarines y bolas rellenas de masa hervida.
Ko Hyang (£) 42-96 Main Street, Flushing (tel:

718/463 3837). Restaurante coreano informal con una variada selección de comidas y aperitivos.
Kuala Lumpur (£) 135-31 40th Road, Flushing (tel: 718/353 8333). Sabrosa comida malaya en un establecimiento de comida rápida.
Lefkos Pyrgos (£) 22-85 31st Street, Astoria (tel: 718/932 4423). El mejor de los muchos cafés griegos de Astoria, donde se ofrece una gran variedad de dulces.
Taverna Vraka (££) 23-15 31st Street, Astoria (tel: 718/721 3007). Una institución en este vecindario griego por su comida y diversión al antiguo estilo griego.
Woo Chon (£) 41-19 Kissena Boulevard, Flushing (tel: 718/463 0803). Tentadora selección de especialidades coreanas, todas ellas a precios modestos.
Yao Han (£) 135-21 40th Road, Flushing (tel: 718/359 2828). Comida china y vietnamita, y otro maravilloso lugar para los amantes de los tallarines.

UPPER EAST SIDE

Arcadia (£££) 62nd Street entre Madison y Fifth Avenues (tel: 223 2900). Pocos neoyorquinos disputarían un puesto al Arcadia entre los restaurantes más exquisitos de la ciudad. Su selectivo menú se ajusta a los ingredientes de cada estación y puede incluir cualquier cosa, desde langosta ahumada a codorniz asada sobre dientes de león.
Arizona 206 (£££) 60th Street entre Second y Third Avenues (tel: 838 0440). El suroeste americano recreado en el Upper East Side de Manhattan, con una decoración que simula un desierto y una cocina del suroeste de calidad excepcional.
Dumpling Queen (£) 85th Street con Third Avenue (tel: 249 0362). Comida china muy barata, incluyendo «dim sum» en un comedor nada extravagante.
E.A.T. (£) Madison Avenue entre 80th y 81st Streets (tel: 772 0022). Los yuppies vienen aquí despues de haber practicado con la raqueta, los fines de semana vienen los que van de compras, y los clientes locales vienen todos los días para degustar los aperitivos judíos/ continentales y los pecaminosos postres.
1st Wok (££) First Avenue con 74th Street (tel: 535 8598). Una sucursal de una extensa cadena donde despachan sabrosa comida china en muy poco tiempo.
Fu's (£££) Second Avenue entre 72nd y 73rd Streets (tel: 517 9670). Comida china variada de calidad sobresaliente, pero la decoración y los precios se alejan un poco de los de Chinatown.
Ideal (£) 86th Street entre Second y Third Avenues (tel: 535 0950). Sencillo comedor con delicias alemanas como los sauerbraten y los schweinebraten, además de otras comidas americanas más familiares.
Jackson Hole Wyoming (£) Second Avenue entre 83rd y 84th Streets (tel: 737 8788). Las hamburgueserías son relativamente escasas en el Upper East Side pero esta sucursal de una cadena extendida por toda la ciudad, ofrece sus conocidas hamburguesas con muchas salsas excitantes.
J. G. Melon (£) Third Avenue con 74th Street (tel: 650 1310). Comida americana, un poco mejor que la media, servida a precios bajos en un acogedor bar con paredes de madera.
Jo Jo (££) 160 East 64th Street, cerca de Lexington Avenue (tel: 223 5656). Soberbio comedor internacional; en relación a la calidad, los precios son notablemente baratos, asi que es necesario hacer reservas. Elija entre el comedor principal, normalmente ruidoso y abarrotado, y la sala de atrás más serena.
Le Cirque (£££) 65th Street entre Park y Madison Avenues (tel: 794 9292). Regularmente se ven caras famosas en Le Cirque, aunque si se puede permitir comer en uno de los restaurantes más caros de la ciudad, debería concentrarse en la comida y no en los que le rodean. Los mejores platos son las propias creaciones francesas del chef.
Mocca (££) Second Avenue entre 83rd y 84th Streets (tel: 734 6470). Excelentes platos húngaros. Mucho mas animado durante los fines de semana cuando los violinistas gitanos entretienen a la clientela.
Ottomanelli's Café (£) York Avenue entre 81st y 82nd Streets (tel: 737 1888). Una de las varias sucursales del Upper East Side de este conocido establecimiento neoyorquino. Éste, en particular, tiene una tentadora selección de bollos recién horneados entre la variedad habitual de ensaladas, pastas, hamburguesas y bocadillos.
Petaluma (££) First Avenue con 73rd Street (tel: 772 8800). Entre los platos de este creativo restaurante italiano al estilo californiano se encuentran: pez espada a la plancha, pollo al ajo y calamares fritos.
Pig Heaven (££) Second Avenue entre 80th y 81st Streets (tel: 744 4887). Con una decoración basada en cerdos y con unos intrigantes platos de cerdo (como oreja de cerdo), en este establecimiento también se sirven comidas al estilo chino y postres americanos.
Post House (£££) 63rd Street entre Park y Madison Avenues (tel: 935 2888). Si dispone de un amplio presupuesto, pero detesta la comida francesa, esta podría ser la respuesta: un lugar elegante donde se sirven enormes platos de pescado y carne.
Red Tulip (££) 75th Street entre York y First Avenues

(tel: 734 4893). Más comida y música tradicional húngara, y un ambiente más íntimo que en Mocca (ver arriba); fuertes platos de col rellena, goulash y carnes muy bien preparadas.
Ruby River Road Café (£) Second Avenue con 93rd Street (tel: 348 2328). Platos picantes del sur de EE UU, regados con jarras de cerveza, son los protagonistas del ambiente festivo de este Café.
Rusty's (££) Third Avenue con 73rd Street (tel: 861 4518). Las gigantescas ensaladas y los platos de sopa son una razón suficiente para venir, pero puede que usted prefiera enfrentarse a los picantes platos de comida cajún.
7th Regiment Mess (£) 643 Park Avenue entre 66th y 67th Streets (tel: 744 4107). Comida casera americana servida en el interior de madera de este restaurante situado en el Seventh Regiment Armory. Es el lugar ideal para los niños; es aconsejable hacer las reservas con antelación.
Vasata (££) 75thStreet entre First y Second Avenues (tel: 988 7166). Imitación de un restaurante de Praga con platos checoslovacos. Éste no es lugar para los que estén a régimen: después de superar el plato principal (elegido de una variedad de carnes asadas), la única recompensa es un completo postre tradicional, muy calórico.
Wilkinson's Seafood Café (£££) York Avenue entre 83rd y 84th Streets (tel: 535 5454). Una sabrosa variedad de pescados siempre frescos es la oferta de Wilkinson's. Normalmente se incluyen entre los platos langosta, pasteles de cangrejo, pez espada y salmón, todos preparados a la perfección y presentados con muy buen gusto a los comensales bien vestidos de la zona.
Zucchini (££) First Avenue entre 71st y 72nd Streets (tel: 249 0559). La especialidad es una variedad de deliciosas y nutritivas ensaladas y platos de pasta, donde se utilizan hortalizas y marisco.

UPPER WEST SIDE

Akaihana (£) Broadway entre 76th y 77th Streets (tel: 724 8666). Los neoyorquinos están obsesionados con el sushi y éste es uno de los mejores lugares de la ciudad para degustarlo sin gastarse una fortuna.
Alcalá (££) Amsterdam Avenue entre 75th y 76th Streets (tel: 769 9600). Comida española en forma de tapas o seleccionada de un menú de deliciosos y bien preparados platos de carne, pescado y marisco.
Blue Nile (££) 77th Street con Columbus Avenue (tel: 580 3232). Uno de los pocos restaurantes etíopes de Nueva York y una parada esencial para los aventureros a la hora de comer. Olvídese de los cuchillos y tenedores. La comida se devora con esponjosos trozos de pan.
Café des Artistes (£££) 67th Street con Central Park West (tel: 877 3500). Los murales de los años 30 de los desnudos etéreos de Howard Chandler Christy añaden cierto deleite a lo que bien podría ser la mejor comida de Nueva York. Es esencial hacer reservas para la cena y también para el delicioso desayuno tardío de los domingos.
Café Lalo (£) 83rd Street con Amsterdam Avenue (tel: 496 6031). Lugar de moda para los futuros vecinos escritores, artistas y personajes relacionados con la comunicación, donde se bebe capuccino y se degusta una irresistible variedad de pasteles.
Café Luxembourg (£££) 70th Street entre Amsterdam y Columbus Avenues (tel: 873 7411). Establecimiento art déco ambientado en el París de los años 30. La comida, una mezcla de cocinas italiana, francesa y norteamericana, atrae a un montón de caras conocidas de toda la ciudad.
Cantina (££) Columbus Avenue con 70th Street (tel: 873 2606). Animado comedor mexicano donde se sirven enormes porciones de los platos favoritos de la zona.
Diane's Uptown (£) Columbus Avenue entre 71st y 72nd Streets (tel:799 6750). Un cómodo restaurante extraordinariamente barato, donde se consumen hamburguesas, tortillas y bocadillos.
EJ's Luncheonette (£) Amsterdam Avenue entre 80th y 81st Streets (tel: 873 3444). Comedor retro completo con accesorios de cromo y anuncios

históricos de Coca-Cola. Los bocadillos (recomendamos las pechugas de pollo cajún) son lo suficientemente grandes como para alimentar a un ejército.

Empire Szechuan Gourmet (£) Broadway con 97th Street (tel: 663 6004). Inmensa variedad de comida hunan y szechuan. También hay «dim sum» los fines de semana a la hora del almuerzo.

Good Enough To Eat (££) Amsterdam Avenue entre 83rd y 84th Streets (tel: 496 0163). Gran selección de comida popular americana, desde jamón y huevos hasta waffles con fresas, para el desayuno, almuerzo o cena en un ambiente agradable.

H&H (£) Broadway con 80th Street (tel: 595 8000). Aquí se garantizan bollos de pan recién horneados, que vienen acompañados de una multitud de rellenos.

India Garden (££) Amsterdam Avenue entre 90th y 91st Streets (tel: 787 4530). Distinguido entre los restaurantes indios del vecindario por sus platos de cabra.

Indian Café (££) Broadway con 108th Street (tel: 749 9200). Competitiva comida india que incluye especialidades vegetarianas inventadas, como guisantes con espinacas y tomate, y lentejas con ajo y jengibre. Como alternativa hay una gran variedad de aperitivos.

Isola (££) Columbus Avenue con 84th Street (tel: 362 7400). Atrae a una devota clientela local por sus platos sicilianos y de Cerdeña, además de una sabrosa selección de pizzas cocinadas al fuego de leña.

Jackson Hole Wyoming (£) Columbus Avenue con 85th Street (tel: 362 5177). Multitud de hamburguesas, normalmente lo suficientemente grandes para alimentar a dos.

La Caridad (£) Broadway con 78th Street (tel: 874 2780). Intrigantes y creativos platos chinocubanos, servidos en un ambiente informal.

La Traviata (£) 101 West 68th Street (tel: 721 1101). Lugar conocido por las personas del lugar donde se sirven porciones de pizza.

Lucy´s (££) Columbus Avenue entre 84th y 85th Streets (tel: 787 3009). Comida tex-mex consumida en el comedor del establecimiento mientras caras conocidas del Upper West Side pululan por el bar.

Museum Café (££) Columbus Avenue con 77th Street (tel: 799 0150). Frente al American Museum of Natural History, y ofreciendo una deliciosa variedad de ensaladas y platos de pasta que se deshacen en la boca.

Ollie's Noodle Shop (£) Broadway con 84th Street (tel: 362 3111). Los tallarines se encuentran entre los preparados de comida china que se hacen a la vista del público. La sopa de tallarines, en particular, es muy sabrosa y barata.

Olympic Flame (£) Ninth Avenue con 58th Street (tel: 765 7965). Escoja de entre las variedades de una coffee shop o, sencillamente, deguste tranquilamente una taza de café.

Ottomanelli's Café (£) 72nd Street entre Columbus Avenue y Central Park West (tel: 787 9493). Una de las cafeterías centenarias de Nueva York, donde se ofrece un servicio rápido y una variedad de pizzas, pastas y hamburguesas a precios muy asequibles.

Piccolino (££) Amsterdam Avenue entre 81st y 82nd Streets (tel: 873 8004). Lugar fabuloso para elegir entre 30 variedades diferentes de pasta.

Popover Café (£) Amsterdam Avenue entre 87th y 88th Streets (tel: 595 8555). Ensaladas, sopas, bocadillos, y popovers (pequeñas bolas de pasta servidas con mermelada y mantequilla) son las especialidades de este lugar curiosamente decorado.

Rancho Mexican Café (££) Amsterdam Avenue entre 82nd y 83rd Streets (tel: 362 1514). Potentes margaritas heladas acompañadas de comida mejicana. Los domingos también se ofrece un desayuno tardío.

Santerello (£££) 105th Street entre Broadway y Amsterdam Avenue (tel: 749 7044). Sobresaliente establecimiento en el vecindario por su cocina italiana del norte; los

mejores platos están entre los especiales del día.
Sarabeth's Kitchen (££) Amsterdam Avenue entre 80th y 81st Streets (tel: 496 6280). Un lugar refinado donde degustar bocadillos de salmón ahumado o variadas tortillas. También ofrece una gran selección de tartas y pastelería casera.
Shark Bar (£) 74th Street entre Columbus Avenue y Broadway (tel: 496 6600). Ya sean gambas a la plancha, pasteles de cangrejo frito, o bagre, el Shark Bar ofrece los productos más picantes y sabrosos de todo el sur de América.
Symposium (£) 113th Street con Amsterdam Avenue (tel: 865 1011). Auténtica y barata comida griega, pastel de espinacas, moussaka y más, especialmente popular entre los estudiantes de la cercana Universidad de Columbia. En verano puede sentarse en el jardín.
Tavern on the Green (£££) 67th Street con Central Park West (tel: 873 3200). Más famoso como un edificio destacado de Nueva York que como un elegante comedor, el Tavern on the Green ofrece excelentes platos bajo los candelabros venecianos de la Crystal Room o en el jardín, en su mayoría a personas que posteriormente irán al teatro.
Terrace (£££) 119th Street con Morningside Drive (tel: 666 9490). Poco iluminado, con mobiliario excelente y vistas de Upper Manhattan, el Terrace tiene fama por su cocina variada de calidad, aunque con gran influencia francesa. Se necesita hacer reservas y vestir de forma elegante.
Zabar's Café (£) Broadway con West 80th Street (tel: 787 2000). El mejor cappuccino de la ciudad, junto con excelentes pasteles, croissants y bocadillos sobre banquetas situadas a lo largo de un mostrador.

Índice

D

E

F

CRÉDITOS FOTOGRÁFICOS Y COLABORADORES

Créditos fotográficos

La Automobile Association y Editorial Everest quieren agradecer su colaboración en este libro a los siguientes fotógrafos, archivos y asociaciones:
J ALLAN CASH 127a Mercado. ALLSPORT UK LTD 90a Fútbol americano (S Dunn). AMERICAN CRAFT MUSEUM 62 Interior del museo (Dan Cornish). BETTMANN ARCHIVE 22b Damon Runyon (UPI/BETTMAN NEWSPAPERS), 42b *The Brains* (THE BETTMAN ARCHIVE), 43a William O'Dwyer (THE BETTMAN ARCHIVE), 44b East River (THE BETTMAN ARCHIVE), 46 Ed Koch (UPI/BETTMAN), 119a P Orbvsky & A Ginsberg, 119b A Poole in our time (THE BETTMAN ARCHIVES). BRIDGEMAN ART LIBRARY LTD 29 Inmigrantes irlandeses desembarcando en Battery, Nueva York, 1855 (Museum of the City of New York/Bridgeman Art Library, London), 32a Nueva York después de la Independencia vista desde East River, por George Torino (18thC) (Private Collection/Bridgeman Art Library, London), 36a Caricatura de Andrew Carnegie, 1903 (Private Collection/Bridgeman Art Library, London, 97b *Sopa Campbell* por Warhol, Andy (1930–87) (Wolverhampton Art Gallery, Staffs/Bridgeman Art Library, London). D CORRANCE 92 Los Cloisters, 110 Frick Museum, 123 Guggenheim Museum, 177 Soho Martin Lawrence Gallery, 179 Ferry de Staten Island, 241 Jazz en Greenwich Village. J HENDERSON 127b Portorriqueños. HULTON DEUTSCH COLLECTION LTD 16b,17a Disturbios en Harlem, 46a,b Huelgas, 47a Huelga de Nueva York, 73b Malcolm X. KOBAL 15a King Kong. MAGNUM PHOTOS LTD 16c Dinkins, 97a Eyes Warhol (Philipe Halsam), 188a Woody Allen (Ernst Haas). MARY EVANS PICTURE LIBRARY 22a Manhattan Transfer, 23 Henry James,(Mary Evans/J Morgan) 30a Holadeses en Staten Island, 33 Declaración de Independencia, 34–5 Inmigración, 41a,b El Crack de Wall Street, 105a Inmigrantes en la isla de Ellis. METROPOLITAN MUSEUM OF ART 143a Costumbres funerarias egipcias – Coffins (Rogers Fund 1915 (15.2.2), 145a Vaso islámico del mediterráneo oriental (Rogers Bequest of Edward C Moore 1891 (91.1.1530), 147a Pintura de Henri Matisse (Robert Lehman Coll. 1975 (1975.1.194), 147b Pintura de Jacopo Bellini (Gift of Irma N Straus 1959 (59.187). MUSEUM OF MODERN ART NEW YORK 129 Pintura de Jackson Pollock, 158b *Noche estrellada* Van Gogh. MUSEUM OF TV & RADIO 161 Interior de la Lonsdale Room. PICTURES COLOUR LIBRARY 24–5 East 47th Street. RONALD GRANT ARCHIVES 15b *Fiebre del sábado noche*, 188b *Manhattan* Woody Allen. SPECTRUM COLOUR LIBRARY Lomo Estatua de la Libertad, 26b Año Nuevo Chino, 27 Flautista, 154a St Patrick's Day, 154b Banda de gaitas, 240 Birdland Jazz Club. THE MANSELL COLLECTION 30/1 New Amsterdam, 31 Llegada de Hendrick Hudson, 32 P Stuyvesant, 34b Llegando al Nuevo Mundo, 36 Andrew Carnegie, 37 Pierpont Morgan, 38b Puente de Brooklyn, 38–9 New York 1851, 45 SS *Queen Mary*. UNITED NATIONS 184 Interior del edificio de la ONU. ZEFA PICTURE LIBRARY (UK) LTD Cubierta Park Avenue por la noche, 11 Tompkins Sq Park, 14 Times Sq, 18 Times Sq, 39 Harlem, 40 Wall St, 69 Broadway, 73a Niño y agua, 138 Delancey St, 155 Folk Art Mus, 173 Rockefeller Plaza, 176 Soho Gallery, 185a Edificio de la ONU,189 Central Park, 203 Desfile en West Point, 205 Albany, 237 Músico y bicicleta, 255 St Paul's Chapel.

El resto de las fotografías pertenecen al archivo de la AA con las siguientes colaboraciones:
P BAKER 127c. D CORRANCE 4, 6–7, 13, 20, 25, 55, 58–9, 67a, 72, 76, 78, 79, 87, 89, 96, 101, 105b, 106, 118a, 126, 128–9, 135, 137, 146, 148, 159, 160a, 162a, 171c, 175, 181b, 182, 185b, 192, 214, 215, 217, 222, 225, 229, 232, 233, 234–5, 236, 242, 246, 257, 259b, 263, 266, 280. R ELLIOTT 3, 5a, 7, 10a, b, 12–3, 16a, 17b, 19, 20a, 21, 24, 28, 43, 44, 45, 50, 51, 52, 53, 54b, 56, 60, 61a, 63, 64, 66a, 68, 70, 74, 80, 81a, b, 83, 86, 88a, b, 90b, 94, 99, 100, 104, 112, 113, 114a, 115, 117a, b, 124a, b, 125, 131, 132b, 139a, b, 140, 141a, b, 142, 143b, 144, 149, 150, 151, 153, 156, 157, 158a, 160b, 163, 164, 165a, b, 167, 168, 169, 171a, b, 172, 174b, 178, 180, 183a, b, 187, 190, 191, 193a, b, 194, 195, 196, 197, 198, 199a, b, 200, 201, 202, 206–7, 208, 209, 210, 211, 212, 216, 220, 226, 227, 228, 238a, b, 239, 244, 247a, 250, 253, 254, 256a, 258. P KENWARD 2, 5b, 5c, 6c, 9, 12, 18a, 23, 26, 54a, 57, 66b, 67b, 71a, b, 75a, b, 84a, b, 91, 93, 102, 103, 116, 118b, 120a, 132a, 134, 136a, b, 152, 162b, 166a, 170, 174a, 181a, 186, 213, 218, 219, 221, 223a, 224, 231a, b, 235, 243a, b, c, 245, 247b, 248, 252, 259a, 260, 279. D.POLLACK 65, 85a, b, 108, 109, 111, 120b, 121a, b, 261, 275.

Colaboradores

Asesora de la colección: Ingrid Morgan **Diseño**: Design 21
Directora adjunta de la colección: Susi Bailey **Índice**: Marie Lorimer
Documentación: Celia Woolfrey